明文 中國 史書 正解

戰國策 中

전국책

後漢 劉　向 編
陳起煥 譯註

明文堂

목차

《戰國策》(中)

《戰國策》正文 (中)

11.《戰國策》卷十一 齊策 四

148/ 齊人有馮諼者

{原文} 齊人有馮諼者, 貧乏不能自存, 使人屬孟嘗君, 願寄食門下.

孟嘗君曰, "客何好?" 曰, "客無好也."

曰, "客何能?" 曰, "客無能也."

孟嘗君笑而受之曰, "諾."

左右以君賤之也, 食以草具. 居有頃, 倚柱彈其劍, 歌曰,

「長鋏歸來乎! 食無魚.」

左右以告. 孟嘗君曰, "食之, 比門下之客."

居有頃, 復彈其鋏, 歌曰,

「長鋏歸來乎! 出無車.」

左右皆笑之, 以告. 孟嘗君曰, "爲之駕, 比門下之車客."

於是乘其車, 揭其劍, 過其友曰, "孟嘗君客我."

後有頃, 復彈其劍鋏, 歌曰, 「長鋏歸來乎! 無以爲家.」

左右皆惡之, 以爲貪而不知足. 孟嘗君問, "馮公有親乎?"

對曰, "有老母."

孟嘗君使人給其食用, 無使乏. 於是馮諼不復歌.

齊에 馮諼(풍훤)이란 사람이 있어~

{국역} 馮諼(풍훤)이라는 齊나라 사람이 있었는데,[1152] 가난하여 혼자 생계를 꾸릴 수 없어 사람을 통하여 맹상군에게 그 門下에서 寄食(기식)하기를 원한다고 부탁하였다.

孟嘗君이 물었다. "객인은 무엇을 좋아합니까?"

"저는 좋아하는 것이 없습니다."

"객인은 무엇을 잘합니까?"

"저는 잘하는 일이 없습니다."

孟嘗君은 웃고 받아들이면서 말했다. "괜찮습니다."

좌우에서는 맹상군이 풍훤을 천대한다 생각하여 거친 음식을 제공하였다.[1153]

얼마 지나서(居有頃), 풍훤은 기둥에 기대서서 그의 칼을 두드리

1152 원문 齊人有馮諼 - 馮은 성 풍. 탈 빙. 諼은 속일 훤. 거짓말을 하다. 煖(따뜻할 난), 喧(의젓할 훤)으로도 표기. 《史記》에는 馮驩(풍환, 기뻐할 환)으로 기록되었다. 馮諼(풍훤)에 관한 내용은 《史記 孟嘗君列傳》의 내용과 약간 다르다. 본 章의 내용은 齊 湣王(민왕, 재위 前 300 - 284년) 즉위 前後에 해당한다.

1153 원문 食以草具 - 草는 不精也. 또는 나물. 具는 반찬(饌具).

며 노래했다.

「長劍아 돌아가야겠지! 끼니에 魚類가 없구나.」[1154]

측근이 (맹상군에게) 알렸다.

맹상군은 "魚類를 주는 門下의 客으로 대우하라."고 말했다.[1155]

얼마 있다가 다시 장검을 두드리며 노래를 불렀다.

「장검아 돌아가야겠지! 외출에 수레가 없구나.」

측근들이 모두 풍훤을 비웃으며 맹상군에게 말했다. 맹상군이 지시했다.

"수레를 내주는 門下의 車客(거객)으로 대우하라."

이에 풍훤은 수레를 타고, 큰 칼을 차고서 친우에게 들려 "맹상군이 나를 객인으로 대접한다."고 말했다. 그 얼마 뒤에 다시 장검을 두드리며 노래하였다.

「장검아 돌아가자꾸나! 家用(가족을 돌보는데 필요한 자금)이 부족하구나.」

측근 모두가 풍훤을 미워하면서 탐욕이 많아 만족을 모른다고 하였다. 이에 맹상군이 물었다.

"풍공은 양친이 계십니까?"

"노모가 계십니다."

맹상군은 풍훤에게 음식과 家用을 넉넉히 공급하게 해주었다. 이에 풍훤은 다시 노래하지 않았다.

1154 원문 長鋏歸來乎! - 鋏은 집게 협, 큰 칼 협. 칼자루(劍把也).

1155 孟嘗君의 주방은 3등급이었는데, 上客은 食肉하고, 中客은 食魚하며, 下客은 나물 반찬을 제공했다.

{原文} 後孟嘗君出記, 問門下諸客, "誰習計會, 能爲文收責於薛者乎?"

馮嘗署曰, "能."

孟嘗君怪之, 曰, "此誰也?"

左右曰, "乃歌夫長鋏歸來者也."

孟嘗君笑曰, "客果有能也, 吾負之, 未嘗見也."

請而見之, 謝曰, "文倦於事, 憒於憂, 而性懧愚, 沉於國家之事, 開罪於先生. 先生不羞, 乃有意欲爲收責於薛乎?"

馮諼曰, "願之."

於是約車治裝, 載券契而行, 辭曰, "責畢收, 以何市而反?"

孟嘗君曰, "視吾家所寡有者."

驅而之薛, 使吏召諸民當償者, 悉來合券. 券遍合, 起矯命以責賜諸民, 因燒其券, 民稱萬歲.

長驅到齊, 晨而求見. 孟嘗君怪其疾也, 衣冠而見之, 曰, "責畢收乎? 來何疾也!"

曰, "收畢矣."

"以何市而反?"

馮諼曰, "君云 '視吾家所寡有者.' 臣竊計, 君宮中積珍寶, 狗馬實外廄, 美人充下陳. 君家所寡有者以義耳! 竊以爲君市義."

孟嘗君曰, "市義柰何?"

曰, "今君有區區之薛, 不拊愛子其民, 因而賈利之. 臣竊矯君命, 以責賜諸民, 因燒其券, 民稱萬歲. 乃臣所以爲君市義也."

孟嘗君不說, 曰, "諾, 先生休矣!"

{국역} 뒷날 맹상군은 장부를 꺼내놓고,[1156] 門下의 여러 객인에게 물었다.

"薛(설) 땅에 가서 나를 위해 빚을 받아올 회계에 능한 사람이 있는가?"[1157]

여러 객인 중에 馮諼(풍훤)이 '할 수 있음(能)' 이라고 썼다(署, 書也).

맹상군이 이상히 여겨 "이 사람이 누구인가?"라고 물었다. 좌우에서 " '장검아, 돌아가자.' 라고 노래를 부른 사람입니다."라고 말했다.

孟嘗君이 웃으며 말했다.

"이 분이 정말 유능한 지,[1158] 그간 잊고 있었으며, 아직 만나본 적이 없다."

맹상군이 불러 만나서, 사례하며 말했다.

1156 원문 後孟嘗君出記 – 記는 簿記(부기), 장부 기록. 조목별로 기록한 것(疏也).

1157 원문 "誰習計會, 能爲文收責於薛者乎?" – 計會는 會計. 會는 總合하다. 計는 大計也, 월계는 要. 연 단위 계산은 會. 責은 債. 밀린 빚(逋財也). 逋는 달아날 포.

1158 원문 客果有能也 – 果는 맹상군 마음속의 의문을 나타낸다.

"저는 국사에 피곤하고,[1159] 여러 걱정으로 心亂(심란)하며,[1160] 심성이 유약하고 어리석으며,[1161] 또 국사에 전념하다 보니 (그간) 선생에게 죄를 지었습니다.[1162] 先生께서 수치라 여기지 마시고, 설 땅에 가서 빚을 받아오시겠습니까?"

풍훤은 "해보겠습니다(願之)."라고 말했다. 이에 수레와 행장을 준비하고서 문건을 실은 뒤에, 떠나는 인사를 하며 물었다.

"빚을 모두 거두면, 돌아오면서 무엇을 사와야 합니까?"

"선생이 살펴보아 우리 집에 부족한 것을 사오시오."

풍훤은 수레를 타고(驅) 薛(설)에 가서(之), 관리를 시켜 빚을 진 백성을 모두 모아 문서를 맞춰보았다. 그리고 그 문서를 모아 쌓아 놓고서 거짓말로 맹상군의 명령이라며, 백성의 빚을 모두 탕감해준다면서 문건을 모두 불태우자, 백성들은 만세를 불렀다.[1163]

(풍훤이) 곧바로 말을 달려 齊都에 와서 새벽에 맹상군을 뵙고자 했다. 맹상군은 그가 빨리 돌아온 것을 이상히 여기며 의관을 갖추고 만나서 물었다.

"빚은 모두 거두었습니까? 어찌 이리 빨리 왔습니까!"

1159 원문 文倦於事 – 文은 田文, 맹상군의 이름. 倦은 게으를 권. 지치다. 事는 是로 된 판본도 있다. 國事.

1160 원문 憒於憂 – 憒는 심란할 궤(亂也), 마음이 憂思하여 昏亂하다.

1161 원문 而性懧愚 – 懧는 나약할 나. 마음이 약해 괴로워하다. 愚는 계산이 어리석다. 마음이 유약하여 백성들한테 빚을 철저하게 받아내지 못한다는 뜻.

1162 원문 開罪於先生 – 이번에 처음 본다는 사죄의 뜻을 피력했다.

1163 원문 矯命以責賜諸民 – 矯는 바로잡을 교. 맹상군의 명령이라 依託하다. 責은 負債(부채). 賜는 하사. 탕감하다.

"모두 다 징수하였습니다."

"무엇을 사갖고 오셨습니까?"

"君께서 '吾家(나의 집)에 부족한 것을 사오라.' 고 하셨습니다. 臣이 마음으로 계산해 보니, 君의 저택에 진기한 보배가 쌓여 있고, 사냥개나 말도 바깥 외양간에 가득 찼으며 미녀들도 줄지어 늘어섰습니다. 君家에 부족한 것이라면 大義 뿐입니다. 그래서 君을 위하여 대의를 사 왔습니다."

"대의를 어떻게 사 왔습니까?"

"지금 君께서는 조그만 薛(설) 땅에서, 백성을 자식처럼 돌보지 않고 오히려 이자 놀이를 하고 계십니다. 臣은 외람되게도 君命이라며 거짓말로 모든 백성의 빚을 탕감하며 그 문건을 모두 소각했고 백성은 만세를 불렀습니다. 이것이 바로 君을 위해 大義를 사온 것입니다."

孟嘗君은 기분 나빠하면서 "알았습니다. 선생은 쉬십시오."라고 말했다.

{原文} 後期年, 齊王謂孟嘗君曰, "寡人不敢以先王之臣爲臣."

孟嘗君就國於薛, 未至百里, 民扶老攜幼, 迎君道中. 孟嘗君顧謂馮諼,

"先生所爲文市義者, 乃今日見之."

馮諼曰, "狡兎有三窟, 僅得免其死耳. 今君有一窟, 未得高枕而臥也. 請爲君復鑿二窟."

孟嘗君予車五十乘, 金五百斤, 西遊於梁, 謂惠王曰,

"齊放其大臣孟嘗君於諸侯, 諸侯先迎之者, 富而兵强."

於是, 梁王虛上位, 以故相爲上將軍, 遣使者, 黃金千斤, 車百乘, 往聘孟嘗君. 馮諼先驅誡孟嘗君曰,

"千金, 重幣也, 百乘, 顯使也. 齊其聞之矣."

梁使三反, 孟嘗君固辭不往也. 齊王聞之, 君臣恐懼, 遣太傅賫黃金千斤, 文車二駟, 服劍一, 封書謝孟嘗君曰,

"寡人不祥, 被於宗廟之祟, 沉於諂諛之臣, 開罪於君, 寡人不足爲也. 願君顧先王之宗廟, 姑反國統萬人乎?"

馮諼誡孟嘗君曰, "願請先王之祭器, 立宗廟於薛."

廟成, 還報孟嘗君曰, "三窟已就, 君姑高枕爲樂矣."

孟嘗君爲相數十年, 無纖介之禍者, 馮諼之計也.

{국역} 그 1년 뒤, 齊王(湣王)이 孟嘗君에게 말했다.

"寡人은 先王(宣王)의 臣을 다시 신하로 삼을 수 없습니다."[1164]

맹상군은 薛(설)의 封地로 부임하였는데, 1백 리를 남겨 두고 백성들이 노인을 부축하고 아이를 안고 길에 나와 환영하였다. 맹상군은 풍훤을 돌아보며 말했다.

"先生께서 나를 위해 사 왔던 義를 오늘에야 봅니다."

1164 원문 "寡人不敢以先王之臣爲臣." – 이는 선대왕의 신하에 대한 예우 같지만 신하의 세대교체, 곧 선대왕의 신하는 封國으로 나가라는 완곡한 표현이다. 漢代의 경우 諸侯로 就國하면 먹고 자는 일 외에 아무 일도 할 수 없었다.

풍훤이 말했다.

"날쌘 토끼는 3개의 굴이 있다 하였으니(狡兔三窟), 이제 겨우 죽음을 면할 수 있습니다. 지금 主君께서는 굴 하나를 마련하였지만,[1165] 아직 베개를 높이 베고 누워 있을 수는(高枕而臥) 없습니다. 주군을 위하여 다시 굴 두 개를 마련해 보겠습니다."

맹상군은 풍훤에게 수레 50승에 金 5百 斤을 주어 서쪽으로 梁에(魏) 유세하게 하였는데, 풍훤이 梁 惠王(혜왕)에게 말했다.

"齊에서는 대신인 맹상군을 제후들 사이에 방축하였는데, 먼저 맹상군을 영입하는 제후만이 나라를 부강하고 강한 군대를 만들 것입니다."

이에 梁王은 上位를 비워 놓고, 일부러 相을 上將軍으로 옮기고서 황금 1천 근과 수레 1백 승을 보내 맹상군을 초빙하라고 사자를 보냈다. 풍훤은 먼저 달려와 맹상군을 만나 말했다.

"千金은 많은 재물이고, 수레 1백 승은 융숭한 대우입니다. 齊에서도 소문을 들었을 것입니다."

梁의 사신이 3번이나 다시 왔지만 맹상군은 고사하면서 가지 않았다. 齊王도 이런 일을 알았고, 君臣이 두려워하며 (齊王의) 太傅(태부)에게 황금 1천 근과 말 4마리가 끄는 그림을 그려 장식한 수레(文車) 2대, 왕이 차던 칼 한 자루와 1통의 封書(봉서)를 맹상군에게 보내 사례하며 말했다.

"과인의 善心이 부족하여(不祥) 宗廟에서 내린 禍(화, 祟는 빌미 수)를 입었고 아첨하는 신하에 둘러 싸여 君께 죄를 지었으니, 모두가

1165 원문 今君有一窟 – 여기의 一窟은 薛이다. 封地에서 민심을 얻었기에 안전한 굴이라 비유하였다.

과인이 부족한 탓입니다. 바라건대, 君께서는 先王의 宗廟(종묘)를 돌아보시며 조정으로 돌아오시어 만민을 다스려 주십시오."

풍훤이 맹상군에 방책을 말해주었다.

"먼저 先王의 祭器를 물려받아 薛(설)에 宗廟를 세우겠다고 요청하십시오."

종묘가 완공되자, 풍훤은 맹상군에게 보고하며 말했다.

"3개의 굴이 모두 갖춰졌으니, 이제 高枕(베개를 높이 베다)하여 즐길 수 있습니다(高枕爲樂)."

맹상군이 國相으로 수십여 년을 재직하며 조그만 화도 당하지 않은 것은 풍훤의 계책 때문이었다.[1166]

149/ 孟嘗君爲從

{原文} 孟嘗君爲從. 公孫弘謂孟嘗君曰,

"君不以使人先觀秦王? 意者秦王帝王之主也, 君恐不得爲臣, 奚暇從以難之? 意者秦王不肖之主也, 君從以難之, 未晩."

孟嘗君曰, "善, 願因請公往矣."

公孫弘敬諾, 以車十乘之秦. 昭王聞之, 而欲媿之以辭.

1166 원문 無纖介之禍者 – 介는 하나. 獨也. 獨은 많지 않다(不衆), 곧 미세하다는 뜻. 草芥(초개). 하찮은 것.

公孫弘見, 昭王曰,

"薛公之地, 大小幾何?"

公孫弘對曰, "百里."

昭王笑而曰, "寡人地數千里, 猶未敢以有難也. 今孟嘗君之地方百里, 而因欲難寡人, 猶可乎?"

公孫弘對曰, "孟嘗君好人, 大王不好人."

昭王曰, "孟嘗君之好人也, 奚如?"

公孫弘曰, "義不臣乎天子, 不友乎諸侯, 得志不慚爲人主, 不得志不肯爲人臣, 如此者三人, 而治可爲管,商之師, 說義聽行, 能致其如此者五人, 萬乘之嚴主也, 辱其使者, 退而自刎, 必以其血洿其衣, 如臣者十人."

昭王笑而謝之, 曰, "客胡爲若此, 寡人直與客論耳!寡人善孟嘗君, 欲客之必諭寡人之志也!"

公孫弘曰, "敬諾."

公孫弘可謂不侵矣. 昭王, 大國也. 孟嘗, 千乘也. 立千乘之義而不可陵, 可謂足使矣.

孟嘗君이 合從을 이루다.

{국역} 맹상군이 合從을 성취하였다.[1167] (齊人) 公孫弘(공손홍)이

1167 원문 孟嘗君爲從 – 이 章은 齊 宣王 20년(前 300), 秦 昭王 7년의 일로 알려졌다.

孟嘗君에게 말했다.

"君께서는 왜 사람을 보내 秦王(昭王)을 떠보지 않으십니까? 생각에 따라 秦王이 帝王이 될 주군이라면, 君께서는 그런 제왕의 臣이 될 수 없을까 걱정할 것이니, 어느 겨를에 합종을 지어 진왕을 곤란하게 할 수 있겠습니까? 생각에 따라 秦王이 不肖(불초)한 주군이라면 그때 가서 君께서 合從으로 진왕을 몰아세워도 늦지 않을 것입니다."

맹상군은 "옳소, 그러니 公이 가 주었으면 좋겠습니다."

公孫弘은 기꺼이 응낙하였고(敬諾), 수레 10대로 秦으로 떠나갔다. (秦) 昭王이 알고서는 (사자를) 말로(辭) 골려 주려고 생각하였다.[1168] 공손홍이 알현하자, 昭王이 물었다.

"薛公(설공, 맹상군)의 봉지는 크기가 얼마나 되는가?"

공손홍은 "백 리입니다."라고 대답했다.

"寡人의 땅은 수천 리이라서 그 누구도 나를 난처하게 한 사람이 없었소. 지금 맹상군의 땅이 사방 1백 리라 하니, 그것으로 과인을 힘들게 할 수 있겠는가?"

公孫弘이 대답하였다.

"孟嘗君은 好人(선비를 좋아하다)하지만 大王께서는 好人하지 못하십니다."

"孟嘗君이 好人한다니 어떻게 하는가?"

"義를 지켜 천자의 신하가 되지 않고, 제후를 벗으로 삼지도 않으며, 得志(뜻을 얻음)하여 人主가 되어도 부끄럽지 않고 得志하지 않

1168 원문 而欲媿之以辭 - 媿는 창피 줄 괴. 愧(창피 줄 괴)와 同.

더라도 남의 아랫사람이 되지 않는 그런 友人이 3명이나 있고, 나라를 다스리는 일에 가히 管仲(관중)이나 商鞅(상앙)의 스승이 될 만하고, 大義와 德行으로 霸王(패왕)을 보좌할 수 있는 인재가 5명이나 있으며, 1만 乘의 지엄한 주군이라 하여 사신을 모욕할 경우 물러나 自刎(자문 : 스스로 목을 베다)하여[1169] 그 피를 왕의 옷에 뿌릴 수 있는 저 같은 사람이 열 명이나 있습니다."

이에 昭王이 웃으면서 공손홍에게 사과하며 말했다.

"客人은 어찌 그런 말을 하는가? 과인은 그저 객인과 담론한 것이요. 과인은 맹상군과 가까이 지내고 싶으니, 객인이 과인의 뜻을 잘 전해 주시오!"

이에 공손홍은 "삼가 뜻을 받들겠습니다."라고 하였다.

公孫弘은 가히 무시당하지 않을 사람이라 할 수 있다. 秦 昭王은 大國이었고, 孟嘗君은 千乘의 제후였다. 千乘의 大義를 지켜 무시당하지 않았으니 가히 제뭇을 하는 사신이라 할 수 있다.

150/ 魯仲連謂孟嘗

{原文} 魯仲連謂孟嘗, "君好士也! 雍門子養椒亦, 陽得子養, 飮食,衣裘與之同之, 今君之家富於二公, 而士未有爲君盡游者也."

1169 원문 退而自刎 - 刎은 목 벨 문. 斷也.

君曰, "文不得是二人故也. 使文得二人者, 豈獨不得盡?"

對曰, "君之廐馬百乘, 無不被繡衣而食菽粟者, 豈有騏麟騄耳哉? 後宮十妃, 皆衣縞紵, 食粱肉, 豈有毛廧,西施哉? 色與馬取於今之世, 士何必待古哉? 故曰君之好士未也."

魯仲連(노중련)이 맹상군에게 말하다.

{국역} 魯仲連(노중련)이 孟嘗君(맹상군)에게 말했다.[1170]

"君께서는 好士하십니다! 雍門子(옹문자)[1171]도 椒亦(초역, 人名)을 養士(선비를 잘 기르다)할 때, 또 陽得子(양득자)[1172]도 養士하면서 음식이나 의복이 모두 똑같았기에 모두 목숨을 내놓았습니다. 지금 君의 家門은 二公(雍門子, 陽得子)보다 훨씬 부자이지만 당신을 위해 끝까지 교유하려는 士人은 없습니다."

맹상군이 말했다.

"저는(文) 두 사람 같은 인재를 얻지 못했지만, 그런 사람을 얻는다면 어찌 나라고 해서 진력하지 않겠습니까?"

노중련이 말했다.

"君의 마구간에는 말이 1백 乘(승)이나 되고, 비단 안장(繡衣)에

1170 魯仲連謂孟嘗 – 魯仲連(노중련, 前 305-245), 齊의 遊說客. 《史記 孟嘗君列傳》의 孟嘗君 好士와는 내용이 다르다.

1171 雍門子(옹문자) – 雍門은 齊 都城의 北門. 雍門子는 그 문지기. 隱士. 雍門子 秋(추), 雍門子 周(주)라는 주석도 있다.

1172 陽得子(양득자) – 인명. 행적 미상. 가상 인물일 수도 있음.

콩이나 곡식을 먹지 않는 말이 없지만, 어찌 騏麟(기린, 명마 名)이나 騄耳(녹이, 명마 名)라서 그렇겠습니까? 後宮에 있는 열 명의 妃(비)가 모두 縞紵(호저, 명주나 모시옷 / 하얀 細布)를 입고, 쌀밥에(粱) 고기를(肉) 먹는데, 어찌 이들이

齊의 說客, 魯仲連(노중련, 前 305 – 245년)

毛憧(모장, 미인 名)이나 西施(서시)와 같은 미인이라서 그렇겠습니까? 女色과 駿馬(준마)는 지금 세상에서 구하면서 士人은 하필 옛사람과 같은 사람(先賢)을 찾으려 하십니까? 그래서 君의 好士는 아직 멀었다는 것입니다."

151/ 孟嘗君逐於齊而復反

{原文} 孟嘗君逐於齊而復反. 譚拾子迎之於境, 謂孟嘗君曰,

"君得無有所怨齊士大夫?"

孟嘗君曰, "有."

"君滿意殺之乎?"

嘗君曰, "然."

拾子曰, "事有必至, 理有固然, 君知之乎?"

嘗君曰, "不知."

拾子曰, "事之必至者, 死也, 理之固然者, 富貴則就之, 貧賤則去之. 此事之必至, 理之固然者. 請以市諭. 市, 朝則滿, 夕則虛, 非朝愛市而夕憎之也, 求存故往, 亡故去. 願君勿怨."

孟嘗君乃取所怨五百牒削去之, 不敢以爲言.

맹상군이 齊에서 방축되었다가 돌아왔다.

{국역} 孟嘗君이 齊에서 방축되었다가 다시 돌아왔다.[1173] (齊人) 譚拾子(담습자)가 국경까지 나와 맞이하면서 孟嘗君에게 물었다.

"君께서는 齊 士大夫들에 대한 원망이 없으십니까?"

맹상군은 "있습니다."라고 말했다.

"君께서는 그들을 꼭 죽이고 싶습니까?"[1174]

1173 원문 孟嘗君逐於齊而復反 - 《史記 六國年表》의 周 赧王(난왕) 21년(前 294) 齊國 칸에 '四甲이 劫王하여 相인 薛의 文이 走하다.' 라는 기록이 있다. 맹상군 전문은 湣王(민왕)에 의해 방축되어 薛로 옮겨갔다가 곧 魏로 망명했었다. 《史記 孟嘗君列》에는 馮諼(풍훤)에 관한 이야기의 연속으로 譚拾子(담습자)는 馮諼(馮讙)으로 기록되었다. 맹상군은 王이 불렀지만 病이라 사양하며 老於薛했다고 기록했다. 본 章에 언급된 대화는 擬托(의탁)이 분명하다는 주석이 있다.

1174 원문 "君滿意殺之乎?" - 《史記 孟嘗君列》에는 馮諼(풍환)의 물음에 맹

"그렇습니다."

"꼭 이루어질 일이 있고, 그렇게 될 이치가 있는데, 그 이유라는 말에 대해 君은 알고 계십니까?"

"모릅니다."

"틀림없이 닥칠 일은(必至者) 죽음이고, 그러해야 할 이치란(固然者) 富貴하면 찾아 모여들고(就之), 貧賤(빈천)하면 떠나가는 것입니다(去之). 바로 이것이 꼭 이루어질 일이고, 꼭 그렇게 될 이치입니다. 市場으로 비유해 보겠습니다. 시장은 아침에는 가득 찼다가 저녁에는 텅 비는데(虛), 사람들이 아침 시장을 좋아하고(愛) 저녁 시장을 미워해서가(惡) 아니라, 求하려는 것이 있으면 찾아가고 없으면 떠나기 때문입니다. 그러니 君께서는 원한을 갖지 마십시오."

이에 맹상군은 원한의 대상이었던 5백 명의 명단을 적어두었던 木札(목찰, 牒은 서판 첩)을 칼로 깎아 지워 버리고(削去之) 더 이상 말하지 않았다.

상군이 말한다. "(나를 떠나갔던) 그 客人 또한 무슨 면목으로 나를 다시 보겠는가? 다시 나를 찾아오는 자가 있다면, 꼭 그 얼굴에 침을 뱉어 크게 창피를 주겠다."《史記 孟嘗君列》의 기록이 보다 더 人情에 가까울 것이다.

152/ 齊宣王見顔斶

{原文} 齊宣王見顔斶, 曰, “斶前!” 斶亦曰, “王前!” 宣王不悅.

左右曰, “王, 人君也. 斶, 人臣也. 王曰 ‘斶前’, 亦曰 ‘王前’, 可乎?”

斶對曰, “夫斶前爲慕勢, 王前爲趨士. 與使斶爲趨勢, 不如使王爲趨士.”

王忿然作色曰, “王者貴乎? 士貴乎?”

對曰, “士貴耳, 王者不貴.”

王曰, “有說乎?”

斶曰, “有. 昔者秦攻齊, 令曰, ‘有敢去柳下季壟五十步而樵采者, 死不赦.’ 令曰, ‘有能得齊王頭者, 封萬戶侯, 賜金千鎰.’ 由是觀之, 生王之頭, 曾不若死士之壟也.”

宣王默然不悅. 左右皆曰,

“斶來, 斶來! 大王據千乘之地, 而建千石鐘, 萬石虡. 天下之士, 仁義皆來役處, 辯知並進, 莫不來語, 東西南北, 莫敢不服. 求萬物不備具, 而百無不親附. 今夫士之高者, 乃稱匹夫, 徒步而處農畝, 下則鄙野, 監門,閭里, 士之賤也, 亦甚矣!”

齊 宣王이 顔斶(안촉)을 만났다.

{국역} 齊 宣王(재위 前 319－301)이 顔斶(안촉)을 불러 만나면서 말했다.[1175]

"안촉은 가까이 오라!(斶前)"

이에 안촉도 "王께서 가까이 오십시오!"라고 말하자, 宣王은 기분이 나빴다.

좌우의 측근이 말했다.

"王은 人君입니다. 안촉은 人臣입니다. 王이 '안촉은 가까이 오라!' 하였다고, '王께서 가까이 오십시오.' 라고 말할 수 있습니까?"

그러자 안촉이 대답하였다.

"제가(斶) 가까이 나아가는 것은 欽慕(흠모)의 자세이고, 王께서 다가오는 것은 士人을 따른다는 뜻입니다. 제가 왕을 흠모하게 하는 것은 王께서 士人을 따르는 것만 못할 것입니다."

王은 분노로 얼굴을 붉히면서 말했다.

"王者가 고귀한가? 士人이 고귀한가?"

"士人이 고귀하고, 王者는 귀하지 않습니다."

왕이 소리쳤다. 어디에 "그런 말이 있었는가?"

"있습니다. 옛날에 秦이 齊를 공격할 때, 명령하기를 '柳下季(유하계)의[1176] 무덤이 있는 언덕(壟) 50보 이내의 나무를 베는 자는 사

1175 顔斶(안촉) – 斶은 사람 이름 촉. 王蠋(왕촉)으로도 표기. 《漢書 古今人表》에는 顔歜(안촉)으로 표기, 中上의 인물로 평가되었다. 동일인 여부는 미상. 본 章에서 안촉은 知足不辱(지족불욕)을 강조, 名利 추구에 급급한 辯士의 모습과 크게 다르다.

형에 처하되 사면 받을 수 없다.' 고 하였습니다. 또 '齊王의 머리를 가져오는 자는 萬戶侯에 封하고, 황금 1千 鎰(일)을 내린다.' 고 하였습니다. 이를 본다면, 살아 있는 王의 머리는 죽은 사인의 무덤 주변만 못한 것입니다."

宣王은 말이 없었고 불쾌하였다. 이에 왕의 측근들이 말했다.

"안촉께서는 이쪽으로 다가 오시오, 이쪽으로 오시오! 大王은 1千 乘(승)의 戰車를 낼 수 있는 땅이 있고, 1千 石의 鐘을 매달 수 있으며[1177] 1萬石의 虡(거)를 내걸 수 있어[1178] 천하 仁義之士들이 모두 찾아와 왕을 위하여 할 일을 하고[1179] 辯論에 능하거나 지혜로운 자들이 모두 모이니 왕에게 진언하지 않는 자가 없고, 동서남북 어디든 감히 불복하는 자가 없습니다. 구하려는 만물이 모두 다 갖춰져 있고, 누구든 친하게 따르지 않는 백성이 없습니다. 지금 높이 오른 士人이나 匹夫(필부)를 자칭하며 맨발로 걸으며 논밭에 서있는 자 모두 낮기로는(下) 비루한 야인이며, 監門(감문)과 閭里(여리)는 士人의 매우 賤(천)한 모습이 아니겠습니까?"

1176 有敢去柳下季 – 魯의 展禽(전금), 字는 季(계), 柳下(유하)는 그 식읍. 《論語 衛靈公》臧文仲, 其竊位者與! 知柳下惠之賢, 而不與立也. 秦이 齊를 정벌하려 할 때, 魯를 지나가야 했는데 유하혜 무덤 주변의 나무를 베는 자는 사형에 처한다고 하였다.

1177 一石은 120근.

1178 萬石虡 – 虡는 쇠북 걸이 틀 기둥 거. 簴也(악기를 매다는 틀 거).

1179 원문 天下之士, 仁義皆來役處 – 仁義가 之士 앞에 있어야 한다는 주석이 있다. 役處는 처지(관직)에서 일하다. 役은 일하다. 부림을 받다. 處는 在其位의 뜻.

{原文} 斶對曰, “不然. 斶聞古大禹之時, 諸侯萬國. 何則? 德厚之道, 得貴士之力也. 故舜起農畝, 出於野鄙, 而爲天子. 及湯之時, 諸侯三千. 當今之世, 南面稱寡者, 乃二十四. 由此觀之, 非得失之策與? 稍稍誅滅, 滅亡無族之時, 欲爲監門,閭里, 安可得而有乎哉? 是故《易傳》不云乎, 「居上位, 未得其實, 以喜其爲名者, 必以驕奢爲行. 据慢驕奢, 則凶從之. 是故無其實而喜其名者削, 無德而望其福者約, 無功而受其祿者辱, 禍必握.」 故曰, ‘矜功不立, 虛願不至.’ 此皆幸樂其名, 華而無其實德者也. 是以堯有九佐, 舜有七友, 禹有五丞, 湯有三輔, 自古及今而能虛成名於天下者, 無有. 是以君王無羞亟問, 不媿下學, 是故成其道德而揚功名於後世者, 堯,舜,禹,湯,周文王是也. 故曰, ‘無形者, 形之君也. 無端者, 事之本也.’ 夫上見其原, 下通其流, 至聖人明學, 何不吉之有哉! 老子曰, ‘雖貴, 必以賤爲本, 雖高, 必以下爲基. 是以侯王稱孤寡不穀. 是其賤之本與?’ 非夫孤寡者, 人之困賤下位也, 而侯王以自謂, 豈非下人而尊貴士與? 夫堯傳舜, 舜傳禹, 周成王任周公旦, 而世世稱曰明主, 是以明乎士之貴也.”

{국역} 顔斶(안촉)이 대답하였다.

“그렇지 않습니다. 내가 알기로, 옛날 大禹(夏) 시대에 諸侯로 매우 많은 나라가 있었습니다. 왜 그러했습니까? (大禹의) 厚德한 道

는 士人(선비)의 도움을 받는 것을 귀하게 여겼습니다.[1180] 예전 舜(순)은 농사를 짓다가 起身하였으니 비루한 시골에서 天子가 되었습니다. (殷의) 湯王(탕왕) 시대에는 제후가 3천이나 되었습니다. 지금 시대에 南面하여 寡人(과인)이라고 칭하는 者는 24명입니다. 이를 통해 본다면 (士人의 도움을) 얻느냐, 잃느냐에(失) 따른 방책의 차이 아니겠습니까?[1181] (士人을) 점점 주살하고 없애 결국 滅亡(멸망)하여 無族(무족)의 시대라면 監門이나 閭里(여리)와 같은 자리인들 (士人이) 어찌 얻을 수 있겠습니까? 그래서 《易》의 傳에서도 이렇게 말하지 않았습니까?[1182] 「上位에 居하나 그에 따른 實質을 未得한 것은 그 虛名(허명)을 좋아한 것이라서 틀림없이 그 행동이 교만하고 사치하다. 倨慢(거만)과 驕奢(교사)에는[1183] 필히 凶禍(흉화)가 따른다. 그래서 實質이 없고 名聲만을 좋아하는 자는 깎여 약해지며, 無德하면서도 福을 바라는 자는 궁색해지고[1184] 無功하나 封祿을 얻으려는 자는 辱(욕)을 볼 것이니, 禍(화)가 틀림없이 뒤따른다.」[1185] 그러하

1180 원문 得貴士之力也 – 士人(선비)의 助力을 받는 것을 귀하게 여겼다. 士人을 귀하게 대우하다.

1181 원문 非得失之策與? – 諸侯가 많았다는 것은 士人을 많이 등용했다. 지금은 士人을 많이 죽여서, 곧 失策으로 제후가 적어졌다. 得策은 貴士(선비를 귀히 여기다)하다.

1182 원문《易傳》不云乎 – 《易》을 설명한 傳. 《易經》의 彖辭(단사)를 의미하나 現傳하는《易經》에는 없는 구절이다.

1183 据慢驕奢 – 据는 일할 거. 据는 倨(거만할 거)와 通.

1184 無其實而喜其名者削, 無德而望其福者約 – 削은 깎을 삭. 깎이다. 削地. 削弱也. 約은 窮也. 窮塞(궁색).

1185 원문 禍必握 – 握은 손에 쥘 악. 禍辱이 뒤따라와 벗어나지 못하다.

기에 '잘난 척하며 자랑하는 자는 功을 성취하지 못하고, 헛된 소원은 이뤄 질 수 없다.' 고 하였습니다.[1186] 이 모두는 요행으로 그 이름만 즐기려 하고, 實質의 德이 없는 것입니다. 그러했기에 堯(요)는 (德을 돕는 士人(선비)으로) 九佐(九官)을 두었고, 舜(순)에게는 七友(칠우)가 있었으며,[1187] 禹(우)에게는 五丞(오승)이,[1188] 湯王(탕왕)에게는 三輔(삼보)가 있었으니,[1189] 自古로 지금에 이르기까지 천하에 (實質이 없이) 헛된 명성을 누린 자는 없었습니다. 이러하기에 君王이 (신하에게) 자주 묻는다 하여 부끄럽지 않고, 下學이 창피하지 않은 것입니다.[1190] 그래서 道德을 갖추고 功名을 성취하여 後世에 전한 堯, 舜, 禹, 湯, 周 文王 등이 그런 분입니다. 故로 '無形은 形의 主君(主宰者)이고,[1191] 無端(무단)은 事의 근본이다.' 라고[1192] 하였습니

1186 원문 矜功不立, 虛願不至. - 잘난 척하며 공을 세우려는 자는 그 뜻을 성취하지 못하고, 애써 노력하지 않고 가지려는 헛된 소원은 이룰 수 없다.

1187 원문 舜有七友 - 舜의 七友는 雄陶, 方回, 續牙, 伯陽, 東不訾(동부자, 東不識), 秦不虛(진불허), 靈甫(영보). 後人이 지어낸 것이라는 주석이 있다.

1188 원문 禹有五丞 - 禹에게는 八師, 三后 외에 益(익), 稷(직), 皐陶(고요), 垂(수), 契(설)의 五丞(오승)을 두었다. 丞은 도울 승.

1189 湯有三輔 - 湯王에게는 伊尹(이윤)과 仲虺(중훼, 左相)의 二相 外에 誼伯(의백), 仲伯(중백), 咎單(구단)이 보좌하였다고 하나 未詳이다.

1190 원문 無羞亟問, 不媿下學 - 亟는 자주 기(數也). 빠를 극. 媿는 창피 줄 괴. 창피하다. 下學은 신하에게 배우다.

1191 원문 無形者, 形之君也. - 形이 刑으로 된 판본도 있다. 形은 古書에서 刑으로도 통용. 無形은 형체가 아직 나타나지 않은 것. 형체가 없는 것은 아니다.

1192 원문 無端者, 事之本也. - 無形과 無端은 모두 實德을 지칭한 말이다.

다. 대체로 위로는 그 근원을 살피고, 아래로는 그 흘러가는 곳을 알아(下通其流) 聖人의 明學에 도달한다면[1193] 무슨 不吉이 있을 수 있겠습니까! 老子도 말했습니다. '貴할지라도 卑賤(비천)을 바탕으로 삼고, 높을지라도 낮음을(下) 근본으로 삼아야 한다. 이에 侯王은 孤(고), 寡(과), 不穀(불곡)이라 자칭하니, 下賤(하천)을 근본으로 삼는다는 뜻이라.' 고 하였습니다.[1194] 孤(고)와 寡人(과인)은 사람이 곤궁하고 鄙賤(비천)하다는 뜻으로, 侯나 王이 자신을 일컫은 말이니 어찌 자신이 下人이 아니라 하겠고 士人은 존귀하지 않겠습니까? 堯(요)가 舜(순)에게, 舜(순)이 禹(우)에게 傳位(전위)하고, 周 成王(성왕)이 周公 旦(단)에게 국정을 맡겼기에 世世에 明主라 칭송을 받으니, 이를 보면 士人이 貴한 것이 분명합니다."

{原文} 宣王曰, "嗟乎! 君子焉可侮哉. 寡人自取病耳! 及今聞君子之言, 乃今聞細人之行, 願請受爲弟子. 且顔先生與寡人游, 食必太牢, 出必乘車, 妻子衣服麗都."

顔斶辭去曰, "夫玉生於山, 制則破焉, 非弗寶貴矣, 然大璞不完. 士生乎鄙野, 推選則祿焉, 非不得尊遂也, 然而形神不全. 斶願得歸, 晩食以當肉, 安步以當車, 無罪以當貴,

---

1193 원문 聖人明學 – 聖人之學에 밝다. 上見下하고 聖明之事에 通하다.

1194 원문 '雖貴, 必以賤爲本; 雖高, 必以下爲基.' –《老子道德經》39章. 「～. 侯王無以正, 將恐蹶. 故貴以賤爲本, 高以下爲基. 是以侯王自稱孤,寡,不穀. 此非以賤爲本邪? 非乎? 故致譽無譽. 是故不欲如玉, 珞珞如石.」

淸靜貞正以自虞. 制言者王也, 盡忠直言者斶也. 言要道已備矣, 願得賜歸, 安行而反臣之邑屋."

則再拜而辭去也. 斶知足矣, 歸反撲, 則終身不辱也.

{국역} 宣王이 말했다.

"아![1195] 君子를 어찌 모욕할 수 있겠나! 寡人이 잘못을 자초하였도다.[1196] 지금 君子의 뜻을 알게 되었고, 또 지금 나의(細人) 행실에 대하여 들었으니,[1197] 나를 제자로 받아주기 바랍니다. 그러면 顔先生과 寡人(과인)이 교유하면서 식사에는 필히 太牢(태뢰)를 갖추고[1198] 出行에는 수레를 타도록 할 것이며 妻子도 모두 좋은 옷을 입을 것입니다."

안촉은 사양하고 떠나면서 말했다.

"玉은 山에서 나오는데, 이를 얻으려면 (原石을) 파괴하지 않고서는 貴寶가 되지 않습니다. (그 寶玉은) 大璞(대박, 큰 玉石)만큼 완전하지는 못합니다. 士는 鄙野(비야)하게 태어나서 천거를 받고 뽑혀 녹을 받고 그리하여 존경을 받지 않을 수 없으나, 형세와 정신은 (벼슬 이전처럼) 완전하지 않습니다. 저 안촉은 돌아가서 때늦은 배고픔을 고기반찬으로 생각하고[1199] 편안히 걸을 수 있으니 수레를 대

1195 嗟乎(차호) – 아! 嗟는 탄식할 차.

1196 원문 自取病耳! – 病은 말을 잘못하여 스스로 천해졌다!

1197 원문 乃今聞細人 – 細人은 王의 自稱. 細人은 無實德하고 士人을 귀히 생각지 않는 者.

1198 원문 食必太牢 – 牛, 羊, 豕(돼지 시)를, 牢는 가축을 기르는 우리 뇌(뢰).

신하며, 죄를 짓지 않는 것을 고귀한 벼슬로 여기면서 淸靜(청정)과 貞正(정정)한 생활을 스스로 즐기고 싶을 뿐입니다.[1200] 制言(命令)하는 자는 王이지만, 忠을 다하며 直言할 사람은 저 안촉입니다. 중요한 正道는 제가 이미 말씀드렸으니 다만 돌아가라는 허락을 바라오며, 천천히 제 살던 마을 집으로 돌아가겠습니다."

안촉은 再拜하고 떠나갔다. 안촉은 知足하여 본래 소박한 생활로 되돌아갔기에 終身토록 辱(욕)을 당하지 않았다.

153/ 先生王斗

{原文} 先生王斗造門而欲見齊宣王, 宣王使謁者延入.

王斗曰, "斗趨見王爲好勢, 王趨見斗爲好士, 於王何如?"

使者復還報. 王曰, "先生徐之, 寡人請從."

宣王因趨而迎之於門, 與入, 曰,

"寡人奉先君之宗廟, 守社稷, 聞先生直言正諫不諱."

王斗對曰, "王聞之過. 斗生於亂世, 事亂君, 焉敢直言正諫."

1199 원문 晩食以當肉 - 晩은 배고픈 상태에서 밥을 먹다. 晩食은 遲食. 當은 대체하다. 肉은 肉類. 우리말로 '시장이 반찬이다.'

1200 원문 淸靜貞正以自虞 - 虞는 헤아릴 우. 근심 걱정. 娛(즐길 오, 樂也)와 同.

宣王忿然作色, 不說. 有間, 王斗曰,

"昔先君桓公所好者五, 九合諸侯, 一匡天下, 天子受籍, 立爲大伯. 今王有四焉."

宣王說, 曰, "寡人愚陋, 守齊國, 唯恐失抎之, 焉能有四焉?"

王斗曰, "否. 先君好馬, 王亦好馬. 先君好狗, 王亦好狗. 先君好酒, 王亦好酒. 先君好色, 王亦好色. 先君好士, 是王不好士."

宣王曰, "當今之世無士, 寡人何好?"

王斗曰, "世無騏驎騄耳, 王駟已備矣. 世無東郭俊, 盧氏之狗, 王之走狗已具矣. 世無毛嬙,西施, 王宮已充矣. 王亦不好士也, 何患無士?"

王曰, "寡人憂國愛民, 固願得士以治之."

王斗曰, "王之憂國愛民, 不若王愛尺縠也."

王曰, "何謂也?"

王斗曰, "王使人爲冠, 不使左右便辟而使工者何也? 爲能之也. 今王治齊, 非左右便辟無使也, 臣故曰不如愛尺縠也."

宣王謝曰, "寡人有罪國家."

於是擧士五人任官, 齊國大治.

先生 王斗(왕두)

{국역} 先生 王斗(왕두)[1201]가 궁문에 와서 齊 宣王을 알현하려 하자, 宣王은 謁者(알자)를 시켜 맞이하게 하였다.(延入, 延은 引也). 이에 王斗가 (알자에게) 말했다.

"내가 빠른 걸음으로 들어가 왕을 뵈면 王의 위세를 좋아하는 것이나, 王께서 달려 나와 나를(斗) 만난다면 王께서 士人을 좋아하시는 것이니 王께 어느 편이 더 낫겠는가?"

使者가 다시 돌아가 아뢰었다. 이에 선왕이 말했다.

"先生을 천천히 모시어라, 과인이 그 말에 따르겠다."

宣王은 빠른 걸음으로 나와서 궁문에서 맞이하여 함께 들어가면서 말했다.

"寡人은 先君의 宗廟(종묘)를 받들고, 社稷(사직)을 지키면서 先生께서 直言과 正諫(정간)을 피하지 않는다고 들었습니다."

이에 왕두가 대답하였다.

"王께서는 잘못 들으셨습니다. 저 王斗는 亂世에 태어나 亂君을 모시었으니, 어찌 감히 直言하고 正諫(정간)을 올렸겠습니까?"

宣王은 화를 내고 얼굴을 붉히면서 좋아하지 않았다(不說).

얼마 후, 王斗가 말했다.

"옛날에 先君이셨던 桓公(환공, 재위 前 685-643)[1202]께서 좋아했

1201 先生王斗 - 王斗(왕두)는 人名. 齊人. 《漢書 古今人表》 王升(왕승)으로 기록하였고, 中之上 級으로 평가되었다.

1202 桓公(환공, 名 小白) - 姜齊의 군주. 春秋 五霸의 한 사람. 田齊의 桓公은 名은 午(오). 前 374-357년에 재위했다.

던 5가지에, 諸侯를 9번 회맹하고, 천하를 하나로 잡았기에[1203] 天子는 (토지와 백성의) 文籍(문적)을 내려(受는 授) 太伯(霸者)으로 삼았습니다. 지금 王께서는 4가지를 갖고 계십니다."

宣王은 기뻐하며 말했다.

"寡人이 어리고 鄙陋(비루)하지만, 齊國을 지키면서 나라를 잃지 않을까[1204] 걱정하는데, 어찌 4가지 (長點이) 있겠는가?"

王斗가 말했다.

"그렇지 않습니다. 첫째, 先君이 好馬했기에 대왕 역시 好馬하십니다. 둘째, 先君이 好狗(호구, 狗는 개 구)하셨기에 대왕 역시 好狗(개를 좋아하다)하십니다. 셋째, 先君이 好酒하셨기에 王 역시 好酒하시고, 넷째, 先君께서 好色하셨기에 王 역시 好色하십니다.[1205] 다만 先君은 好士하셨지만 王께서는 士人을 좋아하지 않으십니다." 이것이 다릅니다.

宣王이 말했다.

"지금 이 세상에(當今之世) 無士(선비다운 선비가 없다)한데, 寡人이 어찌 누구를 좋아하겠습니까?"

1203 원문 一匡天下 - 匡은 바로잡을 광. 구제하다.《論語 憲問》. 子貢曰, "管仲非仁者與? 桓公殺公子糾, 不能死, 又相之." 子曰, "管仲相桓公, 霸諸侯, 一匡天下, 民到于今受其賜. 微管仲, 吾其被髮左衽矣. 豈若匹夫匹婦之爲諒也, 自經於溝瀆而莫之知也?"

1204 원문 唯恐失抎之 - 抎은 잃을 운(失也).

1205 說客의 뛰어난 화술을 여기서 볼 수 있다. 좋아하는 대상이 馬 - 狗 - 酒 - 色으로 점점 低質(저질)로 이어지고, 說客이 강조하려는 不好士人으로 결말이 이어진다. 처음에 자신을 칭찬하는 줄로 알고 좋아했던 宣王의 일그러진 표정이 눈에 보인다.

王斗가 말했다.

“세상에 騏驎(기린)과 騄耳(녹이, 八駿之一)같은 명마가 없다지만 王께는 좋은 말 駟馬(사마:네 마리)가 이미 다 갖춰졌습니다. 세상에는 東郭俊(동곽준)이나 盧氏之狗(노씨지구)가 없다지만 走狗(주구:좋은 사냥개)는 이미 구비되었습니다.[1206] 세상에 毛嬙(모장)이나 西施(서시) 같은 미인은 없지만[1207] 왕궁에는 미녀들이 벌써 가득 찼습니다. 王 또한 사인을 좋아하지 않으니, 士人(선비다운 선비)이 없다 하여 무슨 걱정이 있겠습니까?”

王이 말했다.

“寡人은 憂國(우국)하고 愛民하나니, 정말로 좋은 士人을 얻어 나라를 다스리고 싶소.”

王斗가 말했다.

“王의 우국과 애민은 주름 비단(縠, 곡) 1자를 아끼는 것만[1208] 못할 것입니다.”

왕이 물었다. “무슨 말입니까?”

“王께서 사람을 시켜 冠(모자)을 만들게 하면서, 가장 가까운 좌우 측근에 시키지 않고 工人에게 시키는 것은 왜 그렇겠습니까? (공인이) 더 잘 만들기 때문입니다. 그러나 지금 王께서 齊를 다스리면

1206 원문 世無東郭俊, 盧氏之狗 – 東郭俊(동곽준)은 날쌘 토끼 이름. 여기서는 사냥개의 이름. 본서 **146** 〈齊欲伐魏〉에는 東郭逡.

1207 毛嬙西施 – 毛嬙(모장, 嬙은 궁녀 장)은 越王의 嬖妾(잉첩). 西施(서시)는 越女, 吳王 夫差(부차)의 姬妾.

1208 尺縠(척곡) – 縠은 주름 비단 곡. 細縑(세린). 細縛(세박). 齊에서 생산되는 아주 가늘고 가벼운 비단.

서 左右의 총애하는 신하가 아니면 부리지 않습니다. 이는 비단 한 자를 아끼려는 마음과 똑같다고 생각합니다."

宣王(선왕)이 사과하며 말했다.

"과인이 나라에 죄를 지었습니다."

그리고서는 士人 五人을 등용하여 관직에 임용했고, 齊國은 잘 다스려졌다.

154/ 齊王使使者問趙威后

{原文} 齊王使使者問趙威后. 書未發, 威后問使者曰,

"歲亦無恙耶? 民亦無恙耶? 王亦無恙耶?"

使者不說, 曰, "臣奉使使威后, 今不問王, 而先問歲與民, 豈先賤而後尊貴者乎?"

威后曰, "不然. 苟無歲, 何以有民? 苟無民, 何以有君? 故有問舍本而問末者耶?"

乃進而問之曰, "齊有處士曰鍾離子, 無恙耶? 是其爲人也, 有糧者亦食, 無糧者亦食, 有衣者亦衣, 無衣者亦衣. 是助王養其民也, 何以至今不業也? 葉陽子無恙乎? 是其爲人, 哀鰥寡, 卹孤獨, 振困窮, 補不足. 是助王息其民者也, 何以至今不業也? 北宮之女嬰兒子無恙耶? 徹其環瑱, 至老不嫁, 以養父母. 是皆率民而出於孝情者也, 胡爲至今不朝也? 此

二士弗業, 一女不朝, 何以王齊國, 子萬民乎? 於陵子仲尙存乎? 是其爲人也, 上不臣於王, 下不治其家, 中不索交諸侯. 此率民而出於無用者, 何爲至今不殺乎?"

齊王이 趙 威后에게 사자를 보내 안부를 묻다.

{국역} 齊王이 使者를 보내 趙 威后(위후)에게 안부를 물었다.[1209] 書信을 열어보지도 않고(未發, 未發其封), 威后가 使者에게 물었다.

"올해 농사는 별 탈이 없는가?[1210] 백성들도 모두 편안한가? 王 또한 무고하신가?"

使者가 불쾌히 생각하여 말했다.

"臣은 使命을 받아 威后(위후)께 왔습니다만, 지금 王에 대하여 묻지 않고, 풍흉(풍년 · 흉년)과 백성을 먼저 물으시니, 어찌 賤(천)한 존재를 앞세우고 존귀한 분을 뒤에 물으십니까?"

위후가 말했다.

"그렇지 않다. 정말 농사가 잘 되지 아니하면 어찌 백성이 있겠는가? 백성이 진정 없다면 주군이 어찌 존재할 수 있겠는가? 그런데도

1209 원문 齊王使使者問趙威后 – 齊王은 襄王(양왕, 名 田法章. 재위 前 283–265년). 襄王의 뒤를 이어 즉위한 田建(전건)이라는 주석도 있다. 趙 威后(위후)는 趙 惠文王(재위 前 298–266년)의 왕비. 趙孝成王(재위 前 265–245년)의 太后(혜문왕의 왕비인 威后)가 즉위 초에 섭정을 했다. 威后는 孝成太后로 표기해야 맞는다는 주석이 있다.

1210 원문 歲亦無恙耶? – 歲는 그 해의 作況(작황), 흉년? 아니면 풍년? 恙은 근심 양. 걱정하다(憂也).

근본을 제쳐 두고 끝을(末) 물어야 하겠는가?(舍本而問末)"

그리고 사신에게 다가와 물었다.

"齊에는 鍾離子(종리자)[1211]라는 處士(처사)가 있는데 無恙(무양 : 안녕)한가? 그의 사람됨은 (자신에게) 식량이 남아도 백성을 먹이고(食) 식량이 없어도 (남을) 도와준다. 옷이 남아도 남을 입히고, 옷이 없어도 남에게 입혀 주려 한다. 그는 왕의 백성 다스리기를 도와주는데, 그런 사람을 왜 지금까지 등용하지 못하는가?[1212] 葉陽子(섭양자)[1213]는 무고한가? 그 사람은 鰥寡(환과, 홀아비와 과부)와 孤獨(고독, 고아와 자식이 없는 노인)을 불쌍히 여기고 곤궁한 백성을 진휼하며 형편이 어려운 사람을(不足) 도와주는 사람이다. 이는 왕을 도와 백성을 안전하게 살려주는 사람인데도,[1214] 어찌 지금까지도 관직을 주지 않는가? 北宮氏(북궁씨)의 딸 嬰兒子(영아자)는 잘 지내는가?[1215] 반지 같은 장식을 하지 않고,[1216] 나이가 들었어도 시집도 못가고 부모를 봉양하는 여인이다. 이는 백성에게 효성을 솔선수범하는 것인

1211 鍾離子(종리자) - 鍾離(종리)는 複姓이다. 地名이라는 주석도 있다.

1212 원문 何以至今不業也? - 不業은 관직에 나아가 본업을 성취하지 못하다. 곧 그런 훌륭한 사람을 齊에서는 왜 등용하지 못하는가?

1213 葉陽子 - 葉陽은 葉縣(섭현). 본서 〈魏策〉에 보인다. 今 河南省 중부 平頂山市 관할 葉縣(섭현). 葉은 잎사귀 엽. 땅이름 섭.

1214 원문 是助王息其民者也 - 息은 生也. 生民.

1215 원문 北宮之女嬰兒子無恙耶? - 北宮(북궁)은 複姓. 嬰兒子는 齊 효녀의 이름.

1216 원문 徹其環瑱 - 撤은 거둘 철. 제거하다(去也) 徹과 通. 環은 고리 환. 반지나 팔지. 瑱은 귀막이 옥 전. 귀고리.

데, 어찌 지금까지 (왕이 불러) 만나지 않는가?[1217] 위 두 士人이 관직에 등용되지 않고 一孝女를 命婦(작위를 내림)에 봉하지도 않으면서, 어찌 齊國의 왕이 되어 백성을 자식처럼 돌본다고 하겠는가? 於陵(오릉)의 子仲(자중)은 아직 관직에 그대로 있는가?[1218] 이 사람은 위로는 왕에 대한 신하의 도리를 지키지 않고, 아래로 治家도 못하며 그 중간에 제후와 제대로 교제하지도 못하는 사람이다. 이는 백성을 쓸모없는 일로 몰고 가는 사람인데 어찌 아직도 죽이지 않는가?"

155/ 齊人見田駢

{原文} 齊人見田駢 曰, "聞先生高義, 設爲不宦, 而願爲役."

田駢曰, "子何聞之?"

對曰, "臣聞之鄰人之女."

田駢曰, "何謂也?"

對曰, "臣鄰人之女, 設爲不嫁, 行年三十而有七子, 不嫁

1217 원문 胡爲至今不朝也? - 胡는 어찌 호(曷은 어찌 갈과 同). 턱살 호, 오랑캐 이름 호. 부인에게 포상을 하면(命婦, 작위를 내림) 入朝하여 왕을 알현한다. 왜 아직도 命婦가 못 되었느냐?

1218 원문 於陵子仲 - 於陵(오릉)은 濟南의 지명. 거주지 지명으로 사람을 지칭. 於陵子仲은 한 사람이다.

則不嫁, 然嫁過畢矣. 今先生設爲不宦, 訾養千鍾, 徒百人, 不宦則然矣, 而富過畢也.”

田子辭.

齊人이 田駢(전병)을 만나서

{국역} 어떤 齊人이 田駢(전병)을 만나서 말했다.[1219]

“先生은 高義를 지키면서 관직에 나가지 않고, 보통 백성처럼 노역에 종사한다고 들었습니다.”

전병이 물었다. “당신은 어디서 들었습니까?”

“저는(臣) 이웃집 여인의 말을 들었습니다.”

“뭐라고 말하던가요?”

“臣이 듣기로, 이웃 여인은 출가하지 않는다 해 놓고서도 나이 서른에 자식을 7명이나 두었다는데, 시집가지 않는다 했으면 자식을 낳지 말아야 하는데, 시집간 여인보다 더 많은 자식을 낳았습니다. 지금 先生께서는 벼슬하지 않겠다면서 1천 鍾의 자산을 가지고,[1220] 1백 명이나 되는 하인을 부리고 있으니, 벼슬하지 않겠다면 그러해야 하거늘 재산은 벼슬하는 사람보다 많습니다.”

전병은 고맙다고 말했다.

1219 원문 齊人見田駢 – 田駢(전변, 전병)은 齊의 處士. 稷下學宮의 學士. 黃老之學을 한 사람.

1220 원문 訾養千鍾 – 訾는 헐뜯을 자. 헤아리다. 資(재물 자)와 通. 자산을 가지고 부양하다. 鍾은 부피를 측정하는 단위, 六斛四斗曰 1鐘.

156/ 管燕得罪齊王

{原文} 管燕得罪齊王, 謂其左右曰,

"子孰而與我赴諸侯乎?"

左右嘿然莫對. 管燕連然流涕曰,

"悲夫! 士何其易得而難用也!"

田需對曰, "士三食不得饜, 而君鵝鶩有餘食, 下宮糅羅紈, 曳綺縠, 而士不得以爲緣. 且財者君之所輕, 死者士之所重. 君不肯以所輕與士, 而責士以所重事君, 非士易得而難用也."

管燕(관연)이 齊王에게 죄를 짓고서,

{국역} 管燕(관연)이 齊王에게 죄를 짓고서,[1221] 그의 측근들에게 말했다.

"그대들 누가 나와 같이 다른 제후를 찾아가겠는가?"

左右 모두 묵묵히 대답하는 자가 없었다. 管燕은 눈물을 줄줄 흘리면서 말했다.

"슬프다! 어찌 이리 士人을 얻기는 쉬우나 부리기는 어려운가!(易

1221 원문 管燕得罪齊王 - 管燕(관연)은 人名. 齊人. 燕의 相을 역임. 본 章의 연대 미상. 본 章 田需(전수)의 말로 당시 귀족의 사치 생활을 짐작할 수 있다.

得而難用!)"

이에 田需(전수)[1222]가 말했다.

"士人은 하루 세끼를 배불리 먹어본 적이 없으나, 君의 거위나 오리는 먹을 것이 남아돕니다.[1223] (君의) 가장 낮은 후궁도 여러 비단 옷에 수놓은 치맛자락을 끌고 다니지만, 士人은 옷의 가장자리도 꿰매질 못하고 있습니다.[1224] 또 君에게 경시(가볍게 여기다)할 수 있는 것이 재물이지만, 죽음이란 士人에게 소중한 것입니다. 그런데 君은 가벼이 여겨도 될 재물을 내주지도 않으면서, 사인에게 소중한 목숨으로 섬기기를 바라고 있으니, 士人은 쉽게 얻을 수 있고 부리기 어려운 존재가 아닙니다."

157/ 蘇秦自燕之齊

{原文} 蘇秦自燕之齊, 見於華章南門.

齊王曰, "嘻! 子之來也. 秦使魏冉致帝, 子以爲何如?"

對曰, "王之問臣也卒, 而患之所從生者微. 今不聽, 是恨

1222 田需(전수) - 본서 〈魏策〉에도 보인다. 需는 구할 수, 기다릴 수. 陳饒(진요)라는 주석도 있다.

1223 원문 鵝鶩有餘食 - 鵝는 거위 아. 鶩은 집오리 목. 舒鳧(서부).

1224 원문 下宮糅羅紈, 曳綺縠, 而士不得以爲緣. - 下宮은 後宮의 下列. 糅는 섞을 유(雜也). 여러 가지. 紈은 흰 비단 환(素也). 曳는 끌 예. 綺 무늬 놓은 비단 기(文繒). 縠은 주름 비단 곡. 緣은 옷 가장자리 연.

秦也, 聽之, 是恨天下也. 不如聽之以卒秦, 勿庸稱也以爲天下. 秦稱之, 天下聽之, 王亦稱之, 先後之事, 帝名爲無傷也. 秦稱之, 而天下不聽, 王因勿稱, 其於以收天下, 此大資也."

蘇秦(소진)이 燕에서 齊로 가다.

{국역} 蘇秦(소진)이 燕에서 齊로 돌아갔는데[1225] 華章南門에서 齊王을 알현하였다. 제왕이 말했다.

"嘻(희, 기쁘다, 嘆聲)라! 그대가 돌아왔군. 秦使 魏冉(위염)이 帝號(秦은 西帝 · 齊는 東帝)를 헌상하였는데 당신은 어떻게 생각하오?"[1226]

소진이 대답하였다.

"王께서 제게 물으신 것이 뜻밖이라서 환난(근심거리)이 어디서 일어날지 모르겠습니다. 지금 (秦의 제안을) 우리가 따르지 않는다면 秦은 우리를 원망하겠지만, 그 요구를 따라준다면 천하가 우리를 미워할 것입니다. 그러니 秦의 요구에 따라주며, 秦에서 帝를 칭하는 일을 마치도록 기다리는 것만 못합니다. 秦의 칭제를 천하가 따라준다면 왕께서 칭제할 수 있으니, 이는 다만 (칭제의) 先後 問題일

1225 원문 蘇秦自燕之齊 – 蘇秦이 아닌 蘇子. 《史記》에는 蘇代(소대)로 되어 있다. 이는 周 赧王(난왕) 27년, 齊 湣王(민왕) 13년인 前 288년의 일이었다.

1226 원문 秦使魏冉致帝 – 秦과 齊가 각각 西帝, 東帝라 호칭키로 두 나라가 약속했다. 前 288년.

뿐, 帝의 名號가 달라지지는 않습니다. 秦의 칭제를 천하가(諸侯) 따라주지 않는다면 왕께서도 稱帝하지 않으면 되니, 이는 천하의 지지를 얻을 수 있는 큰 계기가 될 것입니다."

158/ 蘇秦謂齊王

{原文} 蘇秦謂齊王曰,

"齊,秦立爲兩帝, 王以天下爲尊秦乎? 且尊齊乎?"

王曰, "尊秦."

"釋帝則天下愛齊乎? 且愛秦乎?"

王曰, "愛齊而憎秦."

"兩帝立, 約伐趙, 孰與伐宋之利也?"

(王曰, 不如伐宋.)

對曰, "夫約然與秦爲帝, 而天下獨尊秦而輕齊, 齊釋帝, 則天下愛齊而憎秦. 伐趙不如伐宋之利. 故臣願王明釋帝, 以就天下, 倍約儐秦, 勿使爭重, 而王以其間擧宋. 夫有宋則衛之陽城危, 有淮北則楚之東國危, 有濟西則趙之河東危. 有陰,平陸則梁門不啓. 故釋帝而貳之以伐宋之事, 則國重而名尊, 燕,楚以形服, 天下不敢不聽, 此湯,武之擧也. 敬秦以爲名, 而後使天下憎之, 此所謂以卑易尊者也! 願王之熟慮之也!"

蘇秦이 齊王에게 말했다.

{국역} 蘇秦(소진)이 齊王에게 말했다.[1227]

"齊와 秦이 東帝, 西帝를 칭한다면 왕께서는 천하의 제후가 秦을 더 존중하겠습니까? 아니면 齊를 존중하겠습니까?"

王은 "秦을 존중할 것이요."라고 말하였다.

"帝의 호칭을 버린다면(釋帝), 天下가 齊를 더 좋아하겠습니까? 아니면 秦을 좋아하겠습니까?"

王이 말했다. "齊를 애호하고 秦을 증오할 것이요."

"(東,西) 兩帝가 칭제하면서 약속대로 趙를 정벌하는 일과 (齊가 혼자) 宋을 정벌한다면 어느 쪽이 더 유리하겠습니까?"

(王은 "伐宋만 못할 것이요."라고 말했다.)

"(秦과) 약속 그대로 秦과 함께 칭제한다면, 천하는(諸侯) 오직 秦을 존중하고 齊를 경시할 것입니다. 齊가 칭제하지 않는다면, 천하가 愛齊하고 秦을 증오할 것입니다. 趙나라 정벌은 우리가 宋을 정벌하는 이득만 못할 것입니다. 그래서 臣은 대왕께서 稱帝를 그만두시고 천하(제후)와 가까이 지내시고, 秦과의 약속을 깨고 (秦과의) 輕重 다툼을 그만두시며[1228] 그 틈을 이용하여 宋을 정벌하시길

1227 蘇秦謂齊王 - 蘇秦은 蘇子. 《史記》는 소진의 동생 蘇代(소대). 위의 章 앞에 있어야 한다는 주석이 있다.

1228 원문 倍約儐秦, 勿使爭重 - 倍는 背와 同. 約은 약조. 儐은 대접할 빈. 擯(물리칠 빈)과 同. 버리다(棄也). 擯, 儐, 賓은 古 通用.

원합니다. 우리가 宋을 차지하면 衛(위)나라의 陽城(양성)이 위태로울 것이고, 淮北(회북, 淮水之北)을 차지하면 楚의 동쪽 지방이 위태로울 것입니다. (우리가) 齊水의 서쪽을(濟西, 濟水之西) 차지하면 趙의 河水 동쪽이 위태로워질 것입니다. 陰縣(陶)과 平陸(평륙)을 차지하면 大梁(魏)은 감히 출입문을 열 수가 없을 것입니다. 그래서 칭제를 버리고 秦과 뜻을 달리하면서 송나라를 치게 되면 齊의 권위와 명성이 높아질 것이고 燕(연)과 楚(초)에서도 (齊의) 위엄에 굴복할 것이니(形服) 천하는 (여러 제후) (제의 명령을) 감히 따르지 않을 수 없을 것이니, 이는 (殷) 湯王이나 (周) 武王의 擧事와 같을 것입니다. (우리 齊에서는) 秦을 받든다고 명분을 내세우며 천하의 제후로 하여금 秦을 증오하게 만드는 것이니, 이는 소위 낮은 자리로 존귀한 자리를 바꾸는 방책입니다. 대왕께서는 이를 熟慮(숙려)하시기 바랍니다."

12.《戰國策》卷十二 齊策 五

159/ 蘇秦說齊閔王

{原文} 蘇秦說齊閔王曰,

"臣聞用兵而喜先天下者憂, 約結而喜主怨者孤. 夫後起者藉也, 而遠怨者時也. 是以聖人從事, 必藉於權而務興於時. 夫權藉者, 萬物之率也, 而時勢者, 百事之長也. 故無權籍, 倍時勢, 而能事成者寡矣."

"今雖干將,莫邪, 非得人力, 則不能割劌矣. 堅箭利金, 不得弦機之利, 則不能遠殺矣. 矢非不銛, 而劍非不利也, 何則? 權藉不在焉. 何以知其然也? 昔者趙氏襲衛, 車舍人不休傳, 衛國城割平, 衛八門土而二門墮矣, 此亡國之形也. 衛君跣行, 告愬於魏. 魏王身被甲底劍, 挑趙索戰. 邯鄲之中騖, 河,山之間亂. 衛得是藉也, 亦收餘甲而北面, 殘剛平, 墮中牟之郭. 衛非强於趙也, 譬之衛矢而魏弦機也, 藉力魏而有河東之地. 趙氏懼, 楚人救趙而伐魏, 戰於州西, 出梁門, 軍舍林中, 馬飮於大河. 趙得是藉也, 亦襲魏之河北燒棘溝, 墜黃城. 故剛平之殘也, 中牟之墮也, 黃城之墜也, 棘溝之燒也, 此皆非趙,魏之欲也. 然二國勸行之者, 何也? 衛明於時權之藉也. 今世之爲國者不然矣. 兵弱而好敵强, 國罷而好衆怨, 事敗而好鞠之, 兵弱而憎下人也, 地狹而好敵大, 事敗而好長詐. 行此六者而求伯, 則遠矣."

蘇秦이 齊閔王에게 유세하다.

{국역} 蘇秦(소진)이 齊 閔王(민왕, 湣王, 재위 前 300 – 284년)에게 말했다.[1229]

"臣이 알기로, 用兵하면서 천하의 어느 누구보다도 앞서기를 좋아하는 자는 걱정이 많고(憂), 맹약의 주체가 되어 많은 원성을 듣게 된 자는 외롭다고(孤立) 하였습니다.[1230] 남의 뒤를 따르는 자는 憑藉(빙자 : 구실을 내세워 의지하다)할 곳이 있고,[1231] 원망에서 멀어진 사

1229 蘇秦說齊閔王曰 – 蘇秦 二字가 없는 판본이 있다. 그 경우 '어떤 사람이' 이 글의 내용상 周 赧王(난왕) 27년(前 288)의 일로 추정할 수 있다. 〈秦策 一 047 蘇秦始將連橫〉의 논조와 전혀 다르기에 소진의 말이 아니라는 주석이 있다.

1230 원문 約結而喜主怨者孤 – 다른 나라와 연합의 주체가 되어 공격하면 원망의 대상이 되고 다른 사람이 따르지 않기에 고립된다.

1231 원문 後起者藉也 – 뒤를 따르는 자는 핑계를 댈 곳이 있다는 뜻. 籍은 憑藉(빙자).

람은 때를 얻을 수 있습니다. 이러하기에 聖人은 일을 하면서(從事) 반드시 상황에 따라 변화하고(權) 興起할 때를 맞추려 힘씁니다.[1232] 상황에 따른 변통(權藉)은 만물을 통솔하는 원칙이고, 時勢에 맞추기는 모든 일 처리에서 가장 중요합니다. 상황에 따른 변통(權籍)도 없고 時勢에 어긋나고서도 일을 성사시키는 자는 많지 않습니다(寡矣).

縱橫家 蘇秦(소진, ? - 前 284년)

"지금 비록 干將(간장)이나 莫邪(막야) 같은 명검일지라도[1233] 人力(사람의 힘)이 아니라면 자르거나 벨 수가 없습니다.[1234] 견고한 화살(堅箭)과 날카로운 살촉이라도(利金) 활의 시위 같은 도구의 도움이 없으면 멀리 날아가 죽이

1232 원문 必藉於權 而務興於時. - 權은 상황에 따라 變通하다. 時期에 따라 맞추려 노력하다.

1233 원문 今雖干將,莫邪 - 모두 名劍의 이름, 吳王의 명검. 그 명검을 제작한 사람 이름. 干將(간장)은 무늬가 陽刻(양각)의 龍무늬가 있고, 莫邪(막야)는 음각의 무늬가 있다. 吳王이 越人 干將(간장)과 그의 처 莫邪(막야)에게 각각 제작케 하였다.

1234 원문 則不能割劌矣 - 割은 나눌 할. 자르다. 劌는 상처 입힐 귀(利傷也). 쪼개다.

지 못합니다. 이는 화살이 예리하지 않거나[1235] 칼이 날카롭지 않아서가 아닌데 왜 그러하겠습니까? 상황에 따른 變容〔權藉(권자)〕이 있지 않았기 때문입니다.[1236] 어떻게 그런 것을 알 수 있겠습니까? 옛날에(昔者) 趙나라(趙氏)가 衛(위)를 습격할 때, 수레를 모는 군사가(車舍人) 쉬지 않고 진격하여 衛國의 城 일부가 무너졌고, 8개 성문을 흙으로 막았는데 그중 2개가 뚫렸으니, 이는 거의 亡國의 형상과 같았습니다. 衛(위)의 君主는 맨발로 魏(위)나라에 가서 호소하였습니다. 이를 들은 魏王(魏 武侯, 재위 前 395 - 370년)은 갑옷을 입고 칼을 갈고(被甲砥劍) 趙에 맞서 싸웠습니다. (趙 도읍) 邯鄲(한단) 사람들은 어지러이 내달렸고,[1237] 河水와 太行山(태항산) 사이가 혼란에 빠졌습니다. 衛는 이렇게 의지할 바가(藉) 있었기에, 나머지 군사를 수습하여 북으로 진격하였고 趙나라를 쳐서 剛平(강평, 지명)을 무찌르고(殘), 中牟(중모)를 함락시켰습니다.[1238] 이것은 衛가 趙에

1235 원문 矢非不銛 - 矢는 화살 시. 銛은 가래 섬(농기구). 작살. 날카롭다(利也).

1236 원문 權藉不在焉 - 權은 상황에 따른 對處(대처)이다. 藉는 빌릴 자. 깔개 자(적). 의존하다. 상황에 따른 變容. 핑계.

1237 邯鄲之中騖 - 邯鄲(한단)은 趙의 도읍. 騖는 달릴 무. 혼란 속에 이리저리 내달리다(亂馳也).

1238 원문 墮中牟之郭 - 墮는 떨어질 타. 墜(떨어질 추)와는 다른 글자. 中牟(중모)는 지명. 한때 趙의 도읍. 趙의 敬侯(경후, 재위 前 386 - 375년)가 中牟縣(중모현)에서 邯鄲(한단)으로 도읍을 옮겨갔다.(前 386년) 漢代 中牟縣(중모현)은 今 河南省 중부 鄭州市 관할 中牟縣, 河水 남안. 《三國演義》에서는 陳宮(진궁, ?~198년, 字는 公臺)이 쫓기는 曹操(조조)를 따라가려고 中牟(중모) 縣令의 관직을 버린다.

비하여 강하지 않았으며, 衛(위)를 화살(矢)에 비유하면 魏(위)는 활시위였으며, 魏의 힘을 빌려 (趙의) 河東 땅을 차지할 수 있었습니다. 趙나라는 두려웠고, 그러자 楚人은 趙를 구원하여 魏 정벌에 나서 (河內의) 州西(주서)에서 싸워 (魏 도읍)大梁의 성문을 지나 軍은 (魏) 林鄉(임향)에 주둔하였고 軍馬는 大 河水의 물을 마셨습니다. 이처럼 趙도 의지할 도움을 얻었기에 마찬가지로 魏의 河北 지방을 정벌하여 棘溝(극구)를 차지하고 黃城(황성)을 함락시켰습니다. 그러나 剛平(강평)의 함락, 中牟(중모)가 점령되고, 黃城(황성)의 몰락, 棘溝(극구)의 소각(불타버린 것) 등은 이 모두가 趙(조)와 魏(위)가 원하던 바는 아니었습니다. 그러나 이 두 나라가 그렇게 된 것은 무엇 때문이었습니까? (약한) 衛(위)가 時勢를 잘 타고 임시변통을(權) 잘했기 때문이었습니다. 지금 이 시대에 나라를 다스리는 자는 그러하지 못합니다. 군사가 약한데도 강한 나라와 맞서기를 좋아하고, 나라가 피폐했는데도 민중의 원망을 사는 일을 좋아하며, 國事를 잘못하고서도 끝까지 밀어붙이기를 좋아하고[1239] 군사력이 약하다고 아래 백성을 증오하며, 국토가 좁은데도 큰 나라와 맞서기를 좋아하고, 사업이 실패했는데도 더 큰 거짓말로 속이기를 좋아합니다. 이런 여섯 가지를 가지고 覇者(패자, 伯)가 되려 하지만 더욱 요원할 뿐입니다."

{原文} "臣聞善爲國者, 順民之意, 而料兵之能, 然後從於天下. 故約不爲人主怨, 伐不爲人挫强. 如此, 則兵不費, 權不輕, 地可廣, 欲可成也. 昔者, 齊之與韓,魏伐秦,楚也, 戰非

1239 원문 事敗而好鞠之 – 鞠은 공 국. 막히다(窮也), 일을 마치다(遂事).

甚疾也, 分地又非多韓,魏也, 然而天下獨歸咎於齊者, 何也? 以其爲韓,魏主怨也. 且天下遍用兵矣, 齊,燕戰, 而趙氏兼中山, 秦,楚戰韓,魏不休, 而宋,越專用其兵. 此十國者, 皆以相敵爲意, 而獨擧心於齊者, 何也? 約而好主怨, 伐而好挫强也."

{국역} "臣이 알기로, 나라를 잘 다스리는 자는 民意에 순응하고, 군사의 능력을 헤아린 연후에 천하 형세의 흐름을 따라간다고 하였습니다.[1240] 그래서 盟約(맹약)을 맺더라도 다른 나라 왕의 원망을 사면 안 되고, 정벌하더라도 남을 대신하여 강한 적을 꺾지 않는다고 하였습니다. 이러하다면, 군사는 戰力을 낭비하지 않고, 國權은 경시 당하지 않고(不輕), 국토는 넓어지고, 바라는 바는 성취될 것입니다. 옛날에, 齊가 韓과 魏와 함께 秦과 楚를 정벌하였습니다.[1241] 그 전투가 격렬하지도 않았었고, 나눠 가진 영토가 韓과 魏에 비하여 많은 것도 아니었지만 천하의 비난은 모두 齊에 쏠렸습니다. 왜 그러 했겠습니까? (그 원인은) 韓과 魏에 대신 齊가 주도했기 때문입니다. 또 天下에 여러 나라가 모두 전쟁을 했지만, 齊와 燕의 전쟁에 趙는 中山國을 차지했고,[1242] 秦과 楚가 韓과 魏를 치려는 전쟁이 그

1240 원문 然後從於天下 – 從은 뒤에 가다. 따르다.

1241 원문 齊之與韓,魏伐秦,楚也 – 與는 함께, 한편이 되어. 秦(진)은 없어야 한다는 주석이 있다. 이는 齊 閔王(湣王) 11년(前 290), 楚가 合從을 어기고 秦과 연합했다 하여 楚를 정벌했었다. 齊 민왕 16년(前 285)에는 齊가 韓, 魏와 함께 秦을 정벌했었다.

치지 않는 동안 宋과 越(월)은 그 군사를 마음껏 늘렸습니다. 이들 10개 나라는 서로가 서로를 적대시 하였지만 유독 齊를 표적으로 하였는데 왜 그러했겠습니까? 齊나라는 맹약을 체결하며 그 원한의 주체가 되기를 좋아했고, 정벌을 통하여 强國 꺾기를 좋아했기 때문입니다."

{**原文**} "且夫强大之禍, 常以王人爲意也, 夫弱小之殃, 常以謀人爲利也. 是以大國危, 小國滅也. 大國之計, 莫若後起而重伐不義. 夫後起之籍與多而兵勁, 則事以衆强適罷寡也, 兵必立也. 事不塞天下之心, 則利必附矣. 大國行此, 則名號不攘而至, 伯王不爲而立矣. 小國之情, 莫如謹靜而寡信諸侯. 謹靜, 則四鄰不反, 寡信諸侯, 則天下不賣. 外不賣, 內不反, 則檳積朽腐而不用, 幣帛矯蠹而不服矣. 小國道此, 則不祠而福矣, 不貸而見足矣. 故曰, '祖仁者王, 立義者伯, 用兵窮者亡.' 何以知其然也? 昔吳王夫差以强大爲天下先, 强襲郢而棲越, 身從諸侯之君, 而卒身死國亡, 爲天下戮者, 何也? 此夫差平居而謀王, 强大而喜先天下之禍也. 昔者萊,莒好謀, 陳,蔡好詐, 莒恃越而滅, 蔡恃晉而亡,

---

1242 中山國은 公元 前 325년 稱王했었다. 멸망 당시 국도는 靈壽(今 河北省 서남부 石家庄市 관할 平山縣). 멸망 – 前 406년 魏國에 멸망 – 前 380년 復國 – 前 296년에 趙國에 멸망. 《史記 43권 趙世家》, 《戰國策 中山策》 참고.

此皆內長詐, 外信諸侯之殃也. 由此觀之, 則强弱大小之禍, 可見於前事矣."

{국역} "또 强大國의 殃禍(앙화)는 늘 남의 王이 되려는 뜻 때문이고, 弱小國의 재앙은 남을 이용하여 자신의 이익을 얻으려는 謀議(모의) 때문입니다. 그래서 大國은 위기에 몰리고 小國은 멸망합니다. 大國의 長計는 남보다 뒤에 起兵하고, 不義에 대한 징벌에 신중을 기하는 것보다 더 좋은 것이 없습니다.[1243] 뒤에 起兵하면 많은 쪽이나 군사가 강한 편에 설 수 있고, 다수에 강한 편에 서서 지치고 약한 편을 상대할 수 있으니 그 군사가 自立할 수 있을 것입니다. 동맹에서 천하 민심의 흐름을 막지 않는다면 반드시 實利가 따라올 것입니다. 大國이 이런 원칙을 따른다면 명분을 빼앗기지 않고 따라올 것이니, (설령) 霸王(패왕)이 되지는 못할지라도 독립할 수 있습니다. 小國의 입장에서는 신중하고 정숙하되, 제후들을 너무 신뢰하지 말아야 합니다. 謹愼靜肅(근신정숙)하다면 이웃 나라들도(四鄰) 배반하지 않을 것이고, 제후들을 지나치게 신뢰하지 않는다면 天下(他國)에 이용당하지 않을 것입니다(不賣). 밖으로 이용당하지 않으면, 내부적으로도 반란이 없을 것이며, 쌓아둔 곡식이 썩어 나갈 정도로 다 소모하지 못하고,[1244] 幣帛(폐백)도 좀〔蠹(좀 두)〕이 슬어 입지 못할 것입니다. 小國의 道가 이와 같다면 제사를 지내지 않아도

1243 원문 莫若後起而重伐不義 - 不義는 징벌해야 하나, 함부로 나설 수는 없다. 重은 輕의 반대로 신중히 처신하다.

1244 원문 則稸積朽腐而不用 - 稸積(축적)은 積稸(적축, 積蓄). 稸은 쌓을 축. 不用은 쓰지 못하다. 소비하지 못하다.

(조상에게 복을 빌지 않아도) 福이 내릴 것이며, 남에게 빌리지 않아도 넉넉할 것입니다.[1245] 그래서 仁을 내세우는 자 王이 되고,[1246] 대의를 실천하는 자 伯者(패자)가 되나, 用兵(전쟁을 일으키다)하여 궁색한 자는 멸망한다고 하였습니다. 그럴 줄을 어찌 알 수가 있겠습니까? 옛날 吳王 夫差(부차)는[1247] 强大하여 다른 제후보다 앞섰지만 (楚의) 郢(영)을 습격하였고, 越王(句踐)을 (會稽山으로) 쫓아 버렸으며 다른 제후들이 자신을 수행하도록 만들었지만[1248] 끝내 자신도 죽고 나라는 망했으며 천하 사람들에게 도륙을 당한 것은 왜 그러했겠습니까? 이는 부차가 평소 日常에서 王이 되고자 하였고, 强大해지자 천하 제후에 앞서기를 좋아했기 때문입니다. 옛날에 萊(래)[1249]와 莒國(거국)[1250]은 謀略을 잘 썼고, 陳(진)과 蔡(채)는 詐術(사

1245 원문 不貸而見足矣 – 貸는 빌릴 대. 남에게 물건을 빌리다. 見足은 충족될 것이다. 피동.

1246 원문 祖仁者王 – 祖는 본받다, 근본으로 삼다. 처음. 길을 가다. 할아버지. 여기서는 동사로 쓰였다.

1247 夫差(부차) – 25대 吳王(재위 前 495 – 473년) – 부친 闔閭(합려)가 越王 勾踐에게 당한 恥辱(치욕)을 씻으려 부국강병에 힘써, 夫差 2년(前 494년)에 월왕 구천을 격파하였으나 죽이지 않고 돌려보냈다. 勾踐은 臥薪嘗膽(와신상담)하며 국력을 회복하였다. 그러는 동안 吳는 齊를 공격하면서 제후의 주도권을 잡아 前 482년에 부차는 제후의 회맹을 주도하였으나 구천의 공습으로 대패하였다. 쇠약해진 부차는 재위 23년(前 473年)에 姑蘇城(今 浙江省 蘇州市)에서 句踐에게 포위되었고 나라는 멸망하였다. 부차는 구천의 용서를 받고 流放되었지만 치욕으로 自殺하였다.

1248 吳王 夫差를 춘추 오패의 한 사람으로 꼽기도 한다.

1249 萊(래) – 춘추시대 國名. 萊子國. 春秋시대에 齊에 병합 멸망했다.

술：속임수)을 좋아하였는데, 莒(거)는 越(월)을 믿었다가 멸망했고, 蔡(채)는 晉(진)에 의지했다가 망했으니 이 모두는 내부적으로 거짓을 長技로 삼으면서 밖으로는 제후들을 믿었던 재앙이었습니다. 이를 본다면 강약이나 대소의 재앙은 지난 일을 통해 알 수 있습니다."

{原文} "語曰, '麒驥之衰也, 駑馬先之, 孟賁之倦也, 女子勝之.' 夫駑馬,女子, 筋骨力勁, 非賢於騏驥,孟賁也. 何則? 後起之藉也. 今天下之相與也不並滅, 有而案兵而後起, 寄怨而誅不直, 微用兵而寄於義, 則霸天下可蹻足而須也. 明於諸侯之故, 察於地形之理者, 不約親, 不相質而固, 不趨而疾, 衆事而不反, 交割而不相憎, 俱彊而加以親. 何則? 形同憂而兵趨利也. 何以知其然也? 昔者齊,燕戰於桓之曲, 燕不勝, 十萬之衆盡. 胡人襲燕樓煩數縣, 取其牛馬. 夫胡之與齊非素親也, 而用兵又非約質而謀燕也, 然而甚於相趨者, 何也? 何則形同憂而兵趨利也. 由此觀之, 約於同形則利長, 後起則諸侯可趨役也."

{국역} "俗諺(속언)에 '麒驥(기기, 騏驥)같은 준마가 지치면 駑馬(노마, 鈍馬)가 앞서고, 孟賁(맹분, 勇士)이 피곤하면 女子도 맹분을 이긴다.' 고 하였습니다. 駑馬(노마)나 女子가 筋骨(근골)의 힘이 강하지도

1250 莒國(거국)은 己姓(기성) 前 431年 楚에게 멸망했다. 거국의 영토 대부분은 齊國이 점령했다. 莒(거)는, 今 山東省 동남부 日照市 관할 莒縣.

않고, 또 騏驥(기기, 千里馬)나 孟賁(맹분)보다 더 낫지(賢) 않습니다. 그런데 왜 그렇겠습니까? 남이 지친 다음에 起身하여 의지할 것이 있기 때문입니다. 지금 천하가 서로 동맹을 맺으면서도 상대를 모두 없애지는 못합니다. 각국이 군사를 보유하나 군사행동을 보류하고(案兵) (남들보다) 나중에 起兵하며 남에게 원한을 전가시키고(정벌의 주체가 되려 하지 않고) 不義(不直)한 자를 주살하며 용병을 최소화하면서 대의에 의탁한다면 천하의 패자가 되는 것은 한 발을 들고서도 기다릴 수 있을 것입니다.[1251] 이처럼 제후의 緣故(연고, 事情)에 밝고 지형을 잘 살펴 이용할 수 있는 자는 조약을 맺어 친밀하지 않아도 質子를(人質) 잡지 않고서도 나라를 안정케 하고, 매사에 빨리 서둘지 않아도 모든 일의 처리에 실패가 없으며, 땅을 나눠 갖더라도 원한을 사지 않으면서 다른 나라에 비하여 강하고 또 서로 친할 수 있을 것입니다. 이는 왜 그러하겠습니까? 형세를 보아 걱정을 같이 하면서도 군사적으로는 이득을 추구했기 때문입니다. 어찌 그러한 것을 알 수 있겠습니까? 옛날에 齊와 燕이 桓山(항산)의 굽이에서 싸웠는데,[1252] 燕은 敗戰하며 10만의 군사를 잃었습니다. 여기에 흉노가(胡人) 燕의 樓煩(누번)[1253] 등 여러 현을 습격하여 그 소와 말

1251 원문 則霸天下可蹻足而須也 – 蹻은 구부릴 국(不伸也). 한쪽 발을 들다. 蹻足은 발을 들다. 짧은 시간.

1252 원문 戰於桓之曲 – 이는 前 296년의 일이었다. 이때 趙는 中山國을 없앴다. 桓山(환산)은 齊와 魯 사이에 있다는 주석이 있는데, 상세한 위치 未詳.

1253 樓煩(누번, Lóufán)은 周朝 이전 存在한 민족 국가로, 그 領土는 대략 今 山西省과 河套地區(하투지구) 일대였다. 戰國 시대에 趙國 山西 一帶의

을 약탈하였습니다. 대체로 흉노와 齊는 평소에 친밀하지도 않았고 용병하면서 인질을 보내거나(교환하다) 燕을 공격하기 위한 약조도 맺지 않았습니다. 그러나 서로 협조하고 함께 공격한 것은 왜 그러했겠습니까? 왜냐면 형세로 볼 때 걱정이 비슷했고 군사상의 이득이 같았기 때문입니다. 이를 통해 본다면 형세를 같이 하는 나라끼리 동맹을 맺으면 그 이득이 크고, 뒤에 기병하면 제후의 추세를 파악하고 이용할 수 있기 때문입니다."

{原文} "故明主察相, 誠欲以伯王也 爲志, 則戰攻非所先. 戰者, 國之殘也, 而都縣之費也. 殘費已先, 而能從諸侯者寡矣. 彼戰者之爲殘也, 士聞戰則輸私財而富軍市, 輸飮食而待死士, 令折轅而炊之, 殺牛而觴士, 則是路君之道也. 中人禱祝, 君翳釀, 通都小縣置社, 有市之邑莫不止事而奉王, 則此虛中之計也. 夫戰之明日, 屍死扶傷, 雖若有功也, 軍出費, 中哭泣, 則傷主心矣. 死者破家而葬, 夷傷者空財而共藥, 完者內酺而華樂, 故其費與死傷者鈞. 故民之所費也, 十年之田而不償也. 軍之所出, 矛戟折, 鐶弦絶, 傷弩, 破車, 罷馬, 亡矢之大半. 甲兵之具, 官之所私出也, 士大夫之所匿, 廝養士之所竊, 十年之田而不償也. 天下有此再費

영토를 침탈했고 나중에 秦의 침략을 받았다. 나중에 흉노의 부용국으로 존속했다. 漢 武帝 때 漢의 영역이 되었다. 漢代의 雁門郡(안문군). 이후 흉노나 鮮卑族의 땅이 되었다.

者, 而能從諸侯寡矣. 攻城之費, 百姓理襜蔽, 擧衝櫓, 家雜總, 身窟穴, 中罷於刀金. 而士困於土功, 將不釋甲, 期數而能拔城者爲亟耳. 上倦於教, 士斷於兵, 故三下城而能勝敵者寡矣. 故曰, 彼戰攻者, 非所先也. 何以知其然也? 昔智伯瑤攻范,中行氏, 殺其君, 滅其國, 又西圍晉陽, 吞兼二國, 而憂一主, 此用兵之盛也. 然而智伯卒身死國亡, 爲天下笑者, 何謂也? 兵先戰攻, 而滅二子患也. 日者, 中山悉起而迎燕, 趙, 南戰於長子, 敗趙氏, 北戰於中山, 克燕軍, 殺其將. 夫中山千乘之國也, 而敵萬乘之國二, 再戰北勝, 此用兵之上節也. 然而國遂亡, 君臣於齊者, 何也? 不嗇於戰攻之患也. 由此觀之, 則戰攻之敗, 可見於前事."

{국역} "그래서 明主나 賢相으로[1254] 伯王(패왕)이 되려는 뜻이 있다면, 공격적 전쟁에 앞서지 않았습니다. 전쟁은 나라를 피폐케 하고 도읍이나 지방의 재물을 허비해야 합니다.[1255] 이처럼 먼저 피폐하고 허비하고서 제후를 복종케 한 자는 많지 않습니다. 그러한 전쟁은 모두를 피폐하게 만드니, 백성들은 전쟁 소식에 私財를 나라에 바치기에 軍用 市場이 번성하고, 음식을 보내 죽어갈 군사를 먹여야

1254 察相 - 相之明察者.

1255 戰者, 國之殘也, 而都縣之費也. - 國之殘也는 有害於國의 뜻. 宗廟의 神主를 모신 대읍을 都라 한다. 周制에 2,500호를 縣이라 했다. 費는 재물을 쓰다.

하고, 수레 끌채를 부수어 취사 연료로 쓰고, 소를 잡아 군사를 먹여야 하니[1256] 이는 곧 나라의 財用을 길에서 모두 낭비하는 것입니다.[1257] 나라의 백성들은(中人, 國中之人) 군사로 나간 자를 위해 빌고 기도하며(禱祝), 國君은 술을 빚어 장수를 먹이고 도읍에서 작은 현에 이르기까지 社를 설치하고, 시장에서는 장사를 쉬고 나라를 위해 징발케 하니, 이는 온 나라를 공허하게 만드는 계책이라 할 수 있습니다. 전쟁이 끝났다면(戰之明日), 시신을 묻어 주고 부상자를 도와야 하며,[1258] 만약 전쟁에서 이겼다 하더라도 비용을 지출해야 하고, 나라에서 통곡하는 소리에 主君은 마음이 아플 뿐입니다. 死者는 破家(파가)하듯 재물을 들여 장례를 치러야 하고, 傷痍者(상이자)는 재산을 버려가며 약을 복용하고[1259] 몸이 성한 사람은 마을에서 크게 잔치하며 사치하고 즐기니[1260] 그 비용은 죽고 다친 사람과 비슷할 것입니다(鈞, 均과 同). 그래서 (전쟁 한 번에) 백성이 쓰는 비용은 10년 농사를 지어도 다 보상할 수가 없습니다. 軍이 출동하면

1256 원문 殺牛而觴士 – 觴은 술잔 상. 마시다.

1257 원문 則是路君之道也. – 路은 露가 되어야 한다는 주석이 있다. 또 路君은 路窘(노군, 窘은 막힐 군), 곧 나라의 財用이 길에서 다 낭비된다는 뜻으로 풀이할 수 있다.

1258 원문 屍死扶傷 – 屍는 주검 시. 아직 殮拾(염습)을 하지 않은 주검. 扶는 도울 부. 傷은 負傷人.

1259 원문 夷傷者空財而共藥 – 夷는 다칠 이. 傷과 同. 共은 供(바칠 공)과 同.

1260 完者內酺而華樂 – 酺는 연회할 포. 크게 마시다(大飮也). 華는 奢侈(사치).

矛戟(모극, 창)이 부러지고, 칼과 활이 부서지며[1261] 쇠뇌〔弩(노)〕가 망가지고, 수레가 부서지며(破車), 말도 죽고, 날려 잃어버린 화살이 절반이 넘을 것입니다. 군사의 武裝(무장) 도구는 각 가정에서 사적으로 부담한 것입니다.[1262] 士大夫 家에서 숨긴, 그리고 養馬하는 자가 훔쳐 숨겨 놓은 재산 또한 10년 농사로도 다 보상할 수 없습니다. 온 천하에 이러한 부수 비용을(再費者) 감당하고서 제후들을 따라오게 하는 사람은 얼마 안 됩니다. 攻城하는데 들어가는 비용, 백성들이 방어 시설을 수리하는 부담, 성곽을 공격할 때 비용 부담을 一家가 모두 지출해야 하니, 자신들은 토굴에서 생활하고 백성은 병기를 제작하느라 피폐합니다. 병사들은 토목 공사에 동원되고 장수는 갑옷을 벗을 겨를이 없으며, 기일을 기약하고, 성을 함락시키려고 서두르게 됩니다. 그러다 보니 위에서는 教鍊(교련)에 피곤하고 병사는 兵器에 부상당하니[1263] 3곳의 성을 함락했다 하여 적을 이겼다고 생각할 사람은 없습니다. 그러하기에 전쟁에서 공격은 앞서서 서두를 것이 아닙니다. 어떻게 그런 것을 알 수 있겠습니까? 옛날 (晉의) 智伯瑤(지백요)는[1264] 范氏(범씨)와 中行氏(중행씨)를 공격하여 그

1261 원문 鐶弦絕 – 鐶은 고리 환, 刀鐶(도환)은 칼자루의 둥근 고리 부분. 弦은 鉉, 솥의 귀. 활.

1262 원문 官之所私出也 – 官은 宮의 誤字가 분명. 여기 宮(궁)은 집 궁. 父子異宮의 宮과 같은 뜻. 兵農一致 시대라서 私家에서 비용을 부담했다는 뜻.

1263 원문 士斷於兵 – 斷은 잘라지다(截也. 끊을 절). 兵은 兵器.

1264 知伯瑤〔지백요, 知瑤(지요), ? – 前 453년〕 – 智氏(荀氏, 知氏). 名은 瑤(요). 知襄子. 春秋 말기 晉國 4卿의 한 사람. 知宣子의 子, 韓康子, 魏桓子, 趙襄子에게 토지 분할을 요구했는데 趙氏가 不給하자, 知瑤는 大怒하

主君을 죽이고 그 나라를 없앴으며, 또 서쪽으로 진격하여 (趙襄子의) 晉陽(진양, 今 山西省 太原市)을 공격하며 조양자를 위기로 몰았으니, 이는 用兵의 극성이었습니다. 그러나 智伯은 자신도 죽고 그 나라도 멸망하여 천하의 웃음거리가 되었으니 왜 그러했겠습니까? 군사를 먼저 일으켜 공격하였고, 그래서 二子(范氏, 中行氏)를 멸망시킨 후환이었습니다. 옛날에 中山國은 온 국력을 동원하여 燕과 趙를 맞이해 싸웠는데 (중산국의) 남쪽 長子(장자, 地名)의 전투에서 趙나라를 패퇴시켰고, 北쪽으로 中山(중산)에서 싸워 燕의 군사를 패퇴시키면서 그 장수도 죽였습니다. 中山國은 (戰車) 1천 乘(승)을 낼 수 있는 작은 나라인데 萬乘의 나라 2나라와 두 번 싸워 이겼으니, 이는 上等의 用兵이었습니다.[1265] 그러나 결국 나라는 (趙에) 멸망하였고, 그 군주는 齊의 신하가 되었으니 왜 그러했겠습니까? 그것은 전쟁을 일으키고 공격을 조심하지 않았던 후환이었습니다.[1266] 이를 통해 본다면 전쟁에서의 승패는 이전의 여러 사례에서 알 수 있습니다."

{原文} "今世之所謂善用兵者, 終戰比勝, 而守不可拔, 天下稱爲善, 一國得而保之, 則非國之利也. 臣聞戰大勝者, 其士多死而兵益弱, 守而不可拔者, 其百姓罷而城郭露. 夫士

며 韓, 魏와 연합하여 趙襄子의 세력 근거지인 晉陽에 水攻을 가했다. 그러나 韓과 魏 兩氏가 창을 거꾸로 잡아 공격하자 지씨는 멸망했다. 그 영지는 韓, 魏, 趙 三家에 의해 분할되었다.

1265 원문 此用兵之上節也 – 節은 等.

1266 원문 不嗇於戰攻之患也 – 嗇은 아낄 색. 吝(아낄 린)과 同. 전쟁에 신중하지 않았다는 뜻.

死於外, 民殘於內, 而城郭露於境 則非王之樂也. 今夫鵠的非咎罪於人也, 便弓引弩而射之, 中者則善, 不中則愧, 少長貴賤, 則同心於貫之者, 何也? 惡其示人以難也. 今窮戰比勝, 而守必不拔, 則是非徒示人以難也, 又且害人者也, 然則天下仇之必矣. 夫罷士露國, 而多與天下爲仇, 則明君不居也; 素用强兵而弱之, 則察相不事. 彼明君察相者, 則五兵不動而諸侯從, 辭讓而重賂至矣. 故明君之攻戰也, 甲兵不出於軍而敵國勝, 衝櫓不施而邊城降, 士民不知而王業至矣. 彼明君之從事也, 用財少, 曠日遠而爲利長者. 故曰, 兵後起則諸侯可趨役也."

{국역} "지금 세상에 '用兵에 능하다' 라고 하는 자일지라도 끝까지 싸워 연승하거나, 守城하여 점령당하지 않는다면, 세상에서 유능하다 칭송을 듣지만, 한 나라를 지켜낸다 하여도 (전쟁은) 그 나라에 이득이 되지 않습니다. 臣이 알기로, 전투에서 대승을 거둔 장수라도 그 사졸은 많이 죽었으니 그 군사는 더 약해진 것이며, 성을 방어하며 함락 당하지 않았더라도 그 백성은 피폐하고 성곽은 완전 空地(허물어지다)가 될 것입니다. 군사는 (공격하느라) 밖에서 죽고, 백성은 (守城하느라) 안에서 衰殘(쇠잔)하며, 성곽은 완전 폐허가 되니, 이는 결코 王者의 즐거움이 아닐 것입니다. 지금 화살의 과녁은 사람에게 아무 죄를 짓지도 않았는데,[1267] (사람들이) 편한 대로 활을

1267 今夫鵠的非咎罪於人也 – 鵠은 고니 곡. 的(과녁). 천이나 가죽에 그려

당겨 쏘아서 맞힌 자는 칭찬을 듣고[1268] 못 맞춘 자는 부끄러워하며, 젊거나 나이가 많으나 貴賤을 불문하고 한 마음으로 맞히려 하는데 왜 그러하겠습니까? (과녁은) 맞히기 어려운 것이라 생각하여 (사람들의) 미움을 받기 때문입니다.[1269] 지금 끝까지 싸워 연승하거나 함락 당하지 않는 守城은 다른 사람에게 이루기 어렵다는 것을 보여줄 뿐만 아니라 또 그 때문에 백성을 해치기에, 이는 세상 사람들에게 틀림없이 미움을 받게 될 것입니다. 군사를 지치게 하고 나라를 피폐하게 하여 온 천하가 원수처럼 여긴다면 名君은 그런 것을 누리지 않을 것입니다. 또 평소에 强兵일지라도 결국은 弱해질 것이니 명철한 國相이라면 따르지 않을 것입니다. 그러니 明君이나 賢相이라면 5종류의 兵器를 동원하지 않고도[1270] 諸侯들이 따라오게 만들며, 辭讓(사양)하더라도 많은 재물이 모여들 것입니다. 그래서 明君의 攻戰이라면, 軍에서 甲兵을 동원하지 않고도 적국에 승리할 것이고, (성곽 파괴용) 衝車(충거, 衝櫓)를 동원하지 않고도 변방의 城이 투항할 것이니, 백성이 알지 못하는 사이에 王業을 성취할 것입니다. 그러나 明君이 일을 처리할 경우(從事) 비용은 적게 들이고, 오랜 시일이 걸릴 것 같아도, 결국 나라에 큰 이득이 될 것입니다. 그래서 군사 동원이 늦어도 제후들은 따라올 것이고 그 제후들을 부릴 수 있

진 표적. 씀는 허물 구.

1268 원문 中者則善 – 中은 맞히다. 善之는 칭찬하다. 좋아하다(喜也).

1269 원문 惡其示人以難也 – 的은 맞히기 어렵다. 사람들이 맞히려 하는 것은 마치 미움을 받는 것과 같다. 慾望이나 怨望의 대상이 되는 것처럼 과녁이 그런 대상이 된다.

1270 則五兵不動 – 五兵은 五戎(오융). 刀, 劍(검), 矛(모), 戟(극), 矢(시, 화살).

을 것입니다."

{原文} "臣之所聞, 攻戰之道非師者. 雖有百萬之軍, 北之堂上, 雖有闔閭,吳起之將, 禽之戶內. 千丈之城, 拔之尊俎之間, 百尺之衝, 折之衽席之上. 故鍾鼓竽瑟之音不絶, 地可廣而欲可成, 和樂倡優侏儒之笑不之, 諸侯可同日而致也. 故名配天地不爲尊, 利制海內不爲厚. 故夫善爲王業者, 在勞天下而自佚, 亂天下而自安, 諸侯無成謀, 則其國無宿憂也. 何以知其然? 佚治在我, 勞亂在天下, 則王之道也. 銳兵來則拒之, 患至則趨之, 使諸侯無成謀, 則其國無宿憂矣. 何以知其然矣? 昔者魏王擁土千里, 帶甲三十六萬, 其强而拔邯鄲, 西圍定陽, 又從十二諸侯朝天子, 以西謀秦. 秦王恐之, 寢不安席, 食不甘味, 令於境內, 盡堞中爲戰具, 竟爲守備, 爲死士置將, 以待魏氏. 衛鞅謀於秦王曰, '夫魏氏其功大, 而令行於天下, 有十二諸侯而朝天子, 其與必衆. 故以一秦而敵大魏, 恐不如. 王何不使臣見魏王, 則臣請必北魏矣.' 秦王許諾. 衛鞅見魏王曰, '大王之功大矣, 令行於天下矣. 今大王之所從十二諸侯, 非宋,衛也, 則鄒,魯,陳,蔡, 此固大王之所以鞭箠使也, 不足以王天下. 大王不若北取燕, 東伐齊, 則趙必從矣. 西取秦, 南伐楚, 則韓必從矣. 大王有伐齊,楚心, 而從天下之志, 則王業見矣. 大王不如先行王服, 然後圖齊,楚.' 魏王說於衛鞅之言也, 故身廣公宮, 制丹衣柱, 建九斿, 從七星之旟. 此天子之位也, 而魏王處之. 於是齊,楚怒, 諸侯奔齊, 齊人伐魏, 殺其太子, 覆其十萬之軍. 魏王大恐, 跣行按兵於國, 而東次於齊, 然後天下乃舍之. 當是時, 秦王垂拱受西河之外, 而不以德魏王. 故曰衛鞅之始與秦王計也, 謀約不下席, 言於尊俎之間, 謀成於堂上, 而魏將以禽於齊矣. 衝櫓未施, 而西河之外入於秦矣. 此臣之所謂北之堂上, 禽將戶內, 拔城於尊俎之間, 折衝席上者也."

{국역} "臣이 들은 바로는, 攻戰의 道는 군사에 있지 않습니다.[1271] 비록 (적이) 백만 대군일지라도 이를 堂上에서 패퇴시킬 수 있습니다.[1272] 비록 (吳王) 闔閭(합려) 같은 主君에 吳起(오기) 같은 장수일지라도[1273] 집안에 앉아 사로잡을 수 있고, 1千 丈(장)의 성곽이라도

1271 원문 攻戰之道非師者 – 師는 軍旅(군여). 군사. 군사를 동원하지 않는다.

1272 원문 北之堂上 – 당상에서 책모를 꾸며 상대를 自敗하게 한다. 여러 판본에 也. 補曰, "比之堂上이나 比는 응당 北이어야 한다." 北는 달아날 배. 도망치다. 등지다.

1273 원문 闔閭,吳起之將 – 闔閭(합려, 재위 前 514 – 496년) – 姬姓, 名은 光, 號 闔閭. 春秋 시대 吳國 24대 君主. 《荀子 王霸》에 春秋 五霸의 한 사람. 아들은 부차. 합려가 등용한 장수는 孫武(손무)였다. 吳起(오기, 前 440 – 381년)는 戰國初期의 兵法家. 兵家의 대표 인물. 衛國 左氏縣(今 山東省 定陶縣) 출신. 吳起는 魯, 魏, 楚 3국에 出仕(출사). 각국에서 능력을 인정받았다. 前 381년, 楚 悼王(도왕)이 죽은 뒤, 楚에서 兵變이 일어나며 피살되었다. 《吳子兵法》 6편만 존재. 곧 〈圖國〉, 〈料敵〉, 〈治兵〉, 〈論將〉, 〈應變〉, 〈勵士〉 등이다. 《孫子兵法》과 함께 《孫吳兵法》으로

도마 위에서 썰린 고기처럼 함락시킬 수 있으며, 1백 尺의 衝車(충차)일지라도 앉은 자리에서 꺾어버릴 수 있는 것입니다. 그런고로 악기와 피리, 또 琴瑟(금슬)의 소리가 그치지 않는 연회에서 영역을 넓힐 수 있고, 광대(倡優)와 난장이가〔侏儒(주유)〕 연기하는 즐거운 웃음이 끊임이 없어도 제후들을 한날에 불러 모을 수 있습니다.[1274] 그래서 天地에 짝을 지을 명성도 존귀하지 않고 海內를 제압할 수 있는 이익일지라도 많다고 할 수 없습니다.[1275] 그러므로 王者의 大業을 잘 성취하려는 자는 천하를 위해 수고한 다음에 쉬고, 천하를 잘 다스린 뒤에 안정을 누리며,[1276] 제후들은 計策을 도모하지 않기에 그 나라에는 오래된 걱정거리가 없습니다.[1277] 이런 사실을 어떻게 알 수 있겠습니까? 내가 便安하더라도 천하를 위해 고생하고 애써 다스리는 것이 바로 王者의 道입니다. 정예 적병이 내침한다면 막아야 하고, 환난이 닥치면 이겨내야 하며, 제후로 하여금 그 모략할 거리를 펼 수 없게 한다면, 그 나라에는 오랜 걱정거리가 없을 것

통칭. 北宋 시대에《吳子兵法》은《武經七書》의 하나.

1274 和樂倡優侏儒之笑不之 – 倡優(창우)는 광대. 侏儒(주유)는 短小人(난장이).

1275 明君이나 장수의 공덕과 名利가 아무리 높아도 칭송에는 부족하다는 뜻.

1276 원문 亂天下而自安 – 亂은 어지러울 난. 난리 난, 풍악의 끝 가락 난. 다스릴 난(治也)《書經 顧命》「其能而亂四方, 以敬忌天威?」이란 구절이 있다.

1277 원문 則其國無宿憂也 – 한밤 내내 걱정할 근심거리를 풀이할 수도 있다. 宿은 잘 숙. 묵은, 오래 된, 남겨진(留也), 宿諾(숙낙)은 대답, 응답을 보류하다.

입니다. 이를 어찌 알 수 있겠습니까? 옛날에 魏王(惠王)은 1천 리의 국토를 차지하고, 36만이나 되는 강한 무장 병력으로 (趙의) 邯鄲(한단)을 점령했으며, 서쪽으로 (上黨의) 定陽(정양)을 포위하였고, 12국 제후를 거느리고서 (周) 天子에게 入朝한 뒤, 서쪽으로 진격하여 秦을 도모할 생각이었습니다. 秦王(孝公)은 두려워 누워도 편안하지 않았고 먹어도 맛을 몰랐기에, 온 나라에 명령하여 모든 城砦(성채: 성곽의 화살 구멍, 堞은 성가퀴 첩, 女牆)에 전쟁 도구를 갖추게 하였고, 끝까지 방어하게 하며, 결사대를 만들어 장수를 두고 魏 군사를 기다렸습니다. 이때 衛鞅(위앙, 商鞅)이 秦王에게 책모를 말했습니다. '魏나라는 큰 공을 들여 천하를 호령하며 12국 제후를 거느리고 天子(周王)에게 入朝하였고 그 편이 된 무리가 많습니다. 그래서 우리 秦나라 혼자 막강한 魏를 상대할 수 없으리라 생각됩니다. 그러나 왕께서는 臣(상앙)을 魏王에게 사신으로 보내 만나게 하신다면, 저는 꼭 魏나라가 군사를 철수토록 만들겠습니다.' 秦王은 허락했고, 상앙은 魏王을 만나 말했습니다. '大王의 공적은 위대하시어 천하가 대왕의 명령을 따르고 있습니다. 지금 大王께서 거느린 12제후 중 宋이나 衛가 아니면, 鄒(추, 孟子의 고국), 魯(노), 陳(진), 蔡(채) 등은 소국들로 정말로 대왕이 회초리로 때려 부릴 수 있는 나라인데 (그런 나라를 거느렸다고) 천하의 王者가 되기에는 부족합니다. 그러니 대왕께서는 차라리 북쪽으로 燕나라를 공략하고 동쪽으로 齊를 정벌한다면, 趙는 틀림없이 (魏에) 복종할 것입니다. 서쪽으로 秦을 차지하고, 남쪽으로 楚를 정벌한다면 韓은 저절로 굴종할 것입니다. 大王께서 齊와 楚를 정벌할 마음으로 천하를 합종한다면, 王者의 大業은 눈에 보일 것입니다. 大王께서는 먼저 왕의 복식을 갖춘 뒤에

齊와 楚를 도모하시는 것이 더 나을 것입니다.' 이에 魏王은 衛鞅(위앙)의 말에 기뻐하면서 직접 왕궁을 확장케 하고, 궁궐 기둥을 붉은 비단으로 감싸게 했으며, 9개의 깃발을 세우게 하고, 七星의 깃발(旟, 붉은 비단 깃발 여)이 왕을 수종케 하니, 이는 天子의 지위에 따른 것이나 魏王이 차지하였던 것입니다. 이에 齊와 楚에서는 화를 내었고 제후들은 齊나라 편으로 몰렸으며, 齊의 군사는 魏를 정벌하고 그 태자를 죽였으며 (魏의) 10만 군사를 覆滅(복멸: 엎어버리다)시켰습니다.[1278] 魏王은 크게 두려워하며 맨발로 달려 나가 나라 안 군사 행동을 중지시키고 동쪽 齊로 달려가 화해를 청하자 천하 여러 나라는 魏를 놓아주었습니다. 그때 秦王은 팔짱을 끼고서 (魏로부터) 西河[1279]의 서쪽을 차지하고서도 魏王의 德이라 생각하지 않았습니다. 이렇듯 衛鞅(위앙)은 秦王과 처음에 책모를 꾸미면서 자리에서 내려오지도 않고 잔치를 즐기면서 담소하듯[1280] 堂上에서 책모를 마련하여, 齊에서 魏將을 사로잡게 하였으며, (성곽 공격용) 衝櫓(충로, 衝車)를 쓰지도 않고 西河 서쪽의 땅을 秦에 바치게 하였습니다. 이것이 이른바 堂上에서 적을 패주하게 만들고, 집안에서 적장을 사로잡으며, 잔치하며 城을 차지하고 앉아서 적국을 꺾어버린다는 말입니다."

1278 이는 前 342년 齊와 魏의 馬陵之戰이고 太子 申이 전사했다.

1279 西河 – 黃河의 상류 중 일부. 今 寧夏回族自治區에서 南에서 北쪽 내몽고 지역으로 흐르는 황하의 부분과 내몽고에서 ∩字로 꺾여 陝西省과 山西省의 경계를 이루며 남쪽으로 흐르는 부분을 지칭하다.

1280 원문 言於尊俎之間 – 言은 이야기하다. 尊俎之間은 연회하면서. 尊俎(준조)는 연회석. 尊은 술통 준. 높을 존. 俎는 도마 조. 祭器.

13.《戰國策》卷十三 齊策 六

160/ 齊負郭之民有孤狐咺者

{原文} 齊負郭之民有孤狐咺者, 正議閔王, 斮之檀衢, 百姓不附. 齊孫室子陳擧直言, 殺之東閭, 宗族離心. 司馬穰苴爲 政者也, 殺之, 大臣不親. 以故燕擧兵, 使昌國君將而擊之. 齊使向子將而應之. 齊軍破, 向子以輿一乘亡. 達子收餘卒, 復振, 與燕戰, 求所以償者, 閔王不肯與, 軍破走.

王奔莒, 淖齒數之曰, "夫千乘,博昌之間, 方數百里, 雨血沾衣, 王知之乎?"

王曰, "不知."

"嬴,博之間, 地坼至泉, 王知之乎?"

王曰, "不知."

"人有當闕而哭者, 求之則不得, 去之則聞其聲, 王知之乎?"

王曰, "不知."

淖齒曰, "天雨血沾衣者, 天以告也, 地坼至泉者, 地以告也. 人有當闕而哭者, 人以告也. 天地人皆以告矣, 而王不知戒焉, 何得無誅乎?"

於是殺閔王於鼓里.

太子乃解衣免服, 逃太史之家爲漑園. 君王后, 太史氏女, 知其貴人, 善事之. 田單以卽墨之城, 破亡餘卒, 破燕兵, 紿騎劫, 遂以復齊, 遽迎太子於莒, 立之以爲王. 襄王卽位, 君王后以爲后, 生齊王建.

齊의 가난한 백성 孤狐咺(고호훤)

{국역} 齊나라 성곽에 기대어 사는 백성 孤狐咺(고호훤)이란 자가[1281] 閔王(민왕, 湣王)을 비난했다하여 閔王(민왕)이 (齊都 臨淄의) 檀衢(단구) 거리에서 처형하자 백성들이 王에 親附(친부 : 가까이하다)하지 않았다.[1282] 齊 종실의 후손인 陳擧(진거)가 역시 직언했다고[1283] 東閭

1281 원문 齊負郭之民有孤狐咺者 - 咺은 서럽게 울 훤. 孤狐咺(고호훤)은 인명. 《漢書 古今人表》에는 狐爰(호원). 中之下의 인물로 평가되었다. 孤는 狐 때문에 들리게 들어간 誤字라는 주석이 있다. 負郭之民은 성 밖에 성곽을 등진 집에 사는 가난한 백성. 負는 背의 뜻. 이 章은 齊 湣王(민왕, 재위 前 300년 - 284)이 죽고, 襄王(양왕, 재위 前 283 - 265년)이 즉위하는 과정의 사건을 기록하였다.

1282 斮之檀衢 - 斮은 벨 착. 斬首(참수)하다. 檀衢(단구)는 거리 이름(市名). 衢는 네거리 구.

(동려, 동쪽 마을)에서 그를 죽여버리자 왕족의 마음도 멀어져 떠나갔다. 거기에다 政事를 담당하던 司馬穰苴(사마양저)를 죽이자 大臣들이 王한테서 멀어졌다.[1284]

이에 燕은 擧兵하여 昌國君(창국군, 樂毅, 魏 樂羊의 후손)을 장수로 삼아 군사를 거느리고 齊를 공격하자,[1285] 齊에서는 向子(상자, 向은 성씨 상)를 시켜 응전하게 하였다. 그러나 齊軍은 격파되었고 向子는 수레를 몰고 도망쳤다. (齊의) 達子(달자)는 나머지 군졸을 모아 다시 세력을 떨쳐 燕과 싸우면서 전리품을 賞으로 주겠다고 했으나 閔王이 이를 거부하자, 軍陣이 깨지면서 군졸은 도주하였다.

1283 원문 齊孫室子陳擧直言 – 公孫家子(宗室). 陳擧(진거)는 人名.

1284 司馬穰苴爲政者也, 殺之, 大臣不親. – 司馬穰苴(사마양저, 생졸년 미상)의 嬀(규)는 姓, 田氏, 名은 穰苴. 春秋 후기, 齊 敬公(재위 前 548 – 490)의 장수. 兵法家. 田完의 후손. 전국시대 말기 齊 閔王과는 전혀 관계없는 인물. 이런 착오를 본다면《戰國策》이 학문적 깊이가 없는 여러 책사들이 지어낸 글이란 것을 알 수 있다.

1285 樂毅(악의, 생졸년 미상) – 燕 昭王에 의해 발탁. 前 284년, 昭王은 樂毅(악의)를 上將軍에 임용했고 秦, 韓, 趙, 魏 등 5국의 연합으로 齊를 정벌하고 대승을 거두면서 5년간 齊國 70여 성을 점령하여 옛 치욕을 씻었다. 齊國은 겨우 莒(거, 今 山東省 동남부 日照市 莒縣)와 卽墨(즉묵) 등 3城으로 명맥을 유지했다. 燕 昭王이 죽은 뒤, 燕 惠王(혜왕, 前 278 – 272년 史記)이 즉위했다. 惠王은 태자 시절부터 樂毅(악의)와 不合했다. 齊國의 田單(전단)은 이를 알고 반간계를 쓰자, 燕 惠王은 걸려들었고 악의를 소환하자, 악의는 趙國으로 도망쳤다. 昌國君은 燕에서 받은 작위, 趙莒의 작위는 望諸君(망제군)이다. 춘추시대 齊의 管仲(관중)과 나란히 명성을 누렸다.《史記 樂毅列傳》에서는 樂毅에 대하여「昌國忠讜, 人臣所無.」라고 하였다. 三國 時期 諸葛亮(제갈량)은 南陽에서 농사지으면서 자신을 管仲과 樂毅와 같다고 생각했다.

민왕은 莒(거)로 도망했는데 (楚의 장군, 구원군을 이끌고 왔던) 淖齒(요치)가 (민왕의 실책을) 따져 물으면서 말했다.

"千乘(천승, 지명)[1286]과 博昌(박창) 사이 사방 둘레 수백 리에 핏물이 내려 옷을 물들였는데 왕은 알고 있습니까?"

왕은 "모르겠습니다."라고 말했다.

"(泰山郡) 嬴縣(영현)과 博縣(박현) 사이에 땅이 갈라지고 샘이 솟았는데 왕은 알고 있습니까?"

"몰랐습니다."

요치가 다시 물었다.

"궐문 앞에서 사람의 통곡소리가 들려 찾아도 보이지 않다가 사람이 없으면 또 들리는데 왕은 알고 있습니까?"

"모릅니다."[1287]

요치가 말했다. "하늘이 핏물을 내려 옷을 물들였으니, 이는 하늘이 내린 戒告(계고 : 경고)입니다. 땅이 갈라지고 샘이 솟았다면 땅이 보내온 경고입니다. 백성의 혼령이 궐문에서 통곡한다면, 이는 백성의 알림입니다. 天地人이 모두 계고(경고)를 보냈으나 왕만 모르고 있으니, 어찌 죽이지 않을 수 있겠습니까?"

그러면서 閔王을 (莒縣)의 鼓里(고리)에서 죽여 버렸다.

1286 千乘 – 漢代 郡名. 今 山東省 淄博市(치박시) 서북, 濱州市 중동부 및 東營市 서부 일원. 현재 黃河의 하류. 今 山東省 중부 淄博市(치박시) 관할 千乘縣.

1287 "不知"가 3번 나오는데《資治通鑑》에는「知之」로 되어 있다.

한편 太子[1288]는 옷을 바꿔 입고 太史氏 집안으로 숨어들어가 논밭에 물을 대는 일꾼이 되었는데, 太史氏의 딸은 일꾼이 고귀한 사람인 줄을 알고 잘 대우하였다. 때마침 田單(전단)[1289]이 卽墨(즉묵)의 城에서 흩어진 군졸을 모아 燕의 군사를 격파하고 (燕의 大夫) 騎劫(기겁)을 속이고 대파하여 齊를 수복하고,[1290] 서둘러 莒(거)에서 태자를 맞이하여 왕으로 세우니, 이가 바로 襄王(양왕)이다. 襄王(양왕)이 즉위하였고, 君王의 后(太史氏의 딸)를 왕후로 맞이했고, 왕후는 齊王 建(건, 田齊의 마지막 왕)을 출산하였다.

161/ 王孫賈年十五事閔王

{原文} 王孫賈年十五, 事閔王. 王出走, 失王之處.

其母曰, "女朝出而晩來, 則吾倚門而望, 女暮出而不還, 則吾倚閭而望. 女今事王, 王出走, 女不知其處, 女尙何歸?"

王孫賈乃入市中, 曰, "淖齒亂齊國, 殺閔王, 欲與我誅者,

1288 (閔王) 太子 - 名은 法章(법장), 襄王(양왕, 재위 前 283 - 265년).

1289 田單(전단, 생졸년 미상, 陳單) - 戰國 시대 田齊의 宗室. 齊國의 軍事 戰略家, 卽墨之戰에서 火牛陣으로 燕軍을 격파하고 燕에 빼앗겼던 70여 성을 수복했다.

1290 원문 紿騎劫, 遂以復齊 - 紿는 속일 태. 패망케 하다. 패주시키다. 騎劫(기겁)은 人名. 樂毅의 후임 燕將. 田單이 연에게 빼앗겼던 70여 성을 모두 수복한 것은 齊 양왕 즉위 5년인 前 279년이었다.

袒右!"

市人從者四百人, 與之誅淖齒, 刺而殺之.

王孫賈(왕손가)는 15세부터 閔王을 섬겼었다.

{국역} 王孫賈(왕손가)는 나이 15세부터 閔王(민왕)을 섬겼다.[1291] 閔王이 出走(피신하다)하여 왕의 소재를 알지 못했다.

왕손가의 모친이 말했다.

"네가(女, 汝) 아침에 나가 저녁에 들어올 때, 나는 대문에 기대어 너를 기다렸다(倚門而望). 네가 저녁 때 외출하여 돌아오지 않으면, 나는 마을 閭門(여문)에 기대어 너를 기다렸다(倚閭而望). 네가 지금 왕을 섬긴다면서 왕이 피난하였으나 어디 계신지도 모르면서 어찌 귀가할 수 있겠느냐?"[1292]

王孫賈(왕손가)는 곧 市中에 가서 소리쳐 말했다.

"(楚의 장수) 淖齒(요치)는 齊國을 어지럽히고 閔王(민왕)을 죽였으니, 나와 함께 요치를 죽일 자는 오른쪽 어깨를 드러내라!"[1293]

시장에서 왕손가를 따르는 사람이 4백여 명이었는데 왕손가는 그들과 함께 淖齒(요치)를 찔러 죽였다.

1291 원문 王孫賈年十五 - 이는《史記》에 기록이 없다.

1292 원문 女不知其處, 女尙何歸? - 女는 汝(너 여). 민왕은 처음에 魏로 出奔(출분)했다가 鄒(추), 魯 등지를 전전하다가 莒(거)에 갔고, 거기서 구원군을 이끌고 온 楚將 요치에게 살해되었다.

1293 왕손가가 閔王이라는 시호를 말할 수 없을 것이다. 袒右의 袒은 옷 벗을 단. 오른쪽 어깨를 드러내다.

162/ 燕攻齊取七十餘城

{原文} 燕攻齊, 取七十餘城, 唯莒,卽墨不下. 齊田單以卽墨破燕, 殺騎劫.

初, 燕將攻下聊城, 人或讒之. 燕將懼誅, 遂保守聊城, 不敢歸. 田單攻之歲餘, 士卒多死, 而聊城不下.

魯連乃書, 約之矢 以射城中, 遺燕將曰,

「吾聞之, 智者不倍時而棄利, 勇士不怯死而滅名, 忠臣不先身而後君. 今公行一朝之忿, 不顧燕王之無臣, 非忠也. 殺身亡聊城, 而威不信於齊, 非勇也. 功廢名滅, 後世無稱, 非知也. 故知者不再計, 勇士不怯死. 今死生榮辱, 尊卑貴賤, 此其一時也. 願公之詳計而無與俗同也. 且楚攻南陽, 魏攻平陸, 齊無南面之心, 以爲亡南陽之害, 不若得濟北之利, 故定計而堅守之. 今秦人下兵, 魏不敢東面, 橫秦之勢合, 則楚國之形危. 且棄南陽, 斷右壤, 存濟北, 計必爲之. 今楚,魏交退, 燕救不至, 齊無天下之規, 與聊城共據期年之弊, 卽臣見公之不能得也. 齊必決之於聊城, 公無再計. 彼燕國大亂, 君臣過計, 上下迷惑, 栗腹以百萬之衆, 五折於外, 萬乘之國, 被圍於趙, 壤削主困, 爲天下戮, 公聞之乎? 今燕王方寒心獨立, 大臣不足恃, 國弊禍多, 民心無所歸. 今公又以弊聊之民, 距全齊之兵, 期年不解, 是墨翟之守也. 食人炊骨, 士無反北之心, 是孫臏,吳起之兵也. 能以見於天

下矣!」

燕(연)이 齊의 70여 城을 차지하다.

{국역} 燕이 齊를 침공하여 70여 성을 탈취하였는데(前 284년),[1294] 다만 莒縣(거현)과 卽墨(즉묵)만은 함락되지 못했다. 齊의 田單(전단)은 卽墨(즉묵)[1295]에서 燕을 격파하면서 (장수) 騎劫(기겁)을 죽였다.

그전에 燕의 장수가 聊城(요성)[1296]을 함락시켰는데, 어떤 사람이 연의 장수가 반역을 품고 있다고 참소하였다. 燕將은 처형될까 두려워 끝내 聊城을 차지하며 귀국하지 않았다. 田單은 1년이 넘도록 공격했고, 많은 사졸이 죽었지만 요성을 함락하지 못했다.

魯連(노련, 魯仲連)[1297]이 편지 글을 써서 화살에 묶어 성 안으로 보

1294 원문 燕攻齊, 取七十餘城 – 齊 田單(전단)이 침입한 燕의 군사를 격파하자, 燕의 장수는 聊城(요성)에서 1년여를 버티었다. 이때 齊의 장군 魯仲連(노중련)은 화살에 서신을 매달아 城中에 쏘아 연의 장수를 설득하였다. 이는 田單이 燕軍을 격파하던 前 279년의 일로 알려졌다. 본 章의 내용은 史實과 부합되지 않는 부분이 많다는 주석이 있다. 본 장은《史記 魯仲連鄒陽列傳 第83》에 수록되었지만 연대나 인물 등이 사실과 부합되지 않는 부분이 많다. 본 장은 노중련이 敵將을 설득하는 長文의 書信이다. 결국 풍부한 지식에 바탕을 둔 조리 있는 유세가 많은 목숨을 구했다는 칭송이다.

1295 卽墨縣(즉묵현) – 漢代 膠東國(교동국)의 치소. 今 山東省 靑島市 관할 平度市.

1296 聊城(요성) – 今 山東省 서북부 聊城市(요성시).

1297 魯連(노련, 魯仲連, ? 前 305 – 245년) – 戰國時代 齊國 茌平人. 遊說 名士. 稷下 學宮에서 수학. 說客으로 유명. 저명한「義不帝秦」변론이 잘 알

내 燕의 장수에게 말했다.

「내가 알기로, 智者는 때를 어겨 이득을 놓치지 아니하고,[1298] 勇士는 죽기를 겁내어 명예를 毁滅(훼멸)하지 않으며, 忠臣은 자신을 앞세워 주군을 뒤로 하지 않는다고 하였습니다. 지금 公은 一朝(하루 아침)의 분노 때문에 燕王(燕 惠王)의 신하라는 사실을 생각하지 않고 있으니, 이는 忠이 아닙니다. 자신의 육신을 버려가며 聊城(요성)을 차지하고 있지만, 그 위세가 齊에서도 알아주지 않으니 勇이 아닙니다. 功은 없어졌고 명분도 사라졌으며 후세에 아무 칭송도 없을 것이니, 이는 결코 知도 아닙니다. 그리고 知者는 계획을 바꾸지 않고(知者不再計), 勇士는 죽음을 겁내지 않습니다(勇士不怯死). 지금 死生과 榮辱(영욕)과 尊卑(존비)와 貴賤(귀천), 이 모두가 한순간에 달렸습니다.[1299] 公은 大計(큰 계책)를 深思(깊이 생각하다)하여 俗人과 같지 않기를 바랍니다. 지금 楚는 우리의 南陽을 공격하고,[1300] 魏는 平陸(평륙)을 침공하지만, 齊는 남쪽을 지킬 마음이 없고 南陽을 잃는 손해는 齊의 북쪽을 얻는 이득만 못하다고 생각하여 방책을 확정하고 굳건히 지키고 있습니다. 지금 秦나라에서도 군사를 보내니 (우리를 구원하고 있어) 魏는 감히 동쪽을 바라보지도 못하고 있으며,[1301] 秦과 연합하는 형세가 이뤄지면서[1302] (오히려) 楚의 형세

려졌다. 《史記 魯仲連鄒陽列傳》에 입전.

1298 원문 不倍時而棄利 – 倍는 背와 同. 어기다. 違背(위배)하다. 棄는 버릴 기.

1299 원문 此其一時也 – 모든 것이 한순간의 결정으로 달라진다는 뜻. 《史記 魯仲連列傳》에는 「此時不再來」로 되어 있다.

1300 齊之南陽 – 荊州에 속한 南陽이 아닐 것이다. 南陽은 齊 淮北과 泗上(사상) 일대라는 다른 주석이 있다.

가 위기에 처했습니다. 또 (齊가) 南陽을 버려 우측을 잘라버리더라도(平陸 일대를 버린다는 뜻) 濟北을 보전하는 것이 꼭 필요한 大計입니다. 지금 楚와 魏가 함께 퇴각하고 燕의 구원병이 오지 않을 것이니, 천하에는 齊를 도모하려는 책모가 다시 없을 것이고[1303] (齊에서는) 聊城(요성)과 대치할 것이며, 1년(期年)이면 지쳐 떨어질 것이니, 내가 아마 당신을 다시 만나기 어려울 것입니다. 齊는 틀림없이 聊城을 결단낼 것이고, 公은 더 이상 다른 방책이 없습니다. 저 燕國은 지금 大亂에 빠졌고, 君臣은 잘못된 방책 때문에(過計 곧 失計) 上下가 迷惑(미혹)에 빠졌으며, (燕將) 栗腹(율복)[1304]은 百萬(十萬)의 군사를 거느리고도 5번의 전투에 패배하였고, 萬乘의 戰車를 낼 수 있는 나라인데도 趙에게 포위되어 영역을 빼앗겼기에, 君主는 곤경에 처했고, 천하의 여러 나라가 燕을 도륙하려 한다는 정세를 公은 알고 있습니까? 지금 燕王은 바야흐로 두려움 속에 홀로 서있으니, 大臣은 믿을 수가 없고, 나라에는 피폐와 禍亂이 겹쳤고 백성은 의지할 데가 없습니다. 지금 公이 聊城(요성)의 백성을 피폐하게 만들면서, 齊의 全軍에 맞서 저항하여 1년 안에 붕괴되지 않는다면, 이는 墨翟(묵적, 墨子)과 같은 자의 수비와 같을 것입니다.[1305] (식량이

1301 원문 不敢東面 – 齊를 공격할 생각도 못하다. 不攻齊也.

1302 원문 橫秦之勢合 – 齊의 善秦策을 橫이라 표현했다.

1303 원문 齊無天下之規 – 規는 책모(謀也). 秦은 齊를 구원하고 있으며, 楚와 魏가 퇴각한다면 齊를 노리는 세력이 없다는 뜻.

1304 栗腹(율복, 約 前 311 – 前 251년) – 나중에 燕國 國相을 역임. 鄗代之戰(호대지전)에서 패전, 피살되었다.

1305 원문 是墨翟之守也 – 墨翟(묵적)은 墨子(?前 468 – 376년) – 子姓, 墨氏, 名은 翟. 春秋 시대 말기, 戰國 시대 초기의 인물. 宋國人(今 河南省

없어) 食人하고 人骨을 쪼개 불을 때더라도 군사가 배반할 생각을 하지 않는다면, 이는 孫臏(손빈)과 吳起(오기)의 用兵입니다. 그렇다면 온 천하에 이미 소문이 날 것입니다.」

{原文} 「故爲公計者, 不如罷兵休士, 全車甲, 歸報燕王, 燕王必喜. 士民見公, 如見父母, 交遊攘臂而議於世, 功業可明矣. 上輔孤主, 以制群臣, 下養百姓, 以資說士. 矯國革俗於天下, 功名可立也. 意者, 亦捐燕棄世, 東游於齊乎? 請裂地定封, 富比陶,衛, 世世稱孤寡, 與齊久存, 此亦一計也. 二者顯名厚實也, 願公熟計而審處一也.」

{국역} 「그래서 公을 위한 계책으로는 부대를 해산하고 병사를 쉬게 하면서 모든 戰車와 甲士를 거느리고 귀국하여 燕王에 보고하면

동쪽 끝 商丘市). 一說 魯國人. 《史記 孟子荀卿列傳》에 '蓋墨翟, 宋之大夫. 善守御 爲節用. 或曰並孔子時, 或曰在其後' 라 하였기에, 宋人이라 했다. 묵자의 성명, 국적에 대해서는 여러 異論이 많다. 묵자는 형벌을 받아 손발이 굳었고 얼굴도 墨刺(묵자)의 형벌로 검었다는 주장이 있다. 묵자는 非儒, 兼愛(겸애), 非攻, 尙賢, 尙同, 明鬼, 非命, 天志(天도 人格과 같은 의지의 소유 주체). 非樂(비악), 節葬(절장), 節用(절용), 交相利 등 儒家와 상반되는 주장을 내세웠고, 당시 영향력이 매우 커서 '儒墨' 이란 말이 통했다. 《千字文》의 「墨悲絲染(묵비사염)」은 《墨子 所染》에서 나왔다. 《墨子》에 "公輸般(공수반)이 사다리차〔雲梯(운제)〕를 만들어 宋을 공격하려 했다. 墨子가 이를 알고 방어책을 세웠는데 공수반이 9가지의 변형으로 공격했으나 묵자는 이를 모두 막아내었다. 공수반의 기계는 더 이상 공격하지 못했지만 묵자의 수비는 여유가 있었다." 고 하였다.

연왕은 틀림없이 기뻐할 것입니다. 士民이 公을 만난다면 부모를 만난 듯 대하고 친우는 팔을 걷어붙이고 좋아하며, 公의 공적을 세상에 널리 알려[1306] 더욱 분명해질 것입니다. 위로는 孤主를 보필하고 群臣을 견제하며, 아래로는 百姓을 양육하고 유세하는 士人을 도와야 합니다.[1307] 온 나라의 국정을 바로잡고, 풍속을 고쳐나가면서 功名을 세울 수 있습니다. 뜻있는 자들은 또 燕을 버리고, 世評에 마음 쓰지 말며, 동쪽으로 齊에 귀부하라 권하지는 않습니까? 그러면 아마 땅을 나눠 제후에 봉해져 陶(도)와 衛(위)에 봉해진 사람보다 부유해질 것입니다.[1308] 또 (제후이기에) 대대로 孤나 寡人으로 자칭하며 齊와 함께 오래도록 존속할 수 있으니, 이 또한 좋은 계책일 것입니

1306 원문 交遊攘臂而議於世 - 交遊(교유)는 교제하는 벗. 攘은 물리칠 양. 팔 비. 팔을 앞으로 휘젓다. 큰일을 할 듯 팔을 걷어 올리다. 攘袂(양메, 袂는 소매 메)와 같은 뜻.

1307 원문 以資說士 - 資는 도와주다. 資以藉口. 說士는 辯說之士.

1308 원문 富比陶,衛 - 陶는 陶 朱公〔范蠡(범려), 前 536 - 448년, 字는 少伯〕으로 생각하기 쉬우나 陶(도, 山東省 서부 荷澤市 萬福河 상류의 定陶區)는 지역 명칭으로 당시 齊의 제일가는 상업 도시였다. 衛는 商君(商鞅)의 姓이 衛라서 상앙을 지칭한다는 주석과 衛公子 荊(형)이라는 주석이 있는데, 여기서는 상업이 번성한 지역 명칭이라는 주석이 더 합리적이다. 陶 朱公 范蠡(범려, 前 536 - 448년, 字는 少伯. 范은 풀이름 범. 蠡는 나무 좀먹을 려)는 經商致富하였고, 중국 상인의 財神으로 숭배된다. 越王 勾踐(구천)을 도와 吳를 멸망시킨 뒤에, 미녀 西施(서시)와 함께 五湖를 떠돌았다. 司馬遷은 '范蠡 三遷에 皆有榮名'이라 칭찬했다. 世人들은 '忠以爲國하고 智以保身하며, 商以致富하여 成名天下라.' 하였다. '千金之子는 不死於市'라는 속언이 있었다. 兵法書로《范蠡(범려)》가 있었으나 지금은 不傳한다.《史記 貨殖列傳》에 입전.《吳越春秋》참고.

다. (燕으로 귀국하든 齊로 귀부하든) 두 가지 계책이 모두 명성을 날리고 부유할 것이니 公께서 深思하여 하나를 택하기 바랍니다.」

{原文}「且吾聞, 傚小節者不能行大威, 惡小恥者不能立榮名. 昔管仲射桓公中鉤, 簒也. 遺公子糾而不能死, 怯也. 束縛桎梏, 辱身也. 此三行者, 鄕里不通也, 世主不臣也. 使管仲終窮抑, 幽囚而不出, 慚恥而不見, 窮年沒壽, 不免爲辱人賤行矣. 然而管子並三行之過, 據齊國之政, 一匡天下, 九合諸侯, 爲五伯首, 名高天下, 光照鄰國. 曹沫爲魯君將, 三戰三北, 而喪地千里. 使曹子之足不離陳, 計不顧後, 出必死而不生, 則不免爲敗軍禽將. 曹子以敗軍禽將, 非勇也. 功廢名滅, 後世無稱, 非知也. 故去三北之恥, 退而與魯君計也, 曹子以爲遭. 齊桓公有天下, 朝諸侯. 曹子以一劍之任, 劫桓公於壇位之上, 顔色不變, 而辭氣不悖. 三戰之所喪, 一朝而反之, 天下震動驚駭, 威信吳,楚, 傳名後世. 若此二公者, 非不能行小節, 死小恥也, 以爲殺身絶世, 功名不立, 非知也. 故去忿恚之心, 而成終身之名, 除感忿之恥, 而立累世之功. 故業與三王爭流, 名與天壤相敝也. 公其圖之.」

燕將曰, "敬聞命矣!"

因罷兵到讀(韣)而去. 故解齊國之圍, 救百姓之死, 仲連之說也.

{국역} 「그리고 내가 알기로는, 작은 지조를 따른다면 大業을 이루기 어렵고, 작은 수치를 못 견딘다면 영예로운 명성을 세울 수 없다고 하였습니다. 옛날에 管仲(관중)은 桓公(환공, 小白)을 쏘아 허리띠 갈고리를 맞혔으니, 이는 簒逆(찬역)입니다. (그가 섬기던) 公子 糾(규)를 버렸고, 또 (公子를 위해) 죽지도 않았으니 이는 비겁한 짓이었습니다(怯也). 속박 당하고 刑具에 묶였으니〔桎梏(질곡)〕 이는 辱身(욕신)이었습니다. 이런 3가지 치욕을 당했다면, 鄕里에서도 다니지 못하고, 세상 어느 주군도 신하로 삼지 않을 것입니다. (그렇게 되면) 관중은 끝내 궁색하고 눌려 죄수처럼 밖에 나오지도 못하며, 부끄러운 수치에 다른 사람을 만날 수도 없어 늙어 죽을 때까지 치욕과 비천한 처지를 면할 수 없었을 것입니다. 그렇지만 管子(管仲)는 3가지 과오를 범하고서도 齊國의 국정을 장악하였고 천하를 바로잡았으며(一匡天下) 〔桓公(환공)을 도와〕 9번이나 제후의 會盟(회맹)을 주도하여 五霸 중 제일 가는 패자가 되게 하여 (자신의) 명성을 천하에 날렸고 이웃 나라에서도 이름이 빛났습니다. (魯의) 曹沫(조말)은 魯君의 將으로, 三戰하여 三敗하였고 1천 리의 땅을 빼앗겼습니다. 이 때문에 조말이 군진을 떠나지 못하고 패전 이후의 계책을 생각하지도 않았으며 세상에 나오거나 살지도 못하게 했다면, 조말은 패군의 장수에서 벗어날 수가 없었을 것입니다. 조말은 패군의 장수였으니 勇者가 아니었습니다. 공적도 명성도 없었으며 후세에 아무런 칭송도 없을 것이니 知者도 못되었습니다. 그래도 3패의 치욕에 유념하지 않고 물러나 魯君과 대책을 논의하며 있을 수 있는 遭遇(조우)라고 생각하였습니다.[1309] 齊 桓公은 天下 제후를 거느리

1309 원문 曹子以爲遭 - 이는 曹沫(조말)이 치욕을 참고 魯君과 사후 대책을 협

고 제후들과 회맹하였습니다.[1310] 曹子(曹沫)는 칼 한 자루를 가지고 壇上(단상)의 자리에서 桓公을 겁박하면서 안색도 불변하고 말소리도 흔들리지 않았습니다. 3번의 전투에서 상실한 땅을 하루아침에 돌려받았으니, 천하를 놀라게 하고 진동케 하였으며, 그 위세와 신의는 남쪽까지(吳, 楚) 알려졌고 후세에 이름을 남겼습니다. 이 두 사람(관중과 조말)이 작은 지조에 얽매였거나 작은 수치에 죽어야 한다고 생각하여 殺身하고 絶世하여 (뒷날) 功名을 세우지 못했다면, 그것은 知가 아닐 것입니다. 그래서 분노를 참고서 여러 代에 걸쳐 이어질 공을 세웠습니다. 그래서 그 공적은 三王에 비기며 이어질 수 있었고, 그 명성은 하늘과 땅을 덮을 수 있었습니다. 그러니 公은 이를 깊이 생각해 주기 바랍니다.」

燕의 장수는 "삼가 가르침대로 따르겠습니다!"라고 말했다. 이어 부대를 해산하고 화살 통을 거꾸로 메고서 떠나갔다.[1311] 그리하여 齊國은 포위를 풀었고 백성을 죽음에서 구한 것은 魯仲連의 유세 덕분이었다.

의한 것은 遭遇(조우)라고 생각했다. 충분히 있을 수 있는 일이란 뜻이라 풀이할 수 있다. 曹沫(조말)의 행적은《史記刺客列傳》에 수록되었다.

1310 원문 齊桓公有天下, 朝諸侯. -《史記》에 「朝天下, 會諸侯」로 기록되었고 '朝天下'는 '率天下하여 朝王하다.'의 뜻으로 해석했다.

1311 因罷兵到讀 - 到讀으로는 文理가 안 통한다. 到讀은 倒韣이라는 주석에 따라 해석한다. 倒는 넘어질 도. 거꾸로, 韣은 활집 독, 弓衣. 倒韣은 화살이 없다는 표시. 여기에 誤字나 衍文(연문)이 있을 것이라는 주석이 있다.

163/ 燕攻齊, 齊破

{原文} 燕攻齊, 齊破. 閔王奔莒, 淖齒殺閔王. 田單守卽墨之城, 破燕兵, 復齊墟. 襄王爲太子徵. 齊以破燕, 田單之立疑, 齊國之衆, 皆以田單爲自立也. 襄王立, 田單相之.

過菑水, 有老人涉菑而寒, 出不能行, 坐於沙中. 田單見其寒, 欲使後車分衣, 無可以分者, 單解裘而衣之.

襄王惡之, 曰, "田單之施, 將欲以取我國乎? 不早圖, 恐後之."

左右顧無人, 巖下有貫珠者, 襄王呼而問之曰, "女聞吾言乎?"

對曰, "聞之."

王曰, "女以爲何若?"

對曰, "王不如因以爲己善. 王嘉單之善, 下令曰, '寡人憂民之饑也, 單收而食之. 寡人憂民之寒也, 單解裘而衣之. 寡人憂勞百姓, 而單亦憂之, 稱寡人之意.' 單有是善而王嘉之, 善單之善, 亦王之善已"

王曰, "善!" 乃賜單牛酒, 嘉其行.

後數日, 貫珠者復見王曰, "王至朝日, 宜召田單而揖之於庭, 口勞之. 乃布令求百姓之饑寒者, 收穀之."

乃使人聽於閭里, 聞丈夫之相與語, 擧曰, "田單之愛人! 嗟, 乃王之敎澤也!"

燕이 攻齊하여, 齊는 격파되었다.

{국역} 燕이 攻齊하여 齊는 격파되었다.[1312] 閔王(민왕, 湣王)은 莒(거)로 出奔(출분 : 도망가다)했고, (楚將) 淖齒(요치)는 閔王을 살해했다(前 284). 田單(전단)은 卽墨(즉묵)의 城을 지키며 燕兵을 격파하였고, 齊의 잃었던 폐허를 복구하였다. 襄王(양왕, 재위 283 – 265년)은 太子이면서 신분을 숨기고 있었다.[1313] 齊는 燕을 격파하였고, 齊에서는 전단이 자립하여 왕이 될 것이라는 의심도 있었다. 襄王이 즉위했고, 전단은 양왕의 相이 되었다.

(전단이) 菑水〔菑(묵정밭 치), 淄와 同〕를 건널 때, 어떤 老人이 걸어 치수를 건너고서 더 이상 추워 걷지 못하고 모래밭에 앉아 있었다. 田單이 그 추워하는 모습을 보고서 뒤에 오는 수레에 옷을 나눠주려 했지만 뒤 수레에도 옷을 나눠줄 것이 없었다. 이에 전단은 자신의 갓옷〔裘(갓옷 구)〕을 벗어 입혀주었다.

襄王이 (이를 듣고) 전단을 혐오하며 말했다.

"田單이 그렇게 베풀어준 것은 앞으로 내 나라를 차지하려는 뜻이 아닌가? 빨리 없애지 않으면 뒷날이 걱정된다."

1312 燕攻齊, 齊破 – 본 장은 田單(전단)이 齊의 相이 되는 襄王 5년(前 279)의 일이다. 전단이 燕의 세력을 몰아낸 공적은 齊王도 두려워할 정도로 컸었다. 이런 상황에서 君臣 간의 보이지 않는 갈등을 완화한 것이 貫珠(관주)의 유세였다.

1313 원문 襄王太子徵 – 徵(부를 징)은 微의 誤字. 미세할 미, 숨길 미. 太子는 姓名을 바꾸고 太史氏의 庸人(용인)이 되었다. 徵을 信의 뜻으로 풀이하면서 '다른 사람은 의심했지만 그 貴人之像은 믿을만 했다.' 로 풀이한 판본도 있다.

좌우를 둘러보니 사람이 없었으나, 계단 아래에 貫珠(관주)란 자가 있었다.[1314]

襄王이 불러 물었다.

"너는 내 말을 들었느냐?"

"들었습니다."

"너는 어떻다고 생각하는가?"

"王께서는 그를 통해 大王의 선행을 보여주는 것이 더 좋을 것입니다. 왕께서는 田單의 선행을 가상히 여겨 명령을 내리십시오. '寡人은 백성의 굶주림을 걱정하였는데 전단은 주린 백성을 모아 먹여주었다. 과인은 추위에 떠는 백성을 걱정하였는데 전단은 갖옷을 벗어 입혀주었다. 과인은 백성의 고생을 걱정하는데 전단 역시 걱정하며 과인과 뜻을 같이 하였다.' 전단은 자신의 선행을 왕이 칭송한다는 것을 알게 되고, 전단의 선행은 왕의 선행이 될 것입니다."

"옳은 말이다!"

그러면서 전단에게 소고기와 酒[1315]를 하사하여 선행을 칭송하였다.

그 며칠 뒤에, 貫珠(관주)란 자가 다시 왕을 만나 말했다.

"王께서 조회를 받는 날에 전단을 불러 만나시며 뜰에서 揖(읍)을 하시고 수고한다고 말하십시오. 그러면서 굶주리고 추위에 떠는 백성을 구제하라 명하시며 어려운 백성을 모아 구제하라고[1316] 말하십

1314 원문 巖下有貫珠者 – 주석에 巖下를 섬돌이나 계단이라 했다. 貫珠者의 貫珠(관주)를 貫殊(貫姓, 殊名)라 주석하였다.

1315 牛酒 – 소고기와 술.

1316 원문 收穀之 – 穀은 養. 부양하다. 구제하다.

시오."

(그 뒤에) 사람을 시켜 백성의 동향을 듣게 하였더니, 많은 백성이 말했다.

"백성을 사랑하는 田單이여! 아! 모두 왕의 가르침이며 은택이로다."

164/ 貂勃常惡田單

{原文} 貂勃常惡田單, 曰, "安平君, 小人也."

安平君聞之, 故爲酒而召貂勃, 曰,

"單何以得罪於先生, 故常見譽於朝?"

貂勃曰, "跖之狗吠堯, 非貴跖而賤堯也, 狗固吠非其主也. 且今使公孫子賢, 而徐子不肖. 然而使公孫子與徐子鬪, 徐子之狗, 猶時攫公孫子之腓而噬之也. 若乃得去不肖者, 而爲賢者狗, 豈特攫其腓而噬之耳哉?"

安平君曰, "敬聞命."

明日, 任之於王. 王有所幸臣九人之屬, 欲傷安平君, 相與語於王曰,

"燕之伐齊之時, 楚王使將軍將萬人而佐齊. 今國已定, 而社稷已安矣, 何不使使者謝於楚王?"

王曰, "左右孰可?"

九人之屬曰, "貂勃可."

貂勃使楚. 楚王受而觴之, 數日不反. 九人之屬相與語於王曰,

"夫一人身, 而牽留萬乘者, 豈不以據勢也哉? 且安平君之與王也, 君臣無禮, 而上下無別. 且其志欲爲不善. 內牧百姓, 循撫其心, 振窮補不足, 布德於民. 外懷戎翟, 天下之賢士, 陰結諸侯之雄俊豪英. 其志欲有爲也. 願王之察之."

貂勃(초발)이 늘 田單(전단)을 헐뜯었다.

{국역} 貂勃(초발)이 늘 田單을 헐뜯으며,[1317]

"安平君(田單)은 小人이다."라고 말했다.

安平君이 이를 듣고서는 일부러 술을 준비한 뒤 초발을 불러 물었다.

"내가 선생에게 무슨 잘못이 있어 조정에서 선생한테 늘 칭송을 들어야 합니까?"

1317 원문 貂勃常惡田單 - 貂勃(초발)은 인명. 貂는 담비 초. 勃은 갑자기 일어날 발. 齊人. 惡는 미워할 오. 본 章은 후인의 擬托(의탁)이 분명하다. 楚將 淖齒(요치)가 민왕을 살해했는데, 어찌 楚나라에 감사 사절을 보내야 하겠는가? 姜齊(呂齊)의 桓公도 있지만 齊의 桓公(재위 전 374-357년)을 모르고 말한 것이 분명하다. 또 齊가 燕에게 70여 성을 빼앗기고 멸망 직전까지 갔던 것은 襄王이 아니라 閔王이다. 즉 이런 기본을 모르는 사람이 지어낸 이야기이다. 다만 초발은 자신을 인정해준 田單을 적극 변호하는, 그 의리를 강조하려는 뜻이 보인다.

초발이 말했다.

"跖(척)의 개가 堯(요)를 보고 짖는 것은[1318] (개가) 跖(척)을 귀히 여기고, 堯(요)를 천하게 여겨서 짖는 것이 아닙니다. 개는 그 주인이 아니라면 짖을 뿐입니다. 지금 公孫子를 현인이라 하고 徐子(서자)를 不肖(불초)한 사람이라고 합시다. 공손자와 徐子가 싸운다면 徐子의 개는 때를 보아 공손자의 장딴지를 물어뜯을 것입니다. 만약 개가 나쁜 사람을 없애야 하고 현자를 위해야 한다는 것을 안다면, 어찌 현자의 장딴지를 물어뜯겠습니까?"

安平君이 말했다. "삼가 뜻을 알겠습니다."

다음 날 전단은 즉시 초발을 王에 천거하여 임용케 하였다.

齊王에게는 총애하는 신하 9명의 무리가 있어 안평군(전단)을 中傷하려고 서로 왕에게 말했다.

"燕이 齊를 침략할 때, 楚王(頃襄王)은 장군〔淖齒(요치)〕을 보내 1만 군사를 거느리고 우리 齊를 돕게 하였습니다. 지금 나라가 이미 안정되었고 사직 또한 평온한데, 왜 사자를 보내 楚王에게 감사의 사례를 하지 않습니까?"

왕이 물었다.

"측근 중 누가 좋겠는가?"

9인의 무리들은 "초발이 좋습니다."라고 말했고, 초발은 楚에 사

1318 원문 跖之狗吠堯 – 跖(발바닥 척)은 黃帝 시대 大盜 名. 柳下季(유하계)는 柳下惠(前 720 – 621년). 유하혜의 동생이 盜跖(도척, 이 盜跖)이라는 말은 《莊子 盜跖》의 우언이다. 유하혜와 黃帝시대의 跖(척)은 시대적으로 맞지 않는다.

신으로 갔다. 楚王은 인사를 받고 술을 대접했으며, (초발은) 여러 날이 지나도 돌아오지 않았다. 9인의 무리들이 서로 왕에게 말했다.

"일개 관리의 몸으로 萬乘의 큰 나라에 사신으로 가서 오래 머무는 것이 어찌 믿는 세력이 있기 때문 아니겠습니까? 거기다가 安平君의 대왕에 대한 태도도 君臣으로 無禮하며 上下에 분별이 없습니다. 또 그 뜻이 不善한 짓을 저지를 것입니다. 안으로는 백성을 거둬들이고 민심을 慰撫(위무)하며 가난한 백성을 구휼하고 백성에게 덕을 베푼다하지만, 또 밖으로 戎翟(융적, 戎狄)을 물리친다면서 천하의 賢士들과 陰密(음밀)하게 제후와 영웅호걸과 결탁하고 있습니다. 그러니 그 뜻에는 무엇인가가 있습니다. 王께서는 이를 살펴주십시오."

{原文} 異日, 而王曰, "召相單來."

田單免冠徒跣肉袒而進, 退而請死罪. 五日, 而王曰, "子無罪於寡人, 子爲子之臣禮, 吾爲吾之王禮而已矣."

貂勃從楚來, 王賜諸前, 酒酣, 王曰, "召相田單而來."

貂勃避席稽首曰, "王惡得此亡國之言乎? 王上者孰與周文王?"

王曰, "吾不若也."

貂勃曰, "然, 臣固知王不若也. 下者孰與齊桓公?"

王曰, "吾不若也."

貂勃曰, "然, 臣固知王不若也. 然則周文王得呂尙以爲太公, 齊桓公得管夷吾以爲仲父, 今王得安平君而獨曰 '單.'

且自天地之闢, 民人之治, 爲人臣之功者, 誰有厚於安平君者哉? 而王曰 '單, 單.' 惡得此亡國之言乎? 且王不能守先王之社稷, 燕人興師而襲齊墟, 王走而之城陽之山中. 安平君以惴惴之卽墨, 三里之城, 五里之郭, 敝卒七千, 禽其司馬, 而反千里之齊, 安平君之功也. 當是時也, 闔城陽而王, 天下莫之能止. 然而計之於道, 歸之於義, 以爲不可, 故爲棧道木閣, 而迎王與后於城陽山中, 王乃得反, 子臨百姓. 今國已定, 民已安矣, 王乃曰 '單.' 且嬰兒之計不爲此. 王亟殺此九子者以謝安平君, 不然, 國危矣!"

王乃殺九子而逐其家, 益封安平君以夜邑萬戶.

{국역} 다른 날에, 왕이 말했다.

"相인 田單을 불러 와라."

田單은 관을 벗어놓고 맨발에 웃통을 벗고 들어왔다.[1319] 전단은 물러나며 죽을죄를 지었다고 말했다. 5일 뒤에 왕이 말했다.

"그대는 과인에게 죄가 없소. 그대는 臣禮를 행하고, 나는 王의 禮를 따르면 그만이요."

貂勃(초발)이 楚에서 돌아오자, 왕은 여럿이 보는 앞에서 술을 하사하였다.[1320] 술이 얼큰하게 돌자〔酒酣(주감)〕, 왕이 말했다.

"相인 田單을 불러오라."

1319 원문 免冠徒跣肉袒而進 – 肉袒(육난)은 상체를 드러내다. 受刑(형벌을 받겠다)하겠다는 표시. 袒은 웃통 벗을 단, 裼(웃통 벗을 석과 同).

1320 원문 王賜諸前 – '王觴賜諸前' 이어야 文理가 맞다. 觴은 술잔 상.

이에 초발이 자리를 물러나며(避席) 머리를 숙이며 말했다.

"王께서는 어찌 이런 亡國의 말씀을 하십니까? 王은 周 文王에 비하여 누가 더 낫다고 생각하십니까?"

"나는 그분만 못합니다."

貂勃(초발)이 말했다.

"그렇습니다. 臣의 생각으로도 대왕께서는 문왕만 못하십니다. 그렇다면 그 아래로 齊 桓公(환공)과 비교하면 어떻습니까?"

"나는 그만 못합니다."

"그렇습니다. 臣도 왕께서 환공만 못하신 것을 알고 있습니다. 그러나 周 文王은 呂尙(呂望)을 맞아 太公으로 생각하였고, 齊 桓公은 管夷吾(관이오, 管仲)를 仲父(중부)라 생각하셨는데, 지금 安平君을 맞아 어찌 홀로 '單' 이라 부르십니까? 또 천지가 開闢(개벽)한 이후로 백성이 생겨난 이후[1321] 人臣의 공적으로 누가 안평군보다 더 공이 크겠습니까? 왕께서는 '單', '單' 이라 하시니, 이는 어찌 망국의 말씀이 아니겠습니까? 그리고 王께서는 先王의 社稷(사직)을 지키시지도 못하여 燕人이 군사를 일으켜 우리를 습격하여 폐허가 되자, 왕께서는 城陽(성양, 莒縣)의 山中으로 피신하셨습니다. 安平君은 두려워 떨며 卽墨(즉묵)으로 가서 3리 떨어진 城과 5里 밖의 외곽에서 흩어진 군졸 7천을 모아 (燕의) 司馬(名, 騎劫)를 사로잡았고 잃어버렸던 齊의 천리 땅을 수복하였으니 모두가 安平君의 공적이었습니다. 그 당시에 (왕이 있던) 城陽(성양)을 버려두고 왕으로 자립했다면[1322]

1321 원문 民人之治 – 治는 始의 誤字일 것임.

1322 원문 闔城陽而王 – 闔은 문짝 합. 닫다. 버려두다(舍也). 봉쇄하다.

천하의 누구도 어쩔 수 없었습니다. 그렇지만 (安平君은) 정도에 입각하여 계책을 세우고, 또 大義를 기준으로 귀부한다 하여도 불가하다 생각하여 棧道(잔도)와 木閣(목각)을 설치하면서 험한 길을 통행하여 王과 왕후를 城陽의 山中에서 맞이하였고, 王께서는 돌아오셔서 백성을 자식처럼 돌볼 수 있었습니다. 지금 나라가 안정되었고 백성도 평안하다 하여 왕께서 바로 '單'이라 부르시는데, 비록 어린아이의 생각일지라도 그럴 수는 없을 것입니다. 왕께서 빨리 저 9명의 寵臣(총신)을 죽여 안평군에게 사과하여야 하며 그렇지 않으면 나라가 위태할 것입니다."

王은 이에 9명을 죽이고 그 집안을 방축하였으며 안평군에게 掖邑(액읍) 1만호의 땅을 늘려 封하였다.[1323]

165/ 田單將攻狄

{原文} 田單將攻狄, 往見魯仲子. 仲子曰, "將軍攻狄, 不能下也."

田單曰, "臣以五里之城, 七里之郭, 破亡餘卒, 破萬乘之燕, 復齊墟. 攻狄而不下, 何也?"

上車弗謝而去. 遂攻狄, 三月而不克之也.

1323 원문 益封安平君以夜邑萬戶 - 夜邑은 掖邑(액읍 / 掖縣)의 착오? 今 山東省 煙台市 관할 萊州市. 해안 도시.

齊嬰兒謠曰, '大冠若箕, 脩劍拄頤, 攻狄不能, 下壘枯丘.'

田單乃懼, 問魯仲子曰, "先生謂單不能下狄, 請聞其說."

魯仲子曰, "將軍之在卽墨, 坐而織蕢, 立則丈插, 爲士卒倡曰,

'可往矣! 宗廟亡矣! 云曰尙矣! 歸於何黨矣!'

當此之時, 將軍有死之心, 而士卒無生之氣, 聞若言, 莫不揮泣奮臂而欲戰, 此所以破燕也. 當今將軍東有夜邑之奉, 西有菑上之虞, 黃金橫帶, 而馳乎淄,澠之間, 有生之樂, 無死之心, 所以不勝者也."

田單曰, "單有心, 先生志之矣."

明日, 乃厲氣循城, 立於矢石之所, 乃援枹鼓之, 狄人乃下.

田單(전단)이 狄人(적인)을 공격하려고,

{국역} 田單(전단)이 狄(적)을 공격하려고,[1324] 魯仲子(魯仲連)를 찾아가 만났다. 노중련이 말했다.

"장군께서 狄人(적인)을 공격하더라도 굴복시키지는 못할 것입니

1324 원문 田單將攻狄 – 狄은 오랑캐 적. 北狄(북적, 翟, 北翟, 翟戎) – 전설에서는 黃帝의 孫子 始均(시균)의 후손들이라 하지만, 실제로는 殷 말기 중국에서 분열한 종족으로 알려졌다. 춘추 시대 周의 제후국의 북쪽과 사막의 남쪽에 사는 이민족에 대한 총칭으로 불렀다. 東夷, 西戎, 南蠻과 합하여 四夷라 하였다. 본 章은 齊 襄王 5년, 前 279년의 일로 알려졌다.

다."

田單이 말했다.

"臣은 (길이) 5里의 城(성, 內城)과 7里의 외곽(外郭)에서 패전한 병졸을 모아 萬乘의 대국인 燕(연)을 격파하였고 폐허가 된 齊를 복구했었습니다. 적인을 공격해서 왜 이기지 못하겠습니까?"

그리고는 수레에 올라 말도 없이 떠나갔다. 나중에 적인을 공격하였지만 3개월이 지나도 이기지 못했다. 齊의 어린애들이 노래를 불렀다.

'큰 冠(관 : 모자)은 마치 키〔箕(기)〕와 같고, 긴 칼을 턱에 고였구나. 狄과 싸워 이기지 못하고, 보루에는 枯骨(고골 : 해골)이 쌓였네.'[1325]

전단은 두려워하며 魯仲子를 만나 물었다.

"先生께서는 제가 狄人을 이기지 못할 것이라 하였는데, 그런 이유를 듣고 싶습니다."

노중자가 말했다.

"장군이 卽墨(즉묵)에 있을 때, 앉아 쉬면서 삼태기를 만들고, 서 있을 때는 가래를 만들게 하면서,[1326] 사졸들의 앞에서 노래로 독려하였습니다.

1325 원문 '大冠若箕, 脩劍拄頤, 攻狄不能, 下壘枯丘.' - 箕는 키 기. 곡식에 들어있는 검불이나 티끌 등을 날려보낼 수 있는 생활 도구. '키를 까불러 검불을 날린다.' 라고 말한다. 脩劍은 긴 칼, 劍은 양 날. 刀는 칼날이 하나이다. 拄는 떠받칠 주. 頤는 턱 이, 壘는 진 루. 성채. 보루. 軍壁也. 枯는 초목이 마를 고. 시들다. 枯骨. 丘는 언덕 구. 산을 이루다. 쌓이다.

1326 원문 坐而織蕢, 立則丈插 - 蕢는 삼태기 궤. 짚으로 만든 농기구. 흙이나 곡식을 담아 운반할 수 있다. 插은 꽂을 삽, 가래 삽. 보통 1인용 삽

'어디로 가야 하나! 종묘도 없어졌구나!

망할 날이 오래됐나? 돌아갈 고향은 어디인가?'[1327]

이때 장군은 죽어도 좋다는 마음이었고, 사졸은 피해나가 살겠다는 기운도 없었으며, 그런 말을 들으면 누구나 눈물을 뿌리며 팔을 걷어붙이고 싸우려했기에 燕을 이길 수 있었습니다. 지금 장군에게는 동쪽에 夜邑〔掖邑(액읍), 封地〕에서 나오는 소득이(奉, 俸祿) 있고, 서쪽에는 菑水(치수)의 상류에서 노는 즐거움이(虞) 있으며, 黃金의 橫帶(횡대, 허리띠)에 淄水(치수)와 澠水(민수) 사이를 치달리며[1328] 살아있는 기쁨이 있고 죽어도 좋다는 마음이 없으니 이길 수 없었던 것입니다."

田單이 말했다.

"저는(單) 확고한 마음입니다. 先生께서 저를 기억해 주십시오."

다음 날, 전단은 사기를 돋우고(厲氣) 성을 순시하였으며(循城), 矢石(시석 : 화살과 돌)이 날아오는 한 가운데 서서 북채를 잡고 북을 치며 독려하니, 狄人은 마침내 굴복하였다.[1329]

보다 훨씬 큰 삽. 최소 3인 1조가 되어야 가래로 흙을 팔 수 있다. 병사들을 잠시도 그냥 놀리지 않게 했다. 쉬더라도 아무 일도 하지 않는 것이 아니라 노끈이나 새끼를 꼬는 등 가벼운 작업을 하는 자체가 우리 조상의 휴식이었다.

1327 원문 '可往矣! 宗廟亡矣! 雲曰尙矣! 歸於何黨矣!' - 云曰은 亡日의 착오라는 주석에 따름. 尙은 오래되다(久也). 亡兆(망조)가 나타난 지 오래되었다. 黨은 鄕黨. 고향 마을. 돌아갈 고향도 없다. 그러니 싸워 적을 몰아내야 한다.

1328 원문 而馳乎淄,澠之間 - 馳乎는 馳騁(치빙). 馳는 달릴 치. 騁은 찾아갈 빙.

1329 여담이지만, 蜀漢의 馬謖(마속)이 諸葛亮(제갈량)에게, "用兵之道는 攻

166/ 濮上之事

{原文} 濮上之事, 贅子死, 章子走, 盼子謂齊王曰,

"不如易餘糧於宋, 宋王必說, 梁氏不敢過宋伐齊. 齊固弱, 是以餘糧收宋也. 齊國復强, 雖復責之宋, 可. 不償, 因以爲辭而攻之, 亦可."

濮水(복수)의 전투

{국역} 濮水(복수)의 전투에서[1330] 贅子(췌자)가 죽고, 章子(장자:匡章)는 달아났는데,[1331] 盼子(반자)가 齊王에게 말했다.[1332]

"남은 군량을 宋에게 넘겨주면 宋君은 매우 기뻐할 것이며 梁은(魏) 宋을 지나 우리를(齊) 공격하지 못할 것입니다.[1333] (지금) 齊는

心이 爲上이고, 攻城은 爲下라."는 말을 했었다. 적군이나 아군이나 士氣가 얼마나 중요한 가를 알 수 있다. 韓信의 背水陣(배수진) 또한 살아나겠다는 용기를 북돋기 위한 작전이 아니겠는가?

1330 원문 濮上之事 - 이는 周 赧王(난왕) 3년, 齊 宣王 8년인 前 312년의 사건이었다. 齊와 宋이 魏의 煮棗(자조, 지명)를 포위하자 秦에서는 魏를 도와 齊軍을 격파했다. 濮水(복수)는 黃河와 濟水의 支流. 뒷날 黃河 범람에 진흙으로 메워져 사라진 강. 복수의 북쪽 산의 남쪽이 濮陽(복양)이다. 地名에서 山南水北을 陽이라 한다. 전국시대 衛地. 漢代 東郡의 治所, 今 河南省 동북단의 濮陽市.

1331 원문 贅子死, 章子走 - 贅는 혹 췌. 군더더기. 贅子는 齊將. 인명 미상. 名에 子를 붙여 호칭으로 삼았다. 章子는 匡章(광장, 人名).

1332 盼子 - 盼은 눈 예쁠 반. 田盼(전반). 齊將.

정말로(固, 信也) 약하기에 나머지 군량으로 宋을 내 편으로 만드는 방법입니다. (나중에) 齊國이 다시 강대해지면 다시 宋에게 갚으라고 할 수도 있습니다. (宋이) 갚지 못하겠다면, 그것을 핑계로 공격해도 될 것입니다."

167/ 齊閔王之遇殺

{原文} 齊閔王之遇殺, 其子法章變姓名, 爲莒太史家庸夫. 太史敫女, 奇法章之狀貌, 以爲非常人, 憐而常竊衣食之, 與私焉. 莒中及齊亡臣相聚, 求閔王子, 欲立之. 法章乃自言於莒. 共立法章爲襄王. 襄王立, 以太史氏女爲王后, 生子建.

太史敫曰, "女無媒而嫁者, 非吾種也, 汙吾世矣."

終身不睹. 君王后賢, 不以不睹之故, 失人子之禮也.

襄王卒, 子建立爲齊王. 君王后事秦謹, 與諸侯信, 以故建立四十有餘年不受兵.

秦始皇嘗使使者遺君王后玉連環, 曰, "齊多知, 而解此環不?"

1333 不如易餘糧於宋, 宋王必說 – 易(바꿀 역)은 넘겨주다(移與之). 宋王은 약소국 宋의 辟公(벽공). 나중에 稱王했다.

君王后以示群臣，群臣不知解．君王后引椎椎破之，謝秦使曰，“謹以解矣．”

及君王后病且卒，誡建曰，“群臣之可用者某．”

建曰，“請書之．”

君王后曰，“善．” 取筆牘受言．

君王后曰，“老婦已亡矣!”

君王后死，後后勝相齊，多受秦間金玉，使賓客入秦，皆爲變辭，勸王朝秦，不脩攻戰之備．

齊閔王(민왕)이 살해되자,

{국역} 齊 閔王(민왕, 재위 前 300 – 284)이 (楚將에게) 피살되자,[1334] 그 아들 法章(법장)은 姓名을 바꾼 뒤에, 莒縣(거현) 太史家에 庸夫(용부, 傭人 : 머슴)가 되었다. 太史敫〔태사교, 太史徼(태사요)〕의 딸은 法章의 狀貌(상모)를 기이하게 여겨 보통 사람이 아니라고 생각하면서 憐憫(연민)으로 몰래 자주 입혀주고 먹여주다가, 나중에 私通(서로 사랑하는 사이)하였다. 莒縣(거현)에서 齊의 옛 신하들은 서로 모여 閔王의 아들을 찾아 옹립하려 했다. 法章은 이에 스스로 거현에 가서 말했다. 모두가 함께 법장을 옹립하니, 이가 襄王(양왕)이다. 襄王은 즉위하여 太史氏의 딸을 王后로 삼았고, 아들 建(건)을 출산했다.

1334 齊閔王之遇殺 – 齊의 마지막에 해당하는 襄王(재위 前 283 – 265년)과 田建(전건, 敬王, 재위 264 – 221년) 兩代의 대략을 서술했다. 《史記 田敬仲完世家》의 기록도 이와 거의 같다.

太史敫(태사교)가 말했다.

"여자가 中媒(중매)도 없이 시집갔으니 내 자식이 아니며, 내 가문을 더럽혔다."

그러면서 종신토록 만나지 않았다.

君王后[1335]는 현숙했으며, (부친이) 만나지 않는다 하여 자식의 도리에(禮) 어긋난 일을 하지는 않았다.

齊 襄王이 죽었기에, 아들 建(건)이 齊王으로 즉위하였다. 君王后는 秦에 事大하며 제후와 신의를 지켰기에 建(건)이 즉위 후 40여 년 동안 외적의 침입을 받지 않았다.[1336]

그전에 秦始皇이 사신을 시켜 君王后에게 玉으로 만든 連環(연환)

1335 君王后(군왕후, ? - 前 249년) - 田齊 亡國君主 田建의 太后, 齊 襄王의 王后. 君王后의 本姓이 后(후)로 당시 太史敫(태사교)의 딸. 왕후가 된 뒤로 '后后'로 쓸 수 없어 '君王后'로 기록했다는 주석이 있다. 君王后는 양왕 때에도 朝政에 관여했다. 齊 襄王이 前 265년에 죽자, 田建을 대신하여 執政하였는데 전후 40여 년간 田齊는 줄곧 태평을 누렸다. 이 태평이 君王后의 德政 때문인가는 견해 차이가 있다. 하여튼 전국의 난세에 현명하고 능력 있는 여인이었다. 君王后 死後에 君王后의 族弟 后勝이 執政했는데, 후승은 貪官(탐관)이었고 특히 秦의 뇌물을 계속 받으면서 다른 5국에 대한 원조를 하지 않았고, 그래서 5국의 멸망과 함께 齊도 멸망할 수밖에 없었다.

1336 建(건) 재위 44년에 秦에 멸망하며 포로가 되었다. 秦은 遠交近攻策으로 齊와는 화친하고 三晉(韓, 魏, 趙) 및 燕과 楚와 싸우며 차례로 멸망시킨 뒤에 마지막으로 齊를 멸망시켜 천하를 통일하였다. 40년간 외적의 침입이 없었다 하여 齊가 군사나 외교에서 능력을 발휘했다고 볼 수는 없다. 齊가 여러 제후와 신의가 있었다면서 왜 돕지 않았는가? 정확한 평가라 할 수는 없다.

을 보내면서 "齊에 智者가 많으니 이 고리를 풀 수 있겠습니까?"라고 물었다. 君王后가 여러 신하에게 보여주었지만 풀어낼 방법을 아는 이가 없었다. 이에 군왕후는 나무망치로 부숴버린 뒤 秦의 사자에게 "삼가 풀었습니다."라고 말했다.

君王后가 병으로 죽기 직전에 아들 建을 훈계하며 "群臣 중 可用할 사람은 某이다."라고 말했다. 王인 建(건)이 "글로 받아 쓰겠습니다." 라고 말했다.

이에 왕후는 "알았다." 하고서는 붓과 목간을 가져와 적으려 하자 "나는 벌써 잊어버렸다."라고 말했다.[1337]

君王后가 죽고, 나중에 (君王后의 族弟인) 后勝(후승)이 齊의 相이 되었는데, 秦의 間人(諜者)의 金玉을 많이 받았고 賓客을 다수 入秦케 하였는데, 이들이 (돌아와) 말을 바꿔 齊王의 秦에 入朝를 권유하고, 攻戰(전쟁)에 대한 대비도 하지 않았다.

168/ 齊王建入朝於秦

{原文} 齊王建入朝於秦, 雍門司馬前曰,

"所爲立王者, 爲社稷耶? 爲王立王耶?"

王曰, "爲社稷."

1337 원문 "老婦已亡矣!" - 亡은 忘. 아들이 자신의 본심을 의심하여 화가 난 것이라는 주석이 있다.

司馬曰, "爲社稷立王, 王何以去社稷而入秦?"

齊王還車而反. 卽墨大夫與雍門司馬諫而聽之, 則以爲可可爲謀, 卽入見齊王曰,

"齊地方數千里, 帶甲數百萬. 夫三晉大夫, 皆不便秦, 而在阿,鄄之間者百數, 王收而與之百萬之衆, 使收三晉之故地, 卽臨晉之關可以入矣. 鄢,郢大夫, 不欲爲秦, 而在城南下者百數, 王收而與之百萬之師, 使收楚故地, 卽武關可以入矣. 如此, 則齊威可立, 秦國可亡. 夫舍南面之稱制, 乃西面而事秦, 爲大王不取也."

齊王不聽.

秦使陳馳誘齊王內之, 約與五百里之地. 齊王不聽卽墨大夫而聽陳馳, 遂入秦. 處之共松柏之間, 餓而死. 先是齊爲之歌曰,

'松邪! 柏邪! 住建共者, 客耶!'

齊王 建(건)이 秦(진)에 입조하다.

{국역} 齊王 建(건, 재위 前 264 – 221년)이 秦에 입조하려 하자,[1338] 雍

1338 원문 齊王建入朝於秦 – 이 章은 齊 멸망(前 221, 秦始皇 26년) 직전의 일이다. 齊의 멸망 상황을《史記 田敬仲完世家》에서는「五國은 已亡했고, 秦兵卒이 入臨淄하자 民莫敢格者하니, 王인 建은 遂降했다.」고 기록했다.

門(옹문, 齊 도성의 北門)의 司馬가 왕에게 와서 말했다.

"立王(나라에 왕을 세우는 것)은 社稷(사직)을 위해 세웁니까? 아니면 王을 위해 王을 세웁니까?"

王이 말했다. "사직을 위해서다."

"사직을 위해 立王(왕을 세우다)해야 한다면, 王은 왜 사직을 버리고 入秦하십니까?"

이에 齊王은 수레를 돌려 돌아왔다. 卽墨(즉묵)의 大夫가 옹문 사마의 간언을 진왕이 받아들였다는 말을 전해 듣고 가히 謀策을 말할 수 있다고 생각하고, 즉시 입궁하여 齊王에게 말했다.

"齊地는 方(영토)이 수천 리에 무장 군사가(帶甲) 數百(十)萬입니다. 三晉(韓, 魏, 趙)의 대부들이 모두 秦에 가담하지 않은 채 阿邑(아읍)과 鄄邑(견읍) 일대에서 수백 명이 기다리고 있는데, 왕께서 그들을 받아들여 우리 백만의 군사를 나눠주어 (그들로 하여금) 三晉의 옛 땅을 수복하게 하면 臨晉(임진, 秦 左馮翊의 지명)의 관문까지 손에 넣을 수 있습니다. (楚都였던) 鄢(언)과 郢(영)의 大夫들도 秦에 속하길 거부하며 우리 도성 남쪽에 찾아온 자가 수백 명이니, 왕께서 그들을 받아들여 백만의 군사를 나누어 준다면 楚의 옛 땅을 수복할 수 있으니 武關(무관)[1339]을 거쳐 (關中 땅으로) 진입할 수 있습니다. 이와 같이하면, 齊의 권위를 다시 세울 수 있고 秦國은 망할 것입니다. 南面하고 稱制(칭제)하기를 버려두고[1340] 西面하여 事秦

1339 武關(무관) – 今 陝西省 商洛市 丹鳳縣 동쪽에 소재. 函谷關, 蕭關, 大散關과 함께 '秦의 四塞'라 불렀다. 關中에 들어가는 南門. 沛公(패공) 劉邦(유방)도 무관을 통과하여 關中의 咸陽(함양)에 들어가서 秦王 嬰(영)의 투항을 받았다.

(진나라를 섬기겠다)하는 일은 大王을 위해 받아들일 수 없습니다."

그러나 齊王은 따르지 않았다.

秦의 使者 陳馳(진치)가 齊王에게 5백 리 땅을 할양하겠다며 입조를 권유하였는데, 齊王은 卽墨(즉묵)의 大夫의 말을 듣지 않고 入秦하였다. 秦은 齊王을 (河內의) 共縣(공현)[1341]에 가두었고, (齊王은) 솔밭에서 굶어죽였다.

이보다 앞서 齊에서는 이런 노래가 불렀다.

'소나무인가!(松邪) 잣나무인가!(柏邪) 함께 머무르는 사람은 손님이로다!'

169/ 齊以淖君之亂

{原文} 齊以淖君之亂秦. 其後秦欲取齊, 故使蘇涓之楚, 令任固之齊. 齊明謂楚王曰,

"秦王欲楚, 不若其欲齊之甚也. 其使涓來, 以示齊之有楚, 以資固於齊. 齊見楚, 必受固. 是王之聽涓也, 適爲固驅以合齊,秦也. 齊,秦合, 非楚之利也. 且夫涓來之辭, 必非固

1340 원문 夫舍南面之稱制, 乃西面而事秦 – 王이 될 수 있는 길을 버려두고 秦의 신하가 되려한다는 뜻.

1341 共縣 – 당시는 河內郡, 今 河南省 북부, 河水 북쪽 新鄉市 관할 輝縣市. 결국 그 당시 臨淄(임치)를 떠나 洛陽까지지도 못가고, 도중에서 굶어죽게 만들었다.

之所以之齊之辭也. 王不如令人以涓來之辭謾固於齊, 齊, 秦必不合. 齊,秦不合, 則王重矣. 王欲收齊以攻秦, 漢中可得也. 王卽欲以秦攻齊, 淮,泗之間亦可得也."

齊에서 淖君(요군)의 亂에~

{국역} 齊에서 淖齒(요치)의 亂 이후에,[1342] 秦에서는 (혼란한) 齊를 병합하려는 뜻으로, 우선 蘇涓(소연)을 楚에 보냈고, 任固(임고)를 齊에 보냈다. (이에, 說客인) 齊明(제명)이 楚王에게 말했다.

"秦王(昭王. 昭襄王, 재위 前 306 – 251년)이 楚를 병합하려는 의지는 齊를 병합하려는 욕망만큼 심하지는 않습니다. 그 사신 蘇涓(소연)을 보낸 뜻은 齊에게 (秦의 편에) 楚가 있다는 것을 과시하는 것이고, 또 이는 齊나라에 보낸 任固(임고)를 돕기 위한 것입니다. 齊에서는 楚의 태도를 보고 틀림없이 임고의 말에 따를 것입니다. 이는 楚王이 소연의 말에 따라주어야만 가능합니다. 그러면 임고는 齊와 秦을 결합시킬 것입니다. 齊와 秦이 결합하게 되면, 이는 楚에게 유리하지 않습니다. 게다가 소연의 말은 임고가 齊에서 한 말과 틀림없이 달라질 것입니다. 왕께서는 소연의 말을 들어본 다음에 빨리 사람을 齊에 보내 임고가 齊에 거짓말을 했다고 말하면, 齊와 秦은

1342 원문 齊以淖君之亂秦 – 淖君은 齊 민왕을 살해한 楚將 淖齒(요치). 〈齊策〉에서 君을 붙였다면 이상한 일이다. 君之亂 다음에 讎(수) 또는 事字를 추가하여 해석하지만 秦이 없으면 文理가 통한다. 민왕이 피살당한 것은 前 284년이었다.

틀림없이 한편이 될 수 없을 것입니다. 齊와 秦이 不合하면 초왕의 권위는 더욱 높아질 것입니다. 그렇게 하여 왕께서는 齊를 끌어들여 秦을 공격하면 (楚는 秦의 땅인) 漢中(한중)을 차지할 수 있습니다. 王께서 秦으로 하여금 齊를 빨리 공격하게 만들면 (楚는) 淮水와 泗水(사수) 중간의 땅을 차지할 수 있습니다."

14.《戰國策》卷十四 楚策 一

※ 楚의 역사 개관

周朝의 諸侯國으로 春秋 戰國 시대의 强國인 楚國은 荊國(형국) 또는 荊楚(형초)로도 불렸다. 楚 莊王(장왕, 재위 前 613-591년)은 春秋 五霸(오패)의 한 사람이었고, 戰國時代에 楚는 七雄의 하나였다.

楚國의 國君은 羋(미, 羊이 울 미)姓에 熊氏(웅씨)로 전국시대 중기에 최대의 영역을 차지했지만, 그렇더라도 남쪽으로는 五嶺산맥을 넘지 못했다. 곧 지금의 福建省, 廣東省, 廣西省 일대에는 中華 漢人의 정치 세력이나 문화 영역이 아니었다.

西周 초기에, 周 成王은 熊繹(웅역)을 楚에 봉하면서 丹陽〔단양, 今河南省 서남부 南陽市 淅川縣(석천현)〕에 거주케 하였다. 丹陽은 丹水와 淅水(석수)의 합류 지점으로, 지금은 丹江口 水庫(댐) 수몰 지구에 해당한다. 楚侯의 爵位(작위)는 子爵(자작)이었다. 前 740년, 楚의 자작 熊通(웅통)이 自立하여 王을 칭했고(史稱 楚 武王, 재위 前 740-690년) 이후 楚는 그 영역을 크게 확대하면서 長江과 長江 최대 지류인 漢水 유역의 많은 제후국을 병합하여 강국으로 변모했다.

前 597년, 楚 莊王(장왕)은 中原의 霸主인 晉國을 격파하고 '春秋

楚莊王(초장왕, 재위 前 613－591년)

五霸'에 이름을 올렸다. 그러나 춘추 말기에 楚나라는 吳와 세력 다툼에서 밀렸는데, 楚 昭王 재위 중, 前 506년, 吳王 闔閭(합려)가 孫武(손무, 孫子)와 伍子胥(오자서) 등을 보내 초군을 격파하고 도읍 郢(영)을 함락시켜 초는 거의 멸망 직전이었는데, 越王 句踐(구천)이 吳를 공격하고, 秦國의 도움으로 楚는 겨우 保全, 復國하였다.

孫武(손무)

戰國 시대 中期에 楚國은 다시 흥기 하였는데 楚 宣王(선왕, 재위 前 369－340년)과 楚 威王(위왕, 재위 前 339－329년) 時代에 국세를 떨쳐 地方 5千里, 帶甲 百萬, 戰車 1千乘, 騎 1萬匹에 10년을 지탱할 군량을 보유했는데, 이를 역사에서 楚의 '宣威盛世(선위성세)'라 칭한다.

그러나 楚 懷王(회왕, 재위 前 328－299년) 후기 이후 내부적으로는 왕후 鄭袖(정수)의 미혹에 빠졌고 밖으로는 張儀(장의)의 6백 리 할양이라는 감언에 속아 넘어갔으며, 秦과 藍田(남전), 丹淅(단석)의 전투에서 연패하며 국세가 위축되었다가 頃襄王(경양왕, 재위 전 298－263년) 때, 前 278년, 秦將 白起(백기)의 공격에 도읍 鄢(언, 今 湖北省 중부 襄陽市 관할 宜城市)과 郢(영, 今 湖北省 남부 荊州市 관할 江陵市 서북)이 점령당했다.

그 뒤 결국 前 223년에, 秦軍이 楚都 壽春(수춘, 今 安徽省 중부 淮南市 관할 壽縣)을 점령하고, 楚王 負芻(부추)를 생포하자 楚國은 멸망했다.

楚國 君主 列表(춘추전국시대)

王名	재위 연도	재위 연수
武王 熊通(웅통)	前 740－690년	51년
文王 熊貲(웅자)	前 689－675년	15년
堵敖王 熊艱(웅난)	前 674－672년	3년
成王 熊惲(웅운)	前 671－626년	46년
穆王 熊商臣(웅상신)	前 625－614년	12년
莊王 熊侶(웅려)	前 613－591년	23년
共王 熊審(웅심)	前 590－560년	31년
康王 熊招(웅초)	前 559－545년	15년
郟敖 熊員(웅원)	前 544－541년	4년
靈王 熊圍(웅위)	前 540－529년	12년
王比 熊比(웅비)	前 529－529년	未改元
平王 熊居(웅거)	前 528－516년	13년
昭王 熊珍(웅진)	前 515－489년	27년
惠王 熊章(웅장)	前 488－432년	57년
簡王 熊中(웅중)	前 431－408년	24년
聲王 熊當(웅당)	前 407－402년	6년
悼王 熊疑(웅의)	前 401－381년	21년
肅王 熊臧(웅장)	前 380－370년	11년
宣王 熊良夫(웅량부)	前 369－340년	30년
威王 熊商(웅상)	前 339－329년	11년
懷王 熊槐(웅괴)	前 328－299년	30년
頃襄王 熊橫(웅횡)	前 298－263년	36년
考烈王 熊完(웅완)	前 262－238년	25년
幽王 熊悍(웅한)	前 237－228년	10년
哀王 熊猶(웅유)	前 228－228년	未改元
負芻 熊負芻(웅부추)	前 227－223년	5년
昌平君 熊啓(웅계)	前 223－223년	

楚의 衰落(쇠락) 과정

楚王	내용
懷王 (회왕, 재위 前 328 – 299)	屈原(굴원) 등을 등용 주요 개혁을 추진했으나 귀족의 반대로 개혁 실패.
	前 312년. 秦과 丹陽, 藍田之戰의 대패 – 楚와 秦의 세력 역전.
	前 299년. 懷王(회왕) 말년에 秦 昭襄王에게 속아 秦國에 들어갔다가 咸陽에서 객사. 興兵하여 초왕을 탈취해오려던 楚軍 – 秦將 白起(백기)에게 대패. 이후 급속히 쇠퇴.
頃襄王 (경양왕, 재위 前 298 – 263)	前 293년 – 秦 大將 白起는 韓國戰에 大勝(伊闕之戰), 秦 昭王 楚 頃襄王에게 雌雄(자웅)을 결정하자고 통첩. 頃襄王은 겁을 먹고 秦國과 講和. 前 292년 秦國의 신부 영접 – 秦楚講和.
	前 285년 – 楚 頃襄王과 秦 昭王 宛(완, 今 河南省 南陽市)에서 회동, 議和 結親.
	前 283년 – 楚 頃襄王과 秦 昭王 楚의 別都 鄢(언, 今 湖北省 宜城市)에서 友好 회동.
	前 281년 楚 頃襄王 齊, 韓과 연합, 懷王 위한 복수를 계획.
	前 280년 – 秦 先發制人, 司馬錯(사마조)가 楚 黔中郡(검중군)을 점령, 頃襄王은 上庸郡과 漢江 이북의 땅을 할양.
	前 279년 – 秦 白起 大擧攻楚, 鄧(등) 점령, 이후 파죽지세로 도읍 郢(영)을 점거. 夷陵(이릉, 今 湖北省 宜昌市)의 楚 先王묘를 파묘. 楚軍 대패. 왕은 동북으로 피신, 陳(今 河南省 淮陽縣)으로 천도. 楚의 명맥 유지. 自保.
考烈王 (고열왕, 재위 前 262 – 238)	前 262년 – 楚 考烈王 繼位, 春申君을 令尹에 임용, 春申君은 派兵, 趙國 邯鄲의 포위를 구원, 魯國 멸망시킴. 復興. 前 241년, 春申君 東方國과 최후 合從. – 秦에 패배. 考烈王은 秦의 報復을 겁내 東의 壽春에 다시 천도.
	前 238년 – 考烈王 死後, 春申君 피살. 秦王 政(정) 親政 후, 李信에게 20萬 大兵 침공 – 楚將 項燕(항연)이 격파대승.
幽王(유왕, 前 237 – 228)	前 229년 – 秦王 政 18년. 秦軍이 舊都 郢(영)을 점령, 南郡 설치.
負芻(부추, 재위 前 227 – 223)	前 223년 – 秦老將 王翦(왕전)의 60萬軍 楚軍 대패, 楚王 생포.
	前 222년 – 王翦(왕전) – 楚國 長江 이남 완전 점거.
	前 209년 – 楚人의 秦에 대한 원한은 '楚雖三戶, 亡秦必楚' 라며 雪恨(설한)의 의지 강조. 項燕의 손자 項羽가 滅秦.

170/ 齊楚構難

{原文} 齊,楚構難, 宋請中立. 齊急宋, 宋許之. 子象爲楚謂宋王曰,

"楚以緩失宋, 將法齊之急也. 齊以急得宋, 後將常急矣. 是從齊而攻楚, 未必利也. 齊戰勝楚, 勢必危宋; 不勝, 是以弱宋干强楚也. 而令兩萬乘之國, 常以急求所欲, 國必危矣."

齊와 楚가 서로 싸우다.

{국역} 齊와 楚가 교전하게 되자,[1343] (약소국) 宋은 中立을 내세웠다.[1344] 齊가 宋에 압력을 가하자 宋은 지원을 약속했다. 이에 (楚人)

1343 원문 齊,楚構難 – 漢代의 南郡, 江夏, 零陵, 桂陽, 武陵, 長沙, 漢中, 汝南郡 등이 모두 楚의 영역이었다. 江陵(강릉)은 楚의 옛 도읍 郢(영)이었는데, 西로는 巫(무)와 巴(파)에 통하고 그 동쪽으로는 풍요로운 雲夢(운몽)의 땅이 있다. 構難(구난)은 어렵게 얽히다. 교전하다. 서로 禍難(화난)을 일으킴. 《史記 六國年表》와 《史記 楚世家》에 周 赧王(난왕) 14년(前 301, 楚 懷王 28년)에 「秦,韓,魏,齊, 敗我將軍唐眛於重丘.」라 기록했다. 아마 이것이 齊,楚構難일 것이라는 설명이 있다.

1344 宋國 – 周朝의 諸侯國이다. 國君은 子姓, 나라가 今 河南省 동부 商丘市와 安徽省 淮北市 一帶였다. 이는 周에 멸망 당한 商의 후손을 봉한 나라라서 처음부터 무시당했던 나라였다. 각종 우화에서 宋나라 사람은 우둔한 사람으로 묘사되는 경우가 많았다. 그러나 실제로는 中原의 요충지이고 교통의 요지라서 富商과 巨富들이 모여들었고, 宋人은

子象(자상)이 楚를 위하여 宋王(宋公)에게 말했다.

"楚는 (대처가) 느렸기에 宋을 같은 편으로 만들지 못했지만, 앞으로는 齊를 본떠서 급하게 재촉할 것입니다. 齊가 급박하게 몰아 宋을 자기편으로 만들었으니, 이후로도 늘 宋을 압박할 것입니다. 지금 齊를 따라 楚를 공격하더라도 이득은 틀림없이 없을 것입니다. 齊가 싸워 楚를 이긴다면, 정세는 틀림없이 宋에 위태로울 것입니다. (齊가) 이기지 못하면, 이는 약한 宋이 강한 楚에 덤빈 것입니다.[1345] 두 萬乘之國(楚, 齊)은 원하는 그대로 宋에 압력을 가할 것이니 宋은 틀림없이 위태로울 것입니다."

171/ 五國約以伐齊

{原文} 五國約以伐齊. 昭陽謂楚王曰,

"五國以破齊, 必南圖楚."

王曰, "然則奈何?"

對曰, "韓氏輔國也, 好利而惡難. 好利, 可營也. 惡難, 可懼也. 我厚賂之以利, 其心必營. 我悉兵以臨之, 其心必懼我. 彼懼吾兵而營我利, 五國之事必可敗也. 約絶之後, 雖

經商에 뛰어났었다. 前 286년에, 宋國은 齊에 합병 소멸했다.

1345 원문 是以弱宋干强楚也 – 齊를 도운 것은 楚의 분노를 건드린 것이다. 干은 방패 간. 犯하다. 성질을 건드리다.

勿與地可."

楚王曰, "善."

乃命大公事之韓, 見公仲曰, "夫牛闌之事, 馬陵之難, 親王之所見也. 王苟無以五國用兵, 請效列城五, 請悉楚國之衆也, 以廧於齊."

齊之反趙,魏之後, 而楚果弗與地, 則五國之事困也.

五國이 약조하여 齊를 공격하다.

{국역} 五國〔燕(연) · 趙(조) · 魏(위) · 韓(한) · 秦(진)〕이 약조를 맺고 齊를 공격했다.[1346] (楚의) 昭陽(소양)이 楚王(頃襄王, 재위 前 298 - 263년)에게 말했다.

"五國이 破齊(제나라를 격파하다)하면 필히 남쪽 楚를 공격할 것입니다."

王이 말했다. "그러면 어찌 해야 하나?"

"韓나라는 잘 바뀌니 이득을 좋아하고 어려운 일은 싫어합니다.[1347] 好利(이익을 좋아하다)하니 우리 편으로 만들 수 있고,[1348]

1346 원문 五國約以伐齊 - 이는 周 赧王(난왕) 31년, 楚 頃襄王 15년(前 284년)의 일로 알려졌다. 燕의 樂毅(악의)가 5국과 약조하고 齊를 공격하였다. 또 다른 주석에는 趙, 韓, 魏, 燕, 齊가 秦을 공격한 일이라고 했다.

1347 원문 韓氏輔國也 - 韓氏는 韓國. 輔國은 '轉國'의 誤. 자주 바뀐다는 뜻. 輔國을 보필하는 나라. 곧 동맹에 껴들어간 나라이고 주도하는 나라가 아니라는 뜻으로 풀이할 수도 있다.

1348 원문 可營也 - 營은 求하다. 우리에게 얻게 만들 수 있다. 우리가 재물

난관(전쟁)을 싫어하니 우리를 두려워하게 만들 수 있습니다. 우리가 많은 뇌물을 제공한다면 그들은 틀림없이 받으려 할 것입니다. 우리가 군대를 동원한다면 그들 마음은 우리를 두려워 할 것입니다. 그들이 우리 군사를 두려워하든, 우리 재물을 받든지 하면, 5국의 동맹은 틀림없이 깨질 것입니다. 그 동맹이 깨진 다음에는 우리가 그들에게 땅을 내주지 않아도 괜찮을 것입니다."

楚王은 "좋다."고 하였다. 곧 大公事(太公事? 大功尹?)를 韓에 보내어 公仲(공중, 公仲侈, 韓의 相)을 만나 말하게 했다.

"牛闌之事(우란의 싸움 / 未詳)와 馬陵之難(마릉의 싸움)은[1349] 貴韓王도 알고 계십니다. 王께서 五國의 用兵에 가담하지 않는다면, 우리가 5개의 城을 드리면서 우리 楚의 군사를 모아 齊와 싸워주겠습니다."[1350]

이렇게 하여 韓이 趙와 魏를 배반한 뒤에,[1351] 楚는 과연 한나라에게 땅을 주지 않았고, 그리하여 五國의 동맹은 와해되었다.

로 韓을 이용할 수 있다. 營을 惑(혹)의 뜻으로 풀이하면 우리가 현혹시킬 수 있다는 뜻.

1349 원문 夫牛闌之事, 馬陵之難 - 牛闌之事는 牛闌(우란)의 戰役(戰鬪). 내용 未詳(미상). 馬陵之難(마릉지난, 마릉의 싸움 / 今 山東省 聊城市 莘縣) - 前 342년, 馬陵之戰에서 魏國이 韓을 공격하자 齊는 韓을 구원하면서 田忌(전기)가 대장, 孫臏(손빈)이 軍師였는데, 孫臏은 魏都 大梁으로 진격하면서 취사한 아궁이 자릿수를 줄여가는 '減灶之計(감조지계, 灶는 竈)'로 魏軍 大將 龐涓(방연)을 유인, 매복으로 대승을 거두었다.

1350 원문 請悉楚國之衆也, 以廧於齊. - 廧은 담 장. 圖의 誤라는 주석이 있다. '廧作圖'.

1351 원문 齊之反趙,魏之後 - 齊는 韓의 착오라는 주석에 따른다.

172/ 荊宣王問群臣

{原文} 荊宣王問群臣曰, "吾聞北方之畏昭奚恤也, 果誠何如?"

群臣莫對. 江一對曰,

"虎求百獸而食之, 得狐. 狐曰, '子無敢食我也. 天帝使我長百獸, 今子食我, 是逆天帝命也. 子以我爲不信, 吾爲子先行, 子隨我後, 觀百獸之見我而敢不走乎?' 虎以爲然, 故遂與之行. 獸見之皆走. 虎不知獸畏己而走也, 以爲畏狐也. 今王之地方五千里, 帶甲百萬, 而專屬之昭奚恤. 故北方之畏奚恤也, 其實畏王之甲兵也, 猶百獸之畏虎也."

楚 宣王이 群臣에 묻다.(狐假虎威)

{국역} 荊(楚) 宣王(재위 前 369 - 340년)이 여러 신하에게 물었다.[1352]

"내가 알기로, 北方에서 (우리의) 昭奚恤(소해휼) 재상을 두려워한다는데, 정말 왜 그러한가?"[1353]

1352 원문 荊宣王問群臣曰 - 荊(가시나무 형)은 楚를 대신하는 말. 宣王은 전국시대의 楚 전성기의 王. 이는 내용상 前 352년(楚 宣王 18년)의 일이다. 유명한 故事成語 '狐假虎威(호가호위)' 의 출처이다.

1353 원문 吾聞北方之畏昭奚恤也 - 畏는 두려워할 외. 昭奚恤(소해휼, 생졸년 미상) - 昭氏, 一說 昭魚(소어). 江君奚恤(강군해휼)로도 불린다. 令尹을

여러 신하 중 대답하는 사람이 없었다. 그러자 江一(강일, 江乙, 본래 魏人)이 나서서 대답했다.

"호랑이가 모든 짐승을 잡아먹는데, 여우를 만났습니다. 여우가 말했습니다. '당신은 나를 잡아먹을 수 없습니다. 天帝가 나를 百獸(백수)의 어른(長)이라 하였습니다. 나를 잡아먹으면 천제의 명령을 어기는 것입니다. 당신이 내 말을 못 믿으면 내가 앞에 갈 것이니, 나의 뒤를 따라오며 모든 짐승들이 나를 보고서 도망치나 아닌가를 보십시오.' 호랑이도 그리 생각하고 여우와 함께 걸어갔습니다. 짐승들은 이를 보고서는 모두 도망쳤습니다. 호랑이는 짐승들이 자신을 무서워 도망하는 줄을 알지 못하고 여우를 무서워하는 줄로 생각했습니다. 지금 대왕의 땅은 方 5千里에 帶甲(대갑)이 백만이나 되는데, 그 군사가 모두 소해휼에게 속했습니다. 그래서 북방 여러 나라가 소해휼을 두려워하나, 사실은 대왕의 군사를 두려워하는 것이니, 마치 모든 짐승이 호랑이를 두려워하는 것과 같습니다."[1354]

역임. 宣王, 威王, 懷王을 섬김. 前 353년, 魏國이 趙國 邯鄲(한단)을 공격할 때, 趙에서 구원을 요청했지만 소해휼은 지원을 반대했다. 江乙(강을)과 불화. 江乙이 楚 宣에게 狐假虎威(호가호위)를 말했는데 그 여우(狐)는 소해휼을 뜻한다.

1354 成語 '狐假虎威'는 그야말로 전국시대에 유행한 詐術(사술), 詐僞(사위), 欺瞞(기만), 僞善(위선)의 풍조를 가장 집약적으로 요약한 말이라 생각된다.

173/ 昭奚恤與彭城君

{原文} 昭奚恤與彭城君議於王前, 王召江乙而問焉.

江乙曰, "二人之言皆善也, 臣不敢言其後. 此謂慮賢也."

昭奚恤(소해휼)과 彭城君(팽성군)

{국역} 昭奚恤(소해휼)과 彭城君(팽성군)이[1355] 초왕 앞에서 논쟁을 했는데, 王은 江乙(강을)을 불러 물었다. 강을이 말했다.

"두 사람의 말이 모두 맞습니다. 臣은 그 뒤를 말씀드릴 수 없으니, 이는 賢人을 다치게 할까 염려하는 생각 때문입니다."[1356]

174/ 邯鄲之難

{原文} 邯鄲之難, 昭奚恤謂楚王曰,

"王不如無救趙, 而以强魏. 魏强, 其割趙必深矣. 趙不能

1355 昭奚恤與彭城君 – 彭城君은 楚의 封君이니 왕족이다. 人名 미상. 彭城(팽성)은, 今 江蘇省 최북단 徐州市.

1356 원문 此謂慮賢也 – 慮는 생각할 려. 疑也. 賢者의 言은 善하나 내가 누가 더 善하다고 평가하면 오히려 王의 의심을 받을 수 있다.

聽, 則必堅守, 是兩弊也."

景舍曰, "不然. 昭奚恤不知也. 夫魏之攻趙也, 恐楚之攻其後. 今不救趙, 趙有亡形, 而魏無楚憂, 是楚,魏共趙也, 害必深矣! 何以兩弊也? 且魏令兵以深割趙, 趙見亡形, 而有楚之不救己也, 必與魏合而以謀楚. 故王不如少出兵, 以爲趙援. 趙恃楚勁, 必與魏戰. 魏怒於趙之勁, 而見楚救之不足畏也, 必不釋趙. 趙,魏相弊, 而齊,秦應楚, 則魏可破也."

楚因使景舍起兵救趙. 邯鄲拔, 楚取睢,濊之間.

邯鄲(한단)의 싸움

{국역} 邯鄲之難(한단지난, 한단의 싸움)[1357]에 昭奚恤(소해휼)이 楚王에게 말했다.

"王께서는 趙를 도와주지 않고 魏를 강하게 하는 것이 더 나을 것이니, 그러면 魏는 강해지면서 趙의 영토는 확실하게 줄어들 것입니

1357 邯鄲之難(한단지난) – 邯鄲(한단)은 趙의 도읍. (전국시대) 趙의 敬侯(경후)가 中牟縣(중모현)에서 한단으로 도읍을 옮겨왔다.(前 386년). 北宋시대에는 北京大名府, 《水滸傳》의 무대, 今 河北省 남부 邯鄲市. 黃粱美夢(황량미몽), 邯鄲學步, 圍魏救趙. 完璧歸趙(완벽귀조), 刎頸之交(문경지교), 毛遂自薦(모수자천) 등 수많은 고사성어의 고향이다. 본 장은 周顯王 16년, 楚 宣王 17년, 前 353년의 일이다. 昭奚恤(소해휼)은 宣王 15년에 楚의 相이 되었다.

다. 그러고도 趙가 (魏의 요구를) 따르지 않으려면 더욱 더 강하게 방어해야 하니, (魏와 趙) 두 나라는 더욱 피폐할 것입니다."

그러자 景舍(경사)가 말했다.

"그렇지 않습니다. 소해휼은 잘 모르고 있습니다. 魏는 趙를 공격하면서도 우리 楚가 (魏의) 배후를 공격하지 않을까 걱정하고 있습니다. 지금 趙를 구원하지 않으면, 趙는 거의 멸망의 형세에 이를 것이고, 魏는 楚나라에 대한 걱정도 없어지는데 (이는) 楚와 魏가 함께 趙를 친 것과 마찬가지 결과라서 趙나라로서는 그 피해가 심각할 것입니다! 그런데 왜 두 나라(魏, 趙)가 피폐하겠습니까? 魏가 군사를 동원하여 趙를 크게 분할하여 趙가 멸망 직전인데도 楚가 자기를 (趙) 돕지 않는다면 (趙는) 魏에 결합하면서 楚를 공격하려 할 것입니다. 그러니 대왕께서는 약간의 군사를 내어 趙를 구원하는 것이 나을 것입니다. 趙는 강한 楚의 도움을 기대하며 魏와 확실하게 싸울 것입니다. 그러면 魏는 강하게 나오는 趙에 분노하지만, 楚의 구원이 두려워할 정도는 아니라고 생각하면서 趙에 대한 공격을 멈추지는 않을 것입니다. 趙와 魏 두 나라가 모두 피폐해지면, 齊와 秦은 우리 楚와 함께 魏를 격파할 수 있을 것입니다."

楚는 이에 景舍(경사)를 시켜 군사를 일으켜 趙를 구원케 했다. (魏가) 邯鄲(한단)을 점령하자, 楚는 (魏의 동남쪽) 睢陽(수양)과 濊陽(예양)의 땅을 차지하였다.

175/ 江尹欲惡昭奚恤於楚王

{原文} 江尹欲惡昭奚恤於楚王, 而力不能, 故爲梁山陽君請封於楚.

楚王曰, "諾."

昭奚恤曰, "山陽君無功於楚國, 不當封."

江尹因得山陽君與之共惡昭奚恤.

江乙이 초왕에게 소해휼을 헐뜯으려 하다.

{국역} 江尹(江乙)이 楚 宣王에게 昭奚恤(소해휼)을 헐뜯으려 했지만,[1358] 자신의 힘으로는 어려워서 梁의 山陽君(산양군)에게 楚에서 땅을 나눠 封할 것을 요청하였다.

楚王은 "좋다."고 하였다.

그러자 소해휼이 말했다.

"山陽君은 楚國에 아무 공적도 없으니 封할 수 없습니다."

江尹은 이렇게 해서 山陽君을 소해휼을 헐뜯는 동지로 만들었다.

1358 원문 江尹欲惡昭奚恤於楚王 – 江尹은 江乙. 관직명을 이름 대신 호칭으로 사용.

176/ 魏氏惡昭奚恤於楚王

{原文} 魏氏惡昭奚恤於楚王, 楚王告昭子. 昭子曰,

"臣朝夕以事聽命, 而魏入吾君臣之間, 臣大懼. 臣非畏魏也! 夫泄吾君臣之交, 而天下信之, 是其爲人也近苦矣. 夫苟不難爲之外, 豈忘爲之內乎? 臣之得罪無日矣."

王曰, "寡人知之, 大夫何患?"

魏나라에서 楚王에게 소해휼을 헐뜯다.

{국역} 魏나라에서 온 사람이 楚王에게 소해휼을 헐뜯자,[1359] 楚王이 이를 소해휼에게 말해주었다. 그러자 소해휼이 말했다.

"臣은 朝夕으로 국정을 수행하나, 魏에서 君臣을 이간하고 있어 저는 이를 크게 걱정하고 있습니다. 臣이 魏를 두려워하지는 않습니다! 저와 大王 간의 교제를 외부로 누설하여[1360] 세상 사람이 믿게 된다면 그런 짓을 한 사람이 악에 가까울 것입니다.[1361]

정말로 밖에서 들어오는 비방을 극복 못한다면[1362] 내부에서의

1359 원문 魏氏惡昭奚恤於楚王 – 魏氏는 魏나라. 魏나라에서 보내온 使者. 山陽君 때문이라는 주석이 있다. 楚王은 宣王.

1360 원문 夫泄吾君臣之交 – 泄은 샐 설. 물이 새다. 누설하다.

1361 원문 是其爲人也近苦矣 – 苦는 쓸 고. 여기서는 악행. 惡也. 江乙(강을)을 지칭.

1362 원문 夫苟不難爲之外 – 여기 外는 외부에서 들어오는 모함.

모함을 어찌 잊어버릴 수 있겠습니까? 臣이 得罪(득죄: 죄를 뒤집어 쓰다)할 날이 가까운 것 같습니다."[1363]

宣王(선왕)이 말했다.

"과인이 알고 있는데, 大夫(소해휼)는 무얼 걱정하는가?"

177/ 江乙惡昭奚恤

{原文} 江乙惡昭奚恤, 謂楚王曰,

"人有以其狗爲有執而愛之. 其狗嘗溺井. 其鄰人見狗之溺井也, 欲入言之. 狗惡之, 當門而噬之. 鄰人憚之, 遂不得入言. 邯鄲之難, 楚進兵大梁, 取矣. 昭奚恤取魏之寶器, 以居魏知之, 故昭奚恤常惡臣之見王."

江乙이 昭奚恤(소해휼)을 증오하다.

{국역} 江乙(江一)이 昭奚恤(소해휼)을 미워하며 楚 宣王에게 말했다.[1364]

1363 得罪無日矣 – 無日矣는 며칠이 없을 것이다(無幾日也). 곧 죄를 덮어쓸 것 같다.

1364 원문 江乙惡昭奚恤 – 이는 楚 宣王 18년(前 352)의 일이다. 尿井之狗(요정지구)는 우물에 오줌 싸는 개. 능력을 인정받는다며 그를 이용하

"어떤 사람은 개가 집을 잘 지킨다고 개를 귀여워했습니다.[1365] 그런데 그 개는 늘 우물에 오줌을 누었습니다.[1366] 이웃 사람이 개가 우물에 오줌 싸는 것을 보고 들어가 주인에게 말하려 했습니다. 개는 그 사람을 증오하며 문을 막고 물으려고 하였습니다. 이웃 사람은 개가 무서워서 들어가 말할 수가 없었습니다. (趙의) 邯鄲(한단)이 함락될 때, 楚는 (魏의 도읍) 大梁을 점거했습니다. 소해휼은 魏의 寶器를 私的으로 절취하였습니다. (臣이) 魏에 있었기에 알았는데, 그래서 소해휼은 제가 대왕 알현하는 것을 늘 미워하고 있습니다."

178/ 江乙欲惡昭奚恤於楚

{原文} 江乙欲惡昭奚恤於楚, 謂楚王曰,

"下比周, 則上危, 下分爭, 則上安. 王亦知之乎? 願王勿忘也. 且人有好揚人之善者, 於王何如?"

王曰, "此君子也, 近之."

江乙曰, "有人好揚人之惡者, 於王何如?"

여 나쁜 짓을 하다. 또는 狗噬告者(구서고자)는 자신의 악행을 고발하는 자를 물어뜯는 개.

1365 원문 人有以其狗爲有執 - 執(잡을 집)은 잘 지키다(善守).

1366 其狗嘗溺井 - 溺은 빠질 익. 오줌 뇨(尿와 同).

王曰, "此小人也, 遠之."

江乙曰, "然則且有子殺其父, 臣弑其主者, 而王終已不知者, 何也? 以王好聞人之美而惡聞人之惡也."

王曰, "善. 寡人願兩聞之."

江乙이 楚에 소해휼을 악담하려 하다.

{국역} 江乙(강을)이 楚에 昭奚恤(소해휼)에 대한 험담을 하려고 楚王에게 말했다.

"아랫사람들(下)이 結黨(결당, 比周)하면 윗사람(上)이 위태롭고(危),[1367] 아랫사람들이 分爭(분쟁)하면 윗사람들이 편안한데,[1368] 왕께서도 이를 알고 계십니까? 대왕께서는 이를 잊지 마십시오. 또 타인의 선행을 높이 칭송하는 사람은 왕께서는 어떻게 생각하십니까?"

王이 말했다. "그런 사람은 君子이니 가까이 할 것이다."

"타인의 악행을 널리 소문내는 사람이라면, 왕께서는 어떻게 생각하십니까?"

"그런 자는 소인이니 멀리할 것이다."

"그렇다면 아들이 그 부친을 죽이고 신하가 그 주군을 시해하려

1367 원문 下比周, 則上危 – 比周는 結黨하다.

1368 원문 下分爭, 則上安 – 분열하면 친하지 않고, 다투면 협동이 안 되니 윗사람은 아래에서 단결하여 대들지 못하니 편안하다는 의미.

는데, 왕께서는 끝까지 모르신다면 되겠습니까?[1369] 왕께서는 남의 장점만 듣기 좋아하시고, 남의 악행에 대하여 아는 것도 싫어하십니다."

"옳은 말이요. 寡人은 앞으로 양쪽 말을 다 들을 것이요."

179/ 江乙說於安陵君

{原文} 江乙說於安陵君曰,

"君無咫尺之地, 骨肉之親, 處尊位, 受厚祿, 一國之衆, 見君莫不斂衽而拜, 撫委而服, 何以也?"

曰, "王過擧而已. 不然, 無以至此."

江乙曰, "以財交者, 財盡而交絶, 以色交者, 華落而愛渝. 是以嬖女不敝席, 寵臣不避軒. 今君擅楚國之勢, 而無以深自結於王, 竊爲君危之."

安陵君曰, "然則奈何?"

"願君必請從死, 以身爲殉, 如是必長得重於楚國."

曰, "謹受令."

三年而弗言. 江乙復見曰,

1369 원문 而王終已不知者 – 終已는 終身.

"臣所爲君道, 至今未效. 君不用臣之計, 臣請不敢復見矣."

安陵君曰, "不敢忘先生之言, 未得間也."

於是, 楚王游於雲夢, 結駟千乘, 旌旗蔽日, 野火之起也若雲蜺, 兕虎嗥之聲若雷霆, 有狂兕牂車依輪而至, 王親引弓而射, 壹發而殪. 王抽旃旄而抑兕首, 仰天而笑曰,

"樂矣, 今日之游也. 寡人萬歲千秋之後, 誰與樂此矣?"

安陵君泣數行而進曰, "臣入則編席, 出則陪乘. 大王萬歲千秋之後, 願得以身試黃泉, 蓐螻蟻, 又何如得此樂而樂之."

王大說, 乃封壇爲安陵君. 君子聞之曰,

"江乙可謂善謀, 安陵君可謂知時矣."

江乙이 安陵君을 설득하다.

{국역} 江乙(강을)이 安陵君(안릉군)을 설득하려 말했다.[1370]

"君은 咫尺(지척)의 봉토도 없고[1371] 믿을 만한 骨肉之親도 없으면

1370 安陵君 – 名은 纏(전). 그 姓은 失傳. 楚의 幸臣(행신). 班固《漢書 古今人表》에는 安陵纏(안릉전, 纏, 즉 纏)으로 기록, 안릉전은 中之下. 楚 宣王은 한 등급 낮은 下之上으로 평가되었다.

1371 원문 無咫尺之地 – 咫尺(지척)은 아주 가까운 거리. 咫는 가까울 지. 8寸. 漢代의 1척은 10寸. 23.1cm, 咫尺地는 작은 봉토.

서 尊位(존위: 높은 자리)에 올라 厚(후)한 녹을 받고 있으며, 온 나라의 백성은 당신을 만나면 옷깃을 여미고 절을 올리지 않는 사람이 없으며, 허리를 구부려 복종하는데[1372] 왜 그러하겠습니까?" "王께서 나의 용모를 보고 과분하게 등용하셨기 때문이니, 안 그러면 어찌 이렇겠습니까?"[1373]

강을이 말했다.

"재물로 교제하는 자 재물이 없어지면 교제도 끊어지고, 미색으로 情들었다면 꽃다운 미모가 시들어지면 애정도 바뀝니다.[1374] 그래서 사랑받는 여인은 자리의 온기가 식기도 전에 끝나는 것이요, 寵臣(총신: 총애 받는 신하)은 수레가 낡으면 헌 수레처럼 버려집니다.[1375] 지금 君께서는 楚國 권세를 마음대로 휘두르지만, 楚王과 더 깊이 결탁하지 않는다면, 아마 君은 곧 위태로울 것입니다."

安陵君이 물었다. "그러니 어쩌면 좋습니까?"

"君께서는 대왕께 목숨을 바쳐 죽을 수(殉) 있다고 말씀드리십시

1372 원문 撫委而服 - 撫는 어루만질 무. 구부리다(傴也). 委는 맡길 위. 굽히다(曲也).

1373 원문 王過擧而已 - 過는 과분하게. 擧는 등용하다. 已는 已로, 또는 色으로 된 주석도 있다. 왕께서 나의 용모를 보고 과분하게 등용했다는 뜻으로 '而以色' 이 되어야 문장이 자연스럽다는 주석에 따른다.

1374 원문 華落而愛渝 - 華는 꽃 화. 한창 핀 꽃(菁華). 渝는 바뀔 투. 변하다(變也).

1375 원문 是以嬖女不敝席, 寵臣不避軒. - 嬖는 사랑할 폐. 미천한 신분이나 미모로 총애를 받는 여인. 앉은 자리가 해지기도 전에 사랑이 식는다. 그 사랑이 아주 짧다는 뜻. 不避軒의 軒은 추녀 헌, 수레 헌, 바퀴(輪). 수레가 낡으면 버리듯 물러나지 않을 수 없다(車敝則退去). 不避軒과 不敝席은 오래지 않다는 뜻(不久之意).

오. 그렇게 한다면 楚에서 오랫동안 重한 자리를 차지할 것입니다."

"삼가 가르침을 따르겠습니다."

(그 뒤로) 3년 동안 (안릉군은) 그런 말을 하지 않았다. 江乙이 다시 안릉군을 만나 말했다.

"臣이 군을 위해 말씀드린(道) 바를 지금껏 실행하지 않으셨습니다. 이는 臣이 올린 계책을 君께서 不用한 것이니, 臣은 다시 뵙지 않겠습니다."

安陵君이 말했다.

"先生의 말을 잊은 것이 아니라, 그럴만한 틈이 없었습니다."

이때 楚王은 雲夢澤(운몽의 호숫가)에 유람하였다.[1376] 말 4마리가 끄는 수레 1천 대에[1377] 여러 旌旗(정기: 깃발)가 해를 가렸고, 野火(들에 피운 불)를 지피니 무지개와 같았으며〔雲蜺(운예), 虹也〕. 무소〔兕(외뿔 들소 시)〕와 호랑이(虎)의 포효가 천둥소리와(雷霆) 같았다. 미친 무소(狂兕) 한 마리가 급작스레 달려 수레바퀴 가까이에 다가오자, 楚王은 친히 활을 당겨 한 발을 쏘자 무소는 쓰러졌다.[1378] 王은 旃旄(전모)의 깃발을 뽑아 들고(抽) 무소의 머리를(兕首) 발로 밟고 하늘을 향해 웃으면서(仰天而笑) 말했다.

"즐거워라! 오늘의 이 사냥이여! 寡人이 죽은 뒤에(萬歲千秋之

1376 雲夢澤 – 雲夢(운몽)은 澤名. 雲夢大澤, 중국 역사상 湖北省 江漢平原에 있던 최대의 淡水湖의 하나였지만, 지금은 육지가 된 호수. 今 湖北省 중앙부 武漢市 서북쪽의 天門市, 應城市 일대. 지금은 湖北省 남부에 洪湖(홍호)가 조금 남아 있다.

1377 원문 結駟千乘 – 結은 연결하다(連也). 매다. 駟는 四馬.

1378 원문 壹發而殪 – 殪는 쓰러질 에. 죽이다.

後) 누가 나와 함께 이리 즐거우랴?"

그러자 安陵君은 눈물을 몇 줄기 흘리면서 앞으로 나아가 말했다.

"臣은 궁에 들어가면 대왕의 다음 자리에 앉고(編席), 궁을 나와서는 대왕을 陪乘(배승: 함께 탄다)합니다만(二人同車의 뜻), 大王의 萬歲千秋(만세천추, 죽음) 이후에 제 한 몸은 黃泉(황천)에 따라가서 왕에게 덤비는 개미를 막아주는 깔 자리가〔蓐(깔개 욕)〕 되겠습니다. 그런데 어찌 오늘의 이 즐거움만 즐기려 하십니까?"

楚王은 크게 기뻐하며 壇(단)을 쌓고, 安陵君에 봉했다.

君子가 이를 전해 듣고 말했다.

"江乙은 가히 책모에 뛰어난 사람이고(善謀), 安陵君은 때를 잘 아는(知時) 사람이다."[1379]

180/ 江乙爲魏使於楚

{原文} 江乙爲魏使於楚, 謂楚王曰,

1379 원문 可謂知時矣 – 이는 진정한 君子의 말은 아니라고 생각한다. 江乙은 군주의 뜻에 영합할 수 있는 작은 꾀를 말했을 뿐이다. 왕의 측근으로 왕의 신임을 위한 '잔머리 굴림' 이 아닌가? '黃泉까지 따라가겠습니다' – 이만한 거짓말이 또 있겠는가? 안릉군은 그런 말을 하려고 3년을 기다렸다지만, 그래서 時를 잘 아는 사람인가? 그 3년 동안에 얼마나 열심히 아부했겠는가? 王으로부터 땅을 받아 편히 먹고 사는 것이 君子의 최고 목표이고 그런 것이 덕망이겠나?

"臣入竟, 聞楚之俗, 不蔽人之善, 不言人之惡, 誠有之乎?"

王曰, "誠有之."

江乙曰, "然則白公之亂, 得無遂乎? 誠如是, 臣等之罪免矣."

楚王曰, "何也?"

江乙曰, "州侯相楚, 貴甚矣而主斷, 左右俱曰 '無有', 如出一口矣."

江乙이 魏使로 楚에 오다.

{국역} 江乙이 魏使로 楚에 와서[1380] 楚王에게 말했다.

"臣이 入竟(입경, 入境 : 초나라 국경을 들어서다)하며 楚의 時俗을 물었는데, 남의 善行을 가리지도 않고, 남의 惡을 말하지도 않는다 하였는데 정말 그러합니까?"

"정말 그러합니다."

"그러하다면 (옛날) 白公之亂이 어찌 성공할 수 있었겠습니까?[1381] 정말 그러하다면 신하의 죄는 모두 용서가 될 것입니다."

1380 원문 江乙爲魏使於楚 – 江乙은 본래 魏人으로 그때 魏에 머물다가 나중에 楚에 出仕했다. 본 章은 前 352년 이후의 일이다. 江乙의 말은 초왕에게 신하의 여러 의견을 받아들이라는 뜻이다.

1381 然則白公之亂, 得無遂乎? – 白公은 楚 平王(재위 전 528 – 516년) 太子 建(건)의 아들 勝(승). 魯 哀公 16년(前 479 / 이 해에 공자가 죽었다)

楚王이 말했다. "무슨 말입니까?"

江乙이 말했다.

"州侯(주후, 州는 地名)가 楚의 相으로 아주 존귀한 자리에서 정사를 專斷(독단적으로 처리)하지만, 좌우 모두가 '(그런 일) 없습니다.' 라고 한 입에서 나오는 듯 말을 합니다."

181/ 郢人有獄三年不決郢

{原文} 郢人有獄三年不決者, 故令請其宅, 以卜其罪. 客因爲之謂昭奚恤曰,

"郢人某氏之宅, 臣願之."

昭奚恤曰, "郢人某氏, 不當服罪, 故其宅不得."

客辭而去. 昭奚恤已而悔之, 因謂客曰,

"奚恤得事公, 公何爲以故與奚恤?"

客曰, "非用故也."

曰, "謂而不得, 有說色, 非故如何也?"

에 태자 建은 참소를 받아 鄭(정)으로 망명했는데 鄭에서 태자를 죽여 버렸다. 이에 그 아들 勝은 吳나라로 망명했고 거기서 白公이라고 불렀다. 백공(勝)은 (楚에) 鄭을 토벌해야 한다고 주청하였지만, 楚의 令尹 子西(자서)는 따르지 않았다. 나중에 勝은 子西를 죽이고 惠王을 겁박했다. 遂는 이룰 수. 성공하다.

郢(영) 사람의 옥사가 3년이 되도 판결이 나지 않자,

{국역} (楚 도읍) 郢(영)에 사는 사람의 獄事(옥사)가 3년이 지나도 판결이 나지 않자,[1382] 다른 사람을(客人) 시켜 그 집에 들어가 살면서 죄의 유무를 알아보게 하였다. 그 객인이 소해휼에게 말했다.

"郢人 某氏의 집에 들어가 살았으면 좋겠습니다."

이에 소해휼이 말했다.

"郢人 모씨는 罪를 자복하지 않았으니, 그 집에 들어갈 수는 없을 것이요."

客人이 떠나는 말을 하고 나갔다. 소해휼이 잠깐 뒤에 후회하고 다시 그 객인을 불러 말했다.

"나는 일을 공평하게 처리하였는데, 당신은 왜 고의로 나를 힘들게 하는가?"

이에 그 객인이 말했다.

"아무런 고의도 없습니다."

"나에게 말을 했지만 뜻대로 되지 않았으나 기쁜 표정이었는데 고의가 아니면 무엇인가?"

1382 원문 郢人有獄三年不決者 - 策士가 昭奚恤(소해휼)의 機智를 드러나게 하려고 지어낸 이야기일 것이라는 주석이 있다.

182/ 城渾出周

{原文} 城渾出周, 三人偶行, 南遊於楚, 至於新城.

城渾說其令曰, "鄭,魏者, 楚之耎國, 而秦, 楚之强敵也. 鄭,魏之弱, 而楚以上梁應之. 宜陽之大也, 楚以弱新城圍之. 蒲反,平陽相去百里, 秦人一夜而襲之, 安邑不知. 新城, 上梁相去五百里, 秦人一夜而襲之, 上梁亦不知也. 今邊邑之所恃者, 非江南泗上也. 故楚王何不以新城爲主郡也, 邊邑甚利之."

新城公大說, 乃爲具駟馬乘車五百金之楚. 城渾得之, 遂南交於楚, 楚王果以新城爲主郡.

城渾(성혼)이 周를 떠나,

{국역} (周人) 城渾(성혼, 人名)이 周나라를 떠나,[1383] 三人이 우연히 함께 남쪽 楚나라로 遊說(유세)하러 가다가 新城(신성)에 이르렀다.[1384]

城渾(성혼)이 신성의 縣令에게 말했다.

1383 원문 城渾出周 - 城渾은 人名이라는데, 城이 姓인지 아니면 성안에 사는 渾(혼)이라는 사람인지 알 수 없다. 文章이 확실하지도 않고, 언제의 일인지 알 수도 없으며, 무슨 策謀도 아니고, 궤변으로 그저 불로소득을 얻었을 뿐이다.

1384 新城 - 鄭나라 新密(신밀), 滎陽(형양)의 密縣. 漢代 河南郡의 지명.

"鄭과 魏나라는 楚보다 약한 나라이고,[1385] 秦은 楚의 强敵(강적)입니다. 鄭과 魏가 弱하기에 楚에서는 上樑(상량, 지명)으로 대응하고 있습니다만, (秦의) 宜陽(의양)은 큰 고을이나 楚는 겨우 약한 新城으로 대응하고 있습니다. 蒲反(포반, 蒲阪)[1386]은 平陽(평양)과 1백 리 떨어진 곳인데, 秦人이 어느 날 밤에 습격한다면 가까운 (魏의 도읍) 安邑(안읍)에서도 알 수가 없습니다. 하물며 新城과 上樑(상량)은 5백 리나 떨어져 있으니, 秦人이 어느 날 습격한다면 상량에서 역시 모를 것입니다. 지금 변방의 소읍으로 믿어야 할 곳은 (楚의 경우에) 江南이나 泗上(사상)[1387]이 아닙니다. 江南은 땅이 광대하고 너무 먼 곳이라서 믿고 의지할 수가 없습니다. 그런데 楚王께서는 新城을 왜 主郡(守郡)으로 중요하게 생각하지 않을까요? 그렇게 해야 邊邑(변방의 읍)을 지키는데 유리할 것입니다."

新城公(縣尹, 縣令)은 크게 기뻐하며 곧 (성혼 일행에게) 駟馬(사마)의 수레와 5五百金을 주어 楚로 가게 하였다. 성혼은 그 재물을 받고 남쪽으로 가서 楚에 유세하였는데 (나중에) 楚王은 新城을 主郡(중요한 군)으로 격상하였다.

1385 원문 楚之耎國 – 耎은 가냘픈 연. 약하다(弱也).

1386 蒲反縣(포반현, 蒲坂縣) – 今 山西省 서남부 永濟市.

1387 泗上(사상) – 泗水郡(사수군), 漢의 沛郡(패군), 지금 江蘇省 북부 일원.

183/ 韓公叔有齊魏

{原文} 韓公叔有齊,魏, 而太子有楚,秦以爭國. 鄭申爲楚使於韓, 矯以新城,陽人予太子. 楚王怒, 將罪之. 對曰,

"臣矯予之, 以爲國也. 臣爲太子得新城,陽人, 以與公叔爭國而得之. 齊,魏必伐韓. 韓氏急, 必懸命於楚, 又何新城,陽人之敢求? 太子不勝, 然而不死, 今將倒冠而至, 又安敢言地?"

楚王曰, "善." 乃不罪也.

韓公叔은 齊와 魏의 지원을 받고,

{국역} 韓公叔(한공숙)은 齊와 魏의 지원을 받고,[1388] 太子는 楚와 秦의 지원을 받으면서 한편 초와 진은 韓나라 태자 자리를 놓고 세력을 다퉜다.[1389] 이때 鄭申(정신)은 韓에 楚의 사신으로 가서 거짓으로 新城(신성)과 陽人(양인, 지명)[1390]의 땅을 太子에게 주겠다고 말했다. (이를 안) 楚王이 화를 내며 (鄭申을) 問罪(죄를 묻다)하려고 했다.

1388 원문 韓公叔有齊,魏 – 韓公叔(한공숙)은 韓 襄王(양왕, 재위 前 311 – 296년)의 아들. 有는 도움을 받다. 韓 襄王 13년에 태자가 죽었다. 여러 아들이 다른 나라의 지원을 받으면서 태자가 되려고 다퉜다. 이는 前 300년의 일이었다. 〈韓策 二〉에 본 장의 내용과 같은 章이 있다.

1389 원문 太子有楚,秦 – 太子 名 幾瑟(기슬).

1390 陽人(양인) – 陽人聚, 今 河南省 平頂山市 葉縣(섭현)의 지명.

이에 정신이 말했다.

"臣이 거짓으로 주겠다고 한 것은 초나라를 위한 것입니다. 臣은 太子(幾瑟)가 新城과 陽人의 땅을 얻게 되면 韓公叔과의 爭國(정권 다툼)에서 유리할 것입니다. 그러면 齊와 魏는 틀림없이 韓을 정벌할 것입니다. 그러면 韓은 다급해져서 틀림없이 楚에 매달릴 것인데, 어찌 新城과 陽人의 땅을 요구할 수 있겠습니까? 太子가 이기지 못한다면, 요행히 죽지 않는다 하여도, 당장 冠을 거꾸로 쓰고 달려올 것인데, 어찌 감히 땅을 달라 요구하겠습니까?"

楚王은 "옳은 말이다." 하고서는 문죄하지 않았다.

184/ 楚杜赫說楚王以取趙

{原文} 楚杜赫說楚王以取趙. 王且予之五大夫, 而令私行.

陳軫謂楚王曰, "赫不能得趙, 五大夫不可收也, 得賞無功也. 得趙而王無加焉, 是無善也. 王不如以十乘行之, 事成, 予之五大夫."

王曰, "善" 乃以十乘行之. 杜赫怒而不行.

陳軫謂王曰, "是不能得趙也."

楚의 杜赫(두혁)이 趙를 끌어드리겠다고 설득했다.

{국역} 楚의 杜赫(두혁)이란 사람이 趙를 끌어들일 수 있다고 楚王을 설득했다.[1391] 楚王은 그에게 五大夫의 직위를 주어[1392] 몰래 趙나라에 들어가게 하였다.

그러자 陳軫(진진)이 楚王에게 말했다.

“두혁이 趙를 우리 편으로 만들지 못하더라도 五大夫의 관직을 회수할 수 없으니, 이는 無功(공이 없음)에도 賞을 내린 것입니다. 다른 한편 趙를 끌어들였지만 왕께서 다른 상을 내리지 않는다면 공적을 포상하지 않는다는 말이 나올 것입니다. 그러니 왕께서는 10乘의 수레로 출발케 하고, 일이 성사되면 五大夫의 관직을 수여하는 것이 더 나을 것입니다.”

王은 “좋다.”고 말했다.

그리고 10乘의 수레를 타고 (趙로) 출발케 하였다.

두혁은 화를 내며 출발하지 않았다. 진진이 초왕에게 말했다.

“이는 두혁이 趙를 설득할 수 없기 때문입니다.”

1391 원문 杜赫說楚王以取趙 – 杜赫(두혁)은 人名. 周人, 또는 楚 出身 說客. 본 章의 내용은 연대 未詳.

1392 원문 且予之五大夫 – 且予는 曰與. 五大夫는 楚 官名.

185/ 楚王問於范環

{原文} 楚王問於范環曰,

"寡人慾置相於秦, 孰可?"

對曰, "臣不足以知之."

王曰, "吾相甘茂可乎?"

范環對曰, "不可." 王曰, "何也?"

曰, "夫史擧, 上蔡之監門也. 大不如事君, 小不如處室, 以苛廉聞於世, 甘茂事之順焉. 故惠王之明, 武王之察, 張儀之好譖, 甘茂事之, 取十官而無罪, 茂誠賢者也, 然而不可相秦. 秦之有賢相也, 非楚國之利也. 且王嘗用滑於越而納句章, 昧之難, 越亂, 故楚南察瀨胡而野江東. 計王之功所以能如此者, 越亂而楚治也. 今王以用之於越矣, 而忘之於秦, 臣以爲王鉅速忘矣. 王若欲置相於秦乎? 若公孫郝者可. 夫公孫郝之於秦王, 親也. 少與之同衣, 長與之同車, 被王衣以聽事, 眞大王之相已. 王相之, 楚國之大利也."

楚王이 范環(범환)에게 묻다.

{국역} 楚王이 范環(범환)에게 물었다.[1393]

1393 원문 楚王問於范環 - 楚王은 楚 懷王. 회왕 23년, 前 306년의 일. 당시 楚와 秦은 우호관계였다. 范環(범환)은 《史記》에는 范蜎(범연). 隣國에

"寡人은 秦에 사람을 보내 相이 되게 하려는데 누가 좋겠는가?"

범환이 말했다.

"저는 아는 것이 없어 잘 모르겠습니다."

"나의 相인 甘茂(감무)가 괜찮겠는가?"[1394]

범환은 "안 됩니다."라고 대답했다.

"왜 그런가?"

"史擧(사거)란 사람은 上蔡(상채)의[1395] 監門(감문: 문을 지키는 책임자)이었습니다. 크게는 事君(사군: 임금을 섬기다)할 줄도 모르고 작게는 아내를 거느릴 줄도 모르나 가혹하고 각박한 사람으로 소문났었지만, 감무는 그런 사람과 함께 일을 하였습니다. (秦에서) 惠王(惠文王, 재위 前 338-311년)이나 武王(재위 前 310-07년)의 明察과 張儀(장의)의 참소에도 감무는 그들을 섬겨 10개 관직을 거치면서 죄가 없었으니, 감무는 진정 賢者이기에 결코 秦의 相이 되어서는 안 됩니다. 秦에 賢相이 있어 楚國에 이로울 것이 없습니다. (그 이

賢人 宰相이 있다면 우리한테는 걱정거리이다.

1394 甘茂(감무)-당시 감무는 楚에 머물고 있었다. 감무를 秦의 相으로 보내달라는 秦의 요청이 있었다는 주석이 있다. 甘茂(감무)의 생졸년 미상. 戰國 시기 楚國 下蔡邑〔今 安徽省 중부 蚌埠市(방부시) 관할 鳳臺縣〕 사람으로 秦國의 명장이었다. 百家之說을 공부하였고 뒷날 張儀(장의)와 樗里疾(저리질)의 천거로 惠文王을 섬겼다. 周 赧王 3년(前 312), 秦, 韓, 魏 3국이 攻楚했고 楚國은 大敗했다. 秦國은 楚國의 漢中을 차지했고 甘茂는 漢中 일대를 평정하였다. 뒷날 秦을 떠나 齊國으로 옮겨갔고 齊國의 上卿에 올랐다. 나중에 魏國에서 죽었다.

1395 上蔡(상채)-秦代 李斯(이사)의 고향. 漢代 汝南郡(여남군)의 治所. 今 河南省 남부 駐馬店市 관할의 上蔡縣.

전에) 王께서는 召滑(소활, 人名. 邵滑)을 越(월)에 보내어 〔會稽(회계)〕 句章(구장, 地名) 땅을 얻었으며, (楚將) 唐昧(당매)의 환난을 이용하여 越(월)을 내부적으로 분란케 하여 楚 남쪽으로 瀨湖(뇌호)의 땅을 얻어 楚의 땅으로 잘 다스렸고, 동쪽으로는 江東으로 영역을 넓혔습니다. 이렇게 대왕의 영역을 넓힌 공적에 越(월)은 혼란했고 楚는 안정되었기 때문입니다. 지금 대왕께서는 越에서 성공한 방식을 秦에 대해서는 잊고 계시니, 臣의 생각으로 대왕의 망각이 어찌 이리 빠릅니까? 王께서 꼭 秦에 相을 보내려 하십니까? 그렇다면 公孫郝(공손학) 같은 사람이 좋을 것입니다.[1396] 공손학은 秦 昭王(재위 前 306－251년)과 친밀하니 어려서는 옷을 같이 입었으며, 성인이 되어서는 같이 수레를 탔으며, 왕과 같은 옷을 입고서 업무를 같이 처리하니 진정 대왕께서 천거할 相입니다. 秦王이 공손학을 相으로 임명한다면 楚國에는 大利(큰 이익)가 될 것입니다."

186/ 蘇秦爲趙合從說楚威王

{原文} 蘇秦爲趙合從, 說楚威王曰,

"楚, 天下之强國也, 大王, 天下之賢王也. 楚地西有黔中, 巫郡, 東有夏州,海陽, 南有洞庭,蒼梧, 北有汾陘之塞,郇陽.

1396 원문 若公孫郝者可 － 公孫郝(공손학. 인명). 《史記》에는 向壽(상수, 向은 성씨 상)로 기록.

地方五千里, 帶甲百萬, 車千乘, 騎萬匹, 粟支十年, 此霸王之資也. 夫以楚之强與大王之賢, 天下莫能當也. 今乃欲西面而事秦, 則諸侯莫不南面而朝於章臺之下矣. 秦之所害於天下莫如楚, 楚强則秦弱, 楚弱則秦强, 此其勢不兩立. 故爲王至計, 莫如從親以孤秦. 大王不從親, 秦必起兩軍, 一軍出武關, 一軍下黔中. 若此, 則鄢,郢動矣. 臣聞治之其未亂, 爲之其未有也, 患至而後憂之, 則無及已. 故願大王之早計之."

"大王誠能聽臣, 臣請令山東之國, 奉四時之獻, 以承大王之明制, 委社稷宗廟, 練士厲兵, 在大王之所用之. 大王誠能聽臣之愚計, 則韓,魏,齊,燕,趙,衛之妙音美人, 必充後宮矣. 趙,代良馬橐他, 必實於外廐. 故從合則楚王, 横成則秦帝. 今釋霸王之業, 而有事人之名, 臣竊爲大王不取也."

蘇秦이 趙의 合從을 위하여 楚 威王을 설득하다.

{국역} 蘇秦(소진)이 趙의 合從策을 위하여 楚 威王(위왕, 名은 熊商. 재위 前 339 - 329년)에게 말했다.[1397]

1397 원문 蘇秦爲趙合從 - 이 章은 지어낸 문장이라 알려졌다.《史記 蘇秦列傳》과《史記 六國年表》에는 소진이 周 顯王36년(楚 威王 7년, 前 333)에 유세한 것으로 되어 있는데, 이는 당시의 상황과 일치하지 않는다. 그 근거는 다음과 같다. 周 顯王 35년(前 334)에 魏와 齊는 徐州에서 회담하면서 함께 稱王하기로 했다. 다음 해(前 332) 楚는 강한 魏

"楚는 천하의 强國이고, 大王께서는 천하의 賢王이십니다. 楚地의 서쪽에는 黔中(검중)과 巫郡(무군)이 있고, 동쪽으로는 夏州(하주, 荊州 江陵縣)와 海陽(해양, 楚의 東境을 지칭)이 있으며, 南으로는 洞庭〔동정, 巴陵(파릉)〕과 蒼梧〔창오, 交州郡. 今 廣東省. 옛 粵地(월지)〕가 있고, 북쪽으로는 汾陘(분형)의 요새지와 郇陽(순양, 順陽, 汝南과 潁川 일대)이 있으니, 영지가 사방 5천 리에, 무장 병졸이(帶甲) 1백만, 戰車 1천 승, 騎馬(기마) 1만 필, 군량〔粟(속)〕이 10년을 버틸 수 있으니, 이는 霸王(패왕)이 될 수 있는 바탕입니다. 이처럼 강성한 楚에 현명하신 大王을 상대할 만한 사람은 천하에 아무도 없습니다. 그런데도 지금 西面하여 秦을 섬기려 하시는데(事秦), 다른 제후들은 누구도 章臺(咸陽의 秦宮)에서 秦이 南面하기를 원하지 않을 것입니다. 秦이 천하에 끼치는 해악은 楚가 아니면 막을 수가 없으니, 楚가 强하면 秦이 弱하고, 楚가 弱하면 秦이 强한 것처럼 (秦, 楚) 두 세력은 양립할 수 없습니다. 그래서 대왕을 위한 가장 좋은 계책은 六國(육국)의 합종책을 따라 秦을 고립시키는 것보다 더 나은 것은 없습니다. 大王께서 합종을 취하지 않는다면 秦은 틀림없이 二軍을 동원할 것이니, 一軍은 武關(무관, 關中의 南門)으로 出兵하고 다른 一軍을 黔中(검중)에[1398] 주둔시킬 것입니다. 이렇게 되면 (楚의 도읍) 鄢(언)과

를 포위 공격, 승리하였으니 楚의 國勢가 강했음을 알 수 있다. 그런데 본 章에서 '欲西面而事秦' 이란 말은 맞지 않는다. 그리고 본 章에서 말한 '故從合則楚王, 橫成則秦帝.' 구절은 周 顯王 44년(前 325)의 일이니, 顯王 35년에는 秦 惠文王도 稱王하지 않았다. 그리고 蘇秦이 활동하는 시기는 楚 頃襄王(재위 前 296－263) 때로 楚 威王(재위 前 339－329) 시대보다 훨씬 뒷날이다.

1398 黔中郡(검중군) － 옛날 戰國시대 楚가 설치한 郡. 그 관할 지역은, 今 湖

郢(영)이 동요할 것입니다. 臣이 알기로, 亂(난)은 일어나기 전에 다스려야 하고, 일은 터지기 전에 막아야 하며, 환난이 닥친 뒤에 걱정한들 이미 늦은 것이니 대왕께서는 일찍 계책을 세우시길 바랍니다."

"대왕께서 진정으로 臣의 말을 따라주신다면, 저는 山東의 여러 나라로(五國) 하여금 四時의 공물을 (楚에) 바치게 하고, 大王의 明制를 따르며 (각국의) 사직과 종묘의 안정을 (楚에) 위임토록 하고, (각국의) 군사 훈련과 동원을 대왕이 지휘할 수 있게 하겠습니다. 대왕께서 성심으로 臣의 愚計(우계)를 들어주신다면, 韓, 魏, 齊, 燕, 趙, 衛(위)의 妙音(묘음, 女樂)과 美人이 대왕의 後宮에 틀림없이 넘쳐날 것입니다. 그리고 趙와 代(대)에서 나는 良馬와 낙타가[1399] 궁 밖 마구간에(外廐) 틀림없이 꽉 차게 될 것입니다. 그래서 合從을 따르면 楚가 王이고 연횡이 성립되면 秦이 帝라고 하였습니다. 지금 (대왕께서) 霸王의 大業을 버려두고 事人(타인을 섬기다)하겠다는 명분을 따르는 것을 저는 대왕을 위해서라도 取할 수 없습니다."

{原文} "夫秦, 虎狼之國也, 有呑天下之心. 秦, 天下之仇讎也, 橫人皆欲割諸侯之地以事秦, 此所謂養仇而奉讎者也.

南省 서부와 貴州省 동부인데 뒷날 秦의 영역이 되었다. 治所는 臨沅縣(임원현, 今 湖南省 북부 常德市)이었는데 그 관할 지역이 너무 광대했다. 지금 湖南省 沅江 유역과 湖北省 淸江 유역, 重慶市 黔江(검강) 유역과 貴州省 동부를 포함하였다. 韓 高祖 5년(前 202년) 武陵郡으로 개칭하였다.

1399 趙,代良馬橐他 - 代는 옛 국명. 代는 漢代에도 郡,國名으로 사용되었다. 今 山西省 북부와 河北省 서북부 일부. 橐他는 橐駝(탁타), 곧 駱駝(낙타). 흉노인들이 사육하는 가축.

夫爲人臣而割其主之地, 以外交强虎狼之秦, 以侵天下, 卒有秦患, 不顧其禍. 夫外挾强秦之威, 以內劫其主, 以求割地, 大逆不忠, 無過此者. 故從親, 則諸侯割地以事楚; 橫合, 則楚割地以事秦. 此兩策者, 相去遠矣, 有億兆之數. 兩者大王何居焉? 故弊邑趙王, 使臣効愚計, 奉明約, 在大王命之."

楚王曰, "寡人之國, 西與秦接境, 秦有擧巴蜀,並漢中之心. 秦, 虎狼之國, 不可親也. 而韓,魏迫於秦患, 不可與深謀, 恐反人以入於秦, 故謀未發而國已危矣. 寡人自料, 以楚當秦, 未見勝焉. 內與群臣謀, 不足恃也. 寡人臥不安席, 食不甘味, 心搖搖如懸旌, 而無所終薄. 今君欲一天下, 安諸侯, 存危國, 寡人謹奉社稷以從."

{국역} "대체로 秦은 호랑이와(虎狼) 같은 나라라서 천하를 병탄하려는 마음을 갖고 있습니다. 그리고 秦은 온 천하의 원수입니다〔仇讎(구수)〕. 연횡을 주장하는 사람들은 제후의 땅을 분할하여 秦을 섬기게 하는데, 이는 원수의 힘을 키워주고 받드는 것입니다. 남의 신하가 되어 그 主君의 땅을 갈라가며 호랑이와 같은 秦과 外交하며 천하를 침략케 하니, 결국 秦의 환난을 겪게 될 것이나 그런 재난을 생각하지 않고 있습니다. (連橫論者는) 겉으로 강한 秦의 위세를 빌려서, 안으로 그 주군을 협박하여 땅을 할양 받으려 하니, 이런 大逆 不忠보다 더 심한 자는 또 없을 것입니다. 그러니 합종은 제후가 割地(땅을 떼어 내다)하여 事楚(초나라를 섬기다)하자는 것이고, 연횡은

楚의 땅을 나눠 事秦(진을 섬기다)하자는 것입니다. 이 두 가지 방책은 크게 차이가 나며 수많은(億兆) 백성이 있습니다. 두 가지 방책 중 大王은 어느 방책을 따르시겠습니까? 그래서 저의(弊邑) 趙王(趙 肅侯, 재위 前 349－326년)은 臣의 愚計(우계)를 말씀드리게 하여 明約을 받들려 하니, 저는 대왕의 명에 따르겠습니다."

이에 楚王이 말했다.

"과인의 나라는 서쪽으로 秦과 접경하였고, 秦은 巴蜀(파촉)[1400]과 漢中(한중)을 차지하려는 마음을 품고 있습니다. 秦은 虎狼之國이라 가까이 할 수 없습니다. 韓과 魏는 秦나라 걱정에 겁박 당하고 있으니 함께 깊은 방책을 모의하기가 어려우며, 아마 우리를 배반하고 秦의 편이 될 수도 있기에, (우리가) 모책을 마련하기도 전에 그 나라가 위기에 처할 것 같습니다. 그리고 과인이 생각할 때, 楚가 (혼자) 秦과 맞서 이기기는 어려울 것입니다. 조정에서 모든 신하와 모의하더라도 믿을 수도 없습니다. 그래서 과인은 臥不安席(와불안석)하고 食不甘味(식불감미)하며, 마음은 매달린 깃발처럼 흔들리니, 끝내 어디 마음 둘 데가 없습니다.[1401] 지금 君이 천하를 하나로 묶어 제후를 안정케 하고, 위기에 처한 나라를 존속케 하려 애쓰니, 과인은 사직과 함께 귀하의 합종을 따르고자 합니다."

1400 巴蜀(파촉)－巴郡과 蜀郡의 땅. 보통 하나의 단어처럼 쓰였다. 巴郡은 今 重慶市 일대이고, 蜀郡은 今 四川省 省都市 일원이다.

1401 원문 心搖搖如懸旌, 而無所終薄.－搖搖(요요)는 흔들리다. 搖는 흔들릴 요. 懸은 매달 현. 매달아 놓다. 旌은 깃발 정. 薄은 엷을 박 泊과 同義로 쓰였다.

187/ 張儀爲秦破從連橫

{原文} 張儀爲秦破從連橫, 說楚王曰,

"秦地半天下, 兵敵四國, 被山帶河, 四塞以爲固. 虎賁之士百餘萬, 車千乘, 騎萬疋, 粟如丘山. 法令旣明, 士卒安難樂死. 主嚴以明, 將知以武. 雖無出兵甲, 席捲常山之險, 折天下之脊, 天下後服者先亡. 且夫爲從者, 無以異於驅群羊而攻猛虎也. 夫虎之與羊, 不格明矣. 今大王不與猛虎而與群羊, 竊以爲大王之計過矣. 凡天下强國, 非秦而楚, 非楚而秦. 兩國敵侔交爭, 其勢不兩立. 而大王不與秦, 秦下甲兵, 據宜陽, 韓之上地不通, 下河東, 取成皐, 韓必入臣於秦. 韓入臣, 魏則從風而動. 秦攻楚之西, 韓,魏攻其北, 社稷豈得無危哉?"

"且夫約從者, 聚群弱而攻至强也. 夫以弱攻强, 不料敵而輕戰, 國貧而驟擧兵, 此危亡之術也. 臣聞之, 兵不如者, 勿與挑戰; 粟不如者, 勿與持久. 夫從人者, 飾辯虛辭, 高主之節行, 言其利而不言其害, 卒有楚禍, 無及爲已, 是故願大王之熟計之也."

張儀가 秦을 위하여 破從連橫(파종연횡)하다.

{국역} 張儀(장의)가 秦을 위해 合從 파괴와 連橫(연횡)을[1402] 楚王에

게 설득하며 말했다.

"秦의 땅은 천하의 절반이고 그 군사는 사방의 나라를 상대하고 산과 하천에 의해[1403] 사방이 둘러싸인 험고한 나라입니다. 용맹한 군사가 1백만이나 되고,[1404] 戰車가 1천 乘, 기마가 1만 疋(필), 곡식은 산더미와 같습니다. 法令이 명백하고 士卒은 危難(위난, 兵革之事)에 기꺼이 죽으려 합니다. 군주는 위엄 있고 현명하며, 將軍들은 지혜와 무예를 갖추었습니다. 비록 兵甲을 동원하지는 않고 있지만, 험고한 常山(恒山)을 넘어[1405] 천하의 척추를 꺾어버릴 수 있으니,

---

1402 원문 張儀爲秦破從連橫 - 본 章은 후인이 지어낸 문장으로 사실과 다르다는 주석이 있다. 본 장에 '齊王大怒하여 車裂蘇秦於市라.'는 말이 나오는데 사실이 아니다. 張儀(장의, 前 373 - 310년)는 보통 '蘇秦張儀'로 호칭하다 보니 蘇秦(? - 前 284년)이 앞서 살았던 사람처럼 생각되나 소진은 장의보다 26년 뒤에 죽었다. 먼저 죽은 사람이 26년 뒤에 소진이 죽은 것을 어찌 말할 수 있나?《史記 張儀列傳》에 立傳.

1403 원문 被山帶河 - 被는 덮다. 깔거나 입다. 뻗쳐있다〔亘延(긍연)〕.

1404 원문 虎賁之士百餘萬 - 虎賁은 勇士. 漢代 虎賁(호분)은 中郎將에 소속된 용맹한 군사였다. 虎賁은 매우 용맹한 동물 이름, 周代에도 '虎賁氏'라는 직명이 사용되었다.

1405 원문 席捲常山之險 - 席捲(석권)은 자리를(席) 감아말다(捲). 쉬운 일. 남긴 것이 없다. 恒山(항산)은 五嶽 중 北嶽. 恒山(항산)은, 今 河北省 曲陽縣과 山西省의 접경. 山西省 북단. 一名 元岳, 常山, 北岳. 恒山 주봉 天峰嶺은 해발 2016m. 戰國時代 趙의 元氏縣에 위치. 劉向이 漢 文帝를 避諱하여 常山이라 고쳐 기록했다. 常山하면 누구나 趙雲을 생각한다. 趙雲(조운, ? - 229년, 字는 子龍)은 三國 시기 蜀漢 名將, 常山郡 출신. 조운의 대담한 용기에 대하여 유비도 "子龍의 一身이 전부 쓸개이다(子龍一身都是膽也)."라고 말했으니, 사람의 담력은 쓸개에서 나온다고 생각하였다. 趙子龍은 중국 민간신앙과 민간 예술에 수많은 소재를 제공한 인물이며, 우리나라 村夫들도 趙子龍의 武勇을 즐겨 듣고

천하에서 秦을 따르려 하지 않는 나라는 먼저 망할 것입니다. 그리고 (秦에 대항한다는) 合從이란 양떼를 몰아 맹호를 공격하는(驅羊攻虎) 것과 다름없습니다. 분명히 호랑이와 羊은 서로 상대가 되지 않습니다. 지금 대왕께서는 猛虎(맹호)의 편이 아닌 羊떼의 편이 되려 하시니, 제 생각이지만 이는 대왕의 잘못된 계책입니다."

"천하의 强國은 秦이 아니면 楚이고, 楚가 아니라면 秦입니다. 두 나라가 서로 적대하며 싸운다면 그 형세는 兩立(양립)할 수 없습니다. 大王이 秦과 한편이 되지 않는다면, 秦은 甲兵을 출동시켜 宜陽(의양)을 점거하여, 韓나라 북쪽(上地)을 막아 不通케 하고, 河東으로 내려와 成皐(성고)[1406]를 차지하면 韓은 틀림없이 秦에 入朝할 것입니다. 韓이 秦에게 臣服하면 魏도 바람 따라 움직이게 됩니다. (이렇게 하고서) 秦이 楚의 서쪽을 공격하고 韓과 魏가 (楚의) 북쪽을 공격한다면 (楚의) 사직이 어찌 위태롭지 않을 수 있겠습니까?"

"게다가 合從策을 따른다면, 마치 약한 자들을 모아 아주 강한 나라를 공격하는 것과 같습니다. 弱으로 强을 공격한다면, 이는 敵을 헤아려보지도 않고 경솔하게 싸우는 것이며, 가난한 나라에서 군대를 동원하는 것은 나라를 위기로 몰거나 망하게 하는 방법입니다. 臣이 알기로 병력이 같지 않다면 도전해서는 안 되며, 군량이 상대만 못하다면 지구전으로 나갈 수 없다고 하였습니다. 합종을 주장하는 자들은 빈말만 그럴싸하게 꾸며서 주군의 절조 있는 행실을 칭송하지만, 이득만 말할 뿐 해악을 말하지 않으며, 어느 날 갑자기 楚에

이야기했다.

1406 成皐(성고) – 今 河南省 중부 鄭州市 관할 滎陽市(형양시) 서북. 地勢가 험준하여 예부터 兵爭의 땅이었다.

재앙이 닥치더라도, (그때는) 어찌할 수가 없을 것이니, 대왕께서는 계책을 숙고하시길 바랍니다."

{原文} "秦西有巴蜀, 方船積粟, 起於汶山, 循江而下, 至郢三千餘里. 舫船載卒, 一舫載五十人, 與三月之糧, 下水而浮, 一日行三百餘里. 里數雖多, 不費馬汗之勞, 不至十日而距扞關. 扞關驚, 則從竟陵已東, 盡城守矣, 黔中,巫郡非王之有已. 秦擧甲出之武關, 南面而攻, 則北地絶. 秦兵之攻楚也, 危難在三月之內. 而楚恃諸侯之救, 在半歲之外, 此其勢不相及也. 夫恃弱國之救, 而忘强秦之禍, 此臣之所以爲大王之患也. 且大王嘗與吳人五戰三勝而亡之, 陳卒盡矣. 有偏守新城而居民苦矣. 臣聞之, 攻大者易危, 而民弊者怨於上. 夫守易危之功, 而逆强秦之心, 臣竊爲大王危之."

"且夫秦之所以不出甲於函谷關十五年以攻諸侯者, 陰謀有呑天下之心也. 楚嘗與秦構難, 戰於漢中. 楚人不勝, 通侯,執珪死者七十餘人, 遂亡漢中. 楚王大怒, 興師襲秦, 戰於藍田, 又郤. 此所謂兩虎相搏者也. 夫秦,楚相弊, 而韓,魏以全制其後, 計無過於此者矣, 是故願大王熟計之也."

{국역} "秦의 서쪽 巴(파)와 蜀(촉)이 있고 거기서 군량을 배에 싣고 汶山(문산)[1407]에서 출발하여 長江을 따라 내려오면 (楚都) 郢(영)까

1407 汶山(문산) – 岷山(민산), 今 四川省 북부 壩藏族羌族自治州 내 松潘縣.

지는 3천 리가 됩니다. 舫船(방선, 倂舟也)에 군사 50명과 3달치 군량을 싣고 물길을 따라 떠내려 오면, 하루에 3백 리를 내려올 수 있습니다. 里數(거리)가 많다지만 말(馬)을 고생시키지 않고도 열흘이면 扞關(한관)에 도달할 수 있습니다. 그래서 扞關(한관)이 놀라 진동한다면 거기서부터 竟陵(경릉) 이동은 모두 성을 수비해야 하니 黔中(검중)이나 巫郡(무군) 지역은 楚王의 소유가 아닐 것입니다. 秦이 군사를 동원하여 武關(무관)을 나와 남쪽으로 진격하면 그 북쪽과의 소통이 단절됩니다. 秦兵이 楚를 공격하면 그 危難(위난)은 3개월 안에 끝이 납니다. 楚가 여러 제후의 구원을 기다리려면 반년이나 기다려야 하지만, 그 軍勢는 秦에 미칠 수가 없습니다. 약국의 지원을 믿고 강국 秦에 의한 재앙을 망각하는 것을 臣이 생각할 때, 이는 대왕에게 환난이 될 것입니다. 또 이전에 大王께서는 吳와 五戰하여 三勝으로 吳를 멸망케 했지만 楚도 군졸을 거의 다 잃었습니다. 겨우 새로 얻은 城 하나를 지킨다고 많은 백성이 고통을 받아야만 했습니다. 臣이 알기로, 큰 나라를 공격하면 쉽게 위기에 처할 수 있고, 백성이 피폐하면 그 윗사람을 원망하게 됩니다. 쉽게 사라질 공적을 지키려고 강한 秦에 역행한다면 臣은 대왕이 위태할 것이라 생각합니다."

"또 秦이 15년이나 函谷關(함곡관) 밖으로 군사를 출동하여 제후를 정복지 않은 이유는 천하를 삼키려는 음모가 있기 때문입니다. 楚는 일찍이 秦나라와 얽혀 漢中(한중)[1408]에서 싸웠습니다. 楚人은

1408 漢中(한중) – 漢代에는 군 이름. 今 陝西省(섬서성) 남부와 湖北省 서북 일부 지역을 관할. 長安城에서 蜀, 巴郡에 가려면 거쳐야 하는 길목이었다.

이기지 못했고, 諸侯(徹侯, 通侯)와 執珪(집규, 楚의 上爵)로 죽은 자가 70여 명이나 되었지만 결국 漢中을 잃었습니다. 楚王은 大怒하며 군사를 일으켜 秦을 습격하여 藍田(남전)에서 싸웠지만 또 밀렸습니다.[1409] 이는 이른바 兩虎相搏(양호상박)입니다. 秦과 楚 양쪽이 피폐하면 韓과 魏가 그 배후를 공격하려 들 것이니, 이보다 더 큰 과오는 또 없을 것이니, 대왕께서는 계책을 숙고하시기 바랍니다."

{原文} "秦下兵攻衛,陽晉, 必開扃天下之胸, 大王悉起兵以攻宋, 不至數月而宋可擧. 擧宋而東指, 則泗上十二諸侯, 盡王之有已. 凡天下所信約從親堅者蘇秦, 封爲武安君而相燕, 卽陰與燕王謀破齊共分其地. 乃佯有罪, 出走入齊, 齊王因受而相之. 居二年而覺, 齊王大怒, 車裂蘇秦於市. 夫以一詐僞反覆之蘇秦, 而欲經營天下, 混一諸侯, 其不可成也亦明矣. 今秦之與楚也, 接境壤界, 固形親之國也. 大王誠能聽臣, 臣請秦太子入質於楚, 楚太子入質於秦, 請以秦女爲大王箕箒之妾, 效萬家之都, 以爲湯沐之邑, 長爲昆弟之國, 終身無相攻擊. 臣以爲計無便於此者. 故敝邑秦王, 使使臣獻書大王之從車下風, 須以決事."

1409 秦 惠王 13년(前 325년 / 楚 懷王 4년)에 秦은 漢中을 차지했고 다시 17년에 藍田(남전)에서 楚를 물리쳤다. 藍田은, 今 陝西省 西安市 관할 藍田縣. 중국 四大名玉의 하나인 藍田玉의 원산지. 秦嶺北麓, 關中平原 동남에 위치. 藍田生玉(남전생옥)은 '좋은 집안에서 훌륭한 인재가 나온다.' 는 뜻으로 쓰이는 成語이다.

楚王曰, "楚國僻陋, 託東海之上. 寡人年幼, 不習國家之長計. 今上客幸教以明制, 寡人聞之, 敬以國從."

乃遣使車百乘, 獻雞駭之犀,夜光之璧於秦王.

{국역} "秦이 군사를 내어 衛(위)의 陽晉(양진, 衛의 지명)을 공격한다면, 이는 천하의 중심부 곧 가슴을 열어젖힌 것과 같을 것입니다.[1410] 大王께서 모든 군사를 동원하여 宋을 공격한다면 몇 달 걸리지 않아, 宋을 차지할 수 있습니다. 宋을 차지한 뒤 동쪽으로 진출하면 泗水(사수)[1411] 유역 12개 현은 모두 대왕의 소유가 될 것입니다. 天下에 합종을 맹약으로 굳게 주장했던 자는 蘇秦(소진)으로, (趙에서는) 武安君에 봉해졌고 燕의 相이었는데, 燕王과 음모하여 함께 齊를 격파하고 그 땅을 나누기로 했습니다. 그리고 거짓으로 죄를 짓고 齊로 망명하였는데, 齊王(閔王)도 소진을 받아들여 재상에 임용하였습니다. 그런 뒤 2년이 지나 모든 것이 발각되었고, 齊王은

1410 원문 扃天下之胸 – 扃은 빗장 경. 창문. 胸(흉)은 가슴. 천하의 要地天下之胸.

1411 泗水 – 泗水는 淮水의 한 지류. 山東省의 江, 泗水縣의 蒙山(몽산) 남록에서 발원하여 曲阜市(곡부시)와 兗州市(연주시)를 거쳐 남으로 내려가 濟寧市 동남에서 魯 運河에 합류한다. 행정구역으로 사수군은 今 江蘇省 북부 일부. 魯 도성 曲阜(곡부)에서 20여 km 지점에 郰邑(추읍, 鄹, 陬로도 표기)이 있는데, 여기가 孔子의 원 고향이다. 공자의 어머니 顔氏는 尼丘山(이구산)에 기도를 해서 공자를 낳았으며, 공자의 부친 별세 후에는 魯 도성 내의 闕里(궐리)로 이사했고 공자는 궐리에서 생활하였다. 이 근처에 洙水(수수)와 泗水(사수)가 있다. 그래서 尼丘(이구)와 洙泗(수사), 闕里(궐리)는 때로 공자의 代稱(대칭)으로도 쓰인다.

大怒하며 소진을 거리에서 車裂(거열)형에 처했습니다.[1412] 이런 거짓으로 소진의 방책을 반복하여 천하를 경영하고 제후를 혼란케 하니 합종이 성공할 수 없는 것은 분명합니다. 지금 秦과 楚는 함께 국경을 맞대고 있으니 진정 화친할 수 있는 형세입니다. 대왕께서 진정으로 臣의 방책을 따라주신다면, 臣은 秦의 태자를 楚에 인질로 보내도록 주청할 것입니다. 秦 太子가 楚에 인질로 들어오고, 楚에서도 태자를 秦에 인질로 보내며, 秦의 王女를 대왕의 첩으로 보내게 하고,[1413] 1만 호의 大邑(萬家之都)을 대왕의 湯沐邑(탕목읍)[1414]으로 바치어, 오래도록 형제의 나라가 되어 서로 공격하지 않을 것입니다. (두 나라 화친에) 이보다 더 좋은 방책은 없다고 臣은 생각합니다. 그래서 저의(敝邑) 秦王(惠文王)께서 臣을 보내 대왕께 헌서케 하고 대왕의 수레를 따라다니며 가르침을 받고 모름지기 결정을 기다리라고 하였습니다."

楚王이 말했다.

"楚國은 비루한 동쪽 바닷가에 있는 나라입니다. 寡人은 나이도 어려 나라의 장기 방책에도 서툴기만 합니다. 지금 上客께서 명확한 방책을 과인에게 말해주셨으니 삼가 나라와 함께 따르고자 합니

1412 蘇秦은 자객에 피살되었다. 그리고 소진은 장의보다 26년 뒤에 죽었다. 車裂刑(거열형)은 사지를 매어 수레로 끌게 하여 찢어 죽이는 형벌.

1413 請以秦女爲大王箕箒之妾 - 箕는 키 기. 여기서는 쓰레받이. 箒는 비추. 빗자루. 주인의 주변을 청소하는 여인. 아내를 지칭하는 낮춤말.

1414 湯沐邑(탕목읍) - 湯沐은 몸을 씻고 머리를 감다. 齋戒沐浴하다. 國君이나 皇太子의 封地를 의미하였으나 나중에는 女性皇族, 公主, 郡主, 翁主, 皇后, 皇太后, 황후의 생모들의 封地를 지칭했다.

다."

그러면서 사신과 함께 수레 1백 乘에 雞駭之犀(계해지서)[1415]와 夜光之璧(야광지벽, 夜光珠) 등을 秦王에게 보냈다.

188/ 張儀相秦

{原文} 張儀相秦, 謂昭睢曰, "楚無鄢,郢,漢中, 有所更得乎?"

曰, "無有."

曰, "無昭睢,陳軫, 有所更得乎?"

曰, "無所更得."

張儀曰, "爲儀謂楚王逐昭睢,陳軫, 請復鄢,郢,漢中."

昭睢歸報楚王, 楚王說之.

有人謂昭睢曰, "甚矣, 楚王不察於爭名者也. 韓求相工師藉而周不聽, 魏求相綦母恢而周不聽, 何以也? 周是列縣畜我也. 今楚, 萬乘之强國也, 大王, 天下之賢主也. 今儀曰逐君與陳軫而王聽之, 是楚自行不如周, 而儀重於韓,魏之王也. 且儀之所行, 有功名者秦也, 所欲貴富者魏也. 欲爲攻

1415 雞駭之犀(계해지서) – 駭雞之犀(해계지서), 물소의 한 종류. 장식용 무소뿔이라 생각된다.

於魏, 必南伐楚. 故攻有道, 外絶其交, 內逐其謀臣. 陳軫, 夏人也, 習於三晉之事, 故逐之, 則楚無謀臣矣. 今君能用楚之衆, 故亦逐之, 則楚衆不用矣. 此所謂內攻之者也, 而王不知察. 今君何不見臣於王, 請爲王使齊交不絶. 齊交不絶, 儀聞之, 其效鄢,郢,漢中必緩矣. 是昭睢之言不信也, 王必薄之."

張儀가 秦의 相이 되다.

{국역} 張儀(장의)가 秦의 相이 되어 (楚 臣下인) 昭睢(소수)에게 말했다.[1416]

"楚는 鄢(언), 郢(영), 漢中(한중)을 잃었는데,[1417] 땅을 다시 얻은 곳이 있습니까?"

"없습니다."

장의가 다시 물었다.

"昭過(소과)나 陳軫(진진)이 없다면 대신할 사람이 있습니까?"[1418]

1416 원문 張儀相秦, 謂昭睢曰 – 이 章도 후인의 擬托(의탁)으로 알려졌다. 楚가 鄢, 郢, 漢中을 秦에 빼앗긴 것은 前 278년, 頃襄王(前 298 – 263) 때의 일로 장의가 죽고(前 310년) 32년이나 지난 뒤의 일이었다.

1417 이곳은 楚의 가장 중요한 땅이었다.

1418 無昭睢,陳軫 有所更得乎? – 昭睢(소수)는 昭過(소과, 人名)의 착오. 두 사람은 楚의 良臣이었다. 이는 장의가 秦을 위하여 楚의 良臣을 제거할 생각을 갖고 있다는 의미로 해석할 수 있다. 有所更得乎는 대신할 사람이 있습니까? 그만한 능력을 가진 사람이 있느냐는 뜻.

"대신할 사람이 없습니다."

"이 장의를 위하여 전해주기 바랍니다만, 초왕이 그 昭過(소과)와 陳軫(진진)을 방출한다면 (秦에서는) 鄢(언), 郢(영), 漢中(한중)을 복구해 드릴 것입니다."[1419]

昭雎(소수)가 돌아와 楚王에게 보고하자, 초왕은 좋아하였다.[1420]

어떤 사람이 昭過(소과)에게 말했습니다.

"정말 심합니다. 楚王은 이름 날리기만 좋아하는 자(張儀)를 너무 모르고 있습니다. 韓이 工師藉(공사자)를 재상으로 삼으려 하자 周室에서 허락하지 않았습니다. 魏에서 綦毋恢(기모회)를 재상에 임명하려 했으나 周室에서 역시 허락하지 않았습니다. 왜 그랬겠습니까? 周는 그 두 나라가 周室을 그 나라의 縣처럼 대우했기 때문입니다. 지금 楚는 萬乘(만승)의 强國입니다. 또 大王은 天下의 賢主이십니다. 지금 장의는 君과 陳軫을 방출하라 요구하였고 王은 수락하였으니, 이는 楚가 스스로 周室만도 못하다는 것을 보여준 것이며, 장의를 韓이나 魏王보다 더 중히 여기는 어리석음 때문일 것입니다. 또 장의의 所行은 秦에서는 功名을 얻고 魏로부터는 부귀를 얻으려고 합니다. 魏에서 부귀를 얻으려 전쟁을 일으킬 것이니 틀림없이 남쪽으로 楚를 공격할 것입니다. 침공하기 위해서는 밖으로는 우리의 외교 관계를 단절시키고, 안에서는 謀臣들을 제거할 것입니다.

1419 장의는 楚王이 重地(땅을 중요하게 여기다)하고 輕人(사람을 경시하다)하는 것을 알고서 2인을 방축하면 땅을 돌려주겠다. 또 그렇게 되면 昭雎(소수)가 그 자리에 오를 수 있다는 암시를 주는 일련의 工作이라고 볼 수 있다.

1420 昭雎(소수)는 아마 초를 배신하고 장의에 붙을 계산을 했을 것이라는 주석이 있다.

陳軫(진진)은 夏人(中原 출신)이라서 三晉(韓, 魏, 趙)의 사정에 밝기 때문에 축출하려는 것이고, 그렇게 되면 楚에는 謀臣이 없게 됩니다. 지금 君께서는 楚의 군사를 부릴 수 있기에 방출하려는 것이고, 그러면 楚의 군사를 지휘할 수 없는 것입니다. 이는 (상대방) 내부를 공격하는 것인데도 楚王은 이를 모르고 계십니다. 지금 君께서는 왜 저를 楚王에게 알현케 하지 않으십니까? 제가 왕을 알현한다면 저를 齊에 사신으로 가게 해달라고 요청하여 외교가 단절되지 않도록 할 것입니다. 齊와 외교가 단절되지 않고 이를 장의가 알게 되면 鄢(언), 郢(영), 漢中(한중)을 돌려준다는 일도 틀림없이 지연될 것입니다. 이렇게 되면 昭雎(소수)가 왕께 올린 말을 믿지 못하게 되어 왕은 틀림없이 그를 박대할 것입니다."

189/ 威王問於莫敖子華

{原文} 威王問於莫敖子華曰,

"自從先君文王以至不穀之身, 亦有不爲爵勸, 不爲祿勉, 以憂社稷者乎?"

莫敖子華對曰, "如華不足知之矣."

王曰, "不於大夫, 無所聞之?"

莫敖子華對曰, "君王將何問者也? 彼有廉其爵, 貧其身, 以憂社稷者, 有崇其爵, 豐其祿, 以憂社稷者, 有斷脰決腹,壹瞑而萬世不視, 不知所益, 以憂社稷者, 有勞其身, 愁其志, 以憂社稷者, 亦有不爲爵勸, 不爲祿勉, 以憂社稷者."

王曰, "大夫此言, 將何謂也?"

莫敖子華對曰, "昔令尹子文, 緇帛之衣以朝, 鹿裘以處, 未明而立於朝, 日晦而歸食, 朝不謀夕, 無一月之積. 故彼廉其爵, 貧其身, 以憂社稷者, 令尹子文是也. 昔者葉公子高, 身獲於表薄, 而財於柱國; 定白公之禍, 寧楚國之事, 恢先君以揜方城之外, 四封不侵, 名不挫於諸侯. 當此之時也, 天下莫敢以兵南鄉. 葉公子高, 食田六百畛, 故彼崇其爵, 豐其祿, 以憂社稷者, 葉公子高是也."

威王(위왕)이 莫敖(막오)인 子華(자화)에 묻다.

{국역} (楚의) 威王(위왕, 名은 熊商, 재위 前 339 – 329년)이 莫敖(막오, 官名)인 子華(자화)에게 물었다.[1421]

"先君인 文王〔名은 熊貲(웅자), 재위 前 685 – 675년〕부터 不穀〔불곡, 寡人(과인)〕에 이르기까지 작위(벼슬 자리)에 의한 勸勉(권면:무슨 일을 권하고 격려하여 힘쓰게 함)이나 녹봉에 따른 권면이 아니면서도

1421 원문 威王問於莫敖子華曰 – 본 章의 확실한 연대는 알 수 없으나 子華(자화)는 인재 등용의 중요성을 왕에게 강조하였다. 莫敖(막오)는 楚의 고관 직명, 승상인 令尹과 군 사령관인 司馬 다음으로 王命 出納과 諮問(자문)을 담당했다. 바로 〈鮑本楚官(포본초관)〉 子華는 인명. 행적은 未詳. 鮑는 배부를 포.

사직을 걱정한 분이 있었습니까?"

莫敖(막오)인 子華(자화)가 대답했다.

"저는 부족하여 잘 모르겠습니다."

"大夫(子華)가 아니라면 물을 사람이 없지 않소?"

"君王께서 어떤 것을 물으시는가요? 그 작위에 청렴하고 一身이 가난하면서도 사직(나라)을 걱정한 분이 있고, 높은 작위에서 풍족한 봉록을 누리면서 사직(나라)을 걱정한 사람이 있으며, 목이 잘리고 배가 갈라지더라도 한 번 죽은 뒤 萬世에 걸쳐 누구도 몰라주더라도[1422] 사직(나라)을 걱정한 사람이 있고, 육신으로 애를 쓰면서 大志를 실행하지 못한다는 근심 속에 사직을 우려한 사람도 있었으니, 모두가 관작의 권면이나 봉록의 권면이 없더라도 사직(나라)을 걱정한 사람입니다."

"대부의 지금 이 말은 누구를 말하려는 뜻인가?"[1423]

막오 자화가 대답했다.

"옛날 令尹인 子文(자문)[1424]은 緇帛(치백 : 검은 비단)의 옷으로 조

1422 有斷脰決腹, 壹瞑而萬世不視, 不知所益 - 脰는 목 두(項也), 頭와는 다른 의미, 決腹은 (형을 받아) 배가 터지다. 壹瞑은 一瞑, 죽다. 瞑은 눈감을 명. 大志를 위해 죽으면서 名利를 생각하지 않은 죽음을 뜻한다.

1423 원문 大夫此言, 將何謂也? - 將은 抑(억)으로 또한. 문득. 그런데도. 혹은. 何謂也?는 누구를 말하는가? 也는 의문 종결어미 邪(야)와 同.

1424 令尹子文 - 令尹은 楚 百官之長. 軍을 통솔하는 최고 지휘관이며, 政事의 최고 책임자. 子文은 人名. 鬪伯比(투백비)의 아들 鬪穀於菟(투곡오토)는 호랑이가 젖을 먹였다는 뜻의 이름. 穀은 楚의 말로 乳(젖, 젖을 먹이다.) 於菟(오토)는 호랑이(虎). 子文이 태어났을 때 雲蒙澤(운몽택)에 버렸는데 호랑이가 와서 젖을 먹여 살렸다는 전설이 있다.

정에 서고, 집에서는 鹿裘(녹구 : 최하위 천한 사슴 가죽)를 입고 지냈지만,[1425] 날이 밝기 전에 조정에 나오고, 날이 저물어야 귀가하여 식사를 했는데, 아침에는 저녁 끼니를 걱정하며 하루 식량 비축도 없었습니다. 그러니 작위에 청렴하면서도 일신은 가난했지만 사직을 걱정한 사람이 바로 영윤 자문이었습니다. 옛날에(昔者) 葉公(섭공) 子高〔자고, 名은 諸梁(제량)〕[1426]는 一身은 林野에서 자랐지만 그 재목은 나라의 上柱國(국정을 이끌 능력이 있는 자)이었으니,[1427] 白公(백공)이 禍亂(화란)을 평정하였고,[1428] 楚國의 國事를 안정시켰으며, 先君의 봉지를 사방으로 확대하였고,[1429] 사방의 외인들이 무사하였으며 다른 제후들에게 좌절되지 않았습니다.[1430] 이때에는 천하의

1425 원문 緇帛之衣以朝, 鹿裘以處 - 緇는 검은 비단 치. 緇帛(치백)은 비단 중 최하품. 鹿裘(녹구)는 사슴 가죽 갖옷. 겉은 중 최하품. 處는 지내다. 일상생활을 하다.

1426 葉公子高 - 葉은 땅이름 섭. 잎사귀 엽. 子高는 姓 沈(심). 名은 諸梁(제량). 字는 子高. 楚의 左司馬인 沈尹成의 아들. 葉(섭)이 식읍이라서 葉公.

1427 원문 身獲於表薄, 而財於柱國 - 獲은 얻을 획. 여기서는 태어나다. 表는 野外. 薄(엷을 박)은 林也. 그는 처음에 미천한 백성이었다는 뜻. 財는 材와 同. 柱國은 上柱國. 국정을 이끌 능력이 있었다.

1428 定白公之禍 - 白公은 楚 平王(재위 전 528 - 516년) 太子 建(건)의 아들 勝(승). 魯 哀公 16년(前 479 / 이 해에 공자가 죽었다)에 태자 建은 참소를 받아 鄭(정)으로 망명했는데 鄭에서 태자를 죽여 버렸다. 이에 그 아들 勝은 吳나라로 망명했고 거기서 白公이라고 불렸다. 백공(勝)은 (楚에) 鄭을 토벌해야 한다고 주청하였지만, 楚의 令尹 子西(자서)는 따르지 않았다. 나중에 백공(勝)은 子西를 죽이고 惠王을 겁박했다.

1429 원문 恢先君以揜方城之外 - 恢는 클 회(大也). 넓히다. 揜은 가릴 엄. 덮다(覆取也). 선군의 봉지를 넓히다.(取地以大先君之封.)

1430 원문 四封不侵, 名不挫於諸侯. - 侵(침)은 廉〔염치 염(렴)〕이어야 한다는

누구라도 군사를 남쪽으로 우리 초나라를 향하지 못했습니다. 그러면서 葉公(섭공) 子高는 그 食田(食邑)이 6백 畛(진, 두렁 진)이나 되었으니,[1431] 높은 작위에 풍족한 녹봉을 누리면서도 사직을 걱정한 사람은 바로 葉公 子高이었습니다.

{**原文**} "昔者吳與楚戰於柏擧, 兩御之間夫卒交. 莫敖大心撫其御之手, 顧而大息曰, '嗟乎子乎, 楚國亡之月至矣! 吾將深入吳軍, 若撲一人, 若捽一人, 以與大心者也, 社稷其爲庶幾乎?' 故斷脰決腹, 壹瞑而萬世不視, 不知所益, 以憂社稷者, 莫敖大心是也. 昔吳與楚戰於柏擧, 三戰入郢. 寡君身出, 大夫悉屬, 百姓離散. 棼冒勃蘇曰, '吾被堅執銳, 赴强敵而死, 此猶一卒也, 不若奔諸侯.' 於是贏糧潛行, 上崢山, 踰深谿, 蹠穿膝暴, 七日而薄秦王之朝. 雀立不轉, 晝吟宵哭. 七日不得告. 水漿無入口, 瘨而殫悶, 旄不知人. 秦王聞而走之, 冠帶不相及, 左奉其首, 右濡其口, 勃蘇乃蘇. 秦王身問之, '子孰誰也?' 棼冒勃蘇對曰, '臣非異, 楚使新造盩棼冒勃蘇. 吳與楚人戰於柏擧, 三戰入郢, 寡君身出, 大夫悉屬, 百姓離散. 使下臣來告亡, 且求救.' 秦王顧令不

주석에 따른다. 이를 封地가 無事하여 살펴 다스릴 것이 없다는 뜻으로 주석하였다.

1431 원문 食田六百畛 - 畛(두렁 진)은 井田의 샛길. 토지 면적 단위. 六百畛은 약 1천 畝(무)라는 주석.

起, '寡人聞之, 萬乘之君, 得罪一士, 社稷其危, 今此之謂也.' 遂出革車千乘, 卒萬人, 屬之子滿與子虎, 下塞以東, 與吳人戰於濁水而大敗之, 亦聞於遂浦. 故勞其身, 愁其思, 以憂社稷者, 棼冒勃蘇是也."

{국역} "옛날 吳와 楚가 (楚地인) 柏擧(백거)에서 싸울 때(前 507년, 楚 昭王 재위 중), 양군의 병졸이 서로 교전하였습니다. 莫敖(막오, 楚 職名)인 大心(대심, 葉公 子高의 부친)은 그 戰車를 모는 마부의 손을 잡고 돌아보며 크게 한숨짓고 말했습니다. '아!(嗟乎라!) 용사여(子乎), 楚國이 망하는 날이 되었나! 내가 吳의 군진에 깊이 들어갈 터이니, 적을 한 명이라도 죽이거나 끌어내어[1432] 내 마음과 같이 한다면 그것이 사직을 위하는 길이 아니겠는가?' 라고 하였습니다. 이것이 바로 목이 잘리고 배가 터지면서도 한 번 죽어 (義行이 묻혀) 萬世에 보이지 않고 아무런 이익이 없더라도 사직을 우려하는 신하이니, 바로 莫敖(막오) 大心(대심)과 같은 사람일 것입니다. 또 옛날 吳와 楚가 柏擧(백거)에서 싸울 때, (吳軍은) 三戰(五戰이 맞음)하고 郢(영)에 입성하였습니다. 寡君(과군, 楚 昭王)은 성을 빠져나갔고, 大夫도 모두 함께 망명했으며 백성들도 흩어졌습니다. 棼冒勃蘇(분모발소, 申包胥)가[1433] 말했습니다.

1432 원문 若撲一人, 若捽一人 - 若은 發語辭. 撲은 칠 박(擊也). 捽은 머리채를 잡을 졸(持髮也).

1433 棼冒勃蘇(분모 발소) - 棼은 나무가 서로 얽힐 분. 冒는 무릅쓸 모. 棼冒(분모)는 蚡冒(분모). 棼冒勃蘇는 申包胥(신포서)의 다른 이름이다. 申包胥(신포서, 생졸년 미상)는 楚의 國姓인 芈姓(미성)에 申氏, 名은 包胥, 一

'내가 갑옷을 입고 兵器를 들고서 强敵을 상대하여 싸우다 죽는다면, 이는 하나의 병졸(一卒)이 할 수 있는 일과 같다. 다른 제후를 찾아가 부탁하는 것만 못하다.' 그리고는 식량을 가지고 잠행하여 가파른 산(崢山, 崢嶸之山)을 넘고 깊은 계곡을 건넜으며, 신발이 구멍 나고 무릎이 드러나도록 7일을 걸어 秦王의 조정

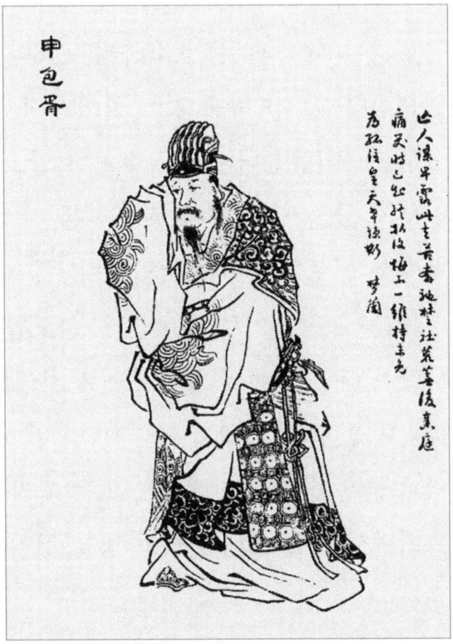

楚 申包胥(신포서, 생졸년미상)—忠臣의 典範(전범)

作 勃蘇(발소), 또는 棼冒勃蘇(분모발소). 春秋 시기 楚國 대부, 申包胥哭秦庭(신포서곡진정) 고사의 주인공. 신포서는 내내 伍員(伍子胥, 오자서)과 친구였다. 오자서가 楚에서 망명하며 신포서에게 말했다. "내 기어이 楚를 복멸하리라!" 이에 신포서가 말했다. "맘대로 해라. 자네가 초를 멸망시킨다면 나는 기어이 다시 일으키리라." 周 敬王 14년(前 506년 / 楚 昭王) 柏擧之戰(백거의 전투)에서 오자서가 거느린 吳軍이 楚軍을 격파하고 도성을 점령했다. 오자서는 楚 平王의 묘를 파헤치고 그 시신을 꺼내 매질했다(鞭屍). 申包胥는 산속에 숨어 있다 오자서에게 사람을 보내 말했다. "그대의 報仇(보구:앙갚음)는 너무 심하지 않은가! 내가 알기로, 人衆者(많은 사람)는 勝天하지만, 하늘 역시 破人(사람을 죽이다)할 수도 있다네. 자네는 옛날 平王之臣으로 몸소 北面하여 平王을 섬기지 않았던가. 지금, 죽은 사람을 도륙하니, 이

에 도착하였습니다. 신포서(분모발소)는 꼼짝도 않고(雀立不轉) 주야로 울며(晝吟宵哭) 호소하려 했으나 7일이 되어도 호소할 수도 없었습니다. 물 한 방울 입에 들어가지 않았고(水漿無入口), 기절하여 인사불성이었습니다.[1434] 秦王이 알고서는 빨리 달려 나와 관대도 갖추지 않은 채, 왼손으로 머리를 바치고 오른손으로 물을 먹여 분모발소(신포서)는 깨어났습니다.[1435] 이에 秦王이 직접 물었습니다. '그대는 누구인가(子孰誰也)?' 분모발소가 말했습니다. '臣은 다른 사람이 아닌 楚에서 새로 보낸 사자이며 죄인 분모발소입니다. 吳와 楚人이 柏擧(백거)에서 싸웠지만 3번 싸워 오군이 입성하였는데, 저의 주군은 망명했고 대부도 모두 따라갔으며 백성도 흩어졌습니다. 그러면서 저를 보내 나라가 망할 것이라며 구원을 요청케 하였습니

어찌 天道의 끝이 없다고 말할 수 있겠는가!" 그러자 오자서가 使人에게 말했다. "나 대신 말해 주시오. 나에게 날은 저무는데 길은 멀다오(日暮途遠). 그래서 나는 逆行(역행 : 반대 방향으로 감)하고 逆施(역시 : 배반하다)했다오."

周 敬王 15년(前 505), 申包胥는 秦國에 가서 구원을 요청했다. 물론 일언에 거절당했다. 그러자 신포서는 秦의 성벽에 올라 7일 7야를 통곡하니 나중에는 눈물도 흐르지 않았다. 그러나 秦 哀公을 감동시켜 楚를 구원했다. 楚는 復國(나라를 다시 회복하다)했고, 昭王은 신포서를 포상했지만 신포서는 하나도 받지 않고 노소를 거느리고 산속에 은거하였다. 이후 신포서는 중국 忠臣의 典範(전범)이 되었다.

1434 원문 瘨而殫悶, 旄不知人 - 瘨은 미칠 전(狂也). 殫은 다할 탄. 氣絶하다. 殫悶(탄민)은 사람도 몰라보다. 旄는 털 모, 깃대 장식 모. 眊(눈이 흐릴 모)와 同. 혼절하다.

1435 원문 右濡其口, 勃蘇乃蘇. - 濡는 젖을 유. 적시다. 蘇는 죽었다가 다시 살아나다(死更生也).

다.' 秦王은 신하를 돌아보며 명을 내려 일으켜 세우게 하고 말했습니다. '寡人이 들었나니 萬乘의 主君일지라도 士人 한 사람에게 죄를 지었다면 그 사직이 위태롭다고 하였으니, 지금 이를 두고 한 말일 것이다.' 그러면서 병거 1천 승과 1만의 병력을 子滿(자만, 秦將)과 子虎(자호, 秦將)에게 주어 출동케 하고 동쪽으로 진격하여 吳의 군사와 濁水(탁수)에서 싸워 吳軍을 대파하였는데, 이 소식은 (楚王이 있던?) 遂浦(수포, 지명, 위치 미상)에 알려졌습니다. 그래서 온 몸으로 고생하고 온 마음으로 걱정하며 사직을 우려한 자는 바로 棼冒勃蘇〔분모발소 申布胥(신포서)〕가 바로 그 예입니다."

{原文} "吳與楚戰於柏擧, 三戰入郢. 君王身出, 大夫悉屬, 百姓離散. 蒙穀給鬪於宮唐之上, 舍鬪奔郢曰, '若有孤, 楚國社稷其庶幾乎?' 遂入大宮, 負雞次之典以浮於江, 逃於雲夢之中. 昭王反郢, 五官失法, 百姓昏亂, 蒙穀獻典, 五官得法, 而百姓大治. 此蒙穀之功, 多與存國相若, 封之執圭, 田六百畛. 蒙穀怒曰, '穀非人臣, 社稷之臣, 苟社稷血食, 餘豈悉無君乎?' 遂自棄於磨山之中, 至今無冒. 故不爲爵勸, 不爲祿勉, 以憂社稷者, 蒙穀是也."

王乃大息曰, "此古之人也. 今之人, 焉能有之耶?"

莫敖子華對曰, "昔者先君靈王好小要, 楚士約食, 馮而能立, 式而能起. 食之可欲, 忍而不入, 死之可惡, 然而不避. 章聞之, 其君好發者, 其臣抉拾. 君王直不好, 若君王誠好賢, 此五臣者, 皆可得而致之."

{국역} "吳와 楚의 柏擧(백거)의 싸움에서 (吳軍이) 三戰하여 郢(영)에 입성하였습니다. 君王은 出城했고 大夫도 모두 따라갔으며 백성들은 흩어졌습니다. (楚將) 蒙穀(몽곡)이 宮唐(궁당, 地名) 근처에서 싸우다가 전투를 그만두고 (도읍) 郢(영)으로 달려오면서 '만약 王子라도 남아 있으면[1436] 楚國의 사직은 그래도 가망이 있을 것이다.' 라면서 宮에 들어가 법전을 지고 나와[1437] 雲夢澤(운몽택)으로 숨었습니다. 昭王(재위 前 515-489)이 郢(영)으로 돌아왔지만, 五官[1438]은 失法(법을 집행할 수 없다)했고, 百姓은 혼란에 빠졌는데, 몽곡이 법전을 헌상하니 五官은 得法(법의 실행이 가능하다)했고, 百姓은 大治(잘 다스려졌다) 되었습니다. 이런 몽곡의 功은 나라를 존속케 한 공적과 같았기에, 나라에서는 그에게 執圭(집규)의 작위와 토지 6백 畛(진)을 하사하였습니다. 그러나 몽곡은 화를 내며 말했습니다. '나는(穀) 어느 한 사람의 신하가 아니라 이 社稷의 신하이며, 사직의 존속을 위한 일이거늘, 내가 어찌 임금의 보답을 바라겠는가?'[1439] 그러면서 磨山(마산)으로 숨어버렸고, 지금까지 아무 犯法(그 후손도 법을 어기는 자가 없었다)도 없습니다. 그래서 작위

1436 원문 若有孤 - 여기 孤는 왕자. 당시 昭王의 存亡을 몰랐기에 왕자를 언급했다.

1437 원문 負雞次之典以浮於江 - 雞(닭 계)는 離의 착오. 離次(리차)는 楚國의 法.

1438 五官 - 司徒, 司空, 司馬, 司士, 司寇(사구), 五官은 실무 전담하는 五大夫.

1439 원문 苟社稷血食, 餘豈悉無君乎? - 血食은 제사. 血은 犧牲(희생, 牲牢). 餘는 余(나 여). 悉(실)은 患(환)의 뜻이라는 주석에 따랐다.

의 권면(무슨 일을 권하고 격려하여 힘쓰게 함)이나 봉록의 권면 때문에 충성을 바치지 않고 사직을 걱정한 사람이라면 바로 蒙穀(몽곡)입니다."

王은 이에 크게 한숨짓고서 말했습니다.

"이는 모두 옛사람인데, 지금 그럴 수 있는 사람이 있겠나?"

이에 莫敖子華(막오자화)가 대답하였습니다.

"옛날에 先君인 靈王(영왕, 前 540－529년)께서 허리가 가는(小要, 小腰) 여인을 좋아하자, 楚의 士人(선비)들은 約食(節食)하여 (제 발로 서지 못하고) 기대어야 설 수 있었고 손잡이를(式) 잡아야만 일어설 수 있었습니다. 먹고 싶어도 참으며 먹을 수가 없었으며, 죽기를 싫어하면서도 (먹지 않기에) 죽지 않을 수 없었습니다. 제가 듣기로, 주군이 활쏘기를 좋아하면 그 신하들은 활 쏘는 골무까지 좋아한다고 하였습니다.[1440] 君王은 그냥 좋아할 수 없으니,[1441] 만약 군왕께서 진실로 賢士를 좋아한다면, 앞에 말한 5명과 같은 신하를 모두 불러올 수 있을 것입니다."

1440 원문 其臣抉拾 – 抉은 도려낼 골. 활 쏠 때 쓰는 골무. 拾은 주울 습. 여기서는 활 쏠 때 필요한 어깨 보호 장구라는 설명이 있다.

1441 원문 君王直不好 – 直은 다만, 일부러. 군왕의 好, 不好는 큰 영향을 주니 아무 생각 없이 좋아할 수 없다는 뜻. 대통령이 골프를 싫어한다고 소문나면 고위 공무원으로 골프를 좋아하는 사람은 없을 것이다.

15.《戰國策》卷十五 楚策 二

190/ 魏相翟强死

{原文} 魏相翟强死. 爲甘茂謂楚王曰,

"魏之幾相者, 公子勁也. 勁也相魏, 魏,秦之交必善. 秦,魏之交完, 則楚輕矣. 故王不如與齊約, 相甘茂於魏. 齊王好高人以名, 今爲其行人請魏之相, 齊必喜. 魏氏不聽, 交惡於齊, 齊,魏之交惡, 必爭事楚. 魏氏聽, 甘茂與樗里疾, 貿首之讎也, 而魏,秦之交必惡, 又交重楚也."

魏相 翟强(적강)이 죽었다.

{국역} 魏의 相인 翟强(적강)이 죽었다.[1442] (어떤 사람이) 甘茂(감무)

1442 원문 魏相翟强死 - 翟强(적강, ? - 前 305년)은 魏 襄王(양왕)의 신임을 받

를 위하여 楚王(懷王)에게 말했다.

"魏에서는 公子 勁(경)을 相에 임용할 것 같습니다. (秦人인) 勁(경)이 魏의 相이 되면 魏와 秦은 틀림없이 親交가 이뤄질 것입니다. 秦과 魏의 친교가 성립되면 楚는 경시될 것입니다. 그러니 대왕께서는 齊와 협약하여 魏의 相으로 甘茂(감무)를 천거하는 것이 좋습니다. 齊王(閔王)은 자기 명성이 높아지는 것을 좋아하는 사람이고, 지금 그 行人〔近侍, 職名, 謁者(알자)〕을 魏의 相으로 보내려 하고 있으니, 제왕은 여하튼 좋아할 것입니다. 만약 魏에서 (齊의 요청을) 받아들이지 않으면 齊와 외교가 나빠질 것입니다. 齊와 魏의 관계가 나빠지면 楚를 자기편으로 끌어들이려 할 것입니다. 魏나라에서 제안을 받아들이면 甘茂와 (秦 相) 樗里疾(저리질)은 머리(首)를 베어버릴 만큼 원수가(貿首之讎) 될 것이고, 그러면 魏와 秦의 관계는 틀림없이 악화되면서 楚의 역할은 重해질 것입니다."

191/ 齊秦約攻楚

{原文} 齊,秦約攻楚, 楚令景翠以六城賂齊, 太子爲質. 昭睢謂景翠曰,

"秦恐且因景鯉,蘇厲而效地於楚. 公出地以取齊, 鯉與厲

았는데, 齊와 결합하고, 秦에 대항하기 위해서는 楚와 연합을 주장했었다. 적강이 죽은 前 305년은 楚 懷王 24년이었다. 〈魏策 四〉 참고.

且以收地取秦, 公事必敗. 公不如令王重賂景鯉,蘇厲, 使入秦, 秦恐, 必不求地而合於楚. 若齊不求, 是公與約也."

齊와 秦이 동맹하여 楚를 공격하자,

{국역} 齊와 秦이 동맹하여(約) 楚를 공격하자,[1443] 楚에서는 (將軍) 景翠(경취)를 시켜 (楚의) 6개 城을 齊에 바치고,[1444] 太子(名은 橫)를 인질로 보냈다. 이때 (楚臣) 昭睢(소수)가 景翠(경취)에게 말했다.

"秦이 두려워하는 것은 초나라(懷王의 相) 景鯉(경리)와 (蘇秦의 동생) 蘇厲(소려)가 나서서 楚 땅을 (齊에) 내주는 것입니다. 公이 (齊에) 땅을 내주고, (齊를) 내 편으로 끌어들이면 경리와 소려는 秦에게 (楚가 이전에 秦에 할양한) 땅을 돌려달라고 요구할 것이니, 그러면 公의 일은 틀림없이 실패할 것입니다. 그러니 公은 왕으로 하여금 많은 재물을 경리와 소려에게 주어 (미리) 秦에 들여보내게 하는 것이 더 좋을 것입니다. 齊는 (秦, 楚의 연합을) 두려워하며[1445] (楚에) 땅을 요구하지 않으면서 우리와 결합하려 할 것입니다. 만약

1443 원문 齊,秦約攻楚 - 이는 周 赧王(난왕) 15년, 楚 懷王 29년인 前 300년이었다. 이 무렵《史記 楚世家》에 기록된 秦의 楚 침공은 아래와 같다.

(懷王) 二十七年, 秦大夫有私與楚太子鬪, 楚太子殺之而亡歸.

二十八年, 秦乃與齊,韓.魏共攻楚, 殺楚將唐眛, 取我重丘而去.

二十九年, 秦復攻楚, 大破楚, 楚軍死者二萬, 殺我將軍景缺. 懷王恐, 乃使太子爲質於齊以求平. 三十年, 秦復伐楚, 取八城. ~

1444 원문 以六城賂齊 - 이는《史記 楚世家》에 기록이 없다.

1445 원문 秦恐, 必不求地而合於楚. - 秦은 齊가 되어야 한다는 주석에 따른다.

齊가 땅을 요구하지 않으면 公은 齊와 연합할 수 있을 것입니다."

192/ 術視伐楚

{原文} 術視伐楚, 楚令昭鼠以十萬軍漢中. 昭雎勝秦於重丘, 蘇厲謂宛公昭鼠曰,

"王欲昭雎之乘秦也, 必分公之兵以益之. 秦知公兵之分也, 必出漢中. 請爲公令辛戎謂王曰, '秦兵且出漢中.' 則公之兵全矣."

術視(술시)가 楚를 공격하다.

{국역} (秦人 장수) 術視(술시)가 楚를 공격하자,[1446] 楚는 장군 昭鼠(소서)의 10만 군사를 漢中에 주둔케 하였다. 그때 昭雎(소수)는 重丘(중구, 地名)에서 秦에 승리를 거두었는데 (蘇秦의 동생) 蘇厲(소려)가 宛公(완공, 宛尹)인 昭鼠(소서)에게 말했다.

"王(楚王)은 昭雎(소수)가 秦을 이기자, 이를 빌미로 公의 군사를

1446 원문 術視伐楚 - 術視(술시)는 秦 장수. 여러 기록에 의하면, 秦의 庶長章(서장장)이 丹陽(단양)에서 楚軍을 대파하고 漢中(한중)을 차지한 해가 周 赧王(난왕) 3년, 楚 懷王 17년(前 312)이었다. 본 장은 이 사건을 언급했을 것이다.

나눠 소수에게 보태주려 합니다. 秦이 公의 10만 군사가 분할된 것을 알면 틀림없이 漢中에 출병할 것입니다. 제가 당신을 위해 (楚臣) 辛戎(신융)을 시켜 '秦兵이, 곧 漢中으로 출병할 것 같다.' 라고 王에게 말하게 하면, 公의 군사를 분할하지 않을 것입니다."

193/ 四國伐楚

{原文} 四國伐楚, 楚令昭雎將以距秦. 楚王欲擊秦, 昭侯不欲. 桓臧爲昭雎謂楚王曰,

"雎戰勝, 三國惡楚之强也, 恐秦之變而聽楚也, 必深攻楚以勁秦. 秦王怒於戰不勝, 必悉起而擊楚, 是王與秦相罷, 而以利三國也. 戰不勝秦, 秦進兵而攻. 不如益昭雎之兵, 令之示秦必戰. 秦王惡與楚相弊而令天下, 秦可以少割而收害也. 秦,楚之合, 而燕,趙,魏不敢不聽, 三國可定也."

四國이 楚를 공격하자,

{국역} 四國이 楚를 공격하자,[1447] 楚는 昭雎(소수)로 하여금 秦을 막

1447 원문 四國伐楚 – 이는 周 赧王(난왕) 14년(15년?), 楚 懷王(회왕) 28년(29년?)에 (前 301, 300?), 秦, 燕, 趙, 魏가 공동으로 楚를 공격하였다. 이때 楚將 唐昧(당매)는 重丘(중구)에서 大敗했다.

게 하였다. 楚王(懷王)은 秦을 공격하고 싶었지만, 昭侯(소후, 昭睢)는 원치 않았다. 이에 桓臧(환장)이 소수를 위하여 楚王에게 말했다.

"소수가 秦에 승리하면, 三國은 楚의 강성과 秦의 마음이 변해 楚와 연합할까 두려워하면서 틀림없이 楚를 맹공하여 秦의 (伐楚) 결심을 확고하게 할 것입니다. 秦王(昭王)은 싸움에서 못 이길까 분노하면서 모든 군사를 동원하여 楚를 공격할 것이니, 이렇게 되면 楚와 秦이 함께 피폐하여 다른 三國만 이로울 것입니다. 楚가 싸움에서 秦에 이기지 못하면, 秦은 군사로 더욱 공격해 올 것입니다. 그러니 소수에게 병력을 지원하여 秦과 끝까지 싸운다는 의지를 보여줘야 합니다. 그러면 秦王은 楚와 함께 피폐해져서 다른 나라를 이롭게 하느니 (차라리 楚에) 땅을 조금 할양하고 약간의 폐해를 감당할 것입니다. 秦과 楚가 이렇게 화합한다면 燕, 趙, 魏도 따르지 않을 수 없을 것이며 따라서 삼국은 안정될 것입니다."

194/ 楚懷王拘張儀

{原文} 楚懷王拘張儀, 將欲殺之. 靳尙爲儀謂楚王曰,

"拘張儀, 秦王必怒. 天下見楚之無秦也, 楚必輕矣."

又謂王之幸夫人鄭袖曰, "子亦自知且賤於王乎?"

鄭袖曰, "何也?"

尙曰, "張儀者, 秦王之忠信有功臣也. 今楚拘之, 秦王欲

出之. 秦王有愛女而美, 又簡擇宮中佳翫麗好翫習音者, 以懽從之, 資之金玉寶器, 奉以上庸六縣爲湯沐邑, 欲因張儀內之楚王. 楚王必愛, 秦女依强秦以爲重, 挾寶地以爲資, 勢爲王妻以臨於楚. 王惑於虞樂, 必厚尊敬親愛之而忘子, 子益賤而日疏矣."

鄭袖曰, "願委之於公, 爲之奈何?"

曰, "子何不急言王, 出張子. 張子得出, 德子無已時, 秦女必不來, 而秦必重子. 子內擅楚之貴, 外結秦之交, 畜張子以爲用, 子之子孫必爲楚太子矣, 此非布衣之利也."

鄭袖遽說楚王出張子.

楚 懷王이 張儀를 구류하고서,

{국역} 楚 懷王(회왕, 名은 熊槐, 재위 前 328 – 299)이 張儀(장의, 前 373 – 310)를 拘留(구류)하고 죽이려 했다.[1448] 이때 靳尙(근상)[1449]이 장의를 위해 楚王에게 말했다.

1448 원문 楚懷王拘張儀張儀 – 장의가 商於(상어)의 땅 6백 리를 가지고 거짓말을 했기에 죽이려 했다. 본 章은 전혀 사실이 아니라는 주석이 있다. 그러나 정망 그럴듯하다.

1449 靳尙(근상, ? – 前 311년, 靳은 가슴걸이 근) – 戰國時期 楚 懷王의 신임을 받은 上官大夫, 三閭大夫인 屈原(굴원)의 동료. 靳江 부근의 땅을 봉지로 받았기에 世稱 靳尙(근상)이라 했다. 굴원을 투기한 전형적인 小人. 나중에 仇人(구인: 원수, 적)에게 피살되었다.

"장의를 구속하면, 秦王은 틀림없이 분노할 것입니다. 그리고 천하 제후는 楚에 대한 秦의 지원이 없다는 것을 알게 되어 楚는 가벼이 무시될 것입니다."

또 王의 총애를 받는 夫人 鄭袖(정수)[1450]에게 말했다.

"부인은 곧 왕에게 천시될 것을 알고 있습니까?"

정수가 "왜 그런가?"라고 물었다.

근상이 말했다.

"張儀는 秦王(惠王)의 충성스럽고 신임 받는 功臣입니다. 지금 楚에 구속되었으니 秦王은 장의를 빼낼 것입니다. 秦王에게 사랑스럽고 아름다운 여인이 있고, 또 궁중에서 아름다우면서도 음률에 능숙하여 총애를 받을만한 여인을 골라 金玉이나 寶器와 함께 보낼 것이며, 또 上庸(상용)[1451]의 6縣을 왕의 湯沐邑(탕목읍)으로 바치면서 왕에게 張儀를 풀어달라고 할 것입니다. 그러면 楚王은 틀림없이 秦의 여인을 총애할 것이고 그녀들은 秦의 배경이 있어 중히 여길 것이며, 또 보물과 땅을 함께 받았으니 왕의 아내로서 楚에 군림할 것입니다. 왕은 그런 오락에 빠져 秦女를 받들고 친애하여 당신을 잊을 것이니, 왕비께서는 더욱 미천해지며 날로 소원해질 것입니다."

1450 鄭袖(정수, 생졸년 미상, 袖는 소매 수) – 戰國 時期 楚 懷王의 寵妃(총비). 그 아들은 楚 頃襄王(재위 前 298 – 263년)이다. 미모에 지혜롭고 총명했으며 질투심에 악독한 마음까지 겸비했다. 心計가 뛰어났고 兩子와 一女를 출산했다. 어느 날 魏王이 懷王에게 한 美人을 보냈고, 회왕은 魏美人을 총애했다. 鄭袖는 失寵(실총)하게 되자 질투심이 불타, 간사한 계교를 꾸며 魏에서 보낸 미인의 코를 잘라버리게 했다. 楚策 四. 210 魏王遺楚王美人 참고. 정수는 屈原(굴원)의 방출에도 한 몫을 했다.

1451 上庸(상용) – 今 湖北省 서북부 十堰市(십언시) 관할 竹山縣 일대.

이에 鄭袖(정수)가 말했다.

"이 일을 公에게 맡기고자 하니 어떻게 해야 하는가?"

"왕비께서는 왜 서둘러 왕에게 장의를 내주라고 말씀하시지 않으십니까? 장의는 풀려나면서 왕비께 끝없이 감사할 것이고, 秦에서는 여인을 보내지 않을 것이며, 왕비를 소중히 여길 것입니다. 그러면 왕비께서는 안으로 楚의 고귀한 지위를 유지하고, 밖으로 秦과 친밀히 교류하면서 장의를 이용할 수 있을 것이며, 왕비의 아들은 틀림없이 태자가 될 것이니, 이는 평민들은 생각도 못하는 大利(큰 이익)입니다."

정수는 서둘러 초왕에게 장의를 풀어주라고 말했다.

195/ 楚王將出張子

{原文} 楚王將出張子, 恐其敗己也, 靳尙謂楚王曰,

"臣請隨之. 儀事王不善, 臣請殺之."

楚小臣, 靳尙之仇也, 謂張旄曰,

"以張儀之知, 而有秦,楚之用, 君必窮矣. 君不如使人微要靳尙而刺之, 楚王必大怒儀也. 彼儀窮, 則子重矣. 楚,秦相難, 則魏無患矣."

張旄果令人要靳尙刺之. 楚王大怒, 秦構兵而戰. 秦,楚爭事魏, 張旄果大重.

楚王은 張義를 풀어주면서,

{국역} 楚王은 張子를(張儀) 풀어주면서,[1452] (장의가 또) 자신을 속일까 걱정을 하자, 靳尙(근상)이 楚王에게 말했다.

"臣이 장의를 수행하겠습니다. 장의가 王께 나쁜 짓을 한다면 臣이 장의를 죽여버리겠습니다."

楚의 小臣 중에 靳尙(근상)의 원수가 있었는데, (魏의 권력자인) 張旄(장모)에게 말했다.

"張儀가 秦과 楚를 결합시킨다면 君은 必히 궁색해질 것입니다. 그러니 君께서는 사람을 시켜 근상을 미행케 하다가 찔러죽이면, 楚王은 필히 장의에게 大怒할 것입니다. 장의가 궁지에 몰리면, 당신은 重하게 될 것입니다. 楚와 秦이 서로 다투게 되고, 魏는 아무런 걱정이 없을 것입니다."

張旄(장모)는 예상대로 사람을 시켜 근상을 찔러 죽였다. 楚王은 大怒했고, 秦은 군사를 모아 楚와 싸웠다. 秦과 楚는 다투어 魏를 끌어드리려 했고, 장모는 아주 중요한 사람이 되었다.

1452 원문 楚王將出張子 – 장의나 근상의 관계라든지. 근상이 자객도 아닌데 기회를 보아 장의를 죽이겠다. 또 魏와 楚의 관계 등 내용상 모순된 내용이 많아 후인의 擬托(의탁)이라고 생각한다.

196/ 秦敗楚漢中

{原文} 秦敗楚漢中. 楚王入秦, 秦王留之. 游騰爲楚謂秦王曰,

"王挾楚王, 而與天下攻楚, 則傷行矣. 不與天下共攻之, 則失利矣. 王不如與之盟而歸之. 楚王畏, 必不敢倍盟. 王因與三國攻之, 義也."

秦이 漢中에서 楚를 대파하고,

{국역} 秦이 漢中에서 楚를 크게 이기자,[1453] 楚 懷王(회왕)은 入秦했고 秦王(昭王)은 회왕을 억류시켰다. (說客) 游騰(유등)이 楚를 위하여 秦王에게 말했다.

"대왕께서 楚王을 잡아놓고 다른 나라와 함께 楚를 공격하면, (대왕의) 품격은 손상하게 됩니다. 그러나 지금 천하와 함께 楚를 공격하지 않으면 失利입니다. 그러니 대왕께서는 초와 맹약을 체결한 뒤 돌려보내는 것이 좋을 것입니다. 楚王은 秦을 두려워하니 틀림없이 배반하지 않을 것입니다.[1454] 楚王이 背約(약속을 배반하다)한다면

1453 원문 秦敗楚漢中 – 《史記 六國年表》에 秦이 楚의 漢中 땅을 차지한 것은 楚 懷王 17년(前 312)이었다. 楚 회왕이 秦의 속임수에 걸려 진왕과 만난 뒤 끌려가 유폐된 일은 懷王 30년(前 299)이었다. 이 두 사건을 하나로 묶어 연이어 일어난 일로 서술하였으니, 이는 후세 책사의 꾸며낸 기록일 것이다.

1454 원문 必不敢倍盟 – 倍는 背.

三國과 함께 공격하는 것이 大義입니다."

197/ 楚襄王爲太子之時

{原文} 楚襄王爲太子之時, 質於齊. 懷王薨, 太子辭於齊王而歸. 齊王隘之,

"予我東地五百里, 乃歸子. 子不予我, 不得歸."

太子曰, "臣有傅, 請追而問傅."

傅愼子曰, "獻之地, 所以爲身也. 愛地不送死父, 不義. 臣故曰, 獻之便."

太子入, 致命齊王曰, "敬獻地五百里."

齊王歸楚太子. 太子歸, 卽位爲王. 齊使車五十乘, 來取東地於楚. 楚王告愼子曰,

"齊使來求東地, 爲之奈何?"

愼子曰, "王明日朝群臣, 皆令獻其計."

上柱國子良入見. 王曰, "寡人之得求反, 王墳墓, 復群臣, 歸社稷也, 以東地五百里許齊. 齊令使來求地, 爲之奈何?"

子良曰, "王不可不與也. 王身出玉聲, 許强萬乘之齊而不與, 則不信, 後不可以約結諸侯. 請與而復攻之. 與之信, 攻之武. 臣故曰與之."

子良出, 昭常入見. 王曰,

"齊使來求東地五百里, 爲之奈何?"

昭常曰, "不可與也. 萬乘者, 以地大爲萬乘. 今去東地五百里, 是去國之半也, 有萬乘之號而無千乘之用也, 不可. 臣故曰勿與. 常請守之."

楚 頃襄王(경양왕)이 太子였을 때,

{국역} 楚의 襄王(양왕, 頃襄王)이 太子였을 때,[1455] 齊에 인질로 갔었다. 이때에 아버지 懷王(회왕)이 죽자, 太子가 齊王(閔王, 湣王)에 인사하고 귀국하려 했다. 그러나 齊王이 태자의 앞을 막고 말했다.

"우리에게 (楚의) 東地 5백 리를 준다면 보내주겠다. 그대가 우리에게 땅을 내주지 않는다면 돌아갈 수 없다."

太子가 말했다.

"臣에게 師傅(사부)가 계시니, 물러나 사부에게 물어보겠습니다."

사부인 愼子(신자)가 말했다.

"땅을 주셔야 하니, 이는 一身을 위한 것입니다. 땅이 아까워 작

1455 원문 楚襄王爲太子之時 - 襄王은 頃襄王(경양왕, 名은 熊橫, 재위 前 298 - 263년). 前 299년 懷王이 秦 昭襄王(재위 前 306 - 251년)과 회담 차 만났다가 그대로 秦에 억류되자, 楚에서는 齊에 인질로 가 있던 태자가 돌아와 즉위하니, 이가 경양왕이다. 회왕은 그 3년 뒤 秦에서 객사한다.
본 章의 내용 중, 齊에서 초의 동쪽 영역을 요구한다고 초에서 景鯉(경리)를 秦에 보내 구원을 요청한다거나 秦이 50만 大軍을 출동하는 등 모두가 사실에 부합하지 않다. 후인의 擬托(의탁)이 분명하다.

고한 부친을 장례하지 못한다면 不義입니다. 그래서 臣은 떼어 주는 것이 이롭다고 말씀드립니다."

太子가 돌아와 齊王에게 복명하며 말했다.

"삼가 5백 리 땅을 헌상하겠습니다."

齊王은 楚 太子를 귀국케 했다.

太子가 귀국하여 왕으로 즉위하였다. 齊의 使者가 수레 50승을 거느리고 와서 楚의 동쪽 땅을 인수하겠다고 하였다. 楚王이 사부 愼子에게 말했다.

"齊使가 들어와 東地를 요구하는데, 어떻게 하면 좋겠습니까?"

愼子가 말했다.

"王께서는 내일 群臣을 조회하면서 모두에게 대책을 올리라고 명령하십시오."

上柱國인 子良(자량)이 入見하였다. 이에 왕이 말했다.

"寡人이 돌아와 왕으로 즉위하고 (선왕의) 분묘와 여러 신하를 만나고 사직을 이은 것은 동쪽 영토 5백 리를 齊에 준다고 허락했기 때문이요. 지금 齊의 사자가 땅을 요구하는데 어찌하면 좋겠습니까?"

子良이 말했다.

"王께서는 땅을 주지 않을 수 없습니다. 왕께서 직접 하신 말씀이고, 강력한 萬乘의 齊에 허락하고서 주지 않는다면, 이는 不信이고 뒷날 다른 제후와 약속을 체결할 수가 없습니다. 일단 준 다음에 다시 공격해야 합니다. 주는 것은 信義이고, 공격하여 회복한다면 武勇입니다. 臣은 그래서 줘야 한다고 말씀드립니다."

子良이 나가고, 昭常(소상)이 入見했다. 왕이 말했다.

"齊使가 들어와 東地 5백 리를 요구하는데 어쩌면 좋겠소?"

昭常이 말했다.

"내줄 수 없습니다. 萬乘(만승)이란 말은 땅이 커서 만승의 戰車를 낼 수 있다는 뜻입니다. 지금 동쪽 5백 리 땅을 내준다면, 나라의 절반을 내주는 것이고 萬乘의 대국이라는 이름만 남았지, 千乘之國의 實用도 없으니 불가합니다. 臣은 그래서 내줄 수 없다 말씀드리며, 항상 방어하기를 주청합니다."

{原文} 昭常出, 景鯉入見.

王曰, "齊使來求東地五百里, 爲之奈何?"

景鯉曰, "不可與也. 雖然, 楚不能獨守. 王身出玉聲, 許萬乘之强齊也而不與, 負不義於天下. 楚亦不能獨守. 臣請西索救於秦."

景鯉出, 愼子入, 王以三大夫計告愼子曰,

"子良見寡人曰, '不可不與也, 與而復攻之.' 常見寡人曰, '不可與也, 常請守之.' 鯉見寡人曰, '不可與也, 雖然楚不能獨守也, 臣請索救於秦.' 寡人誰用於三子之計?"

愼子對曰, "王皆用之."

王怫然作色曰, "何謂也?"

愼子曰, "臣請效其說, 而王且見其誠然也. 王發上柱國子良車五十乘, 而北獻地五百里於齊. 發子良之明日, 遣昭常爲大司馬, 令往守東地. 遣昭常之明日, 遣景鯉車五十乘, 西索救於秦."

王曰, "善."

乃遣子良北獻地於齊. 遣子良之明日, 立昭常爲大司馬, 使守東地. 又遣景鯉西索救於秦.

{국역} 昭常이 나가고 景鯉(경리)가 들어왔다. 왕이 말했다.

"齊使가 와서 東地 5百 里를 요구하는데 어떻게 하면 좋겠소?"

경리가 말했다.

"내주어서는 안 됩니다. 그렇지만 楚는 홀로 방어할 수가 없습니다. 왕께서는 직접 萬乘의 강국인 齊에게 허락한 것이니, 주지 않는다면 천하로부터 不義하다는 말을 들어야 하고, 그렇다고 홀로 지킬 수도 없으니, 臣이 서쪽 秦의 도움을 요청해 보겠습니다."

景鯉(경리)가 나가자 愼子(신자)가 들어왔고 王은 大夫 3인의 계책을 신자에게 말했다.

"子良은 寡人(과인)에게 '주지 않을 수 없으니 일단 주었다가 다시 공격하자.' 고 했습니다. 昭常(소상)은 과인에게 '내줄 수 없으니 늘 방어해야 한다.' 고 하였습니다. 그리고 景鯉(경리)는 과인을 만나 '내줄 수 없으나 그렇다고 우리가 혼자 막을 수 없으니 서쪽 秦에 가서 구원을 요청해 보겠다.' 고 하였습니다. 과인은 3인 중 누구의 계책을 따라야 하겠습니까?"

愼子(신자)가 대답하였다.

"王께서는 모두 다 채용하십시오."

王은 화가 난 듯 얼굴을 붉히면서 물었다.[1456]

1456 원문 王怫然作色 – 怫은 발끈할 불. 艴(발끈할 불)과 같음. 怒하여 안색이 바뀌다.

"무슨 말씀입니까?"

"臣은 그렇게 말한 것은 왕께서는 일단 대신의 말에 성의를 보여야 합니다. 왕께서는 먼저 上柱國 子良(자량)에게 수레 50승을 주어 北으로 齊에 5백 리 땅을 바치라고 출발케 하십시오. 자량이 출발한 다음 날, 昭常(소상)을 大司馬에 임명하여 동쪽 영역을 지키게 내보내십시오. 昭常을 파견한 다음 날, 景鯉(경리)에게 수레 50승을 주어 서쪽으로 秦의 구원을 요청해 보십시오."

왕은 "좋습니다."라고 말했다. 이어 子良을 북쪽으로 齊에 보내 땅을 바치게 했다. 子良을 보낸 다음 날 昭常을 大司馬에 임명하여 동쪽 땅을 지키게 했고, 또 景鯉를 서쪽으로 보내 秦의 구원을 요청케 하였다.

{原文} 子良至齊, 齊使人以甲受東地. 昭常應齊使曰,

"我典主東地, 且與死生. 悉五尺至六十, 三十餘萬弊甲鈍兵, 願承下塵."

齊王謂子良曰, "大夫來獻地, 今常守之, 何如?"

子良曰, "臣身受命弊邑之王, 是常矯也. 王攻之."

齊王大興兵, 攻東地, 伐昭常. 未涉疆, 秦以五十萬臨齊右壤, 曰,

"夫隘楚太子弗出, 不仁, 又欲奪之東地五百里, 不義. 其縮甲則可, 不然, 則願待戰."

齊王恐焉. 乃請子良南道楚, 西使秦, 解齊患. 士卒不用, 東地復全.

{국역} 子良이 齊에 도착하자, 齊에서는 무장한 군사를 대동한 사자를 보내 楚의 東地를 인수케 하였다. 그러나 昭常(소상)이 齊使에게 대응하였다.

"나의 직분은 동쪽 땅을 방어하는 것이니,[1457] 이 땅과 함께 죽거나 살 것이요.[1458] 5尺 아이부터 60세 노인까지 30여만 명이 해진 갑옷에 무딘 병기지만 (齊의 戰車의) 먼지 속에 죽을 것이요."

齊王이 子良에게 말했다.

"大夫는 우리에게 땅을 바치러 왔지만, 지금 왜 지키고 있습니까?"

"臣은 저희 왕으로부터 땅을 바치라는 명을 받았습니다만, 昭常이 왕명을 어기는 것이니 왕께서 공격하십시오."

齊王이 군사를 크게 동원하여 동쪽 땅을 차지하려고 昭常에 대한 공격에 나섰다. 그러나 齊의 강역을 다 벗어나기도 전에 秦의 50만 대군이 齊의 우측 국경에 도달하여 말했다.

"楚 太子를 막고 보내지 않았으니, 이는 不仁이고 또 齊의 동쪽 5백 리를 빼앗으려 했으니, 이는 不義이다. 齊에서 군사를 철수한다면 괜찮으나[1459] 그렇지 않다면 전투를 기다리겠다."

齊王은 두려웠다. 이에 (齊에서는) 子良을 南으로 돌려보내 楚에 설명하게 했고, 서쪽으로 秦에 사신을 보내어 齊와 관련한 걱정을 해소하였다. (楚에서는) 군사를 동원하지 않고서도 동쪽 땅을 지켰다.

1457 원문 我典主東地 – 典은 職分, 職務. 主는 守備(수비)하다.

1458 원문 且與死生 – 地有하면 則生하고, 無地면 死之하다.

1459 원문 其縮甲則可 – 縮은 줄일 축. 오그라들다(蹙也). 군사를 철수하다.

198/ 女阿謂蘇子

{原文} 女阿謂蘇子曰,

"秦棲楚王, 危太子者, 公也. 今楚王歸, 太子南, 公必危. 公不如令人謂太子曰, 蘇子知太子之怨己也, 必且務不利太子. 太子不如善蘇子, 蘇子必且爲太子入矣."

蘇子乃令人謂太子. 太子復請善於蘇子.

女阿(여아)가 蘇子에게 말했다.

{국역} 태자의 女阿(여아, 保姆:보모)가 蘇子(소자)에게 말했다.[1460]

"秦이 楚王을 客人을 붙잡듯 억류하게 했고,[1461] 太子를 위기에 처하게 한 것은 바로 公입니다. 지금 楚王이 귀국하고,[1462] 太子가 (齊에서) 南으로 돌아오면 (인질에서 귀국하면) 公은 틀림없이 위험해질 것입니다. 그러니 公은 지금 사람을 태자에게 보내 '蘇子는 太子가 자신을 미워한다는 사실을 알고 있기에, 아마 태자를 더 불리

1460 원문 女阿謂蘇子曰 - 본 章 내용이 〈齊策, 蘇子說薛公〉의 脫簡(탈간)인지는 확실하지 않다. 하여튼 불확실한 것은 사실이다. 女阿는 太子之阿. 태자의 保姆(보모). 蘇子는 蘇秦이라는 주석이 있다.

1461 원문 秦棲楚王 - 棲는 깃들 서. 秦에 나그네처럼 억류된 것을 棲라 하였다.

1462 원문 今楚王歸 - 초왕(회왕)은 돌아오지 못했고, 돌아오려는 어떤 시도도 할 수 없는 그야말로 束手無策(속수무책)이었다. 이는 보모의 예상일 것이다.

하게 할 것입니다. 그러니 태자께서는 蘇子에 대하여 생각을 좋게 하신다면, 소자 또한 태자께서 (빨리) 귀국할 수 있도록 틀림없이 힘쓸 것입니다.' 라고 말하게 하십시오."

이에 蘇子는 사람을 보내 태자에게 (그대로) 말하게 했다. 태자 또한 蘇子에게 도움을 청했다.[1463]

1463 원문 太子復請善於蘇子 – 이는 알맹이가 없는, 그저 막연한 서술이다.

16.《戰國策》卷十六 楚策 三

199/ 蘇子謂楚王

{原文} 蘇子謂楚王曰,

"仁人之於民也, 愛之以心, 事之以善言. 孝子之於親也, 愛之以心, 事之以財. 忠臣之於君也, 必進賢人以輔之. 今王之大臣父兄, 好傷賢以爲資, 厚賦斂諸臣百姓, 使王見疾於民, 非忠臣也. 大臣播王之過於百姓, 多賂諸侯以王之地, 是故退王之所愛, 亦非忠臣也, 是以國危. 臣願無聽群臣之相惡也, 愼大臣父兄, 用民之所善, 節身之嗜欲, 以百姓. 人臣莫難於無妒而進賢. 爲主死易, 垂沙之事, 死者以千數. 爲主辱易, 自令尹以下, 事王者以千數. 至於無妒而進賢, 未見一人也. 故明主之察其臣也, 必知其無妒而進賢也. 賢之事其主也, 亦必無妒而進賢. 夫進賢之難者, 賢者用且使己廢, 貴且使己賤, 故人難之."

蘇子가 楚王에게 말했다.

{국역} 蘇子가 楚王에게 말했다.[1464]

"仁人(어진 사람)은 백성에 대하여 진정으로 친애하고 善言(착한 말)으로 백성을 섬깁니다. 孝子는 양친을 마음으로 친애하고 재물로 봉양합니다. 忠臣은 그 주군에게 늘 賢才(어진 재사)를 천거하여 輔弼(보필)합니다. 지금 대왕의 大臣이나 원로들은 賢人에 대한 비방을 바탕으로 삼고, 여러 신하(하급관리)와 백성에게 무거운 賦稅(부세)를 부과하여, 백성이 君王을 미워하게 하니 충신이 아닙니다. 大臣은 君王의 과오를 백성에게 널리 퍼트리거나, 王土를 제후에게 뇌물을 주듯 나눠주어 군왕이 친애하는 신하를 물러나게 하니,[1465] 이들 또한 충신이 아니며, 이 때문에 나라는 위기에 처하게 됩니다. 臣은 군왕께서 여러 신하들이 서로 비방하는 말을 듣지 말고, 대신과 원로의 등용에 보다 신중하시기를 바랍니다.[1466] 백성의 칭송을 듣는 자를 등용하시고, 스스로도 육신의 욕구를 절제하시며 백성을 위해야 합니다. 人臣(남의 신하)으로서 현인을 질시하지 않고 천거

1464 원문 蘇子謂楚王曰 – 본 章은 周 赧王(난왕) 14년, 楚 懷王 28년(前301) 重丘(중구)의 전투 직후의 일로 알려졌다. 회왕의 정사에 대한 여러 비판과 그에 따른 건의가 있어 從橫家가 아닌 儒家의 글이라는 주석이 있다. 그리고 맨 앞의 蘇子는 衍文(연문, 필요 없는 글자)이라는 주석이 있다.

1465 원문 是故退王之所愛 – 退(퇴)는 물리치다. 물러나게 하다. 밀어내다. 王所愛者는 정도를 걷는 충직한 신하일 것이다.

1466 원문 愼大臣父兄 – 愼은 삼갈 신. 신중하다. 가벼이 등용하지 말라는 뜻.

하기보다 더 어려운 일은 없습니다. (신하는) 주군을 위하여 쉽게 목숨을 버리니 垂沙(수사 / 地名)의 戰役(전역)에서[1467] 전사한 백성이 수천 명이었습니다. 主君을 욕되게 하는 일도 아주 쉬우니, 令尹 이하 군왕을 섬기는 자가 수천 명이나 현인을 질시하지 않고 천거하는 사람을 한 명도 보지 못했습니다. 그래서 明主는 그 신하를 살펴 누가 賢臣을 질시하지 않고 천거하는가를 꼭 알아야 합니다. 賢臣은 그 主君을 섬기며 질시하지 않고 현인을 천거해야 합니다. 현인을 천거하는 사람은 천거된 현인 때문에 자신은 밀려난다든지, 천거된 현인이 높이 오를수록 자신은 미천해진다고 생각하기에 현인을 천거하기가 어려운 일입니다."[1468]

200/ 蘇秦之楚,

{原文} 蘇秦之楚, 三日乃得見乎王. 談卒, 辭而行. 楚王曰, "寡人聞先生, 若聞古人. 今先生乃不遠千里而臨寡人, 曾不肯留, 願聞其說."

對曰, "楚國之食貴於玉, 薪貴於桂, 謁者難得見如鬼, 王難得見如天帝. 今令臣食玉炊桂, 因鬼見帝."

1467 원문 垂沙之事 - 垂沙(수사)를 重丘로 보는 주석이 있다. 重丘에서 楚軍은 대패했다.

1468 이처럼 현인 등용은 人主가 가장 힘써야 하고, 人臣의 上節일 것이다.

王曰, "先生就舍, 寡人聞命矣."

蘇秦(소진)이 楚에 가다.

{국역} 蘇秦(소진, ? – 前 284년)이 楚나라에 가서,[1469] 3일 만에(3月 ?) 왕을 만날 수 있었다. 王과의 이야기가 끝나자 인사하고 떠나려고 서둘렀다. 楚王이 말했다.

"寡人이 先生의 말을 들으니, 마치 古人(고대의 선비들)의 말씀 같았습니다. 이번에 선생께서 천리를 멀다 아니하고 과인을 찾아오셨는데, 아무 말도 남기지 않으시니 그 까닭을 알고 싶습니다."

소진이 대답했다.

"楚國의 음식은 玉처럼 좋았고, 땔감도 계수나무만큼 귀했으며,[1470] 또 謁者(알자) 만나기는 귀신을 만나기보다 더 어려웠고, 대왕을 만나기는 天帝를 뵙는 것 같았습니다. 지금 臣에게 玉으로 지은 밥에 계수나무로 밥을 지으며, 귀신을 통해 天帝를 만나라는 말씀이군요."

"先生은 객사에 계십시오. 과인은 선생의 말씀을 듣겠습니다."

1469 원문 蘇秦之楚 – 소진은 주로 燕, 趙, 齊에서 활동했다. 그러다 보니 楚에서는 대우가 이전 나라와는 달랐을 것이다. 소진이 만난 왕이 누구인지 확실치 않다.

1470 원문 薪貴於桂 – 薪은 땔나무 신. 物價가 비싸다는 푸념.

201/ 楚王逐張儀於魏

{原文} 楚王逐張儀於魏. 陳軫曰, "王何逐張子?"

曰, "爲臣不忠不信."

曰, "不忠, 王無以爲臣, 不信, 王勿與爲約. 且魏臣不忠不信, 於王何傷? 忠且信, 於王何益? 逐而聽則可, 若不聽, 是王令困也. 且使萬乘之國免其相, 是城下之事也."

楚王逐張儀於魏

{국역} 楚王이 張儀를 魏에서 放逐(방축: 내쫓다)하려 했다.[1471] 그러자 陳軫(진진)이 말했다.

"王께서는 왜 張子(장의)를 방축하려 하십니까?"

"臣下로서 不忠(충성스럽지 않다)하고 不信(無信: 믿음이 없다)하기 때문이오."

"不忠하다면 그를 신하로 거둘 왕이 없습니다. 不信하다면 王께서는 그와 약속하지 마십시오. 또 (장의가) 魏王의 신하인데, 不忠하고 不信한 것이 왕에게 무슨 손해이겠습니까? 그가 충성스럽고 믿을만하다 하여 왕에게 무슨 이득이 있겠습니까? 방축하려 한다고

1471 원문 楚王逐張儀於魏 – 張儀는 魏의 相이었다(前 322–319년). 본 장에서 陳軫(진진)은 楚王(懷王)의 장의 방축에 반대한다. 여러 史書나 본서를 통해 장의와 진진은 서로 정적이었다. 따라서 이 장은 책사의 擬托(의탁)이라는 주석이 있다.

魏에서 따라주면 괜찮지만, 만약 거부한다면 대왕만 곤란해집니다. 또 萬乘之國(魏)에서 (남의 말에 따라) 그 相을 면직시키는 일은 패전국에서나 있을 수 있는 일입니다."[1472]

202/ 張儀之楚貧

{原文} 張儀之楚, 貧. 舍人怒而歸. 張儀曰,

"子必以衣冠之敝, 故欲歸. 子待我爲子見楚王."

當是之時, 南后,鄭袖貴於楚.

張子見楚王, 楚王不說. 張子曰, "王無所用臣, 臣請北見晉君."

楚王曰, "諾."

張子曰, "王無求於晉國乎?"

王曰, "黃金珠璣犀象出於楚, 寡人無求於晉國."

張子曰, "王徒不好色耳?"

王曰, "何也?"

張子曰, "彼鄭,周之女, 粉白墨黑, 立於衢閭, 非知而見之

1472 원문 是城下之事也 – 패전하여 城下에서 맹서를 체결하다. 제후의 수치. 남의 나라 말에 따라 자기 國相을 파면한다면, 이는 패전국에서나 당할 수 있는 일이다.

者, 以爲神."

楚王曰, "楚, 僻陋之國也, 未嘗見中國之女如此其美也. 寡人之獨何爲不好色也?"

乃資之以珠玉. 南后鄭袖聞之大恐. 令人謂張子曰,

"妾聞將軍之晉國, 偶有金千斤, 進之左右, 以供芻秣."

鄭袖亦以金五百斤. 張子辭楚王曰,

"天下關閉不通, 未知見日也, 願王賜之觴."

王曰, "諾." 乃觴之. 張子中飮, 再拜而請曰,

"非有他人於此也, 願王召所便習而觴之."

王曰, "諾." 乃召南后,鄭袖而觴之.

張子再拜而請曰, "儀有死罪於大王."

王曰, "何也?"

曰, "儀行天下遍矣, 未嘗見人如此其美也. 而儀言得美人, 是欺王也."

王曰, "子釋之. 吾固以爲天下莫若是兩人也."

楚에서 張儀는 가난했다.

{국역} 張儀가 楚에 갔을 때는 가난했다.[1473] 舍人(사인, 下人)이 화

1473 원문 張儀之楚, 貧. - 張儀가 처음 楚에 갔을 때는 舍人을 거느릴 처지가 아니었다. 나중에는 秦에서 부귀를 누리며 楚에 갔었다. 본 章은 언제 일인지 알 수 없다.

를 내며 떠나려 했다. 이에 장의가 말했다.

"너는 의관의 다 낡아서 떠나가려 한다. 내가 너를 위해 楚王을 만날 때까지 기다려봐라."

그때 南后와 鄭袖(정수)는 楚에서 貴人이었다.[1474] 장의가 楚王을 만났지만 초왕은 좋아하지 않았다. 이에 장의가 말했다.

"大王께 저는 쓸모가 없는 것 같습니다. 臣은 북쪽으로 가서 晉君을 만날 것입니다."

"알았습니다."

"王께서는 晉國(趙)에서 필요한 것이 없습니까?"[1475]

楚王이 말했다.

"黃金이나 珠璣(주기)와 犀象(서상)이 모두 楚에서 산출하니, 과인은 晉國에서 구할 것이 없소."[1476]

"대왕께서는 미인을 전혀 좋아하시지 않는군요?"

"무슨 말이요?"

1474 원문 南后,鄭袖貴於楚 – 南后는 楚 懷王의 왕후. 鄭袖(정수)는 또 다른 寵姬(총희) – 본 章에서는 南后와 정수가 별개, 곧 2인이라고 설명했다. 그러나 남후가 곧 정수이고, 정수가 낳은 아들이 회왕 다음의 頃襄王으로 알려졌다. 鄭袖는 '鄭나라 출신 舞姬(무희)'란 뜻. 袖는 소매 수. 袖는 舞衣를 뜻한다.
중국 속담에 「長袖善舞 多財善賈(장수선무 다재선고) – 소매가 길어야 춤이 좋고, 돈이 많으면 장사가 잘 된다.」는 속담이 있는, 곧 밑천이 탄탄하면 사업도 쉽다는 뜻이지만 긴 소매는 춤을 상징한다.

1475 원문 無求於晉國乎? – 晉은 韓, 魏, 趙國의 분열, 독립 이전의 국명이다. 여기서는 楚와 상대적인 '북쪽 나라'라는 의미이다.

1476 원문 珠璣犀象出於楚 – 璣는 구슬 기. 둥글지 않은 珠. 犀는 무소 서. 象은 象牙의 장식품.

"저 鄭이나 周의 여인들은 분을 바른 듯 흰 얼굴에 검은 눈썹을 그리고 거리에 나와 서있는데 잘 모르는 사람은 마치 선녀인줄 압니다."

"楚는 너무 치우친 곳이라서 짐은 아직도 中國(中原)의 여인 같은 미녀를 보지 못했소. 과인이 어찌 미인을 좋아하지 않겠소?"

그러면서 초왕은 珠玉을 路資(노자)에 쓰라며 보태주었다.

南后와 鄭袖(정수)는 이 소식을 듣고 크게 놀랐다. (南后가) 사람을 장의에게 보내 말했다.

"妾이 듣기로는 將軍이 晉國에 가신다는데, 우연히 金 一千 斤이 생겼기에 장군에게 보내니, 말 사료 값에 보태기 바랍니다."[1477]

정수 역시 5백 金을 보내왔다. 장의가 楚王에게 떠나는 인사를 올리며 말했다.

"天下가 서로 관문을 막고 불통하니 언제 다시 뵐 수 있을지 모르겠습니다. 대왕께 술 한 잔을 올리고 싶습니다."

"그럽시다." 그러면서 술을 마셨다. 장의가 술이 어느 정도 취하자[1478] 再拜하고서 말했다.

"여기에 타인이 있는 것도 아니니, 대왕께서는 평소에 즐기시는 그대로 드시기 바랍니다."

"그럽시다."

왕은 바로 南后와 정수를 불러 같이 마셨다. 장의가 再拜하며 말

1477 원문 以供芻秣 – 芻는 꼴 추. 짐승의 사료. 秣은 꼴 말.

1478 원문 張子中飮 – 여기 中은 시간적으로 中이 아니다. 술이 반쯤 취하고 반쯤은 정신이 맑은 상태이다(飮酒半醉半醒也). 우리말로는 '술이 거나하게 취하자.'

했다.

"제가 대왕께 죽을죄를 지었습니다."

"무슨 일인가?"

"제가 천하를 두루 돌아다녔지만 여태껏 여기 계신 이런 미인을 뵌 적이 없었습니다. 제가 미인을 데려오겠다는 말은 대왕에게 거짓말이 되었습니다."

"당신은 걱정 그만하시오. 나도 천하에 여기 이 둘 같은 미인은 다시없다고 생각합니다."

203/ 楚王令昭雎之秦重張儀

{原文} 楚王令昭雎之秦重張儀, 未至, 惠王死. 武王逐張儀. 楚王因收昭雎以取齊. 桓臧爲雎謂楚王曰,

"橫親之不合也, 儀貴惠王而善雎也. 今惠王死, 武王立, 儀走, 公孫郝,甘茂貴. 甘茂善魏, 公孫郝善韓. 二人固不善雎也, 必以秦合韓,魏. 韓,魏之重儀, 儀有秦而雎以楚重之. 今儀困秦而雎收楚, 韓,魏欲得秦, 必善二人者. 將收韓,魏輕儀而伐楚, 方城必危. 王不如復雎, 而重儀於韓,魏. 儀據楚勢, 挾魏重, 以與秦爭. 魏不合秦, 韓亦不從, 則方城無患."

楚王은 昭睢(소수)를 秦에 보내 張儀를 대우하려 했는데,

{국역} 楚王(懷王, 재위 前 328 - 299년)은 昭睢(소수)를 秦에 보내 張儀(前 373 - 310년)를 중히 대우해 주려고 했다.[1479] (그러나 昭睢가) 도착하기 전에 (秦) 惠王(惠文王, 재위 前 338 - 311년)이 죽었다. (秦) 武王(재위 310 - 307년)은 張儀(장의)를 방축했다.[1480] 楚王은 (장의와 친했던) 昭睢(소수)를 잡아놓고 (장의를 증오했던) 齊의 눈치를 보았다.[1481] 이에 (楚人) 桓臧(환성)이 소수를 위하여 楚王에게 말했다.

"連橫親交가 이뤄지지 못한 것은[1482] 장의가 (秦) 惠文王의 최고 대우를 받으면서(貴) (齊에서도 인정받는) 昭睢(소수)와도 친밀했기 때문입니다. 지금 (秦) 혜문왕이 죽고 武王이 즉위하며 장의는 방축되었기에, 公孫郝(공손학)과 甘茂(감무)가 高貴해졌습니다. 감무는 魏(위)에 우호적이고, 공손학은 韓(한)에 가깝습니다. 그러나 이 두 사람은 소수와는 가깝지 않기에 틀림없이 秦은 韓, 魏와 결합할 것

1479 원문 楚王令昭睢之秦重張儀 - 楚王은 懷王. 昭睢(소수)는 楚의 신하. 장의에게 우호적이었다. 張儀는 그때 이미 秦의 相이었다. 앞에 章에서 초왕은 魏의 상이던 장의를 방축하려 했다는 내용도 있고, 이미 옛날에 商於의 땅 사기 사건도 있었는데, 懷王이 장의를 중히 여기게 하려는 일을 꾸몄겠느냐? 전혀 맞지 않는 이야기라는 주석이 있다.

1480 장의는 秦 惠文王의 인정을 받았지만 惠文王의 죽음과 함께 영화도 끝이 났다.

1481 원문 因收昭睢以取齊 - 收는 잡아 묶어놓다(捕繫之也). 昭睢는 장의와 가까웠고 齊는 장의를 미워했었다. 楚는 그렇게 齊에 영합하려 했다.

1482 橫親 - 秦, 韓, 魏의 연합.

입니다. 韓과 魏에서 장의를 중하게 여겼던 것은, 장의에게는 秦이 그리고 또 소수가 楚에서 막중했기 때문입니다. 지금 장의는 秦에서 방축되었고, 소수는 楚에서 묶여 있으니 韓과 魏에서 秦과 가까우려면 틀림 없이 두 사람을 가까이해야 합니다. 두 사람은 앞으로 韓과 魏를 연합하고 장의를 가벼이 여기면서 楚를 공격할 것이고, (楚의 북방 방서) 方城(방성)은 틀림없이 위태로울 것입니다. 그러니 왕께서는 다시 昭睢(소수)의 지위를 회복시키면서 韓과 魏에서 장의가 대우받도록 만들어줘야 합니다. 장의는 楚의 세력을 근거로 魏의 세력을 끼고서 秦과 세력을 다툴 것입니다. 魏는 秦과 결합하지 않을 것이며 韓 역시 秦을 따르지 않을 것이니, 그러면 楚의 方城은 위험하지 않을 것입니다."

204/ 張儀逐惠施於魏

{原文} 張儀逐惠施於魏. 惠子之楚, 楚王受之. 馮郝謂楚王曰,

"逐惠子者, 張儀也. 而王親與約, 是欺儀也, 臣爲王弗取也. 惠子爲儀者來, 而惡王之交於張儀, 惠子必弗行也. 且宋王之賢惠子也, 天下莫不聞也. 今之不善張儀也, 天下莫不知也. 今爲事之故, 棄所貴於讎人, 臣以爲大王輕矣. 且爲事耶? 王不如擧惠子而納之於宋, 而謂張儀曰, '請爲子

勿納也.' 儀必德王. 而惠子窮人, 而王奉之, 又必德王. 此不失爲儀之實, 而可以德惠子."

楚王曰, "善."

乃奉惠子而納之宋.

張儀가 惠施(혜시)를 魏에서 축출하였다.

{국역} 張儀가 惠施(혜시)를 魏에서 축출하였다.[1483] 惠子(惠施)가 楚에 가자, 楚王이 받아들였다. (楚人) 馮郝(풍학)이 楚王에게 말했다.

"惠子를 방축한 사람은 張儀입니다. 대왕께서 혜시를 직접 가까이 하신다면, 이는 장의를 무시하는 것이니[1484] 臣은 왕께서 그러지 않으셔야 한다고 생각합니다. 혜시가 장의를 위해서라면, 왕께서 장의를 미워하시기에, 틀림없이 오지 않았을 것입니다. 그리고 宋王〔宋君, 名은 偃(언)〕이 혜시를 현명하게 여긴다는 말을 듣지 않은 사람이 없을 것입니다. 지금 장의와 혜시의 사이가 좋지 않은 것도 세상에 모르는 사람이 없을 것입니다. 대왕께서는 國事라고 생각하여

1483 원문 張儀逐惠施於魏 - 이는 楚 회왕 재위 중인 前 322년의 일이다. 장의는 秦을 떠나 魏에 가서 相이 되었다. 惠施(혜시, ? 前 370 - 310년)는 戰國 시대 宋國人. 莊子와 같은 시대 인물. 名家의 대표적 인물. 《莊子》에 혜시의 담론이 많이 들어있다. 〈天下篇〉의 '歷物十事', 〈秋水篇〉의 '濠梁之辯' 등이 그 예이다. 혜시는 당시 魏 惠王(재위 前 369 - 319년)의 相이었다. 《孟子》에 나오는 梁惠王이 바로 이 사람이다.

1484 원문 是欺儀也 - 欺는 속일 기. 무시하다. 얕보다.

귀한 것을 버려 원수에게 주는 것 같습니다.[1485] 臣은 大王께서 너무 쉽게 생각하신 것 같습니다. 그렇다면 어떻게 하시겠습니까? 대왕께서는 혜시를 천거하여 宋에 보내주면서, 장의에게는 '당신을 생각해서 받아들이지 않았소.' 라고 말하십시오. 그러면 장의는 틀림없이 대왕의 덕을 보았다고 말할 것입니다. 그리고 혜시 또한 궁색한 처지이기에 왕을 받들며 왕에게 신세를 졌다고 생각할 것입니다. 이는 장의를 위한다는 실질도 얻고, 혜시에게도 덕을 베푸는 것입니다."

楚王은 "옳은 말이다." 하면서, 바로 혜시를 천거하여 宋에 보내주었다.

205/ 五國伐秦

{原文} 五國伐秦. 魏欲和, 使惠施之楚. 楚將入之秦而使行和. 杜赫謂昭陽曰,

"凡爲伐秦者楚也. 今施以魏來, 而公入之秦, 是明楚之伐而信魏之和也. 公不如無聽惠施, 而陰使人以請聽秦."

昭子曰, "善." 因謂惠施曰,

1485 원문 棄所貴於讎人 – 여기 貴는 張儀. 讎(원수 수)는 장의와 사이가 나쁜 惠施. 지금 혜시를 받아들이는 것은 혜시 때문에 소중히 해야 할 장의를 버리는 것과 같다.

"凡爲攻秦者魏也, 今子從楚爲和, 楚得其利, 魏受其怨. 子歸, 吾將使人因魏而和."

惠子反, 魏王不說. 杜赫謂昭陽曰,

"魏爲子先戰, 折兵之半, 謁病不聽, 請和不得, 魏折而入齊,秦, 子何以救之? 東有越纍, 北無晉, 而交未定於齊,秦, 是楚孤也. 不如速和."

昭子曰, "善." 因令人謁和於魏.

五國이 秦을 정벌하다.

{국역} 五國이 秦을 공격했다.[1486] (전투에 지친, 약소국) 魏는 화해를 하려고 (魏 相인) 惠施(혜시)를 楚에 보냈다. 楚는 (혜시를) 秦에 보내어 화해를 논의하게 주선하려 했다. (楚의 신하인) 杜赫(두혁)이 이를 알고 昭陽(소양)에게 말했다.

"지금 秦에 대한 공격을 주도한 나라는 楚입니다만, 지금 혜시가 魏에서 왔고 公이 혜시를 秦에 보내는 것은, 楚가 정벌의 주체이고 魏는 화해의 주체라고 밝혀주는 것과 같습니다. 그러하니 公은 혜시의 말을 따르지 말고 은밀히 사람을 秦에 보내 강화를 서두르는 것만 못합니다."

昭陽(소양)은 "옳은 말이다."라고 말하며, 혜시를 불러 말했다.

1486 원문 五國伐秦 - 이는 周 愼靚王(신정왕, 재위 前 320 - 315년) 3년(前 318)의 일이었다. 楚 懷王. 秦 惠文王 재위. 5國은 韓, 魏, 趙와 楚, 燕. 함곡관을 공격했지만 秦軍이 출병하여 모두 격퇴시켰다.

"대체로 그간 秦을 공격했던 것은 魏나라였는데, 지금 당신이 우리 楚를 통해서 강화하면, 楚는 이득을 볼 수 있지만 魏는 秦의 원망만을 살 것이요. 그러니 그대는 귀국하고 우리가 사람을 秦에 보내 魏國의 뜻에 따라 강화할 것이요."

혜시는 귀국했고, 魏王은 화를 냈다. 이에 杜赫(두혁)이 昭陽(소양)에게 말했다.

"魏는 당신을 위해 먼저 (秦과) 싸웠고, 병력의 절반을 잃었으며[1487] 피폐하였지만 魏의 뜻을 따라주지 않았고 또 강화를 주선하지도 않으니, 魏가 지조를 꺾어버리고 齊와 秦의 편에 붙는다면 당신은 이를 어찌 막겠습니까? (楚) 동쪽에는 여전히 越人의 소요가 있고,[1488] 北에 晉(진)은 없다지만, (楚와) 齊, 秦의 관계가 안정되지 못하여, 楚는 지금 고립 상태이기에 빨리 강화하는 것만 못합니다."

昭子(소양)는 "맞습니다."라고 말했다.

이어 사람을 魏에 보내 알현하고 화친을 맺었다.

206/ 陳軫告楚之魏

{原文} 陳軫告楚之魏. 張儀惡之於魏王曰, "軫猶善楚, 爲求

1487 원문 折兵之半 - 折은 꺾을 절. 減損(감손)하다.

1488 원문 東有越纍 - 纍는 갇힐 류. 얽어매다. 累(묶을 루)와 同. 힘들다. 지치다.

地甚力."

左爽謂陳軫曰,

"儀善於魏王, 魏王甚信之, 公雖百說之, 猶不聽也. 公不如以儀之言爲資, 而得復楚."

陳軫曰, "善." 因使人以儀之言聞於楚. 楚王喜, 欲復之.

陳軫이 楚를 떠나 魏에 갔다.

{국역} 陳軫(진진)이 楚를 떠나 魏로 망명하였다.[1489] 張儀는 魏王(惠王)에게 陳軫을 헐뜯었다.

"陳軫은 여전히 楚에 가까우며 (楚王을 위해) 땅을 할양해 가려고 힘을 쏟고 있습니다."

(魏人 ?) 左爽(좌상, 左華)이 陳軫에게 말했다.

"장의는 魏王에게 잘 보였고, 魏王도 장의를 크게 신임하고 있으니 公이 무슨 이야기를 하든 여전히 듣지 않을 것입니다. 그러니 公은 장의의 말을 이용하여(儀之言爲資) 다시 楚로 돌아가는 것이 나을 것입니다."

1489 원문 陳軫告楚之魏 – 告는 去이어야 한다는 주석에 따랐다. 告는 休暇(휴가)의 뜻도 있다. 《史記 六國年表》에 의하면, 張儀가 魏 相이 된 것은 周 顯王 47년(前 322)이었다. 陳軫(진진, 생졸년 미상, 軫은 수레 뒤턱 나무 진)은 戰國 시대 齊國 臨淄人. 縱橫家. 秦國에 유세하여 惠文王의 예우를 받고 장의와 함께 경쟁하였다. 楚와 齊에서도 유세에 성공하였다. 초의 令尹(상)을 역임하고 潁川侯가 되었다. 畫蛇添足(화사첨족), 卞莊刺虎(변장자호) 등 고사를 만들어낸 사람이다.

陳軫은 "맞습니다."라면서 사람을 시켜 장의의 말을 楚에 알렸다. 楚王(懷王)은 기꺼이 진진의 관직을 복구시켜 주었다.

207/ 秦伐宜陽

{原文} 秦伐宜陽. 楚王謂陳軫曰,

"寡人聞韓侈巧士也, 習諸侯事, 殆能自免也. 爲其必免, 吾欲先據之以加德焉."

陳軫對曰, "舍之, 王勿據也. 以韓侈之知, 於此困矣. 今山澤之獸, 無黠於麋. 麋知獵者張罔, 前而驅己也, 因還走而冒人, 至數. 獵者知其詐, 僞擧罔而進之, 麋因得矣. 今諸侯明知此多詐, 僞擧罔而進者必衆矣. 舍之, 王勿據也. 韓侈之知, 於此困矣." 楚王聽之, 宜陽果拔. 陳軫先知之也.

秦이 宜陽(의양)을 공격하다.

{국역} 秦이 (韓의) 宜陽(의양)을 공격하였다.[1490] 楚王이 陳軫(진진)

1490 원문 秦伐宜陽 - 秦이 (韓의) 宜陽(의양)을 공격하여 차지한 것은 周 赧王(난왕) 8년이었다(前 307년/秦 武王(재위 前 310-307년) 4년/韓 襄王 8년/楚 懷王 22년). 宜陽(의양)은 韓의 古都, 今 河南省 洛陽市 관할 宜陽縣, 黽池縣(민지현) 일대. 河南省의 서북부, 洛陽에서 가까운 곳이다.

에게 말했다.

"寡人이 알기로, (韓의) 韓侈(한치, 韓朋)는 머리가 좋고(巧士), 諸侯에 관한 정보가 많아 아마 이번 싸움을 이겨낼 것이요. 나는 (韓이 이겨내리라) 그렇게 믿고 그에게 미리 덕을 좀 베풀려 합니다."

陳軫이 대답하였다.

"그만두십시오. 그를 믿지 마십시오. 한치의 지혜로는 위기를 이기지 못할 것입니다. 지금 산이나 들의 짐승 중에 큰 사슴만큼(麋, 미) 약은 짐승도 없을 것입니다.[1491] 그 큰 사슴은 사냥꾼이 그물을 치고, 앞쪽으로 자기를 몰아간다는 것을 알면, 되돌아서 사람을 공격할 줄 압니다.[1492] 자주 그럽니다.[1493] 사냥꾼은(獵者) 그 술수를 알기에 거짓 그물을 친 다음에 몰아 진짜 그물로 사슴을 잡습니다. 지금 제후들은(다른 나라) (한치의) 그런 거짓 술수를 잘 알기에 거짓 그물을 설치하고서 몰아가 잡으려는 자가 많습니다. 그만두셔야 하며 왕께서는 서두를 필요가 없습니다. 한치는 그가 영악하기에 잡히는 것입니다."

楚王은 그 말에 따랐고 예상했던 대로 宜陽(의양)은 함락되었다. 陳軫은 이를 미리 알고 있었다.

1491 원문 無黠於麋 – 麋는 큰 사슴 미. 鹿屬. 黠은 약을 힐(慧也. 敏也).

1492 원문 因還走而冒人 – 還走는 방향을 돌아서 달리다. 되돌아 역공하다. 冒人(모인)은 사람에게 대들다. 冒는 무릅쓸 모.(蒙犯卽人).

1493 원문 至數 – 數은 자주 삭.

208/ 唐且見春申君

{原文} 唐且見春申君曰,

"齊人飾身修行得爲益, 然臣羞而不學也. 不避絶江河, 行千餘里來, 竊慕大君之義, 而善君之業. 臣聞之, 賁,諸懷錐刃而天下爲勇, 西施衣褐而天下稱美. 今君相萬乘之楚, 禦中國之難, 所欲者不成, 所求者不得, 臣等少也. 夫梟棋之所以能爲者, 以散棋佐之也. 夫一梟之不如不勝五散, 亦明矣. 今君何不爲天下梟, 而令臣等爲散乎?"

唐且(당차)가 春申君을 만나다.

{국역} (齊人) 唐且(당차)가 춘신군을 만나서 말했다.[1494]

"齊人들은 외모를 꾸미고(飾身) 修行하여 祿位(녹위)를 얻습니다만, 臣은 그런 녹위를 부끄럽다 생각하며 따르지 않습니다. (지금 제가) 험난한 江河를 피하지 않고 1천 리 넘는 길을 달려온 것은 大君의 高義를 흠모하고 대업을 羡慕(선모: 훌륭하다, 여기다)하기 때문입니다. 臣이 알기로, (吳人) 孟賁(맹분)이나 專諸(전차: 專諸의 諸는 姓에

1494 원문 唐且見春申君曰 – 唐且(당차)는 唐雎(당저)로도 표기. 春申君(춘신군, ? – 前 238년, 本名 黃歇)은 楚 考烈王 때 楚國 令尹(영윤, 相) 역임. 戰國시대 政治家, 平原君 趙胜, 孟嘗君 田文, 信陵君 魏无忌(위무기)를 '戰國 四公子'라 합칭했다.

서는 차로 읽는다)가 작은 칼을 들었어도 세상 사람들은 勇士로 부르고, 西施(서시)가[1495] 거친 褐衣(갈의, 粗衣)를 입고 있어도 미인이라 칭송합니다. 지금 君은 萬乘 大國인 楚의 相으로 中國의 난관을 극복하고 있지만 원하는 것을 이루지 못하고, 구하는 바를 얻지 못하고 있는데, 이는 저 같은 사람이 많지 않기 때문입니다. (將棋에서 가장 강한) 梟棋(효기, 올빼미 효)가 이기는 것은 여러 棋의 보좌를 받기 때문입니다. 그러나 하나의 梟(효)가 적당히 배치된 5개의 散卒(산졸)을 이기지 못하는 것 또한 분명합니다.[1496] 지금 君께서는 왜 梟(효)가 되어 臣 같은 사람을 적당히 부리지 않으십니까?"[1497]

楚 春申君(초, 충신군 ? – 前 238년)

1495 西施(서시, 생졸년 미상) – 越女, 본명 施夷光(시이광). 今 浙江省 紹興市 관할 諸暨市(제기시) 출신. 西村의 施氏. 句踐(구천)에 의해 吳王 夫差(부차)의 姬妾으로 바쳐졌다. 古代 四大美女 등 沉魚(침어)의 미인. 吳 몰락 후에 범려와 江南 五湖를 떠돌며 숨어 살았다는 등 전설의 주인공.

1496 이는 獨善은 衆智만 못하다는 의미이다. 一梟之不勝은 不如五散이라.

1497 결국 자기 같은 능력자를 등용해 달라는 뜻이다.

17.《戰國策》卷十七 楚策 四

209/ 或謂楚王

{原文} 或謂楚王曰,

"臣聞從者欲合天下以朝大王, 臣願大王聽之也. 夫因詘爲信, 舊患有成, 勇者義之. 攝禍爲福, 裁少爲多, 知者官之. 夫報報之反, 墨墨之化, 唯大君能之. 禍與福相貫, 生與亡爲鄰, 不偏於死, 不偏於生, 不足以載大名. 無所寇艾, 不足以橫世. 夫秦捐德絶命之日久矣, 而天下不知. 今夫橫人嚂口利機, 上干主心, 下牟百姓, 公擧而私取利, 是以國權輕於鴻毛, 而積禍重於丘山."

或者(혹자)가 楚王에게 말했다.

{국역} 어떤 사람이 楚王에게 말했다.[1498]

"臣이 알기로, 合從을 주장하는 者들은 천하를 통합하여 大王께 入朝(섬기고자 하다)하려 한다니 大王께서 이를 따라주시기 바랍니다.[1499] 자신을 낮춰 신의를 얻고, 환난을 이겨낸 성취를[1500] 勇者들은 의롭게 생각합니다. 轉禍爲福(전화위복: 화를 바꾸어 복을 만들다)하고[1501] 적은 것을 키워 많게 하는 것을 知者는 主管(주관: 책임지고 맡아 봄)이라 합니다.[1502] 보은에 보답할 수 있고, 묵묵히 교화를 성취하는 일은[1503] 오직 대왕만이 하실 수 있습니다. 禍(화)와 福(복)은 서로 통하고 生과 亡(死)은 이웃이며, 死나 生에 어느 쪽에 專一하지 않는다면 大名을 이룰 수 없을 것입니다.[1504] 또 외적을 막아 제거하지 않는다면[1505] 세상을 마음대로 움직일 수 없을 것입니다. 秦이 德治를 버

1498 원문 或謂楚王曰 – 여기 楚王은 考烈王(고렬왕, 熊完. 재위 前 262 – 238년)으로 추정. 본 章은 合從論者가 連横論者를 비난하는 내용이다. 연대는 미상.

1499 원문 臣願大王聽之也 – 燕 昭王(재위 前 313 – 279년) 말년에 蘇代가 다시 합종설을 주장했었다.

1500 원문 舊患有成 – 舊는 奮(떨칠 분)의 誤字라는 주석에 따른다. 奮於患難, 以能有成.

1501 원문 攝禍爲福 – 攝은 거둘 섭. 거둬들이다(收也). 轉禍爲福과 同.

1502 원문 知者官之 – 官之은 그 일을 주관하다. 주장하여 관리함.

1503 원문 報報之反, 墨墨之化 – 報는 갚을 보. 보답은 되돌려 주는 것이다. 墨墨은 默默과 同. 化는 교화. 다스리다. 治也.

1504 원문 不偏於死, 不偏於生, 不足以載大名. – 偏은 專, 전적으로 의존하다. 死는 患難(환난). 載(실을 재)는 戴(머리에 일 대). 머리에 이다. 짐을 지다. 載는 承(이을 승). 生이나 死에 專一하지 않는다면 大名을 이룰 수 없다.

1505 원문 無所寇艾 – 寇는 도적 구(外兵). 賊害. 艾는 벨 예(艾卽刈). 懲創(징창). 쑥 애.

리고 天命을 버린지 오래되었으나,[1506] 이를 세상 사람들은 아직 모르고 있습니다. 지금 連橫(연횡)을 주장하는 자들은 오직 이익만을 미끼로 삼아[1507] 위로는 主君의 마음을 가로막고 아래로는 백성의 마음을 현혹케 하니,[1508] 이로써 國權은 鴻毛(홍모, 기러기 털)보다도 더 가볍게 되고, 禍根(화근)은 산보다 더 무겁게 쌓일 것입니다."

210/ 魏王遺楚王美人

{原文} 魏王遺楚王美人, 楚王說之. 夫人鄭袖知王之說新人也, 甚愛新人. 衣服玩好, 擇其所喜而爲之, 宮室臥具, 擇其所善而爲之. 愛之甚於王. 王曰,

"婦人所以事夫者, 色也, 而妒者, 其情也. 今鄭袖知寡人之說新人也, 其愛之甚於寡人, 此孝子之所以事親, 忠臣之所以事君也."

鄭袖知王以己爲不妒也, 因謂新人曰, "王愛子美矣. 雖然, 惡子之鼻. 子爲見王, 則必掩子鼻."

1506 원문 捐德絶命之日久矣 - 捐은 버릴 연. 내던지다.

1507 원문 今夫橫人嚂口利機 - 嚂은 먹을 람. 먹는 모양. 외치다(聲也). 이득만은 소리내어 말하다. 利機는 이익을 얻을 수 있는 기회.

1508 원문 上干主心, 下牟百姓 - 干은 방패 간. 막다. 차단하다. 牟는 소가 우는 소리 모. 여기서는 取하다.

新人見王, 因掩其鼻. 王謂鄭袖曰, "夫新人見寡人, 則掩其鼻, 何也?"

鄭袖曰, "妾知也."

王曰, "雖惡, 必言之."

鄭袖曰, "其似惡聞君王之臭也."

王曰, "悍哉!" 令劓之, 無使逆命.

魏王이 楚王에게 美人을 보냈는데,

{국역} 魏王이 楚王(懷王)에게 美人을 보냈는데, 楚王이 좋아하였다.[1509] (초왕의) 夫人 鄭袖(정수)는 왕이 새사람을(新人) 좋아하는 줄을 알고 신인을 많이 아껴주었다. 衣服이나 노리개(玩好) 등 신인이 좋아하는 대로 골라주었고 실내 치장이나 침구들도 좋은 것으로 골라 갖춰주었다. 정수의 그런 보살핌은 왕보다 더 극진하였다. 王이 말했다.

"婦人이 지아비를 섬김은 미색이고, 부인의 질투는 감정이다. 지금 鄭袖는 과인이 新人을 좋아하는 줄을 알고, 그 신인을 과인보다 더 아껴준다. 이는 효자가 事親하고 忠臣이 事君하는 이치와 같을 것이다."

정수는 회왕이 자신이 질투하지 않는다고 믿는 사실을 알고서 新

1509 원문 魏王遺楚王美人 – 魏 美人의 코를 잘라버린 이야기는《韓非子 內儲說 下》에도 기록되었다. 하여튼 여인의 질투는 아마 본능일 것이다.

人에게 말했다.

"王께서는 자네 미모를 사랑한다. 그러나 자네의 코를 보기 싫어 한다. 그러니 그대가 왕을 섬길 때는 꼭 코를 가리도록 하라."

新人이 왕을 만나면 그 코를 가리었다. 회왕이 정수에게 물었다.

"新人이 寡人을 볼 때마다 코를 가리는데 왜 그럴까?"

鄭袖는 "저는 알고 있습니다."라고 대답했다.

王은 "나쁜 말이라도 꼭 말해보라."고 하였다.

鄭袖가 말했다.

"아마 君王의 체취를 싫어해서 그럴 것입니다."

왕이 말했다. "고약하도다!"

그리고는 신인의 코를 베라고 명했고, 누구도 거역하지 못했다.[1510]

211/ 楚王后死

{原文} 楚王后死, 未立后也. 謂昭魚曰,

"公何以不請立后也?"

昭魚曰, "王不聽, 是知困而交絶於后也."

"然則不買五雙珥, 令其一善而獻之王, 明日視善珥所在,

1510 원문 "悍哉!" 令劓之, 無使逆命. - 悍은 사나울 한, 독살스러울 한. 劓는 코를 벨 의(劓刑). 無使逆命은 新人의 변명을 막아버리다.

因請立之."

楚의 王后가 죽었는데,

{국역} 楚의 王后가 죽었는데, 아직 왕후를 책립하지 않았다.[1511] 어떤 사람이 昭魚(소어)에게 말했다.[1512]

"公은 왕후를 책립해야 한다고 왜 주청하지 않습니까?"

"王께서 따라주지 않으면 내 입장만 곤란해지고 새 왕후와 관계가 단절될 수도 있습니다."

"그렇다면 5쌍의 귀고리를 사서 그중에 가장 아름다운 것을 왕에게 드려보고, 다음 날 그 귀고리를 찬 여인을 왕후로 주청하는 것이 어떻겠습니까?"

1511 楚王后死 – 죽은 왕후가 누구인지 어느 왕인지 알 수 없다. 〈齊策 二. 齊王夫人死〉와 문장이 거의 같으니, 策士의 의탁이 확실하다.

1512 昭魚(소어) – 楚의 大臣. 昭奚恤(소해휼, 생졸년 미상). 令尹(재상)을 역임. 宣王, 威王, 懷王을 섬김. 前 353년, 魏國이 趙國 邯鄲(한단)을 공격할 때, 趙에서 구원을 요청했지만 소해휼은 지원을 반대했다. 昭王의 子 子良 이후 昭氏(소씨)는 楚國의 公族으로 널리 알려졌다. 楚의 공족으로는 若敖氏(약오씨), 鬪氏(투씨), 成氏(성씨), 屈氏(굴씨), 景氏(경씨, 平王之子 子西 이후), 莊氏(장씨, 莊王之後), 囊氏(낭씨, 莊王之子 公子 貞 이후) 등이 있었다.

212/ 莊辛謂楚襄王

{原文} 莊辛謂楚襄王曰,

“君王左州侯, 右夏侯, 輦從鄢陵君與壽陵君, 專淫逸侈靡, 不顧國政, 郢都必危矣.”

襄王曰, “先生老悖乎? 將以爲楚國祅祥乎?”

莊辛曰, “臣誠見其必然者也, 非敢以爲國祅祥也. 君王卒幸四子者不衰, 楚國必亡矣. 臣請辟於趙, 淹留以觀之.”

莊辛去之趙, 留五月, 秦果擧鄢,郢,巫,上蔡,陳之地, 襄王流揜於城陽. 於是使人發騶, 徵莊辛於趙.

莊辛曰, “諾.” 莊辛至, 襄王曰,

“寡人不能用先生之言, 今事至於此, 爲之奈何?”

莊辛對曰, “臣聞鄙語曰, ‘見兔而顧犬, 未爲晩也. 亡羊而補牢, 未爲遲也.’ 臣聞昔湯,武以百里昌, 桀,紂以天下亡. 今楚國雖小, 絶長續短, 猶以數千里, 豈特百里哉? 王獨不見夫蜻蛉乎? 六足四翼, 飛翔乎天地之間, 俛啄蚊虻而食之, 仰承甘露而飮之, 自以爲無患, 與人無爭也. 不知夫五尺童子, 方將調鈆膠絲, 加己乎四仞之上, 而下爲螻蟻食也. 蜻蛉其小者也, 黃雀因是以. 俯噣白粒, 仰棲茂樹, 鼓翅奮翼, 自以爲無患, 與人無爭也. 不知夫公子王孫, 左挾彈, 右攝丸, 將加己乎十仞之上, 以其類爲招. 晝游乎茂樹, 夕調乎酸鹹, 倏忽之間, 墜於公子之手.”

莊辛(장신)이 楚 頃襄王에게 말했다.

{국역} (楚 왕족인) 莊辛(장신)이 楚 襄王(頃襄王, 경양왕, 재위 前 298 – 263년)에게 말했다.[1513]

"君王의 왼쪽에는 州侯(주후), 오른쪽에는 夏侯(하후)가 있고,[1514] 왕께서 出行하면 鄢陵君(언릉군)과 壽陵君(수릉군)이 隨從(수종: 따르다)하면서[1515] 오직 淫逸(음일)과 侈靡〔치미, 奢侈(사치)〕만을 탐하면서 國政을 돌보지 않으니, 郢都(영, 楚의 도읍/楚國)는 틀림없이 위태로울 것입니다."

頃襄王(경양왕)이 말했다.

"先生은 노망들었습니까?[1516] 이제 楚의 요상한 망령이 되렵니까?"

莊辛(장신)이 말했다.

"臣은 정말 그것이 필연이라고 보고 있으나 나라의 요상한 망령이 되지는 않을 것입니다. 君王의 4人에 대한 총애가 식지 않을 것이니, 楚國은 必亡할 것입니다. 臣은 趙로 피신하여 거기 머물면서 지켜보겠습니다."[1517]

1513 원문 莊辛謂楚襄王 – 莊辛(장신)은 楚 莊王(재위 前 613 – 591년)의 후손, 시호를 곧 자신의 성으로 삼았다. 秦의 장군 白起가 楚의 鄢(언)과 郢(영)을 점령한 것은 周 赧王(난왕) 37년 前 277년이었다.

1514 원문 君左州侯, 右夏侯 – 州侯, 夏侯는 작위. 州는 地名. 행정 단위 명칭이 아니다.

1515 輦從鄢陵君與壽陵君 – 輦은 손수레 연. 왕의 외출용 손수레. 輦從은 輦이 궁에서 출행하면 따라간다. 鄢陵君과 壽陵君은 楚王의 幸臣.

1516 원문 先生老悖乎? – 悖는 어그러질 패. 도리에 어긋나다(背道也). 정신이 혼미하다. 老悖는 늙어 정신이 昏迷(혼미)하다.

1517 원문 臣請辟於趙, 淹留以觀之. – 辟은 법 벽, 임금 벽, 치우칠 벽. 피할

장신이 趙에 가서 다섯 달을 머무는 동안, 秦은 예상대로 鄢(언), 郢(영), 巫(무), 그리고 上蔡(상채)와 陳(진)의 땅을 점령하였는데,[1518] 경양왕은 城陽(成陽)으로 피난하여 머물렀다.[1519] 그리고는 사람을 보내 趙에서 莊辛(장신)을 수레로 모셔오게 했다. 이에 莊辛은 "가겠다."고 말했다.

장신이 도착하자, 경양왕이 말했다.

"寡人이 先生의 말씀을 따르지 않아, 지금 사태가 이렇게 되었습니다만 어찌하면 좋겠습니까?"

장신이 대답했다.

"臣이 알기로, 鄙語〔비언, 俗諺(속언)〕에 '토끼를 보고서 개를 풀어도 늦지 않고, 羊을 잃고서 우리를 고치더라도 늦은 것은 아니다.'라고[1520] 하였습니다. 臣이 알기로, 옛날 湯王(탕왕)과 武王은 百里의 땅에서 번창하였지만, 桀王(걸왕)과 紂王(주왕)은 천하를 차지하고서

피(避와 同). 비유할 비. 찢을 백. 淹은 담글 엄. 적시다. 머무르다(留也).

1518 秦의 장군 白起가 鄢, 郢 등을 점령한 것은 경양왕 21년(前 278년)이었다. 秦은 그 지역에 南郡을 설치하였다. 陳과 上蔡는 잘못 들어간 글자라는 주석이 있다. 초왕은 그때 陳으로 피난했었다.

1519 원문 襄王流揜於城陽 - 流는 달아나다(走也). 揜은 가릴 엄(覆也). 숨다(自匿). 城陽은 成陽. 成陽은 汝南에 속한 지명. 城陽은 齊地라는 주석도 있다. 楚王은 동북으로 피난하여 陳城을 지켰다. 이를 城陽이라 기록한 것 같다는 주석이 있다.

1520 원문 見兔而顧犬, 未爲晩也. 亡羊而補牢, 未爲遲也. - 兔는 토끼 토. 顧 돌아볼 고. 顧犬은 사냥개를 풀어놓다. 補牢(보뢰)의 牢는 가축을 가둬 기르는 우리(閉養之圈). 遲는 늦을 지. 이미 달아난 양은 그렇다 치더라도, 앞으로는 羊이 달아나지 못할 것이니 늦지 않았다는 말이다.

도 멸망했습니다. 지금 楚國이 비록 작아졌다지만, 긴 곳을 잘라 짧은 곳을 이어주면(絶長續短) 그래도 (사방이) 수천 리나 되는 나라이니 어찌 겨우 백 리되는 나라에 견주겠습니까? 王께서는 蜻蛉(청령, 잠자리)을 보지 못하셨습니까? 6足에 4개의 날개〔翼(날개 익)〕로 천지간을 마음대로 날아다니면서 고개를 숙여 모기나 하루살이를 잡아먹고[1521] 머리를 들어 이슬을(甘露) 마시며 살지만 아무 걱정도 없이 사람과 다투지도 않습니다. 그러나 잠자리는 5척 동자가 (잠자리를 유인하는) 미끼를 실에 매어[1522] 4仞(인, 길 인. 한 길, 열 길 등, 길이의 단위)의 하늘에서 잡아 내리면 이 잠자리는 땅에서는 螻蟻(누의: 땅강아지와 개미) 개미의 먹이가 됩니다. 잠자리〔蜻蛉(청령)〕는 그저 작은 例(예)입니다. 꾀꼬리나 참새도 이와 같습니다. 몸을 구부려 하얀 곡식 알갱이를 쪼아 먹고 하늘을 날아 큰 나무에 둥지를 틀고 날개를 흔들어 날아다니며[1523] 자신은 아무 걱정이 없고 사람과 싸우지도 않는다고 생각합니다. 그러나 公子나 王孫 같은 사람이 왼손과 오른손에 彈(탄)이나 丸(환)을 들고 열 길〔仞(인)〕 높이에 있는 자신을 표적으로 삼아 쏘아 맞추면,[1524] 낮에 무성한 숲에서 놀고, 밤에

1521 俛啄蚊虻而食之 – 俛은 구부릴 면. 힘쓰다. 啄은 쪼을 탁. 부리로 쪼아 먹다. 蚊은 모기 문. 虻은 등에 맹. 우리나라의 소 등에는 소 피부를(가죽) 뚫고 소의 피를 빨아먹는다. 여기서는 조그만 하루살이.

1522 方將調鈆膠絲 – 鈆은 납 연(鉛 同). 鈆은 飴(먹이 이)이어야 한다는 주석에 따른다. 膠絲(교사, 아교 교)는 繆絲. 繆는 얽을 무. 묶어 매다.

1523 仰棲茂樹, 鼓翅奮翼 – 仰은 우러러 볼 앙. 위로 날다. 棲는 깃들 서. 茂樹는 무성한 나무. 큰 나무. 鼓는 북 고. 치다. 펄럭이다. 翅는 날개 시. 强羽. 翼은 날개 익.

1524 원문 以其類爲招 – '以其頸爲的(그 목을 표적으로 삼다).'로 된 판본

는 시고 짠 열매(독이 든 것)를 먹더라도 어느 한순간에[1525] 公子의 손에 떨어지게 됩니다."

{原文} "夫雀其小者也, 黃鵠因是以. 游於江海, 淹乎大沼, 府噣鮠鯉, 仰嚙陵衡, 奮其六翮, 而凌清風, 飄搖乎高翔, 自以爲無患, 與人無爭也. 不知夫射者, 方將脩其碆盧, 治其繒繳, 將加己乎百仞之上. 彼礛磻, 引微繳, 折清風而抎矣. 故晝游乎江河, 夕調乎鼎鼐. 夫黃鵠其小者也, 蔡聖侯之事因是以. 南遊乎高陂, 北陵乎巫山, 飮茹谿流, 食湘波之魚, 左抱幼妾, 右擁嬖女, 與之馳騁乎高蔡之中, 而不以國家爲事. 不知夫子發方受命乎宣王, 繫己以朱絲而見之也."

"蔡聖侯之事其小者也, 君王之事因是以. 左州侯, 右夏侯, 輦從鄢陵君與壽陵君, 飯封祿之粟, 而戴方府之金, 與之馳騁乎雲夢之中, 而不以天下國家爲事. 不知夫穰侯方受命乎秦王, 塡黽塞之內, 而投己乎黽塞之外."

襄王聞之, 顔色變作, 身體戰慄. 於是乃以執珪而授之爲陽陵君, 與淮北之地也.

{국역} "꾀꼬리나 참새의 비유는 작은 예입니다만, 큰 고니도〔黃鵠

도 있다는 주석에 따른다.

1525 원문 倏忽之間 – 倏忽은 순식간. 갑자기. 倏은 갑자기 숙. 개가 내닫는 모양. 忽은 갑자기 홀.

(황곡)〕 이와 같을 것입니다.[1526] 江과 바다 위를 날고 큰 湖沼(호소)에서 헤엄치면서(淹乎大沼), 부리로는 메기나 잉어를 잡아먹고[1527] 마름 같은 水草를 씹어 먹으며[1528] 여섯 개 큰 깃털(날개)을 펼쳐[1529] 淸風을 가르고(淩), 회오리바람을 일으키며 높이 날며 아무런 걱정도 없고 사람과도 다투지 않는다고 생각합니다. 그러나 사냥꾼이 黑弓의 돌살촉을 손질하여[1530] 주살에 매어[1531] 백 길(百仞) 높은 하늘에 쏩니다. 그러면 날카로운 촉에 맞고 주살이 당겨지면 바람을 가르면서 떨어지게 됩니다.[1532] 낮에는 강 위를 날던 鴻鵠(홍곡)이 밤에는 가마솥에서 삶아집니다.[1533] 黃鵠(황곡)도 아마 작은 것이니, 蔡國의 靈侯(영후 / 聖侯)의 일도 이와 같을 것입니다.[1534] (蔡 靈侯는) 남으로 高陂(고피, 池의 이름)에 유람하고 北으로는 巫山(무산)을 넘어

1526 黃鵠 – 鵠은 고니 곡. 기러기 종류. 水鳥의 일종.

1527 府噣鰱鯉 – 噣는 부리 주. 쪼아 먹다. 鰱鯉(선리)는 鰋鯉(언리). 鰋은 메기 언. 鯉는 잉어 리.

1528 원문 仰嚙陵衡 – 嚙는 깨물 교. 씹어 먹다. 衡(저울대 형)은 香草. 陵(능)은 蔆(마름 능). 水草也.

1529 원문 奮其六翮 – 翮은 깃촉 핵. 날개에서 가장 큰 깃털,

1530 원문 方將脩其磻盧 – 脩는 닦을 수. 손질하다. 磻는 돌살촉 파. 盧는 화로 로, 검은 빛 노(로). 여기서는 黑弓.

1531 원문 治其繒繳 – 繒(비단 증)은 矰과 通. 矰은 주살 증. 弋射矢. 繳은 주살의 줄 격.

1532 원문 折淸風而抎矣 – 抎은 잃을 운. 떨어트리다. 隕(떨어질 운)과 同.

1533 원문 夕調乎鼎鼐 – 鼎鼐(정내)는 큰 솥. 鼐는 가마솥 내(鼎之絶大者).

1534 원문 蔡聖侯因是已 – 蔡國의 聖侯(성후)는 없고 '靈侯' 이어야 한다는 주석에 따름. 因是已는 因事已. 같은 일이다. 같은 예이다.

다니며 계곡에서 술을 마시고 湘水(상수)에서 잡은 물고기를 먹으며, 왼쪽에 어린 여인을 끼고, 오른쪽에도 미인을 끼고서 함께 高蔡(고채, 上蔡 ?)의 땅에서 말을 타고 달리면서 국사를 돌보지 않았습니다. 그러나 子發(자발)이 막 宣王(선왕)의 명을 받고서[1535] 붉은 밧줄로 묶어버렸습니다."

"蔡 靈侯의 사례도 작은 사례이니 大王의 일도 이와 같은 것입니다. 좌측에 州侯(주후), 우측에 夏侯(하후), 鄢陵君(언릉군)과 壽陵君(수릉군)은 대왕의 輦(연: 임금이 거동할 때 타던 가마)을 수행하면서 封祿의 곡식을 먹으며 사방의 창고에 있는 金을 싣고 함께 雲夢(운몽)의 사냥터를 내달리면서 천하의 國事를 생각하지 않았습니다. 그러면서 穰侯(양후, 魏冉)가 秦王(昭王)의 명을 받아[1536] (江夏의) 黽(민) 요새를 軍卒로 채운 줄을 모르고 있었고, 그래서 결국 초나라는 黽(민)의 요새 밖으로 내쫓겼습니다."

頃襄王은 이를 다 듣고서 안색이 변하면서 그 몸은 두려움에 떨었다(戰慄). 그리고는 바로 莊辛(장신)을 執珪(집규, 職名)에 임용하고 陽陵君(양릉군)에 봉하면서 淮北(회북)의 땅을 봉토로 주었다.[1537]

1535 원문 不知夫子發方受命乎宣王 - 이는 춘추시대 蔡 靈侯의 사적이 아니라 전국시대 楚의 일이며, 子發은 楚 宣王(재위 前 369 - 340년)을 섬긴 사람이라는 주석이 있다.

1536 穰侯(양후) - 秦의 魏冉〔위염, 생졸년 미상, 一作 魏焻(위창)〕. 戰國 시대 秦國 政治家, 宣太后의 異父弟, 穰邑(今 河南省 서남부 鄧州市)에 봉해졌기에 穰侯라 칭한다.

1537 莊辛(장신)의 비유는 비근하면서도 절실하다. 幸臣(행신)이 나라를 파국으로 모는 것을 왕은 모르고 있다. 매미를 잡으려는 螳螂(당랑)은 자

213/ 齊明說卓滑以伐秦

{原文} 齊明說卓滑以伐秦, 滑不聽也. 齊明謂卓滑曰, "明之來也, 爲樗里疾卜交也. 明說楚大夫以伐秦, 皆受明之說也, 唯公弗受也, 臣有辭以報樗里子矣."

卓滑因重之.

齊明이 卓滑(탁활)에게 伐秦하라고 설득하다.

{국역} (說客) 齊明(제명)이 卓滑(탁활 / 淖滑 요활)에게 秦을 정벌해야 한다고 설득했으나,[1538] 탁활은 따르지 않았다. 이에 제명이 탁활에게 말했다.

"저는(明) (秦) 樗里疾(저리질)[1539]을 위해 외교 가능 여부를 알

신의 뒤에 黃雀(황작)이 있는 줄을 모른다. 그런 비유에 頃襄王이 戰慄(전율) 안할 수 있겠는가!

1538 원문 齊明說卓滑以伐秦 - 이 章은 策士의 擬托(의탁)이라고 알려졌다. 齊明은 東周人 說客이다. 卓滑(탁활)은 楚의 謀臣인 淖滑(뇨활)이라는 주석이 있다.

1539 樗里疾(저리질) - 秦 孝公의 아들. 秦 惠文王(在位 前 338 - 311년)의 아우. 뒷날 武王(悼武王, 재위 前 310 - 307年)의 相이 되었다. 外交, 軍事에 큰 업적. 秦 武王이 張儀(장의)를 방축한 뒤에 樗里子는 右丞相이 되어 韜略(도략)에 정통한 甘茂(감무)를 左丞相으로 천거. 2인이 협력하여 戰爭을 치루며 판도를 확장하여 秦 발전의 토대를 구축하였다. 司馬遷《史記 太史公自序》에 〈樗里子甘茂列傳 第十一〉이 있다. '智囊(지낭 : 지혜의 주머니)' 이라는 별호가 있다.

아보려고(卜交) 왔습니다. 제가 楚 大夫에게 伐秦(벌진: 진을 공격하다)을 설득하자, 모두 저와 의견을 같이 했으나 오직 公은 받아들이지 않았습니다. 저는 이제 떠나가 이를 저리질에게 사실대로 말씀드리겠습니다."

탁활은 이 말로 좋은 대우를 받았다.[1540]

214/ 或謂黃齊

{原文} 或謂黃齊曰,

"人皆以謂公不善於富摯. 公不聞老萊子之敎孔子事君乎? 示之其齒之堅也, 六十而盡相靡也. 今富摯能, 而公重不相善也, 是兩盡也. 諺曰, '見君之乘, 下之, 見杖, 起之.' 今也, 王愛富摯, 而公不善也, 是不臣也."

어떤 사람이 黃齊(황제)에게 말했다.

{국역} 어떤 사람이 (楚臣) 黃齊(황제)에게 말했다.

"사람들은 모두 公과 (楚臣) 富摯(부지) 사이가 좋지 않다고 생각

1540 실패한 일을 성공으로 전환한 설득이라는 주석이 있다. 탁활은 秦 저리질과 뜻을 같이할 수 있다는 의미이다. 저리질의 이름을 언급했다 하여 대우가 바뀔 수 있는 현실이었다.

하고 있습니다. 公은 老萊子(노래자)가[1541] 孔子에게[1542] 事君(임금을 섬기다)의 道를 가르쳤다는 말을 듣지 못했습니까? (노래자가)

1541 원문 公不聞老萊子之教孔子事君乎? – 老萊子(노래자)는 楚의 有道之士. 여기서 노래자는 老子일 것이라는 주석이 있다. 老萊子(노래자, ? 前 599 – 479년 / ? 20년 생존 ?)는 萊 姓, 失 其名, 春秋 시대 楚國人. 《史記 老子韓非列傳》에 그의 저서 15편이 있다는 기록이 있다. 공자가 열국을 주유하면서 陳과 蔡 사이에서 곤경에 처했었는데 그 뒤에 노래자와 만났다는 이야기가 있다. 《二十四孝》 중 색동옷에 장난질하며 부모를 기쁘게 했다는 '戱彩娛親(희채오친)' 의 주인공. 부모가 계시다면 자식은 자신이 늙었다고 말할 수 없다(《禮記》, '父母在, 互言不稱老.') 부모 앞에서는 80이 넘어도 여전히 어린애일 뿐! 노래자는 색동옷을 입고 부모 앞에서 어린애 마냥 장난질을 쳤고, 물통을 들고 오다가 일부러 넘어져 옷을 더럽혔다며 울기도 했다. '老萊衣' 는 노인의 효심을 뜻하는 말이 되었다. 《二十四孝》는 元代 郭居敬(곽거경)이 엮은 효자 24명의 이야기이다.

1542 孔子(孔丘, 前 551 – 479, 字는 仲尼) – 聖母인 顔氏(안씨)는 魯의 尼丘山(이구산)에서 기도를 드려 공자가 출생하였는데, 출생할 때 그 우묵한 정수리가 이구산과 비슷하여서 이름은 丘(구)라 하였으며, 字는 仲尼(중니)이다. 공자의 출생 연월일에 관해서는 상당한 논쟁을 거쳐 1952년 臺灣(대만) 中華民國(중화민국) 교육부에서 정한 '魯 襄公 22년 8월 27일(前 551년 9월 28일)' 이 일반적으로 통용되고 있다. 공자는 魯나라 23대 襄公(양공, 재위 前 572 – 542년) – 昭公(소공) – 定公(정공)을 거쳐 哀公(애공, 재위 前 494 – 468년) 16년, 서기 前 479년에 73세로 죽었다. 子貢(자공)은 공자 학문의 위대함을 마치 만 길 높은 담장으로 둘러싸인 궁궐과 같아서, 문을 열고 들어가지 않으면 그 화려 웅장함을 알 수도 없다고 비교했다. 자공은 또 공자의 위대함은 마치 日月과 같아서 산처럼 올라가거나 넘을 수도 없으니, 이는 마치 사다리로 하늘에 오를 수 없는 것과 같다고 비유하였는데, 그 비유가 매우 적절하며 동시에 자공의 뛰어난 언변과 지혜를 알 수가 있다.

그의 건강한 치아를 보여주었고 60세이지만 여전히 치아를 서로 부딪쳤습니다.[1543] 지금 富摯(부지)는 능력이 있으나,[1544] 公은(黃齊) 그와 아주 사이가 안 좋으니, 이는 양쪽 모두 손해일 것입니다. 俗諺(속언)에 '주군의 수레를 보면 (수레에서) 내려서고, (윗사람의) 지팡이를 보면 (자리에서) 일어선다.' 고 하였습니다.[1545] 王이 富摯(부지)를 아껴주시니 公이 그와 不善(사이가 좋지 않다)한 것은 신하의 도리가 아닙니다."

215/ 長沙之難

{原文} 長沙之難, 楚太子橫爲質於齊. 楚王死, 薛公歸太子

1543 원문 六十而盡相靡也 – 문장의 文理가 어색하다. 靡는 쓰러질 미. 摩(갈 마)와 같다는 주석이 있다. 摩는 硏磨(연마)하다. 아랫니 윗니를 서로 부딪치다. 그렇게 하면 치아가 튼튼해진다는 말이 있다. 여기서는 아래 치아와 윗니가 부딪치듯, 黃齊와 富摯(부지)가 서로 부딪친다는 의미인데? 좀 이해하기가 쉽지 않다.

1544 원문 今富摯能 – 能은 응당 寵(총애할 총, 총애 받다)이 되어야 한다는 주석이 있다.

1545 원문 見君之乘, 下之, 見杖, 起之 – 지나가다가 주군의 수레를 만나게 되면 수레에서 내려와 禮를 표한다. 어른의 지팡이를 보면, 어른이 오시는 줄 알고 자리에서 일어난다(起). 그런데 이런 속언으로 왕이 富摯(부지)를 아끼니, 公도 부지를 잘 대우하라는 뜻이다. 例로 든 俗諺의 의미가 아주 적절하지는 않은 것 같다.

橫, 因與韓,魏之兵, 隨而攻東國. 太子懼. 昭蓋曰,

"不若令屈署以東國爲和於齊以動秦. 秦恐齊之敗東國, 而令行於天下也, 必將救我."

太子曰, "善." 遽令屈署以東國爲和於齊. 秦王聞之懼, 令辛戎告楚曰,

"毋與齊東國, 吾與子出兵矣."

長沙(장사)의 싸움

{국역} 長沙(장사)의 싸움 뒤에[1546] 楚에서는 太子 橫(횡)을 齊에 인질로 보냈다. 楚王(懷王)이 죽자 (齊의) 薛公(설공, 孟嘗君; ? – 前 279)은 太子 橫(횡)을 귀국시켰고,[1547] 이어 韓과 魏의 군사와 함께 (楚의) 東國(동부 영토)을 공격하였다. 태자 횡은 두려웠다. 이에 (楚臣) 昭蓋(소개)가 말했다.

"屈署(굴서)를 보내 東國을 齊에 내준다면서 화해하고 秦을 충동

1546 長沙之難 – 長沙는 荊郡(형군). 장사의 싸움. 秦이 楚를 침략하여 楚를 대파하였다. 이는 楚 懷王 29년(前 300)의 일이었다. 楚 회왕은 두려움 속에 태자 橫을 齊에 인질로 보내고 齊의 구원을 받았다. 今 湖南省의 동북부 長沙市는 湖南省의 省會(省都)이며 중국 毛澤東(1893年 12月 26日 – 1976年 9月 9日. 字는 潤之, 湖南 湘潭人)의 고향과 같은 곳이다. 모택동은 1918年 長沙의 湖南省立第一師範學校를 졸업했다.

1547 원문 楚王死, 薛公歸太子橫 – 懷王이 秦에 억류되자, 齊에서 太子가 귀국하여 즉위하니 頃襄王이다. 회왕은 경양왕 즉위 3년에 秦에서 客死하였다.

하는 것이 좋을 것입니다. 秦은 齊가 우리 동국을 차지하고 (강국이 되어) 천하를 호령할까 걱정이 되어 틀림없이 우리를 구원할 것입니다."[1548]

太子는 "맞는 말이다."라고 했다.

서둘러 국서를 보내 東國의 땅을 내주며 齊와 강화하려고 했다. 秦王(昭王)은 이를 알고 걱정하면서 辛戎(신융 / 芈戎 미융)을 보내 楚에 알렸다.

"齊에게 東國을 내주지 마시오. 나는 당신네를 위해 출병할 것이오."[1549]

216/ 有獻不死之藥於荊王者

{原文} 有獻不死之藥於荊王者, 謁者操以入.

中射之士問曰, "可食乎?"

曰, "可."

因奪而食之. 王怒, 使人殺中射之士. 中射之士使人說王曰,

"臣問謁者, 謁者曰可食, 臣故食之. 是臣無罪, 而罪在謁

1548 원문 必將救我 – 이는 子良의 방책이었다. 이는 《楚策 二》〈楚襄王爲太子之時〉 章에 상세히 설명했다.

1549 원문 吾與子出兵矣 – 與子는 爲子. 당신을 위하여.

者也. 且客獻不死之藥, 臣食之而王殺臣, 是死藥也. 王殺無罪之臣, 而明人之欺王."

王乃不殺.

不死藥을 楚王에게 헌상하는 자가 있어,

{국역} 荊王(형왕, 楚王)에게 不死藥을 헌상하는 자가 있어,[1550] 謁者(알자)가 그를 데리고 들어왔다. 中射士(중사사, 職名)가 물었다.

"먹어도 되는가?"

"먹어도 됩니다."

(중사자가) 그 약을 빼앗아 마셔버렸다. 楚王이 화를 내며 사람을 시켜 중사사를 죽이라 했다. 그러자 중사사가 사람을 시켜 왕에게 말했다.

"臣은 알자에게 물었고, 알자는 먹어도 된다고 하였고, 그래서 臣은 마셨습니다. 그러니 臣은 무죄이고 잘못은 알자에게 있습니다. 또 客人은 불사약을 헌상하려 했지만, 신은 마셨고 왕께서는 臣을 죽이라 하셨으니, 이는 죽는 약입니다. 대왕께서는 무죄한 신하를 죽이니, 이는 객인이 대왕을 속이려 한 것을 분명히 밝힌 것입니다."

왕은 그를 죽이지 않았다.[1551]

1550 有獻不死之藥於荊王者 - 이는 說客들이 지어낸, 策士를 연습시키기 위하여 꾸며낸 寓話(우화, 寓言)일 것이다.

1551 원문 王乃不殺 - 이는 궤변에 초왕의 답변이 궁했기에 죽이지 못한 것이다. 우선 알자가 謁者 "可食"이라 한 것은 "네가 먹어도 된다(汝可

217/ 客說春申君

{原文} 客說春申君曰,

"湯以亳, 武王以鄗, 皆不過百里以有天下. 今孫子, 天下賢人也, 君籍之以百里勢, 臣竊以爲不便於君. 何如?"

春申君曰, "善." 於是使人謝孫子. 孫子去之趙, 趙以爲上卿.

客又說春申君曰, "昔伊尹去夏入殷, 殷王而夏亡. 管仲去魯入齊, 魯弱而齊强. 夫賢者之所在, 其君未嘗不尊, 國未嘗不榮也. 今孫子, 天下賢人也. 君何辭之?"

春申君又曰, "善." 於是使人請孫子於趙.

객인이 春申君을 설득했다.

{국역} 어떤 객인이 春申君을 설득하려고 말했다.[1552]

"湯王(탕왕)은 亳(박)에서,[1553] (周) 武王은 鄗(호, 鎬京)[1554]의, 모두

食)."는 아니다. 그리고 이는 왕에게 헌상하는 약이기에 알자가 데리고 들어온 것인데, 먹을 수 있다 하여 빼앗아 먹을 수 있는 것은 아니다. 궤변일 뿐이다.

1552 원문 客說春申君曰 - 본문의 내용 중 「孫子爲書謝曰, ~」은 《韓非子 奸劫弑臣篇》에 보이고, 이어지는 賦는 《荀子 賦篇》에 있는데 上,下文의 연관성은 없다. 결론으로 인용한 詩는 《韓詩外傳》 7권의 문장이라는 주석이 있다.

1백 리도 안 되는 땅에서 (흥기하여) 천하를 차지하였습니다. 지금 孫子〔荀子(순자)〕[1555]는 천하의 賢人이라고, 君께서 백 리의 땅으로 봉하도록 주청하셨는데, 제 생각으로는 君에게 도움이 될 것 같지 않습니다. 안 그렇습니까?"

春申君은 "그렇소."라고 말했다. 그리고 사람을 보내 孫子를 謝絶(사절)하였다. 孫子는 趙로 옮겨갔고 趙에서는 上卿(上客)[1556]이 되었다.

다른 객인이 春申君에게 말했다.

"옛날 (湯王의 臣) 伊尹(이윤)이 夏(하)를 떠나 殷(은)으로 가자, 殷

1553 원문 湯以亳 - 亳(박, 地名)은 帝嚳(제곡)과 商朝 湯王의 都邑地. 전국시대 宋의 지명. 北亳(景亳)은, 今 河南省 동부 商丘市 梁園區. 南亳은, 今 河南省 商丘市 동남. 西亳은, 今 河南省 洛陽市 관할 偃師市(언사시). 今 安徽省 서북단 亳州市(박주시) 명칭도 商朝의 亳(박)에서 유래했다.

1554 鄗(땅이름 호) - 鎬(호)와 通. 周都 鎬京, 今 陝西省 西安市 長安區에 해당.

1555 孫子 - 荀子. 兵家의 孫子(孫武, 孫臏)가 아니다. 前漢 宣帝의 이름을 피하여 荀을 손으로 고쳐 썼다. 순자의 본 이름은 孫卿은 荀卿(순경, 名은 況. 約 前 316 - 237년 ?). 趙人, 齊의 稷下 學宮의 祭酒 역임. 齊人이 참소하자 荀卿은 楚에 이주. 春申君(춘신군)이 蘭陵令에 임명. 春申君 死後에 관직 사임, 蘭陵에 거주. 李斯(이사)는 荀卿의 제자였었다. 漢代 儒學 사상과 政治에 큰 영향을 끼쳤고, 宋, 元, 明代三에는 孔廟에 배향. 순자는 性惡論으로 孟子 性善說과 대립각을 세웠기에 유학자의 비평을 받았고 孔門의 이단으로 인식되거나 심지어는 法家 人物로 분류된다. 《史記 孟子荀卿列傳》에 立傳. 劉向은 순자의 저술 32편을 묶어 《孫卿書》라 합칭했다. 지금 알려진 《荀子》는 대략 91,000字 정도이다.

1556 上卿 - 荀子는 上卿이 된 일이 없다. 뒤에는 上客으로 기록하였다. 《史記》에서 순자는 春申君 사후에 빈곤했고 蘭陵(난릉)에서 살았다고 하였다.

(은)은 王者가 되었고 夏는 亡했습니다. 管仲(관중)이 魯(노)를 떠나 齊로 가자, 魯는 약해졌고 齊는 강해졌습니다. 대체로 賢者가 있는 나라에는 존중받지 않는 군주가 없었고, 번영하지 않는 나라가 없었습니다. 지금 孫子는 세상에 알려진 賢人입니다. 君께서는 왜 그를 거절하십니까?"

春申君이 이어 말했다. "옳은 말이요."

그리고는 사람을 趙에 보내 孫子를 초청하였다.

{原文} 孫子爲書謝曰,「癘人憐王, 此不恭之語也. 雖然, 不可不審察也. 此爲劫弑死亡之主言也. 夫人主年少而矜材, 無法術以知奸, 則大臣主斷國私以禁誅於己也, 故弑賢長而立幼弱, 廢正適而立不義. 《春秋》戒之曰, '楚王子圍聘於鄭, 未出竟, 聞王病, 反問疾, 遂以冠纓絞王, 殺之, 因自立也. 齊崔杼之妻美, 莊公通之. 崔杼帥其君黨而攻. 莊公請與分國, 崔杼不許, 欲自刃於廟, 崔杼不許. 莊公走出, 踰於外牆, 射中其股, 遂殺之, 而立其弟景公.' 近代所見,李兌用趙, 餓主父於沙丘, 百日而殺之. 淖齒用齊, 擢閔王之筋, 縣於其廟梁, 宿夕而死. 夫厲雖癰腫胞疾, 上比前世, 未至絞纓射股. 下比近代, 未至擢筋而餓死也. 夫劫弑死亡之主也, 心之憂勞, 形之困苦, 必甚於癘矣. 由此觀之, 癘雖憐王可也.」

因爲賦曰,

「寶珍隋珠, 不知佩兮. 褘布與絲, 不知異兮.

閭姝子奢, 莫知媒兮. 嫫母求之, 又甚喜之兮.

以瞽爲明, 以聾爲聰, 以是爲非, 以吉爲凶.
嗚呼上天, 曷惟其同!」
《詩》曰, 「上天甚神, 無自瘵也.」"

{국역} 孫子(孫卿, 荀子)는 글을 보내 사절하였다.

「(俗諺에) '몹쓸 병을 앓는 사람이 왕을 가엽게 여긴다.'는 말은[1557] 不恭한 말 같습니다. 그렇지만 이 말 뜻을 살피지 않을 수 없습니다. 이 말은 시해를 당해 죽는 주군을 말한 것입니다. 人主가 年少한데다가 자신의 재능만을 믿고 奸臣(간신)을 가려낼 줄도 모른다면, (간악한) 大臣이 국정을 마음대로 專斷(전단)하고, 자신을 죽이지 못하도록 대책을 마련해 놓으면서, 현명하고 나이든 주군을 죽이거나 嫡長子(적장자)를 폐하고 유약한 자를 옹립하게 됩니다. (그래서) 《春秋》에서는 이를 경계하면서 기록했습니다.

'楚王 子圍(자위)가 鄭(정)에 교빙을 하려 출행하는데 국경을 벗어나지 못했을 때(未出竟. 竟은 境) 王이 아프다는 소식을 듣고 돌아와 문병하면서 갓 끈으로〔冠纓(관영)〕 王을 목 졸라 죽이고 이어 王으로 자립하였다.[1558] 齊의 崔杼(최저)의 妻〔名은 東郭姜(? - 546)〕는 미인이었는데, 莊公(장공, 後莊公, 재위 前 554 - 548)과 사통하였다.

1557 원문 癘人憐王 - 《韓非子》에는 「諺曰, 癘憐王~」로 되어있다. 韓非(前 281 - 233년)가 荀子의 말을 인용했는가는 알 수 없다. 癘는 창질 여. 염병. 나병(癩, 문둥병). 염병이 惡疾(악질)이나 시해 당하는 것보다는 낫기에 왕을 불쌍히 여긴다는 뜻.

1558 因自立也 - 이는 《春秋 昭公》 元年(前 541)의 기록이다. 이렇게 즉위한 楚王은 靈王(재위 540 - 529년)이다.

최저[1559]는 자기 무리를 이끌고 장공을 공격했다. 장공은 최저에게 分國을 제안하였지만 최저는 不許했다. 장공이 묘당에서 自盡(자진) 하겠다고 했지만 그것도 허락하지 않았다. 莊公이 도망 나와 바깥 담(外牆)을 넘으려 하자 최저가 활을 쏘았고 다리에 맞아 결국 죽었으며, (최저는 장공의) 동생 景公(재위 前 548–490년)을 옹립했다.' 고[1560] 하였습니다. 近代에 볼 수 있는, 李兌(이태)가 趙에서 권력을 휘두르며(用事), 主父(주부 / 趙 武寧王)를 沙丘(사구)에 유폐하여 1백 일 만에 죽였고,[1561] (楚의 將) 淖齒(요치)는 齊에서 齊 閔王(湣王, 재위 前 300–284년)의 근육을 당겨 묘당의 대들보에 매달아 하룻밤 사이에 죽게 했습니다. 대체로 문둥병이(厲疾) 악성 종기 마냥 고통스럽겠지만 그래도 前代에 있었던 갓끈으로 목이 졸리거나 허벅지에 화살을 맞아 죽는 것보다 낫고, 가까운 근세의 힘줄이 뽑혀 죽거나 굶어죽는 것보다 나을 것입니다. 대체로 협박당하거나 시해 당해 죽는 군주의 정신적 고통과 육신의 고통은 惡疾(문둥병)을 앓는 것

1559 崔杼(최저, ? – 前 546년) – 姜姓, 崔氏, 名은 杼(베틀의 북 저). 시호 武. 제국의 대부. 齊 莊公을 옹립하였고, 나중에 아내와 사통한 莊公을 시해했다. 장공이 최저의 아내와 私通하려고 최저의 집에 왔다가 방에 갇혀 협박을 당했고, 탈출하여 담을 넘다가 화살에 맞아 죽었다.

1560 원문 而立其弟景公 – 이는《春秋 襄公》25年(前 548년) 條에 기록되었다.

1561 원문 李兌用趙, 餓主父於沙丘, 百日而殺之 – 李兌(이태, 생졸년 미상)는 趙 武靈王이 왕위를 아들 惠文王에게 물려주고 자칭 主父(주부)라 하였다. 前 295년, 趙 武靈王의 長子 安陽君 趙章 등이 沙丘之亂을 일으키자 이태가 제압했다. 그리고 무령왕을 유폐시켜 餓死시켰다. 이태는 趙 惠文王(재위 前 298年 – 266년)의 相을 역임했다.

보다 틀림없이 심할 것입니다. 이렇게 생각한다면 (속언의) 문둥병을 앓지만 왕을 가엽게 생각할 것입니다.」

그리고서 荀子는 賦(부)를 지어 말했습니다.[1562]

「隋珠(수주)의 珍寶를 패용(몸에 부착하다. 차다)할 줄도 모르고,[1563]
비단과(褘布) 무명(緜絲)이 다른 줄도 알지 못한다.[1564]
미인 閭姝(여주)와 子奢(자사)를 얻을 줄도 모르고,[1565]
추녀 嫫母(모모)에 청혼하고 매우 기뻐했었다.[1566]
장님을 잘 본다 하고 聾兒(농아)를 잘 듣는다 하며,[1567]
옳은 것을 그르다, 吉한 것을 凶하다고 하네.
嗚呼(오호)라 上天(하늘)이여 어찌 그들과 같이 하리오!」[1568]

1562 원문 因爲賦曰 – 《荀子 賦篇》이나 《韓詩外傳》에도 수록되었지만 문자가 약간 다르다.

1563 원문 寶珍隋珠, 不知佩兮 – 隋侯(수후)는 상처를 입은 大蛇(대사)를 치료해주었고 큰 뱀은 수후에게 明珠로 보답하였다. 佩는 찰 패. 佩用(패용)하다.

1564 원문 褘布與絲, 不知異兮 – 褘布(위포)는 아름다운 천으로 만든 겉옷(袍). 錦袍.

1565 원문 閭姝子奢, 莫知媒兮 – 閭姝(여주)와 子奢(자사)는 모두 미인의 이름.

1566 원문 嫫母求之, 又甚喜之兮 – 嫫母(모모)는 都醜. 醜婦人. 몹시 추모(추한 모양의 여자)였으나 현명하여 黃帝가 아내로 맞이했다.

1567 원문 以瞽爲明, 以聾爲聰 – 瞽는 소경 고. 聾은 귀머거리 농. 聰은 귀밝을 총.

1568 원문 曷惟其同 – 曷은 어찌 갈. 이는 衰亂(쇠란)이 극에 달한 탄식일 것이다. 是非와 善惡이 모두 순리에 따라야 천하가 제대로 다스려지는

《詩》에서 읊었다.

「上天(하늘)은 매우 신령스러우니,

스스로 화를 부르지 않는다.」[1569]

218/ 天下合從

{原文} 天下合從. 趙使魏加見楚春申君曰,

"君有將乎?"

曰, "有矣, 僕欲將臨武君."

魏加曰, "臣少之時好射, 臣願以射譬之, 可乎?"

春申君曰, "可."

加曰, "異日者, 更羸與魏王處京臺之下, 仰見飛鳥. 更羸

것 아닌가?

1569 원문 無自瘵也 - 瘵는 병을 앓을 채. 病也. 詩義는 天理는 매우 明白하니 천리를 어긴다면 분명 禍患이 닥칠 것이다. 나 스스로 그런 禍를 자초하지 않는다는 뜻이다.
본 章 전체로 볼 때, 이 기록 그대로면, 春申君은 아주 어리석은 사람이다. 사람의 賢愚(현우)를 알지 못하니, 어찌 사람을 골라 천거하거나 등용할 수 있겠는가? 한 사람의 말을 듣고 사절하더니 또 다른 사람의 말을 듣고 모셔오게 하였다. 춘신군에게 무슨 지조가 있는가? 거기에 놀아날 만큼 荀子가 어리석겠는가? 어리석은 사람의 공통점은 딱 한 가지이다. 남들도 자기와 생각이 똑같을 것이라고 믿는다. 남들의 지능을 자신과 같을 것이라고 믿는 것이 바보의 생각이다.

謂魏王曰, '臣爲王引弓虛發而下鳥.' 魏王曰, '然則射可至此乎?' 更羸曰, '可!' 有間, 雁從東方來, 更羸以虛發而下之. 魏王曰, '然則射可至此乎?' 更羸曰, '此孽也.' 王曰, '先生何以知之?' 對曰, '其飛徐而鳴悲. 飛徐者, 故瘡痛也. 鳴悲者, 久失群也, 故瘡未息, 而驚心未至也. 聞弦音, 引而高飛, 故瘡隕也.' 今臨武君, 嘗爲秦孽, 不可爲拒秦之將也."

天下가 合從하였다.

{국역} 천하가 合從하였다.[1570] 趙에서는 魏加(위가)를 보내 楚 春申君을 만나 말했다.

"君께서는 쓸만한 장수가 있습니까?"

"있습니다. 나는 臨武君(임무군)[1571]을 장수로 삼을 것입니다."

1570 원문 天下合從 – 秦王 政(정) 즉위 6년에(前 241년) 5국이 秦을 공격하였는데, 주도한 사람은 楚 考烈王(재위 前 262 – 238년)이었다. 《史記 春申君列傳》에 의하면, 춘신군은 考烈王 원년에 相이 되어 22년간 相位에 있었다. 그리하여 楚 고열왕은 從長이 되었고, 춘신군이 정벌을 주도하였다. 5국의 연합군이 함곡관을 공격하였지만 秦은 출병하여 모두를 격퇴하였다. 본 章은 그 이후의 상황을 예견하고 있다. 곧 驚弓之鳥(경궁지조)는 다른 6국의 공격이 秦에 통하지 않을 것이라는 豫示(예시)였다.

1571 臨武君 – 楚의 장수. 《荀子 議兵篇》에는 臨武君이 趙 孝成王(재위 前 265 – 245년) 앞에서 군사를 논의했다는 내용이 있다.

魏加(위가)가 말했다.

"臣은 젊었을 때 弓射를 좋아했기에 활쏘기로 비유하여 말씀드리고 싶습니다만 괜찮겠습니까?"

춘신군은 "괜찮습니다."라고 하였다.

"옛날에(異日者), 更羸(경리, 羸는 여윌 리, 人姓名)라는 사람이 魏王과 함께 높은 京臺(경대, 높은 누각) 아래에서 나는 새들을 바라보고 있었습니다. 경리가 위왕에게 '臣은 왕 앞에서 화살이 없는 활을 쏘아 새를 떨어트릴 수 있습니다.' 라고 말했습니다. 위왕이 '弓射 기술이 그런 지경에 이르렀습니까? 라고 물었고, 경리는 '할 수 있습니다.' 라고 대답했습니다. 얼마 뒤에 기러기가 동쪽에서 날아오는 것을 보고 경리가 화살이 없이 활시위를 당기자 한 마리가 그대로 떨어졌습니다. 魏王은 '정말 활쏘기가 이런 지경에 이르렀습니까? 라고 물었고, 경리는 '이는 병들어 약한 기러기입니다.' 라고[1572] 말했습니다. 위왕이 '선생은 어떻게 알았습니까? 라고 묻자, '천천히 날고 또 그 울음이 슬프게 들렸습니다. 천천히 날아가는 것은 상처가 아프기 때문이고, 울음이 슬픈 것은 오랫동안 무리에서 떨어졌기 때문인데, 상처가 낫지 않아 경계심이 면밀하지 못할 때, 활시위 소리를 듣고 높이 날아오르려다가 상처가 터지면서 떨어진 것입니다.' 라고 대답했습니다. 지금 臨武君은 일찍이 秦의 얼자가 되었으

1572 원문 '此孽也.' - 孽은 첩의 자식 얼〔妾隸(첩예)가 낳은 아들 孽〕. 孽은 櫱(그루터기 얼)이다. 나무를 베었을 때 나무 밑동에서 자라나는 가지. 또는 나무 본줄기에서 나오는 곁가지. 곁가지가 많이 자랄 수도 없지만 크더라도 결코 줄기(幹)가 될 수 없다. 여기서는 병들어 낙후된 기러기.

니(秦과 싸워 겁을 먹었으니) 秦을 막을 장수가 될 수 없습니다."

219/ 汗明見春申君

{原文} 汗明見春申君, 候問三月, 而後得見. 談卒, 春申君大說之. 汗明欲復談, 春申君曰, "僕已知先生, 先生大息矣."

汗明憱焉曰, "明願有問君而恐固. 不審君之聖, 孰與堯也?"

春申君曰, "先生過矣, 臣何足以當堯?"

汗明曰, "然則君料臣孰與舜?"

春申君曰, "先生卽舜也."

汗明曰, "不然, 臣請爲君終言之. 君之賢實不如堯, 臣之能不及舜. 夫以賢舜事聖堯, 三年而後乃相知也. 今君一時而知臣, 是君聖於堯而臣賢於舜也."

春申君曰, "善." 召門吏爲汗先生著客籍, 五日一見.

汗明曰, "君亦聞驥乎? 夫驥之齒至矣, 服鹽車而上太行. 蹄申膝折, 尾湛胕潰, 漉汁灑地, 白汗交流, 中阪遷延, 負轅不能上. 伯樂遭之, 下車攀而哭之, 解紵衣以冪之. 驥於是俛而噴, 仰而鳴, 聲達於天, 若出金石聲者, 何也? 彼見伯樂之知己也. 今僕之不肖, 阨於州部, 堀穴窮巷, 沈洿鄙俗之日久矣, 君獨無意湔拔僕也, 使得爲君高鳴屈於梁乎?"

汗明(한명)이 春申君을 만나다.

{국역} (門客) 汗明(한명)이 春申君을 만났는데,[1573] 3달을 기다려 만날 수 있었다. 이야기를 마치자 춘신군은 아주 기뻐하였다. 汗明(한명)이 다시 담론을 시작하려 하자, 춘신군이 말했다.

"저는 이미 선생을 알았습니다. 선생께서는 편히 쉬십시오."

汗明이 슬픈 듯 말했다.[1574]

"저(明)는 君께 물어볼 것이 있지만, 저를 고루하다 생각하실까 걱정입니다. 君의 聖明(성스럽고 밝음)은 堯에 비하여 어떻다고 생각하십니까?"[1575]

春申君이 말했다.

"先生께서는 좀 지나쳤습니다. 내가 어떻게 堯에 비교가 되겠습니까?"

"그렇다면 君께서는 제가 舜에 비하면 어떻겠습니까?"

"先生은 舜에 비길 만합니다."

1573 汗明見春申君 – 汗은 땀 한. 汗明은 春申君의 문객. 시기를 알 수 없다. 문객이 자신의 등용을 설득하는 내용이다. 鹽車之憾(염거지감) 고사의 출처이다.

1574 汗明憱焉 – 憱는 슬플 추. 핍박할 축. 憱焉(추언) 놀라 슬퍼하는 모양, 蹴과 같은 글자로 '불안해하는 모양' 이라는 주석도 있다.

1575 원문 孰與堯也? – 孰은 누구 숙. 누가 더 낫습니까? 與堯는 堯(요)에 비교하다.

"그렇지 않습니다. 臣은 君께 마지막으로 말씀드리고 싶습니다. 君의 현명은 堯만 못하고 臣의 능력은 舜에 미치지 못합니다. 현명한 舜이 聖明하신 堯를 3년 동안 섬긴 뒤에야 서로가 서로를 알게 되었습니다. 지금 君께서는 一時(一旦)에 臣을 다 알아냈으니, 이는 君께서는 堯보다 聖明하시고 저는 舜보다 더 똑똑한 사람이 되었습니다."

이에 춘신군이 말했다. "옳은 말씀입니다."

춘신군은 門吏를 불러 한명을 賓客의 文籍에 올리게 하고 5일에 한 번씩 만나보았다.

(어느 날) 한명이 말했다.

"君께서는 천리마〔驥(기)〕에 대하여 들어보셨습니까? 천리마가 짐수레를 끌 나이가 되자, 소금 수레에(鹽車) 매어져(服) 太行山(태항산)[1576]을 넘어가야 했습니다. 말굽은〔蹄(굽 제)〕 벌어지고(申은 伸) 무릎(膝)은 꺾였으며, 꼬리(尾)는 물에 젖어 늘어지고(湛) 피부〔胕는 膚(살갗 부)〕는 문드러졌으며〔潰(궤)〕, 소금 녹은 물은(漉汁) 땅을 적시고 덥지도 않은 날에 땀(白汗)은 줄줄이 흘러내렸으며, 산 중턱에서는 더 올라가지도 못하고 수레에 매여서 버틸 수도 없었습니다. 이를 伯樂(백락)[1577]이 보고서는, 下車하여 천리마 驥(기)를 붙들고

1576 太行山(태항산) - 一名 五行山, 王母山, 女媧山(여와산), 或作 太形山. 中國 동부의 주요 산맥. 北京市, 河北省, 山西省, 河南省에 이르는 400여 km의 대산맥. 東周 列禦寇(열어구)가 말한 '愚公移山'의 객체.

1577 伯樂〔백락, ? 前 680 - 610年, 原名 孫陽, 春秋 中期 郜國(고국, 今 山東省 荷澤市 부근)〕 출신. 秦國의 富國强兵策에 의거. 말을 잘 길러 秦 穆公(목공)의 신임을 받아 伯樂將軍이 되었다. 相馬學의 著作이며 《伯樂相馬經》을 저술했다. 唐代 文豪 韓愈(한유)의 〈馬說〉의 名句 '世有伯樂, 然後有千

울었고 자신의 비단옷을 벗어 천리마를 덮어주었습니다. 그러자 驥는 머리를 숙여 땅에 큰 숨을 토하더니, 다시 하늘을 보고 울부짖으니 그 소리가 하늘에 닿을 듯, 마치 金石의 소리와 같았습니다. 그 울음이 왜 그러했겠습니까? 驥에게 伯樂은 知己(지기 : 자기를 알아주는 사람)이었습니다. 지금 제가 不肖(불초)하여 지방에서 막혀있고 막다른 골목의 땅굴 같은 집에서 비속한 삶을 살아온 지 오래인데, 君께서는 오로지 저를 발탁하여,[1578] 君을 위해 梁(魏) 나라에서 큰 소리로 울게 만들어 주실 생각을 왜 못하십니까?"

220/ 楚考烈王無子

{原文} 楚考烈王無子, 春申君患之, 求婦人宜子者進之, 甚衆, 卒無子.

趙人李園, 持其女弟, 欲進之楚王, 聞其不宜子, 恐又無寵. 李園求事春申君爲舍人. 已而謁歸, 故失期. 還謁, 春申君問狀. 對曰,

---

里馬라.' - 이 名句는 재능을 알아줄만한 인물의 중요성을 언급했다. 懷才不遇(회재불우: 재주(재능)가 있어도 좋은 때를 만나지 못함)한 사람은 '伯樂不常有(백낙불상유: 재주가 뛰어난 사람이 항상 있는 것이 아니다)' 라고 탄식한다.

1578 원문 君獨無意湔拔僕也 - 湔은 씻을 전. 손을 씻다. 拔은 뽑아낼 발. 祓과 通. 祓은 부정한 것을 제거하다. 拔은 拂(철 불)과 같은 뜻이라는 주석도 있다.

"齊王遣使求臣女弟, 與其使者飮, 故失期."

春申君曰, "聘入乎?"

對曰, "未也."

春申君曰, "可得見乎?" 曰, "可."

於是園乃進其女弟, 卽幸於春申君. 知其有身, 園乃與其女弟謀. 園女弟承間說春申君曰,

"楚王之貴幸君, 雖兄弟不如. 今君相楚王二十餘年, 而王無子, 卽百歲後將更立兄弟. 卽楚王更立, 彼亦各貴其故所親, 君又安得長有寵乎? 非徒然也? 君用事久, 多失禮於王兄弟, 兄弟誠立, 禍且及身, 奈何以保相印,江東之封乎? 今妾自知有身矣, 而人莫知. 妾之幸君未久, 誠以君之重而進妾於楚王, 王必幸妾. 妾賴天而有男, 則是君之子爲王也, 楚國封盡可得, 孰與其臨不測之罪乎?"

春申君大然之. 乃出園女弟謹舍, 而言之楚王. 楚王召入, 幸之. 遂生子男, 立爲太子, 以李園女弟立爲王后. 楚王貴李園, 李園用事.

李園旣入其女弟爲王后, 子爲太子, 恐春申君語泄而益驕, 陰養死士, 欲殺春申君以滅口, 而國人頗有知之者.

楚 考烈王이 無子하다.

{국역} 楚 考烈王(고열왕, 재위 前 262 – 238년)이 無子하여,[1579] 春申

君[1580]은 이를 걱정하면서 아들을 낳을 수 있는 여러 여인을 바쳤지만 끝내 아들이 없었다.

趙나라 사람 李園(이원)은 그 여동생을 楚王에 바치려 했는데, 왕이 아들을 낳지 못한다는 말을 들었고, 또 총애를 받지 못할까 걱정하였다. 이에 李園은 春申君을 모시는 舍人(사인)이 되어 일했다. 얼마 뒤에 춘신군을 뵙고 휴가를 청한 뒤, 고의로 늦게 돌아왔다. 춘신군을 뵙자, 춘신군이 상황을 물었다. 이에 이원이 대답하였다.

"齊王이 사자를 보내 여동생을 요구하여 그 사자와 함께 술을 마시느라 기일을 놓쳤습니다."

春申君이 물었다. "(여동생이) 聘禮〔빙례: 혼례(婚禮)〕를 마쳤는가?"

이원이 말했다. "아직 안 했습니다."

"(여동생을) 한번 볼 수 있는가?"

"괜찮습니다." 이에 이원은 그 여동생을 춘신군에게 바쳤고, 즉시 춘신군의 총애를 받았다. 임신한 줄을 알고서 이원은 그 여동생과 모의했다.

이원의 여동생은 틈을 보아 춘신군에게 말했다.

"楚王께서는 君을 귀하게 여기시니 형제라도 그렇게 못할 것입니다. 지금 君께서는 초왕의 相으로 20여 년을 모셨고 王께서는 아들이 없습니다. 그렇다면 왕이 돌아가신 뒤에(百歲後) 다른 형제를 찾아 세워야 합니다. 곧 왕이 바뀐다면, 그때 가서는 각자 알고 있는

1579 원문 楚考烈王無子 – 考烈王(고열왕)은 頃襄王의 아들. 名은 完. 재위 前 262 – 238년. 고열왕이 죽은 뒤 왕위를 계승한 幽王(유왕, 재위 237 – 228)은 춘신군의 私生兒라고 알려졌다.

1580 春申君은 고열왕이 죽던 해에 피살되었다.(前 238년)

사람을 귀하게 대할 것이니, 君께서 어찌 계속 왕의 신뢰를 받을 수 있겠습니까? 아마 그렇지 못할 것입니다. 君께서는 오랫동안 권력을 쥐었고 왕의 여러 형제들에게 禮를 다하지 못한 경우도 많았을 것이고, 다른 형제가 즉위한다면 바로 화가 닥칠 것이니, 國相의 인수와 江東의 봉지를 어찌 지킬 수 있겠습니까? 지금 妾은 임신하였지만 다른 사람은 모르고 있습니다. 제가 君의 총애를 받은 지 얼마 안 되지만, 정말로 고귀하신 君께서 저를 초왕에게 바친다면 초왕도 틀림없이 저를 총애하실 것입니다. 제가 하늘의 도움으로 아들을 낳는다면 곧 君의 아들이 왕이 되는 것이며, 초의 땅을 모두 封地로 받는 것과 같으니, 이를 君께서 예상할 수도 없이 닥쳐올 재앙에 비교한다면 어느 것이 더 낫겠습니까?"

春申君도 크게 그렇다고 생각했다. 곧 李園의 여동생을 다른 건물에서 근신토록 하면서 이를 楚王에 말했다. 초왕은 궁으로 불러들였고 총애하였다. 나중에 아들을 출산했고 태자로 옹립되었으며, 이원의 여동생은 왕후에 책립되었다. 楚王(考烈王)은 이원을 높이 올려주었고 이원은 권력을 잡았다.

李園은 여동생이 왕후가 되었고 출산한 아들이 태자가 되었지만, 春申君으로 부터 말이 새나가거나 춘신군이 교만해질까 걱정하여 비밀리에 죽음을 각오한 자객을 양성하며 춘신군을 죽여 그 입을 막으려 했다. 이런 소문은 어느 사이에 楚에 널리 알려졌다.

{原文} 春申君相楚二十五年, 考烈王病. 朱英謂春申君曰,

"世有無妄之福, 又有無妄之禍. 今君處無妄之世, 以事無妄之主, 安不有無妄之人乎?"

春申君曰, "何謂無妄之福?"

曰, "君相楚二十餘年矣, 雖名爲相國, 實楚王也. 五子皆相諸侯. 今王疾甚, 旦暮且崩, 太子衰弱, 疾而不起, 而君相少主, 因而代立當國, 如伊尹,周公. 王長而反政, 不, 卽遂南面稱孤, 因而有楚國. 此所謂無妄之福也."

春申君曰, "何謂無妄之禍?"

曰, "李園不治國, 王之舅也. 不爲兵將, 而陰養死士之日久矣. 楚王崩, 李園必先入, 據本議制斷君命, 秉權而殺君以滅口. 此所謂無妄之禍也."

春申君曰, "何謂無妄之人?"

曰, "君先仕臣爲郎中, 君王崩, 李園先入, 臣請爲君剌其胸殺之. 此所謂無妄之人也."

春申君曰, "先生置之, 勿復言已. 李園, 軟弱人也, 僕又善之, 又何至此?"

朱英恐, 乃亡去.

後十七日, 楚考烈王崩, 李園果先入, 置死士, 止於棘門之內. 春申君後入, 止棘門. 園死士夾剌春申君, 斬其頭, 投之棘門外. 於是使吏盡滅春申君之家. 而李園女弟, 初幸春申君有身, 而入之王所生子者, 遂立爲楚幽王也.

是歲, 秦始皇立九年矣. 嫪毐亦爲亂於秦. 覺, 夷三族, 而呂不韋廢.

{국역} 春申君이 楚의 相으로 재직 25년에 考烈王이 病들었다. (楚人) 朱英(주영)이란 사람이[1581] 春申君에게 말했다.

"세상에는 바라지도 못하는 (뜻밖의) 福이 있고,[1582] 또 예상하지 못한 禍(화)도 있습니다. 지금 君께서는 예측할 수 없는 세상을 살면서(處無妄之世) 예측할 수 없는 주군을 섬기고 있으니(以事無妄之主), 어찌 예측 못한 사람이 없지 않겠습니까?(安不有無妄之人乎?)"

春申君이 물었다. "무엇을 뜻밖의 복이라 합니까?"

"君이 楚의 相으로 20여 년에 이름은 相國이지만 실제로는 楚王입니다. 다섯 아들은 모두 諸侯(제후)의 相이 되었습니다. 지금은 王의 질환이 심하여 아침 아니면 저녁에 붕어할 수도 있고, 태자는 어리고 약한데, 만약 왕의 병환이 낫지 않으면(죽으면) 君께서는 少主를 보필해야 하고, 아니면 伊尹(이윤)이나 周公(주공)처럼 국정을 담당해야 됩니다〔攝政(섭정)〕. 아니면(不, 섭정을 반환하지 않고) 끝내 南面하고 孤(고)를 칭하면서 이어 楚國을 차지할 수 있습니다. 이를 뜻밖의 복이라고 합니다."

春申君이 "무엇이 예상치 못한 禍입니까?" 라고 물었다.

"李園(이원)은 治國하지 않지만 왕의 妻男이며 군사를 지휘하지 않지만 몰래 죽음을 각오한 문객을 양성한 지 오랩니다. 楚王이 붕

1581 원문 朱英謂春申君曰 – 朱英(주영)은 楚人. 《史記》는 河北 觀津(관직)人이라 했다. 班固의 《漢書 古今人表》에는 信都國 觀津縣 출신으로 上之下의(智人) 인물로 평가되었다.

1582 원문 世有無妄之福 – 無妄은 틀림없는(可必)의 뜻. 《易 無妄 / ☰☳ 天雷无妄》 卦가 있다. 또는 바랄 수 없는(無望), 또는 '바라지 않았는데 이루어진(無所期望而有得焉)' 으로 해석해도 뜻이 통한다.

어하면, 李園은 필히 먼저 입궁하여 틀림없이 君을 제거할 모의를 하고 왕명을 조작하여[1583] 권력을 장악하고 君을 죽여 緘口(함구)하게 할 것입니다. 이것이 君에게는 예상 못한 재앙일 것입니다.

春申君이 "예상치 못한 사람은 누구입니까?" 라고 물었다.

"君은 먼저 臣을 郎中으로 출사케 해 주십시오. 君王이 붕어하면(崩), 李園이 먼저 입궁할 것이니, 저는 君을 위하여 그의 가슴을 찔러 죽이겠습니다. 바로 제가 예상치 못한 사람입니다."

그러자 춘신군이 말했다.

"先生은 그만하시고 다시는 말하지 마십시오. 李園은 연약한 사람이고, 나는 그에게 잘해주었는데 어찌 그 지경까지 가겠습니까?"

朱英은 두려워서 바로 (춘신군을) 떠나버렸다.

그 17일 뒤 考烈王이 죽자, 李園은 예상대로 먼저 입궁했고 棘門(극문, 宮門) 안에 대기하다가 春申君이 나중에 들어오자 극문에서 제지하였다. 이원의 결사대가 춘신군을 잡아 찔렀고 머리를 잘라 궁문 밖으로 내던졌다. 그리고 춘신군의 일가를 모두 없애버렸다.

이원의 여동생은 처음에 춘신군의 총애를 받아 임신하였고 왕궁에 들어와 아들을 출산했고, (아들이) 나중에 즉위하니, 바로 幽王(유왕, 재위 前 237 - 228년)이다. 이 해는 秦始皇(政) 즉위 9년이었다(前 238년). 嫪毐(노애)가 秦에서 반란을 일으켰다가 발각되어 삼족이 다 멸망하였고,[1584] 呂不韋(여불위)는 승상의 직에서 파직되었다.[1585]

1583 원문 據本議制斷君命 - 據는 의거할 거. 틀림없이(不移). 議는 춘신군을 살해할 모의. 制斷은 마음대로 바꾸다. 왕명을 거짓으로 꾸며대다. 君은 楚王也.

1584 嫪毐(노애, ?- 前 238年) - 嫪는 시기할 노. 사모하다. 毐는 음란할 애.

221/ 虞卿謂春申君

{原文} 虞卿謂春申君曰,

“臣聞之《春秋》於安思危, 危則慮安. 今楚王之春秋高矣, 而君之封地, 不可不早定也. 爲主君慮封者, 莫如遠楚. 秦孝公封商君, 孝公死, 而後不免殺之. 秦惠王封冉子, 惠王死, 而後王奪之. 公孫鞅, 功臣也, 冉子, 親姻也. 然而不免奪死者, 封近故也. 太公望封於齊, 邵公奭封於燕, 爲其遠王室矣. 今燕之罪大而趙怒深, 故君不如北兵以德趙, 踐亂燕, 以定身封, 此百代之一時也.”

君曰, “所道攻燕, 非齊則魏. 魏,齊新怨楚, 楚軍雖欲攻燕, 將道何哉?”

對曰, “請令魏王可.”

君曰, “何如?”

본래 呂不韋의 천거를 받았다. 秦始皇 母親 趙姬(조희)의 面首(면수, 情夫)로 始皇母인 太后를 섬겼다. 노애는 정력이 극강하여 태후를 즐겁게 했다는 이야기가 전한다. 노애와 태후는 사통하여 아들을 둘이나 출산했다. 〈楚策〉 끝에 嫪毐(노애)의 행적을 첨부 기록한 이유는 무엇인가? 楚나 秦 두 나라의 정통이(國姓) 이미 끝났다는 의미일 것이다.

1585 呂不韋(여불위, 前 292－235)는 처음에는 大商人(奇貨可居의 故事), 13년간 秦國의 相 역임. 門客을 모아《呂氏春秋》를 편찬했는데 先秦 雜家의 대표적 인물(兼儒墨하고 合名法). 뒷날 嫪毐(노애) 집단의 견제를 받아 相國에서 물러나 河南에 거처하다가 蜀으로 유배되자 三川郡(今洛陽)에서 자살했다.《史記 呂不韋列傳》참고.

對曰, "臣請到魏, 而使所以信之."

迺謂魏王曰, "夫楚亦强大矣, 天下無敵, 乃且攻燕."

魏王曰, "鄕也, 子云天下無敵, 今也, 子云乃且攻燕者, 何也?"

對曰, "今爲馬多力則有矣, 若曰勝千鈞則不然者, 何也? 夫千鈞非馬之任也. 今謂楚强大則有矣, 若越趙,魏而鬪兵於燕, 則豈楚之任也哉? 非楚之任而楚爲之, 是敝楚也. 敝楚見强魏也, 其於王孰便也?"

虞卿(우경)이 春申君에게 말하다.

{국역} 虞卿(우경)이란 사람이 春申君에게 말했다.[1586]

"臣이 알기로는 《春秋》에서도 편안할 때 위기를 생각하고, 위험할 때는 안정을 思慮(사려: 염려하는 생각)하라고 하였습니다. 지금 楚王은 春秋가 많으시니, 君은 封地를 빨리 결정하지 않을 수 없습니다. 君을 위하여 封地를 생각한다면, 楚(王室, 도읍)에서 먼 곳이어야 합니다. 秦 孝公(재위 前 362-338년)이 商君(商鞅)을 封했는데, 孝公이 죽은 뒤에 상앙은 죽음을 면할 수 없었습니다. 秦 惠王(재위 前 338-311년)은 魏冉(위염, 穰侯, 宣太后의 弟)을 봉했는데, 惠王이

1586 원문 虞卿謂春申君曰 - 虞卿(우경)은 趙를 위한 說客으로 생각된다. 虞는 성씨이나 卿은 실제 卿이 아니라 上卿의 대우를 받는다는 뜻이다. 이는 趙 孝成王 15년에서(前 251) 18년(前 248)의 일이었다. 《史記 平原君虞卿列傳》 참고.

죽자 뒤에 즉위한 왕이(武王) (봉지를) 박탈하였습니다. 公孫鞅(공손앙, 상앙)을 功臣이었고 冉子(염자, 魏冉, 子는 작위)는 인척이었습니다. 그런데도 박탈이나 죽음을 면할 수 없었던 것은 封地가 가까웠기 때문입니다. (周室의) 太公望(呂尙)은 齊에 봉했고, 邵公 奭(소공 석, 周武王 弟)은 燕(연)에 봉했기에 왕실에서 멀었습니다. 지금 燕의 죄악은 크고 趙는 크게 분노하고 있으니,[1587] 君께서는 북으로 군사를 보내 趙에 덕을 베풀면서 燕을 정벌하여 그곳을 봉지로 받을 수 있으니, 이는 百代에 한 번 있을만한 기회입니다."

이에 春信君이 말했다.

"燕을 공격할 수 있는 길은 齊가 아니면 魏입니다. 魏와 齊는 楚에 원한을 가진 지 얼마 안 되었으니, 楚軍이 燕을 공격한다면 어느 길이 좋겠습니까?"

"제가 魏王에게 가서 허락토록 설득하겠습니다."

"어떻게 하렵니까?"

"臣이 魏에 도착하여 그들이 대왕을 믿도록 만들겠습니다."

(虞卿은) 곧장 가서〔迺(이에 내)〕 魏王에게 말했다.

"楚는 강대한 나라로 천하무적인데, 곧 燕을 공격할 것입니다."

魏王이 말했다.

"당신은 먼저 天下無敵이라 하고선 뒤에 곧 燕을 공격한다니 무슨 말입니까?"

"지금 말(馬)의 힘이 세다고 말하면 말이 되지만, 만약 말이 千鈞

1587 원문 燕之罪大而趙怒深 – 여기 怒는 怨의 뜻. 燕王 喜(희, 재위 前 254 – 222年, 燕의 마지막 왕)는 즉위 4년부터 12년까지 매년 趙를 공격하였다.

(천균, 1鈞은 30근)을 실을 수 있다고 말하면 안 됩니다. 1천균의 무게는 말이 감당할만한 무게가 아닙니다. 지금 楚가 强大하다면 말이 되지만, 趙와 魏를 넘어가서 燕과 싸워야 한다면, 어찌 楚에서 감당할 수 있겠다고 하겠습니까? 楚의 할 일이 아니지만, 楚가 한다면 楚는 피폐하게 됩니다. 楚를 피폐하게 한다면 魏는 저절로 강해지니 대왕에게 어느 쪽이 유리하겠습니까?"[1588]

1588 이 문단 부분은 〈韓策 一〉 **392** 王曰向也 章에 거듭 인용되었다.

18.《戰國策》卷十八 趙策 一

※ 趙의 역사 개관

趙國은 형식상으로는 周의 책봉을 받은 제후국으로 戰國 七雄의 하나이다. 勺國(작국, 술 떠내는 국자 작)이라고 부르기도 한다. 도읍은 晉陽(진양, 今 山西省 省會인 太原市)이었다가 뒤에 中牟(중모, 今 河南省 북부 鶴壁市), 다시 邯鄲(한단, 今 河北省 남단 邯鄲市)으로 옮겼는데, 국토의 주요 부분은 지금의 河北省 중남부 및 山西省 중부, 그리고 陝西省(섬서성) 북동부 일부를 포함하였다.

서쪽으로 秦과 접하면서 계속 동쪽으로 밀리는 형세였고, 남으로는 韓과 魏, 동북으로는 燕과 동남에 齊와 국경을 맞대었다. 그리고 북쪽으로는 여러 유목민족과 싸워야만 했다. 거기에 영역 내에 中山國이 존재했었다.

趙 武靈王(재위 前 325 - 299년)은 胡服(호복)과 騎射(기사)를 받아들이는 개혁에 성공하여(前 302년) 戰國 후기의 강국으로 등장하여 秦에 맞설 수 있는 당당한 군사 강국이 되었지만, 前 260년 長平之戰에서 참패하면서 國勢와 氣像(기상)이 크게 꺾였고 결국 前 222년 秦에 멸망되었다.

○ 趙國의 起源

趙國과 秦國의 조상은 蜚廉(비렴)이다. 《史記》 卷 43 〈趙世家〉에 의하면, 蜚廉(비렴)의 아들 중 惡來(악래)는 殷(은) 紂王(주왕)을 섬기다 피살되었는데 그 후손은 秦으로 이주했다. 惡來의 동생 季勝(계승)과 그 후손은 趙로 이주했다.

趙國은 趙城 大夫인 造父(조보)의 후예로 趙를 姓으로 정했고, 周 땅에 살면서 周 天子를 섬겼는데 先祖인 造父는 周 穆王(목왕)의 御者(어자, 馬夫)였다.

西周 말년에, 叔帶(숙대)가 晉國에 이주하여 晉 文侯(문후)를 섬겼다. 후손 趙衰(조쇠/조최)가 나중에 公子 重耳(중이)를 따라 流亡(유망: 일정한 거처가 없이 떠돌아 다님)했다가 重耳가 晉 文公으로 즉위하며 春秋 五霸의 한 사람이 되었는데, 조쇠가 고위직에 올랐고 이후 趙盾(조순), 趙武(조무), 趙鞅(조앙), 趙無恤(조무휼) 등이 股肱之臣(고굉지신: 다리와 팔뚝과 같은 신하를 말하며, 군왕이 가장 신임하는 신하를 뜻한다)이 되었다.

나중에 晉 出公(출공) 때 晉國 公室이 쇠약해지면서 나라의 권력을 知伯瑤(지백요), 趙襄子(조양자), 韓康子(한강자), 魏桓子(위환자) 등이 나눠가졌다 이들 四卿은 前 456년 晉 出公을 방축(放逐: 그 자리에서 쫓아냄)하고, 晉 哀公을 옹립했다.

○ 知氏 몰락과 三家分晉

前 454년 강력했던 知伯瑤(지백요)는 韓康子와 魏桓子를 한편으로 삼아 趙襄子(조양자)의 세력 근거지인 晉陽(今 山西省 중부 太原市 남쪽 晉源鎮)을 포위 공격했다. 水攻에 성이 함락 직전이었는데, 지백요의 말 한마디에 韓과 魏가 창을 거꾸로 돌려(倒戈) 知伯瑤(지백요)를 죽였고 이후 지씨의 땅을 均分하였다.

이후 趙襄子(조양자) 死後에 – 趙桓子(조환자) – 趙獻子(조헌자)로 이어졌고 獻子의 아들 趙籍(조적)이 계위하니, 이가 趙 烈侯(열후, 前 408 – 400년)이다.

그전에 前 437年, 晉 哀公이 죽고 그 아들 晉 幽公(유공)이 계위했지만 晉國 君主는 아무 힘도 없었다. 결국 前 403年(周 威烈王 23년), 趙의 烈侯 趙籍(조적), 韓의 景侯 韓虔(한건), 魏의 文侯 魏斯(위사) 등 三卿을 周 天子가 諸侯로 책봉하니 이로써 三家分晉이 완성되었다. 宋代 司馬光의《資治通鑑》에서는 여기서부터 戰國時代가 시작된다.

그 이후 前 376年에 韓, 趙, 魏가 晉 靜公(정공)을 폐출한 이후, 晉國의 나머지 땅도 삼국이 나눠가졌다.

○ 趙의 强盛

趙襄子(조양자, 재위 前 475 – 443年)의 執政 이후, 趙國은 점차 강성해졌고, 前 441년, 조양자와 남쪽 越나라는 여러 제후국 군사도 동원하여 齊國을 정벌하였다.

이 무렵 魏 文侯(재위 前 445 – 396년)는 李悝(이회)의 變法(변법)을 채용하며 강성하여 趙와 패권을 다툴 정도가 되었다.

趙는 烈侯(열후, 재위 前 408 – 400년)는 즉위 후에 公仲連(공중련)을 등용하여 相으로 삼고 變法 革新하였다. 前 405년, 趙는 孔青(공청)을 장수로 삼아 5만 병력으로 齊軍을 廩丘(늠구)에서 대파하며 齊의 군사 3만 명을 죽였다. 前 404년, 三晉의 聯合軍은 越國을 중심으로 齊國을 공격하여 齊 康公(재위 前 405 – 386)을 포로로 잡기도 하였는데, 이런 국세로 周 천자로부터 정식 제후로 인정받을 수 있었다.

前 400년, 三晉은 楚國을 원정하여 乘丘(승구)까지 진격했었다.

趙 敬侯(경후)가 즉위했다(재위 386－375년). 그는 中原을 중시하며 남진하려고 도읍을 邯鄲(한단)으로 옮겼고, 이후 한단은 천하의 名都가 되었다. 前 385年, 趙軍은 靈丘(영구)에서 齊軍을 격파했다. 그러나 이후 한때 魏國에 밀리기도 했지만 趙와 魏, 齊의 갈등은 계속되는 전쟁으로 이어졌다.

趙 成侯는 재위 기간에(前 374－350년) 여러 나라를 공격하였는데, 특히 魏의 附庸國(부용국)이 된 衛(위)의 여러 城을 차지하였다. 그러나 前 353년에는 魏의 침입을 받아 邯鄲(한단)이 포위되었고 결국 함락되었다가 다시 수복은 했지만 이후 趙의 국세는 위축되었다.

이어 趙 肅侯(숙후, 재위 前 349－326년) 때에는 魏의 위협은 없었지만 秦과 齊의 강성으로 전쟁은 그칠 날이 없었다.

○ 胡服騎射의 改革과 中興

趙 肅侯(숙후)의 아들 趙 武靈王 趙雍(조옹, 재위 前 325－299년)의 즉위 이후 秦, 齊, 楚, 魏, 燕나라가 각각 정예군을 파견하여 肅侯의 장례를 치루는 趙를 공격하였다. 겨우 십여 세의 무령왕은 나라의 군사를 한단으로 집결시키면서 燕의 북쪽 胡族과 연합하여 燕을 공격케 하면서 남쪽의 宋國과 결탁하여 齊를 공격케 하자, 5국 동맹은 저절로 와해되었다.

이전부터 趙國과 匈奴(흉노)는 장기간 대치했고 흉노의 기병은 사나웠다. 趙에서는 많은 말(馬)을 사육했지만 주로 戰車에만 이용했다. 흉노 기병의 민첩한 기동력을 趙의 戰車로 당할 수가 없었다. 이에 무령왕은 騎馬에 적합한 胡服(호복)을 받아들여 짧은 상의와 좁은 소매로 전투복을 개량하였고 騎射(기사)의 전술을 개발 보급하였다. 그래서 趙國의 軍事力은 다시 强大해졌으며, 이후 中山國을 없애고(前 295년) 북방의 林胡(임호)와 樓煩(누번)을 격파하면서 秦과 齊와 거의 대등한 강국으로 발전하였다.

○ 沙丘(사구)의 變亂(변란)

趙 武靈王(무령왕) 27년〔周 赧王(난왕) 16년, 前 299〕에 趙軍은 中山國 都城 靈壽를 격파하였다. 趙 武靈王은 次子 趙何(조하)에게 선위하니, 이가 趙 惠文王이다(재위 前 298－266년). 그러면서 자신은 '主父(주부)'라 자칭하였다. 惠文王 4년(前 295)에 中山國을 아예 병합하였다.

앞서 武靈王〔趙雍(조옹)〕은 장남 趙章(조장)을 代에 봉하면서 安陽君(안양군)으로 호칭하였는데, 趙國을 둘로 나눌 계획으로 趙何(조하)를 趙王에, 그리고 趙章을 代王이라 불렀다. 그러나 趙 惠文王 5년(前 294) 趙章은 정변을 일으켜 趙何를 죽이고 자신이 자립하려 했다. 그러나 기밀이 누설 되면서 싸움에 밀린 趙章은 沙丘〔사구, 今 河北省 서북부 張家口市 관할 涿鹿縣(탁녹현) 동남〕의 행궁으로 도망가 趙雍에게 의탁하였다. 公子成, 大將 李兌(이태) 등이 출병하여 행궁을 포위한 뒤, 趙章을 살해하고서도 포위를 풀지 않았고 무령왕 趙雍(조옹)은 행궁에서 3개월을 버티다가 결국 餓死(아사: 굶어 죽음)했다.

○ 秦趙爭霸

趙 武靈王은 胡服騎射의 개혁으로 중원 제일의 기병 부대를 육성하였다. 武靈王 자신은 使者의 수행원 신분으로 위장하여 직접 入秦하여 秦國의 지형을 관찰하였고, 함곡관으로 출격하여 秦을 병합하겠다는 뜻을 세웠다. 前 284년, 齊國은 宋國을 병탄한 뒤에 自尊妄大

(자존망대: 스스로 자기를 높이고 망령됨이 크다)하자 燕, 趙, 秦, 魏, 韓 등이 (趙의) 樂毅(악의)를 대장으로 삼아 齊國을 대파하며 한때 齊의 70여 성을 점령했었다. 齊國은 이후 크게 쇠약했고, 趙는 齊의 기세를 꺾은 뒤, 秦과 계속해서 싸우면서 지친 楚를 대신하여 六國의 우두머리가 되었다. 이어 趙 惠文王 시기에 趙國에서는 名將과 名相이 배출되면서 秦軍을 여러 차례 격파하였다. 澠池(민지)에서 秦과 會盟(회맹: 모여서 맹세함)했으며, 秦이 楚를 공격하는 틈을 타서 齊의 高唐(고당)을 점거하였다. 그러나 秦과 上黨郡을 놓고 분쟁하여 長平之戰(前 262－260년)을 치렀으나 趙는 대패하였다.

趙 孝成王 재위 중 前 262년, 秦은 韓을 공격하여 野王縣〔今 河南省 서북부 焦作市 관할 沁陽市(심양시)〕을 차지하여 韓國의 上黨과(今 山西省 동남부 長治市 관할 長子市 서남) 韓의 都城인 南鄭(今 河南省 중부 新鄭市)과의 연결을 끊어버렸다. 韓王은 上黨郡을 秦에 내주면서 강화를 시도하였으나 上黨太守인 馮亭(풍정)은 抗命(항명)하며 上黨을 趙에 헌상하였다. 趙國은 韓國의 上黨郡을 접수하고 重兵을 출동시켜 전략 요충인 長平(今 山西省 남동부 晋城市 관할 高平縣)에 주둔하며 秦에 항거하였다. 秦도 대군을 출동하여 대치 2년 6개월에 趙軍은 도주자가 속출하였다.

秦國은 反間計(반간계: 서로를 이간시켜 떨어지게 만듦)를 써서 장군 廉頗(염파)를 불러들이도록 공작했고, '紙上談兵(지상담병: 실제를 떠난 빈 공론)' 으로 유명한 趙括(조괄, 趙奢의 아들)을 장수로 삼게 하였다. 秦은 武安君 白起(백기)를 元帥로, 王齕(왕흘)을 副將으로 삼아 조군을 유인하여 대파하였다.

그 결과는 너무 참혹했다. 趙軍 중 나이 어린 240명을 돌려보내고 나머지 40만 降卒(항졸)을 모두 생매장했다. 지금도 長平之戰의 현장인 高平縣 永錄鎭에는 趙卒의 屍骨坑(시골갱)이 그대로 남아있다고 한다. 무능한 장수 한 사람 때문에 치뤄야 할 代價는 – 痛恨(통한)이라는 單語로 대신할 수는 없다.

前 258年, 秦 昭王(소왕, 재위 306 – 251년)은 장군 白起(백기)의 반대에도 불구하고 王陵(왕릉)과 王齕(왕흘)에게 前後 약 60만 대군을 투입하여 趙의 도읍 邯鄲(한단)으로 진격케 하였다. 趙國은 老將 廉頗(염파)의 防守(방수)와 國相인 平原君의 노력으로 秦의 공세에 대항하였다. 前 256년 魏와 楚 연합군의 도움을 받아 趙는 秦軍을 격퇴하였다.

○ 合縱抗秦, 그리고 王翦(왕전)의 滅趙

趙 孝成王이 재위 중인 前 247년, 魏 信陵君(신릉군)은 五國 聯合軍으로 秦國을 河外에서 대파하였다. 그 뒤에 燕에서 劇辛(극신)을 장수로 삼아 趙를 공격했지만, 趙에서는 李牧(이목), 龐煖(방난)의 저항으로 燕軍을 대파하였고 극신은 자살하였다. 이후 趙는 오국 연합을 주도하여 秦을 공격하였지만 뜻을 이루지 못했다. 이후 큰 전쟁 없이 前 229년이 되었다.

前 229年, 秦은 趙國을 공격했고, 趙 幽繆王(유목왕 / 유무왕)은 李牧(이목)과 司馬尙(사마상)을 보내 항전케 하였다. 秦將은 反間計를 써서 유목왕이 이목과 사마상을 죽이게 만들었다. 秦將 王翦(왕전)은 大軍을 거느리고 攻趙하여 井陘口(정형구)를 돌파하고 邯鄲을 공격, 함락시켰으며 조왕을 포로로 잡았다.

趙嘉(조가)가 代城으로 피난하며 代王을 칭했지만, 前 222年 代王이 秦에 투항하면서 趙國은 완전히 멸망했다. 이후 어느 나라도 秦

에 항거하지 못했고 秦은 중국 최초의 통일 왕조를 수립하였다.

趙 君主 列表

稱號	姓名	在位 年度
趙成子	趙衰	前 636－622년
趙宣子	趙盾	前 621－601년
趙莊子	趙朔	前 600－597년
趙文子	趙武	前 583－541년
趙景叔	趙成	前 540－518년
趙簡子	趙鞅	前 517－476년
趙襄子	趙無恤	前 475－443년
趙桓子	趙嘉	前 442－424년
趙獻子	趙浣	前 423－409년

趙國 君主

稱號	姓名	在位 年度
趙烈侯	趙籍	前 408－400년
趙武侯	?	前 399－387년
趙敬侯	趙章	前 386－375년
趙成侯	趙種	前 374－350년
趙肅侯	趙語	前 349－326년
趙武靈王	趙雍	前 325－299년
趙惠文王	趙何	前 298－266년
趙孝成王	趙丹	前 265－245년
趙悼襄王	趙偃	前 244－236년
趙幽繆王	趙遷	前 235－228년
代王嘉	趙嘉	前 227－222년

222/ 知伯從韓魏兵以攻趙

{原文} 知伯從韓,魏兵以攻趙, 圍晉陽而水之, 城下不沉者三板.

郤疵謂知伯曰, "韓,魏之君必反矣."

知伯曰 "何以知之?"

郗疵曰, "以其人事知之. 夫從韓,魏之兵而攻趙, 趙亡, 難必及韓,魏矣. 今約勝趙而三分其地. 今城不沒者三板, 臼灶生蛙, 人馬相食, 城降有日, 而韓,魏之君無憙志而有憂色, 是非反如何也?"

明日, 知伯以告韓,魏之君曰, "郤疵言君之且反也."

韓,魏之君曰, "夫勝趙而三分其地, 城今且將拔矣. 夫三家雖愚, 不棄美利於前, 背信盟之約, 而爲危難不可成之事, 其勢可見也. 是疵爲趙計矣, 使君疑二主之心, 而解於攻趙也. 今君聽讒臣之言, 而離二主之交, 爲君惜之."

趨而出. 郤疵謂知伯曰, "君又何以疵言告韓,魏之君爲?"

知伯曰, "子安知之?"

對曰, "韓,魏之君視疵端而趨疾."

郤疵知其言之不聽, 請使於齊, 知伯遣之. 韓,魏之君果反矣.

知伯이 韓, 魏의 군사로 趙를 공격하는데,

{국역} 知伯〔지백, 知伯瑤(지백요), ? - 前 453년〕이 韓과 魏의 군사와 함께 趙의 성을 공격하는데,[1589] 晉陽을 포위하고 물을 흘려보내, 성안에 물이 차지 않은 곳이 겨우 널판 3쪽 만큼이었다.[1590] 郤疵(극자)[1591]가 지백에게 말했다.

"韓과 魏의 君主는 틀림없이 배반할 것입니다."

知伯이 "어떻게 알았는가?" 라고 물었다.

극자가 말했다.

"그 사람이 하는 일로 알 수 있습니다. 韓과 魏의 군사를 거느리고 趙를 공격하여 趙가 망하면, 환난은 틀림없이 韓과 魏에 미칠 것입니다. 이미 趙를 이기면 그 땅을 삼분한다고 약조하였습니다. 지금 성안에 물이 안 잠긴 곳이 널판 3개 정도이고, 절구(臼)나 부엌아궁이(灶)에 개구리가 살며,[1592] 人馬(사람과 말)가 相食(서로 잡아

1589 원문 知伯從韓 魏兵以攻趙 - 知伯瑤(지백요, 知伯, 智伯, ? - 前 453년)가 韓, 魏兵을 거느리고 趙襄子의 성을 공격하였고 실패하여 도리어 멸망당한 것은 周 貞定王 16년, 前 453년이었다. 당시 晉에서 가장 강했던 지백요는 韓康子, 魏桓子, 趙襄子의 3卿에게 땅의 분할을 요구하였다. 趙襄子가 거부하자, 韓과 魏를 압박하여 趙氏 일족의 근거지인 晉陽을 포위 공격했다. 〈秦策 四. **096** 秦昭王謂左右〉 참고.

1590 원문 不沉者三板 - 사실 물에 잠기지 않은 곳이 없다는 뜻. 넓이가 2尺, 또는 길이가 3尺인 널판을 板(판)이라 한다는 주석이 있다.

1591 郤疵(극자) - 人名. 郤은 고을 이름 극. 성씨. 疵는 흠 자. 郤이 郗(고을 이름 치)로 된 주석도 있다.

1592 원문 臼灶生蛙 - 臼는 절구 구. 灶는 부엌 조. 竈(부엌 조)의 俗字. 蛙는 개구리 와.

먹다)하여 城이 투항할 날이 가까운데도 韓과 魏의 主君이 기뻐하지 않고 우울한 안색이니, 이것이 배반의 징조가 아니라면 무엇이겠습니까?"

다음 날, 知伯은 이를 韓과 魏의 군주에게 말했다.

"당신들이 배반할 것이라고 극자가 말했소."

그러자 韓과 魏의 主君이 말했다.

"趙를 이겨 그 땅을 삼분할 것이고 城이 곧 함락될 지금입니다. 三家(二家)가 아무리 어리석기로 눈앞의 큰 이득을 버리거나, 약조를 배신하면서 성공할 수도 없는 위험한 일을 하지 않는 것은 누구나 다 알고 있습니다. 이는 극자가 趙를 위한 계책으로, 우리 두 사람을 의심케 하여 趙에 대한 공격을 늦추려는 뜻입니다. 지금 君께서 신하의 참언을 믿고 우리 두 사람과 교제를 끊는다면 君을 위해 안타까울 뿐입니다."

그러면서 빠른 걸음으로 물러났다. 극자가 지백에게 물었다.

"君께서는 저의 말을 왜 두 사람에게 알려주었습니까?"

지백이 "그대는 어떻게 알았는가?" 라고 물었다.

"韓과 魏의 君主가 저를 두려운 듯 쳐다보고서는 빠른 걸음으로 지나갔습니다."[1593]

극자는 (지백이) 자신의 말을 안 받아들일 줄을 알고 齊에 사신으로 가겠다고 요청했고, 지백은 보내주었다. 韓과 魏의 君主는 예상대로 배반했다.[1594]

1593 원문 視疵端而趨疾 – 視端은 두려워 바라보다. 趨疾(추질)은 빨리 걸어가다. 피하는 모습.

1594 智伯은 이득에 눈이 멀어 닥칠 화를 생각하지 못했다. 이는 하늘이 지

223/ 知伯帥趙韓魏而伐范中行氏

{原文} 知伯帥趙,韓,魏而伐范中行氏, 滅之. 休數年, 使人請地於韓. 韓康子欲勿與, 段規諫曰, “不可. 夫知伯之爲人也, 好利而鷙復, 來請地不與, 必加兵於韓矣. 君其與之. 與之彼狃, 又將請地於他國, 他國不聽, 必鄉之以兵. 然則韓可以免於患難, 而待事之變.”

康子曰, “善.” 使使者致萬家之邑一於知伯. 知伯說, 又使人請地於魏, 魏宣子欲勿與. 趙葭諫曰,

“彼請地於韓, 韓與之. 請地於魏, 魏弗與, 則是魏內自强, 而外怒知伯也. 然則其錯兵於魏必矣! 不如與之.”

宣子曰, “諾.” 因使人致萬家之邑一於知伯. 知伯說, 又使人之趙, 請蔡,皐狼之地, 趙襄子弗與. 知伯因陰結韓, 魏, 將以伐趙.

知伯이 趙, 韓, 魏와 함께 范氏와 中行氏를 정벌했다.

{국역} 知伯이 趙, 韓, 魏를 거느리고 范氏(범씨)와 中行氏(중행씨)

백의 혼령을 탈취했기 때문일 것이다. 그렇지 않고서야 어찌 謀士의 말을 반대편에 그대로 말해줄 수 있겠는가? 미친 바보가 아니라면 어찌 배반할 수 있는 당사자에게 배반할 것이냐고 물어보겠는가? 韓과 魏에서 ‘우리는 배반할 것인데 어떻게 알았습니까?’ 하면서 감탄할 줄 알았는가?

를[1595] 멸망시켰다.[1596] 몇 년을 쉬었다가 (知伯은) 사람을 보내 韓에 땅을 요구하였다. 韓康子(한강자, 姬姓, 韓氏, 名은 虎. ? – 前 424년)가 땅을 할양하지 않으려고 하자, (韓人) 段規(단규)가 저지하며 말했다.

"不可합니다. 知伯은 그 爲人이 好利하고 또 잔인, 괴팍하니[1597] 땅을 달라고 할 때, 할양하지 않으면 틀림없이 우리를 공격할 것입니다. 君께서는 땅을 주십시오. 땅을 주면 저쪽은 탐욕이 있어[1598] 다른 나라에 땅을 요구할 것이고, 그쪽에서 주지 않으면 틀림없이 군사로 침략할 것이니, 우리 韓은 환난을 우선 피하면서 사태의 변

1595 中行氏(중행씨)는 子姓으로, 晉國의 世族이며 晉 六卿의 하나. 中行桓子 荀林父(순림보)의 후손. 관직을 姓氏로 삼았다. 晉 六卿의 一. 前 632年 성립, 前 490년 敗亡했다. 春秋時代 晉國의 政治軍事 제도로, 晉 文公은 三軍制를 채택하였다. 곧 中軍, 上, 下 三軍인데, 각 軍에 1명의 將軍과 一名의 佐를 두었다. 곧 中軍將, 中軍佐, 上軍將, 上軍佐, 下軍將, 下軍佐이다. 이들에 의해 晉의 정치와 군사가 움직였다. 中軍將은 元帥(원수) 또는 執政이라 불렀다. 그 이후 여러차례 변동이 있었고, 晉 景公 四軍八卿으로 다시 晉 悼公 때 恢三軍 제도로 환원했다. 晉 平公 때 六卿에 趙氏, 韓氏, 魏氏, 智氏, 范氏(범씨), 中行氏(중행씨)의 六家가 정치를 壟斷(농단)했다. 곧 6卿은 6卿의 가문을 의미했다. 范氏와 中行氏가 먼저 멸망하고, 이어 智氏가 멸망하면서 韓氏, 魏氏, 趙氏는 韓, 魏, 趙國으로 발전했다.

1596 원문 知伯帥趙,韓,魏伐范中行氏 – 帥는 장수 수. 거느릴 솔. 范氏(범씨)는 晉 6卿 중 하나. 본 章은《韓非子 十過篇》과 대략 비슷하다. 趙襄子의 謀臣 張孟談(장맹담)은 사태 파악과 劃策(획책)에 뛰어나 轉危爲安하였다. 才智가 뛰어난 사람이었다.

1597 원문 爲人好利而鷙復 – 鷙는 맹금 지. 殺鳥. 殘忍하다는 뜻. 復은 愎(괴팍할 퍅)과 同.

1598 彼狃 – 狃는 친압할 뉴(유). 탐내다. 익숙하다. 개같이 교만한 성질.

화를 기다려야 합니다."

韓康子는 "옳은 말이다."라 하면서 사람을 보내 1만 호 성읍 하나를 지백에게 주었다. 지백은 좋아하면서, 다시 사람을 보내 魏에 땅을 요구하였는데, 魏宣子(위선자, 魏桓子)는 내주려 하지 않았다. 이에 (魏人) 趙葭(조가, 葭는 갈대 가)가 말했다.

"저쪽(지백)은 韓에 땅을 요구했고 韓에서는 땅을 주었습니다. 우리 魏에 땅을 요구했는데, 우리가 내주지 않으면 안으로 自强하다 여기는 것이고, 밖으로 지백을 화나게 하는 것입니다. 그렇다면 틀림없이 外兵을 우리나라에 불러들이는 꼴입니다! 차라리 주는 것이 좋습니다."

魏宣子(위선자)는 "알았다."면서 사람을 보내 1만 호의 성읍 하나를 지백에게 내주었다. 지백은 기뻐하면서 사람을 趙에 보내 蔡(채)와 皐狼(고랑)의 땅을 요구하였다.[1599] 그러나 趙襄子〔名은 無恤(무휼)〕는 땅을 주지 않았다. 知伯은 이에 은밀히 韓과 魏와 결합하면서 趙를 정벌하려고 했다.

{原文} 趙襄子召張孟談而告之曰, "夫知伯之爲人, 陽親而陰疏, 三使韓,魏, 而寡人弗與焉, 其移兵寡人必矣. 今吾安居而可?"

張孟談曰, "夫董閼安于, 簡主之才臣也, 世治晉陽, 而尹澤循之, 其餘政敎猶存, 君其定居晉陽."

1599 원문 請蔡,皐狼之地 – 蔡(채)는 趙地가 아니었다며 藺(인, 골풀 린)의 착오라는 주석이 있다. 皐狼(고랑)은 西河 지역의 地名.

君曰, "諾." 乃使延陵王將車騎先之晉陽, 君因從之. 至, 行城郭, 案府庫, 視倉廩, 召張孟談曰,

"吾城郭之完, 府庫足用, 倉廩實矣, 無矢奈何?"

張孟談曰, "臣聞董子之治晉陽也, 公宮之垣, 皆以狄蒿苫楚廧之, 其高至丈餘, 君發而用之."

於是發而試之, 其堅則箘簬之勁不能過也. 君曰, "足矣, 吾銅少若何?"

張孟談曰, "臣聞董子之治晉陽也, 公宮之室, 皆以鍊銅爲柱質, 請發而用之, 則有餘銅矣."

君曰, "善." 號令以定, 備守以具.

{국역} 趙襄子가 張孟談(장맹담)을 불러 이를 알려주며 말했다.

"知伯의 爲人이 겉으로는 친하면서 속으로는 사람을 멀리하는데, 韓과 魏에 3번 사람을 보냈지만, 나에게 사람을 보내지 않은 것은 틀림없이 우리를 공격할 것이요. 지금 내가 어디에서 대응하면 좋을 것 같은가?"

장맹담이 말했다.

"董安于(동안우)는 簡主(趙簡子)의 才臣으로[1600] 대대로 晉陽(진양)[1601]을 다스렸고, (지금은) 尹澤(윤택, 尹鐸)이 이어 다스리고 있는

1600 원문 董閼安于, 簡主之才臣也 – 董閼安于는 董安于(동안우)라는 주석에 따른다. 簡主는 趙簡子. 趙襄子의 父親. 春秋시대에 大夫 家臣이 大夫를 지칭할 때 '主'라 하였다.

1601 晉陽(진양) – 今 山西省 省會인 太原市. 서북에 龍山이 있어 晉水가 발

데, 그 政教(정치와 교화)의 유풍이 아직도 남아있으니 주군께서는 晉陽에 머무는 것이 좋을 것입니다."

조양자는 "그렇다." 말하면서 延陵王(연릉왕)에게 車騎(거기: 수레와 기마병)를 거느리고 먼저 가게 한 다음에 뒤를 따라 갔다. (晉陽城에) 도착해서는 城郭(성곽)과 府庫(부고, 창고)를 둘러보고, 군량 창고(倉廩, 창름)도 시찰한 뒤 장맹담을 불러 말했다.

"우리 성곽은 완전하고 창고는 물자가 충분하며 군량은 충실하나 화살이 없으니 어찌해야 하는가?"

張孟談이 말했다.

"臣이 알기로는, 董安于(동안우)가 晉陽을 다스리면서 관서나 건물의 담장 모두에 여러 가지 갈대나 쑥대, 가시나무 등으로 둘러쳤고,[1602] 그 여러 갈대의 길이도 한 길이 넘는다 하였으니 그것을 뽑아 사용하면 될 것입니다."

그런 것을 뽑아 시험해 보니 견고하기가 억센 箘簵(균로, 대나무의 한 종류)도 이보다 더 낫지 않았다. 이에 조양자는 "아주 좋다. 그런데 (살촉을 만들) 구리가 부족하니 어떻게 해야 하는가?"

장맹담이 대답하였다.

"제가 알기로, 동안우가 진양성을 다스리면서 여러 건물의 방에 제련한 구리로 기둥을 만들었다고 하였으니 그것을 뽑아다 쓰면 구리도 여유가 있을 것입니다."

원한다.

1602 원문 狄蒿苫楚廧之 - 狄은 荻. 물억새 적, 그 줄기가 단단하고 길다. 蒿는 쑥 호. 苫은 이엉 점. 楚는 가시나무. 廧은 담 장. 담을 만들다. 牆(담장)과 同.

조양자는 "좋다."고 말했으며, 영을 내려 준비하니 방어 시설을 다 갖추었다.

{原文} 三國之兵乘晉陽城, 遂戰. 三月不能拔, 因舒軍而圍之, 決晉水而灌之. 圍晉陽三年, 城中巢居而處, 懸釜而炊, 財食將盡, 士卒病羸. 襄子謂張孟談曰,

"糧食匱, 城力盡, 士大夫病, 吾不能守矣. 欲以城下, 何如?"

張孟談曰, "臣聞之, 亡不能存, 危不能安, 則無爲貴知士也. 君釋此計, 勿復言也. 臣請見韓,魏之君."

襄子曰, "諾."

張孟談於是陰見韓,魏之君曰,

"臣聞脣亡則齒寒, 今知伯帥二國之君伐趙, 趙將亡矣, 亡則二君爲之次矣."

二君曰, "我知其然. 夫知伯爲人也, 麤中而少親, 我謀未遂而知, 則其禍必至, 爲之奈何?"

張孟談曰, "謀出二君之口, 入臣之耳, 人莫之知也."

二君卽與張孟談陰約三軍, 與之期曰, 夜, 遣入晉陽. 張孟談以報襄子, 襄子再拜之.

張孟談因朝知伯而出, 遇知過轅門之外. 知過入見知伯曰,

"二主殆將有變."

君曰, "何如?"

對曰, "臣遇張孟談於轅門之外, 其志矜, 其行高."

知伯曰, "不然. 吾與二主約謹矣, 破趙三分其地, 寡人所親之, 必不欺也. 子釋之, 勿出於口."

知過出見二主, 入說知伯曰, "二主色動而意變, 必背君, 不如令殺之."

知伯曰, "兵箸晉陽三年矣, 旦暮當拔之而饗其利, 乃有他心? 不可, 子愼勿復言."

知過曰, "不殺則遂親之."

知伯曰, "親之奈何?"

{국역} 三國(知伯, 韓, 魏)의 군사가 晉陽城(진양성)을 포위하고 마침내 전투가 시작되었다. 3달 동안 진양성을 점거하지 못하자, 군사를 쉬게 하면서 포위한 채 晉水를 터서 성안으로 흐르게 했다. 진양성이 포위된 3년 동안, 성안에서는 나무 위에 둥지를 짓고 살았으며 솥을 매달아 취사하였는데, 여러 물자와 식량이 바닥나고 사졸도 모두 병들고 야위었다. 조양자가 장맹담에게 말했다.

"양식이 떨어지고 물자와 힘도 다 되었으며, 사대부는 병이 들었고 나도 이제 방어할 수도 없으니 성을 나가 항복하려는데 어떻겠는가?"

장맹담이 말했다.

"臣이 알기로, 망할 것을 살리지 못하고(亡不能存), 위기를 안전하게 할 수 없다면(危不能安), 고귀한 志士라는 말을 들을 수 없다고 하였습니다. 주군께서는 그런 계책을 절대로 다시 말하지 마십시오. 제가 韓과 魏의 군주를 만나보겠습니다."

襄子는 "좋다."고 하였다.

장맹담은 이에 몰래 韓과 魏의 군주를 만나 말했다.

"臣이 알기로, 입술이 없으면 치아가 춥다고(시리다)(脣亡齒寒) 하였습니다. 지금 지백이 두 나라의 군사를 거느리고 趙를 정벌하지만, 趙가 망한다면 다음은 두 주군이 당할 차례입니다."

二君이 말했다.

"우리도 그것을 알고 있습니다. 그러나 지백의 사람 됨됨이가 거칠고 가까이 할 수 없으니, 우리의 책모를 쓰기도 전에 알려지면 그 화가 바로 닥칠 것이니 어떻게 하면 좋겠습니까?"

張孟談이 말했다.

"책모는 二君의 입에서 바로 내 귀에 들어왔으니, 다른 사람은 모를 것입니다."

二君은 장맹담과 비밀리에 三軍이 협조키로 약속했고, 결정한 날 밤에 진양 성안으로 군사를 보내기로 약속하였다. 장맹담이 조양자에게 보고하자, 조양자는 장맹담에게 再拜하였다.

장맹담이 두 사람을 만나고 나오다가 知過(지과, 知果. 人名)를 軍營門〔영문, 轅門(원문)〕 밖에서 만났었다. 이에 知過(지과)가 들어가 지백을 만나 말했다.

"二主(韓·魏)가 아마 변심할 것 같습니다."

지백이 "왜 그런가?"라고 물었다.

"臣이 軍 영문 밖에서 장맹담을 우연히 만났는데, 의기양양한 듯 그 행동이 당당했습니다."

"그럴 리 없다. 나와 二主는 틀림없이 약속했고, 破趙(조나라를 격파하다)하여 그 땅을 三分하기로 했으며, 과인이 그들을 가까이 하는 만큼 절대로 나를 속이지 않을 것이요. 그대는 안심하고 다시 입 밖에 내지 마시오."

知過는 물러나와 (韓, 魏) 二主를 만난 뒤 다시 들어가 지백에게 말했다.

"二主의 안색이 불안하고 마음이 변한 것 같으니 틀림없이 주군을 배신할 것입니다. 차라리 죽여버리는 것이 낫습니다."

"우리 군사가 진양에 싸우기 3년이니 곧 아침이나 저녁에 함락하고 그 승리를 맛볼 것인데 딴마음을 갖겠는가? 그럴 수 없을 것이니 그대는 절대로 다시 말하지 말라."

"죽이지 않겠다면 차라리 더 가까이 대하십시오."

"어떻게 가깝게 하는가?"

{原文} 知過曰, "魏宣子之謀臣曰趙葭, 康子之謀臣曰段規, 是皆能移其君之計. 君其與二君約, 破趙則封二子者各萬家之縣一, 如是則二主之心可不變, 而君得其所欲矣."

知伯曰, "破趙而三分其地, 又封二子者各萬家之縣一, 則吾所得者少, 不可."

知過見君之不用也, 言之不聽, 出, 更其姓爲輔氏, 遂去不見.

張孟談聞之, 入見襄子曰,

"臣遇知過於轅門之外, 其視有疑臣之心, 入見知伯, 出更其姓. 今暮不擊, 必後之矣."

襄子曰, "諾." 使張孟談見韓,魏之君曰,

"夜期殺守堤之吏, 而決水灌知伯軍."

知伯軍救水而亂, 韓, 魏翼而擊之, 襄子將卒犯其前, 大敗知伯軍而禽知伯. 知伯身死, 國亡地分, 爲天下笑, 此貪欲無厭也. 夫不聽知過, 亦所以亡也. 知氏盡滅, 唯輔氏存焉.

{국역} 知過가 말했다.

"魏宣子(위선자)의 謀臣은 趙葭(조가)이고, 韓康子(조강자)의 모신은 段規(단규)인데, 모두가 그들 주군의 책모를 바꾸게 할 수 있습니다. 주군께서 그 二君과 약속했지만 趙를 격파하면 그 두 사람에게도 각각 1만 호의 縣에 봉하겠다고 하면 二主의 마음은 변하지 않을 것이고, 그래야만 주군께서는 원하는 것을 얻을 수 있습니다."

그러자 知伯이 말했다.

"破趙하더라도 그 땅을 三分하는데, 다시 謀士 두 사람에게 각각 1만 호의 縣을 하나씩 나눠줘야 한다면, 내가 얻을 수 있는 것이 적어지는데 그럴 수 없다."

지과는 지백이 받아들이지도 않고 말하더라도 따르지 않을 것을 알고, 지백을 떠나 姓을 輔氏(보씨)로 바꾸고 아예 나타나지 않았다.

장맹담은 이를 전해 듣고 들어가 조양자에게 말했다.

"臣이 우연히 지과를 轅門(원문) 밖에서 만났을 때, 나를 의심하는 시선이었고, 지금 姓을 바꾸고 떠났습니다. 오늘 밤에 공격하지 않는다면 틀림없이 늦을 것입니다."

襄子는 "좋다." 고 승낙하면서 장맹담을 보내 韓과 魏의 君主에게 말했다.

"한밤에 제방을 지키는 軍吏를 죽이고 물을 터서 知伯의 군영으로 보냅시다."

知伯의 군영에서는 흘러드는 물을 막느라고 혼란에 빠졌고, 韓과 魏는 양옆에서 공격하였고, 조양자는 그 전면을 공격하여 지백의 군사를 대파하였으며, 지백을 사로잡았다.

知伯은 죽었고 그 나라도 망했으며 그 땅도 분할되어 천하의 웃음거리가 되었는데, 이는 그 탐욕이 만족할 줄을 몰랐기 때문이었다. 知過의 말을 따르지 않아 망했으며 知氏는 모두 없어졌지만, 輔氏(보씨)는 살아남았다.[1603]

224/ 張孟談旣固趙宗

{原文} 張孟談旣固趙宗, 廣封疆, 發五百, 乃稱簡之塗以告襄子曰,

"昔者, 前國地君之御有之曰, '五百之所以致天下者, 約

1603 利에 집착하면 智가 혼미해진다. 韓과 魏의 모사에게 1만 호의 땅을 떼어주기가 그렇게 아까웠는가? 작은 것을 아끼려다가 모두를 한꺼번에 다 잃었다. 그러니 뒷날 孟子가 梁(위) 惠王에게 "何必曰利?" 라고 물었다.

主勢能制臣, 無令臣能制主. 故貴爲列侯者, 不令在相位, 自將軍以上, 不爲近大夫.' 今臣之名顯而身尊, 權重而衆服, 臣願捐功名去權勢以離衆."

襄子恨然曰, "何哉? 吾聞輔主者名顯, 功大者身尊, 任國者權重, 信忠在己而衆服焉. 此先聖之所以集國家, 安社稷乎! 子何爲然?"

張孟談對曰, "君之所言, 成功之美也. 臣之所謂, 持國之道也. 臣觀成事, 聞往古, 天下之美同, 臣主之權均之能美, 未之有也. 前事之不忘, 後事之師. 君若弗圖, 則臣力不足."

愴然有決色. 襄子去之. 臥三日, 使人謂之曰, "晉陽之政, 臣下不使者何如?"

對曰, "死僇."

張孟談은 趙 종실의 기반을 다졌으며,

{국역} 張孟談(장맹담)은 이미 趙 宗室의 기반을 공고히 다졌으며,[1604] 나라의 영역을 넓혔고, 五霸(五伯=五百)의 실질을 갖추게 하였고[1605]

1604 원문 張孟談旣固趙宗 - 趙의 宗室에서 본다면 張孟談은 큰 공을 세웠다. 본 章의 문장은 당시의 실정이나 사실에 부합되지 않고 文理가 잘 통하지 않아 意譯해야 한다는 주석이 있다. 趙襄子의 謀臣 張孟談(장맹담)은 사태 파악과 劃策(획책)에 뛰어나 轉危爲安하였다. 才智가 뛰어난 사람이었다.

1605 發五百 - '禽知伯' 이면 문장이 순조로운데, 發은 '發現하다' 로 五百을

(先代) 趙簡子의 治績을 칭송케 한 뒤, 襄子에게 말했다.

"앞서 先代 簡公(趙簡子)께서 말씀하신 적이 있습니다. '五伯(오패)가 천하를 제압할 수 있었던 것은 맹약의 주체로 신하를 통제하되, 신하가 주군을 견제하지 못하게 했기 때문이다. 그래서 列侯의 고귀한 자리에 오른 자는 相의 자리에 있지 못하게 하고, 將軍 이상의 지위에 오른 자는 大夫의 직책을 주지 않는다.' 고 하였습니다. 지금 臣의 명성은 높이 알려졌고 일신은 존중받으며, 권력을 막중하고 모두가 복종하고 있지만, 지금 臣은 功名을 버리고 權勢를 제거하여 여러 동료로부터 떠나고자 합니다."

이에 조양자는 한탄하며 말했다.

"무슨 말인가? 내가 알기로 主君을 보좌하는 자, 그 명성이 높고 大功을 수립한 자는 그 신분이 존귀하며, 국정을 맡은 자는 권력이 重하고, 信義와 충절을 실천하는 자에게 衆人이 복종한다고 하였소. 이는 先聖이 나라를 다스리고 사직을 안정케 한 방책이었거늘, 지금 그대는 왜 떠난다는 말을 하는가?"

이에 장맹담이 대답하였다.

"主君의 말씀은 성공한 사람의 미덕을 말씀하신 것이나 臣의 말씀 드린 것은 治國의 道입니다. 臣이 지난 일을 둘러보고, 과거의 사적을 살펴볼 때 天下의 훌륭한 치적은 다 같지만, 신하와 주군 권한이 균형을 이루어 훌륭한 성과를 거둔 적은 없었습니다. 前事(앞에 있었던 일)를 不忘(불망: 잊지 않는다)하는 것이 後事(뒤에 올 일)의 스승이 됩니다. 주군께서 圖謀(도모)하지 않는다면 臣下의 능력만으로

'五伯' 으로 보아 억지로 五霸의 치적을 發現하다로 해석할 수밖에없다.

성취할 수는 없는 것입니다."

(장맹담은) 슬픈 듯 決然(결연: 굳게 결심하다)한 안색이었다. 조양자는 장맹담을 보내야만 했다. (조양자는) 3일을 칩거하다가 사람을 보내 장맹담에게 말했다.

"晉陽(진양)을 방어할 때 臣下로서 쓸모가 없던 자들을 어찌하면 좋겠는가?"

"죽여 버리십시오!"(死僇. 僇은 죽일 륙, 戮과 同).

{原文} 張孟談曰, "左司馬見使於國家, 安社稷, 不避其死, 以成其忠, 君其行之."

君曰, "子從事." 乃許之.

張孟談便厚以便名, 納地釋事以去權尊, 而耕於負親之丘. 故曰, 賢人之行, 明主之政也. 耕三年, 韓, 魏, 齊, 燕負親以謀趙, 襄子往見張孟談而告之曰,

"昔者知氏之地, 趙氏分則多十城, 復來, 而今諸侯孰謀我, 爲之奈何?"

張孟談曰, "君其負劍而御臣以之國, 舍臣於廟, 授吏大夫, 臣試計之."

君曰, "諾."

張孟談乃行, 其妻之楚, 長子之韓, 次子之魏, 少子之齊. 四國疑而謀敗.

{국역} 그리고 이어 장맹담이 말했다.

"左司馬(좌사마, 職名)는 나라에서 쓸모가 있고 사직을 편안케 하고, 죽음도 사양하지 않고 충성을 바칠 사람이니 주군께서 등용하시기 바랍니다."[1606]

조양자는 "그대 하고 싶은 대로 하시오."라며 허용하였다.

장맹담은 重한 직책의 안락을 명분의 안락으로 바꾸며[1607] 封地를 반납하고 국사에서 벗어났으며 권력과 존귀한 지위를 떠나 負親(부친)이란 산언덕에서[1608] 농사를 지었다. 그래서 이런 경우를 賢人이 취할 행실이며 明主의 政事라고 말할 수 있다.

(장맹담이) 농사지으며 살기 3년에 韓, 魏, 齊, 燕(楚)가 親交를 버리자 趙襄子는 張孟談을 직접 찾아와 이를 알리고 물었다.

"昔者(지난 날)에 知氏의 땅 중에서 우리 趙의 몫은 겨우 열 몇 개의 성이었는데, 지금 제후들이 다시 趙나라를 상대로 일을 꾸미는데 어찌하면 좋겠는가?"

이에 장맹담이 말했다.

"主君께서는 칼을 차고 저를 데리고 도성으로 돌아가 저를 묘당에 데려다 놓고, 저에게 대부의 직분을 내리십시오. 臣이 방책을 마련하겠습니다."

조양자는 "좋소."라 하였다. 張孟談은 조정에 들어가면서 그 아

1606 원문 君其行之 - 其는 ~하기 바란다는(期) 뜻으로도 쓰인다. 行은 用也, 등용하다. '君其任之'.

1607 원문 便厚以便名 - 便은 安. 厚는 重也. 편안하다고 여기던 권력을 떠나 일신의 명성을 편안하게 생각한다는 뜻.

1608 負親之丘 - 衍文이거나 전후에 탈루된 구절이 있을 것이라는 주석이 있다.

내는 楚로 보내고 장남은 韓에, 차남은 魏에, 막내아들은 齊에 보냈다. 四國에서는 이를 의심하였고 결국 (趙에 대한) 서로 간의 책모는 실패했다.[1609]

225/ 晉畢陽之孫豫讓

{原文} 晉畢陽之孫豫讓, 始事范中行氏而不說, 去而就知伯, 知伯寵之. 及三晉分知氏, 趙襄子最怨知伯, 而將其頭以爲飮器. 豫讓遁逃山中, 曰,

"嗟乎! 士爲知己者死, 女爲悅己者容. 吾其報知氏之讎矣."

乃變姓名, 爲刑人, 入宮塗厠, 欲以刺襄子. 襄子如厠, 心動, 執問塗者, 則豫讓也. 刃其扞,

曰, "欲爲知伯報讎!"

左右欲殺之. 趙襄子曰, "彼義士也, 吾謹避之耳. 且知伯已死, 無後, 而其臣至爲報讎, 此天下之賢人也."

卒釋之. 豫讓又漆身爲厲, 滅鬚去眉, 自刑以變其容, 爲

1609 원문 疑而謀敗 - 내용이 부실한 구절이다. 아내와 자식을 4개국에 나누어 보낸 것이 무슨 의미이고, 그것 때문에 4개국이 무엇을 의심하며, 무슨 책모가 실패했는가? 나라의 일이 다른 나라 謀臣의 막내아들이 들어왔다 하여 그만두는 그런 일인가?

乞人而往乞, 其妻不識,

曰, "狀貌不似吾夫, 其音何類吾夫之甚也."

又呑炭爲啞, 變其音. 其友謂之曰,

"子之道甚難而無功, 謂子有志則然矣, 謂子智則否. 以子之才, 而善事襄子, 襄子必近幸子. 子之得近而行所欲, 此甚易而功必成."

豫讓乃笑而應之曰, "是爲先知報後知, 爲故君賊新君, 大亂君臣之義者無此矣. 凡吾所謂爲此者, 以明君臣之義, 非從易也. 且夫委質而事人, 而求弑之, 是懷二心以事君也. 吾所爲難, 亦將以愧天下後世人臣懷二心者."

晉(진) 畢陽(필양)의 후손인 豫讓(예양)

{국역} 晉나라 畢陽(필양)의 후손인 豫讓(예양)은[1610] 처음에 范氏(범

1610 晉畢陽之孫豫讓 - 畢萬(필만)의 후예인 晉나라 畢陽(필양). 필양 역시 義士로 알려졌다. 필양의 후손인 豫讓(예양, ? - 前 453년?)은 晉國 中軍將 知伯(智伯)의 家臣. 본 章은 周 貞定王 15년(前 453년), 晉은 出公 22년의 사건이었다. 곧 韓, 魏, 趙 三家가 지백을 멸망시킨 해이다. 本章의 주제는 '士爲知己者死(士는 知己者를 위해 목숨을 바친다).' 이다. '豫讓의 죽음을 전해들은 당시 趙國志士들이 눈물을 흘렸다' 는 기록으로 당시의 기풍을 짐작할 수 있다. 당시의 유명 자객이라 하지만, 의리를 지켜 행동했을 뿐, 실제 남을 죽이지는 못했다. 《史記》 5 刺客(자객)은 曹沫(조말), 專諸(전저), 豫讓(예양), 聶政(섭정), 荊軻(형가)를 말한다. 이들 면면을 본다면, 자객의 기본은 義理이다. -《史記 刺客列傳》 참고.

씨)와 中行氏(중행씨)를 섬겼으나 인정받지 못했기에[1611] 그들을 떠나 知伯(지백)을 찾아갔고, 知伯은 예양을 신임하였다. 그러나 지씨는 진양 싸움에서 패해 三晉(韓, 魏, 趙)이 知氏의 땅을 나눠가질 때, 趙襄子〔名은 趙無恤(조무휼), 재위 前 475 - 443〕는 知伯을 가장 증오하면서 (지백의) 두개골을 (옻칠 하여) 飮器(음기)로 사용하였다.[1612]

豫讓은 山中으로 도망하여 숨었다가 말했다.

"嗟乎(차호!)라![1613] '士(선비)는 知己者(자기를 알아주는 자)를 위하여 죽고, 女는 자신을 기뻐하는 자를 위해 얼굴을 꾸민다.' 고 하였다.[1614] 나는 知氏의 원수〔讎(원수 수), 갚다〕를 갚아야 한다(報)."

곧 姓名을 바꾸고 刑人(형을 받은 사람)처럼 꾸미고서, (조양자의) 집에 들어가 厠間(측간, 廁과 同, 화장실)을 청소하면서(塗) 趙襄子를 찌르려고 기다렸다. 조양자가 뒷간에 갈 때, 가슴이 두근거려[1615] 청소하는 자를 잡아 물어보니, 바로 豫讓(예양)이었다. (예양은) 그 흙손을 날카롭게 만들었고,[1616] "知伯을 위해 원수를 갚으려 했다!"

1611 始事范中行氏而不說 - '不說' 은《史記 刺客列傳》에 '無所知名(이름이 알려지지 않았다)' 로 기록되었다.

1612 원문 而將其頭以爲飮器 - 飮器는 酒器. 술 담는 桶(통). 虎子(호자, 小便器)라는 기록도 있다.

1613 嗟乎(차호) - 아! 슬프다! 嗟는 탄식할 차. 발어사.

1614 원문 爲悅己者容 - 爲는 위하여, 때문에. 悅己者는 己(女人)를 기뻐하는 사람. 나를 사랑하는 사람. 容은 얼굴 용. 얼굴을 꾸미다(修其容色)라는 동사로 쓰였다.

1615 원문 襄子如厠, 心動 - 如는 길을 가다(往也). 이르다(至也).

1616 원문 刃其扞 - 刃은 칼날 인. '칼날처럼 날카롭게 하다.' 라는 동사로 쓰였다. 扞은 손으로 막을 한. 銲(어깨 갑옷 한)과 같다는 주석이 있다. 塗

고 말하자, 좌우에서 죽이려 했다. 이에 조양자가 말했다.

"그 사람은 義士이고 내가 조심하여 피하면 된다. 그리고 지백은 이미 죽었고 그 후손도 없는데, 그 가신이 원수를 갚아주려 한다니, 이는 천하의 賢人이다."

그러면서 예양을 풀어주었다. 豫讓은 다시 몸에 옻칠을 하여 문둥이처럼 꾸미고,[1617] 수염과 눈썹도 없앴고, 얼굴을 자해하여 모습을 바꾸고 걸인이 되어 구걸을 하였는데,[1618] 예양의 처도 알아보지 못하고 "모습은 내 남편과 다르지만 그 목소리는 내 남편과 아주 똑같다."고 하였다.

그러자 예양은 불타는 숯을 삼켜 벙어리가 되어 목소리를 바꿨다.[1619] 그 벗이 예양에게 말했다.

"자네의 복수 방법은 고생만 많고 성공하지 못할 것이네. 그대 뜻이야 그러할 수 있지만, 그대 지혜로 그런 방법은 좋지 않네.[1620] 그

를 '진흙 칠을 할 도'로 풀이하고 미장이의 도구인 흙손으로 해석한 譯本이 있다. 화장실에 흙은 바르는 작업을 매일 하는 것도 아니고, 화장실 청소를 맡아 하는 척, 어떤 도구를 날카롭게 만들어 숨기고 있었을 것이다.

1617 원문 漆身爲厲 - 厲는 갈 려. 괴롭다. 심하다. 癘와 同. 여기서는 癩. 옴 나(라). 문둥병. 惡瘡(악창). 厲와 癩가 音이 비슷하여 假借(가차)했다.

1618 원문 爲乞人而往 - 行乞於市(시장에서 걸인 행색을 하다)의 뜻.

1619 원문 又吞炭爲啞, 變其音 - 吞은 삼킬 탄. 炭은 숯 탄. 炭은 불타는 숯. 啞는 벙어리 아. 검은 숯을 삼킨다고 벙어리가 되지는 않을 것이다.

1620 원문 謂子智則否 - 子는 그대. 너. 그대의 학문이나 事理로 그런 방법은 옳지 않다. 더 쉬운 방법이 있을 터인데, 자신의 몸을 학대하며 뜻을 이루려 할 필요가 없다.

대의 재주로 조양자를 잘 섬긴다면, 조양자가 틀림없이 믿고 총애할 것이니, 그대가 쉽게 접근할 수 있어 바라는 바를 이룰 수 있으며, 아주 쉽게 틀림없이 성공할 수 있을 것이다."

이에 豫讓은 웃으며 대답하였다.

"그것은 먼저 복수해야 한다는 사실을 알지만 실천은 뒤로 미루는 것이니, 마치 옛 주군을 섬기려 새로 섬기는 주군을 죽이는 것이라서, 이는 君臣之義를 크게 어지럽히는 일이다.[1621] 내가 이렇게 (苦行을) 자초하는 것은 君臣之義를 분명히 하려는 뜻이지 쉬운 방법을 따르려는 것이 아니다. 자신을 맡기고(뜻을 굽혀) 남을 섬기면서 자신의 뜻을 이루려 죽인다면, 이는 (처음부터) 두 마음을 품고 주군을 섬긴 것이다. 내가 어렵게 복수를 하려는 뜻은, 뒷날 남의 신하된 자가 두 마음을 품은 것을 부끄럽게 하려는 뜻이다."

{原文} 居頃之, 襄子當出, 豫讓伏所當過橋下. 襄子至橋而馬驚.

襄子曰, "此必豫讓也."

使人問之, 果豫讓. 於是趙襄子面數豫讓曰,

"子不嘗事范中行氏乎? 知伯滅范中行氏, 而子不爲報讎, 反委質事知伯. 知伯已死, 子獨何爲報讎之深也?"

1621 원문 大亂君臣之義者無此矣 – 無 다음에 缺文이 있을 것이라는 주석이 있다. 복수의 뜻을 숨기고 복수할 대상을 섬긴다면 그 자체가 거짓이다. 거짓으로 우선 섬긴 다음에 복수한다? – 이는 義롭지 않다는 뜻이다.

豫讓曰, “臣事范中行氏, 范中行氏以衆人遇臣, 臣故衆人報之. 知伯以國士遇臣, 臣故國士報之.”

襄子乃喟然歎泣曰,

“嗟乎, 豫子! 豫子之爲知伯, 名旣成矣, 寡人舍子, 亦以足矣. 子自爲計, 寡人不舍子.”

使兵環之. 豫讓曰,

“臣聞明主不掩人之義, 忠臣不愛死以成名. 君前已寬舍臣, 天下莫不稱君之賢. 今日之事, 臣故伏誅, 然願請君之衣而擊之, 雖死不恨. 非所望也, 敢布腹心.”

於是襄子義之, 乃使使者持衣與豫讓. 豫讓拔劍三躍, 呼天擊之曰,

“而可以報知伯矣.”

遂伏劍而死. 死之日, 趙國之士聞之, 皆爲涕泣.

{국역} 얼마 후, 襄子가 외출할 때, 豫讓(예양)은 (양자가) 지나가야 할 다리(橋) 아래에 엎드려 기다렸다. 襄子가 다리에 이르자 말이 놀랐다. 襄子가 말했다.

“이는 틀림없이 예양일 것이다.” 사람을 시켜 찾아보니 과연 예양이었다. 이에 조양자가 예양을 면전에 두고 죄를 따져 물었다(數).

“너는 그전에 范氏(범씨)와 中行氏(중행씨)를 섬기지 않았느냐? 知伯이 범씨와 중행씨를 없앨 때 너는 복수를 하지 않고 오히려 몸을 맡겨 지백을 섬겼다. 지백은 이미 죽었는데, 너는 어찌 이리 심하게 원수를 갚으려 하는가?”

예양이 말했다.

"이 몸이 范氏와 中行氏를 섬길 때 그들은 보통 사람으로 나를 대우했기에 나 역시 보통 사람처럼 그를 섬겼습니다. 지백은 나를 國士로 대우했기에 나는 國士로서 그를 위해 복수하려는 것입니다."[1622]

조양자는 한숨을 쉬며 탄식하며 말했다.

"아! 예양이여! 그대가 지백을 위한 명분은 이미 다 이뤄주었소. 내가 그대를 한 번 풀어주었으니, 그 또한 명분을 갖춘 것이요. 그대가 생각하겠지만 과인도 그대를 풀어줄 수는 없소."

그러면서 군사가 그를 데려가게 하였다. 이에 예양이 말했다.

"내가 알기로, 明主라면 다른 사람의 의리를 무시하지 않고, 충신은 죽기를 마다하지 않기에 이름을 남긴다고 하였습니다. 당신이 앞서 나를 풀어주는 관용을 베풀었기에 천하 사람 누구나 당신을 賢人이라고 알고 있습니다. 오늘의 이 일로 나는 죽어야 하지만, 그러나 당신의 옷을 나에게 내주어 내가 찌를 수 있게 해준다면, 나는 죽어도 여한이 없을 것입니다. 감히 바랄 수 없는 일이지만 내 속마음을 말씀드렸습니다."

그러자 조양자는 이를 의롭다 생각하여 사람을 시켜 옷을 가져다가 예양에게 주라고 시켰다. 예양은 칼을 뽑아들고 3걸음을 뛰어가 하늘을 보고 소리친 다음에 옷을 칼로 찌르고 다음과 같이 말했다.

"이제 知伯에게 보답하였도다."

1622 知伯以國士遇臣, 臣故國士報之. - 國士는 그 명성이 나라에 알려진 사람. 나라에서 가장 뛰어난 인물. 蕭何(소하)는 韓信(한신)을 '國士無雙'이라고 칭찬하였다.

그리고는 칼 위에 엎어져 죽었다. 그가 죽은 날에 趙國의 士人들은 이를 알고서 모두가 눈물을 흘렸다.

226/ 魏文侯借道於趙攻中山

{原文} 魏文侯借道於趙攻中山. 趙侯將不許.

趙利曰, "過矣. 魏攻中山而不能取, 則魏必罷, 罷則趙重. 魏拔中山, 必不能越趙而有中山矣. 是用兵者, 魏也. 而得地者, 趙也. 君不如許之, 許之大勸, 彼將知矣利之也, 必輟. 君不如借之道, 而示之不得已."

魏文侯가 趙에게 假道하여 中山國을 공격하려 했다.

{국역} 魏 文侯(문후)가 趙에 借道(차도, 假道 : 길을 빌리다)하여 中山國을 공격하려 했다.[1623] 趙侯(烈侯, 재위 406 – 400년)가 불허했다.

1623 원문 魏文侯借道於趙攻中山 – 魏 文侯(재위 前 445 – 396년), 姬姓, 魏氏, 名斯. 魏 桓子를 계승. 周 威烈王 2年(前 424)에 稱侯하면 改元했다가 威烈王 23년(前 403)에 韓, 趙와 함께 周 威烈王의 책봉을 받아 정식 제후가 되었다. 이를 '三家分晉' 이라 한다. 周 安王 6년(前 396)에 죽었다. 본 章은 前 408년에 趙에 借道(차도: 길을 빌리다)하여 中山國을 정벌할 때의 일이다.

이에 趙利(조리)가 말했다.

"잘못입니다. 魏가 중산국을 공격하더라도 이기지 못하면, 魏는 틀림없이 피폐할 것이며 우리 趙의 지위는 더 중대해질 것입니다. 위가 중산국을 점령하더라도 趙를 지나다니면서 중산국 땅을 소유할 수 없습니다. 즉 用兵은 魏에서 하지만 땅을 차지하는 것은 趙입니다. 주군께서 허락하시는 것이 좋으나, 크게 권장하여 저쪽에서 우리가 이득을 차지한다는 사실을 알게 되면 틀림없이 그만둘 것입니다. 그러니 길을 내주는 것이 부득이한 일인 것처럼 꾸며야 합니다."

227/ 秦韓圍梁,

{原文} 秦, 韓圍梁, 燕, 趙救之. 謂山陽君曰,

"秦戰而勝三國, 秦必過周, 韓而有梁. 三國而勝秦, 三國之力, 雖不足以攻秦, 足以拔鄭. 計者不如構三國攻秦."

秦이 梁(魏)을 포위하자,

{국역} 秦이 梁(魏)을 포위하자[1624] 燕과 趙에서 魏를 구원하였

1624 원문 秦, 韓圍梁, 燕, 趙救之. - 韓은 쓸데없이 들어간 글자라는 주석에 따른다.

다.[1625] 어떤 사람이 (韓臣) 山陽君(산양군)에게 말했다.

"秦이 싸워 三國(魏, 燕, 趙)을 이기면 秦은 틀림없이 周와 韓을 통과하여 梁(魏)을 차지할 것입니다. 三國이 秦을 이긴다 하여도, 三國의 국력으로 秦을 공격하기에는 부족하지만 (韓地인) 鄭(정)을 점령하기에는 충분할 것입니다. 그러니 韓을 위해서라면 三國이 동맹하여 秦을 공격하는 것만 못할 것입니다."

228/ 腹擊爲室而鉅

{原文} 腹擊爲室而鉅, 荊敢言之主. 謂腹子曰,

"何故爲室之鉅也?"

腹擊曰, "臣羈旅也, 爵高而祿輕, 宮室小而帑不衆. 主雖信臣, 百姓皆曰, '國有大事, 擊必不爲用.' 今擊之鉅宮, 將以取信於百姓也."

主君曰, "善."

腹擊(복격)이 집을 크게 짓다.

{국역} 腹擊(복격)이 집을 크게 지으려 하자,[1626] 荊敢(형감)이란 사

1625 燕, 趙救之 -《史記 秦本紀》에 의하면, 이는 秦 昭王(前 283년), 趙 惠文王 16年의 사건이다.

람이 주군에게 말했다. 주군이 복격을 불러 물었다.

"무엇 때문에 집을 크게 지으려 하는가?"

복격이 말했다.

"臣은 외국서 온 나그네〔羈旅(기여)〕로 官爵(관작)은 높으나 봉록은 많지 않은데, 거주 가옥마저 작고 자식도 많지 않습니다.[1627] 主君께서 臣을 신임하더라도 백성은 모두 '나라에 大事가 있다면 복격은 충성을 다하지 않을 것이다.' 라고 말할 것이라서 저는 집이라도 커야 백성이 저를 믿을 수 있을 것입니다."

그러자 主君이 말했다. "옳은 말이다."

229/ 蘇秦說李兌

{原文} 蘇秦說李兌曰,

"雒陽乘軒里蘇秦, 家貧親老, 無罷車駑馬, 桑輪蓬篋羸幐, 負書擔橐, 觸塵埃, 蒙霜露, 越漳, 河, 足重繭, 日百而舍, 造外闕, 願見於前, 口道天下之事."

1626 원문 腹擊爲室而鉅 – 본 章의 연대 추정 불능. 腹擊(복격)은 人名. 타국인으로 趙에 출사했다는 주석이 있다. 爲室은 집을 짓다. 鉅는 클 거. 巨와 通. 귀한 사람. 거만할 거. 어찌. 갑자기.

1627 원문 宮室小而帑不衆 – 宮室은 집. 거주 가옥. 帑는 처자 노. 금고의 재물 탕. 여기서 帑(노)는 孥(자식 노)와 通. 자손. 不衆은 많지 않다.

李兌曰, "先生以鬼之言見我則可, 若以人之事, 兌盡知之矣."

蘇秦對曰, "臣固以鬼之言見君, 非以人之言也."

李兌見之. 蘇秦曰,

"今日臣之來也暮, 後郭門, 藉席無所得, 寄宿人田中, 傍有大叢. 夜半, 土梗與木梗鬪曰, '汝不如我, 我者乃土也. 使我逢疾風淋雨, 壞沮, 乃復歸土. 今汝非木之根, 則木之枝耳. 汝逢疾風淋雨, 漂入漳, 河, 東流至海, 氾濫無所止.' 臣竊以爲土梗勝也. 今君殺主父而族之, 君之立於天下, 危於累卵. 君聽臣計則生, 不聽臣計則死."

蘇秦이 李兌(이태)에게 유세하다.

{국역} 蘇秦(소진)이 李兌(이태)를 설득하려 말했다.[1628]

"雒陽(낙양) 乘軒里(승헌리) 출신인 蘇秦(소진)입니다만, 家貧(집은 가난하다)하고 양친은 연노하며, 낡은 수레나 노둔한 말, 뽕나무 수레바퀴, 쑥대로 만든 옷상자, 여분 향주머니도 없으며,[1629] 서책을

1628 원문 蘇秦說李兌曰 - 본 章은 〈齊策 三권 蘇秦諫孟嘗君入秦〉과 유사하고, 《史記 商君列傳》과 겹치는 부분이 있어 책사들이 擬托(의탁)한 문장으로 알려졌다.

1629 원문 桑輪蓬篋羸縢 - 桑輪(상륜)은 뽕나무로 만든 수레바퀴. 蓬篋(봉협)은 쑥대로 만든 옷상자. 羸縢(이등)은 낡은 향주머니. 羸는 여윌 리. 贏(이가 남을 여. 여분)로 된 곳도 있다. 縢은 향주머니 등.

메고 전대를 짊어진 채, 먼지를 뒤집어쓰고 서리와 이슬을 맞으며, 漳水(장수)와 河水를 건너오는 동안, 발바닥에 누에고치 같은 굳은 살이 박이도록, 하루에 일백 리 길을 걸은 뒤에야 숙소에 들 수 있었고, 겨우 바깥 사랑채에 도착하여 한 번 뵙고 천하에 관한 말씀을 드리고자 이렇게 찾아왔습니다."

(趙의 大臣) 李兌(이태)가 말했다.[1630]

"先生께서 귀신에 관하여 말한다면 내가 듣겠지만, 만약 人事에 관한 이야기라면, 내가 다 알고 있습니다."

蘇秦이 대답하였다.

"臣은 정말 귀신에 관한 것을 말씀드리고 싶을 뿐, 人事에 관한 일이 아닙니다."

이태가 소진을 만났다. 그러자 소진이 말했다.

"臣이 여기에 오던 날, 날이 저물어 성문이 닫힌 뒤에야 도착했고, 잠자리를 찾을 수 없어 남의 밭두둑에 자리를 폈고 곁에는 큰 神木(叢)이 있었습니다.[1631] 한밤이 되자(夜半), 土梗(토경)과 木梗(목경)이 다투며 말했습니다.[1632] '너는 나만 못하나니, 나는 흙으로 만

1630 李兌(이태, 생졸년 미상) - 戰國 시대 趙國 惠文王 시기의 相國. 趙 武靈王(재위 前 325 - 299)은 아들 惠文王(재위 前 298 - 266)에게 양위하고 자칭 主父(주부)라 하였다. 前 295年에 前 武靈王의 長子 安陽君 趙章(조장)과 相 田不禮(전불례)가 沙丘之亂을 일으키자, 李兌(이태)가 진압하였다. 이태는 무령왕의 식사량을 억지로 줄여 1백일 만에 餓死(아사)케 하였다(惠文王 4년).

1631 叢은 모일 총. 神祠(신사)에 심은 神木. 神祠叢樹. 灌木(관목).

1632 土梗, 木梗 - 梗은 대개 경, 가시나무 경. 흙으로 만든 귀신 형상. 나무로 만든 귀신의 형상. 桃梗(도경)은 東海 바다에 度朔(도삭)이라는 산이

들었다. 나는 세찬 비바람을 만나 풀어지더라도 다시 흙으로 돌아간다. 너는 나무의 뿌리도 아니고 나무의 가지로 만들었다. 네가 세찬 바람과 큰 비를 만나면 떠내려가서 漳水(장수)나 河水를 거쳐 동쪽 바다로 떠내려가니, 범람할 때마다 어디서 멈출 지도 모른다.' 고 하였습니다. 臣은 土梗(토경)이 이겼다고 생각하였습니다. 지금 君께서는 主父(주부, 武靈王)를 죽이고[1633] 그 일족도 없앴지만, 주군이 지금 天下에 행세를 하는 것은 마치 알(卵)을 쌓아놓은 듯 위험합니다.(危於累卵) 君께서 臣의 계책을 따라준다면 살 수 있지만 臣의 계책을 따르지 않는다면 죽게 될 것입니다."

{原文} 李兌曰, "先生就舍, 明日復來見兌也."

蘇秦出. 李兌舍人謂李兌曰,

"臣竊觀君與蘇公談也, 其辯過君, 其博過君, 君能聽蘇公之計乎?"

李兌曰, "不能."

舍人曰, "君卽不能, 願君堅塞兩耳, 無聽其談也."

明日復見, 終日談而去. 舍人出送蘇君, 蘇秦謂舍人曰,

"昨日我談粗而君動, 今日精而君不動, 何也?"

舍人曰, "先生之計大而規高, 吾君不能用也. 乃我請君塞

있고, 그 산 위에 있는 큰 복숭아나무의 이름이다.

1633 蘇秦은 前 284년에 죽었고, 趙 武靈王은 前 299년에 양위했고, 前 295년에 굶어죽었다. 소진의 합종을 채용한 사람은 趙 肅侯(재위 前 349 – 326년)였다. 따라서 소진이 趙 武寧王의 죽음을 언급할 수 없다.

兩耳, 無聽談者. 雖然, 先生明日復來, 吾請資先生厚用."

明日來, 抵掌而談. 李兌送蘇秦明月之珠, 和氏之璧, 黑貂之裘, 黃金百鎰. 蘇秦得以爲用, 西入於秦.

{국역} 그러자 이태가 말했다.

"先生은 객사에서 쉬십시오. 明日에 나와 다시 만납시다."

소진은 밖으로 나왔다. 李兌의 舍人이 李兌에게 말했다.

"臣이 삼가 君과 蘇公의 담소를 볼 때, 그 사람의 변론이 君보다 뛰어나고 그 박식도 公보다 나은 것 같은데, 君께서는 소진의 말을 들어줄 수 있겠습니까?"

李兌는 "그 말을 따라갈 수 없다(不能)." 고 말했다.

舍人이 말했다.

"君께서 따라가실 수 없다면, 君께서는 양쪽 귀를 꼭 막고 계시면서 그의 말을 듣지 마십시오."

明日에 다시 만났고 소진은 종일 이야기를 나눈 뒤 헤어졌다. 舍人이 蘇秦을 배웅하자, 소진이 사인에게 말했다.

"어제 내가 대략 설득했어도 감동을 받더니, 오늘은 아주 정밀하게 설득하여도 움직이지 않으니 왜 그렇습니까?"

사인이 말했다.

"先生의 계책은 크고도 그 규모도 높아서 우리 주군이 받아들이지 못합니다. 그래서 내가 주군에게 양쪽 귀를 막고 듣지 말라고 하였습니다. 그렇지만 선생께서 내일 다시 찾아오시면, 나는 선생께 후한 재물을 드리라고 말씀하겠습니다."

明日에 소진은 이태를 찾아와 손뼉을 치면서 이야기를 나누었다.

이태는 蘇秦에게 明月之珠(夜光珠)와 和氏之璧(화씨벽)과 같은 璧玉(벽옥),[1634] 검은담비 가죽의 갖옷과(黑貂之裘, 흑초지구) 黃金 1백 鎰(일)을 주었다. 소진은 이런 재물을 얻어가지고 서쪽으로 秦을 찾아갔다.

趙의 藺相如(인상여, 생졸년 미상)

1634 和氏之璧 – 楚人 卞和(변화)가 楚 文王에게 바친 것. 趙가 楚和氏璧을 차지하자 秦 昭王이 15개 城으로 바꾸자고 제안했었다. 藺相如(인상여)가 完璧歸趙(완벽귀조)했었다. 李兌가 소진에게 준 것은 그 和氏璧과 비슷한 것이라고 생각할 수 있다. 인상여는 完璧歸趙, 澠池之會(민지지회). 負荊請罪(부형청죄) 고사의 주인공.

230/ 趙收天下,

{原文} 趙收天下, 且以伐齊. 蘇秦爲齊上書說趙王曰,

「臣聞古之賢君, 德行非施於海內也, 敎順慈愛, 非布於萬民也, 祭祀時享, 非當於鬼神也. 甘露降, 風雨時至, 農夫登, 年穀豐盈, 衆人喜之, 而賢主惡之. 今足下功力, 非數痛加於秦國, 而怨毒積惡, 非曾深凌於韓也. 臣竊外聞大臣及下吏之議, 皆言主前專據, 以秦爲愛趙而憎韓. 臣竊以事觀之, 秦豈得愛趙而憎韓哉? 欲亡韓呑兩周之地, 故以韓爲餌, 先出聲於天下, 欲鄰國聞而觀之也. 恐其事不成, 故出兵以佯示趙,魏. 恐天下之驚覺, 故微韓以貳之. 恐天下疑己, 故出質以爲信. 聲德於與國, 而實伐空韓. 臣竊觀其圖之也, 議秦以謀計, 必出於是.」

趙가 천하와 결맹하여,

{국역} 趙가 天下와 결맹하여 齊를 정벌하려고 했다.[1635] 蘇秦(소진)은 齊를 위하여 趙王(惠文王)에게 글을 올려 유세하였다.

1635 원문 趙收天下, 且以伐齊 - 收는 合하다. 《史記 趙世家》에 의하면, 「趙惠文王 14년(前 85)에 相國 樂毅(악의)가 趙, 秦, 韓, 魏, 燕의 군사를 거느리고 齊를 공격하였다.」고 하였다. 본 章의 내용은 문자의 착오가 많아 읽을 수 없기에 다른 문헌에 의거 교정한 결과라는 주석이 있다.

「臣이 알기로, 古代의 賢君은 그 德行을 海內에만 베풀지 않았고, 교화하고 순응케 慈愛(자애)를 (자기 나라) 萬民에게만 베풀지 않았으며, 祭祀(제사)나 時享(시향)도 (그 나라의) 鬼神에게만 베풀지 않았습니다. 甘露(감로)가 내리거나 순조로운 風雨에 농작물이 여물고, 그해 농사가 풍년들어 백성들이 기뻐할 지라도[1636] (오히려) 賢主는 마음이 불안하였습니다.[1637] 지금 足下(王)의 정벌(功力)은 (그동안) 秦國에만 많은 고통을 준 것이 아니었으며 (정벌에 따른) 원한과 쌓인 악행은(積惡) 韓에만 큰 고통을 준 것이 아니었습니다. 臣이 밖으로부터 大臣이나 하급 관리한테 들은 바에 의하면, 대왕의 여러 치적은 秦으로 하여금 趙를 좋아하게 하고 韓을 증오하게 만들었습니다. 臣이 事理로 따져볼 때, 秦이 왜 趙를 좋아하고 韓을 증오하게 되었습니까? 韓을 멸망시키고 兩周의 땅을 차지하려고 韓을 미끼로(餌) 삼았던 것입니다. 먼저 천하에 이를 소리쳐 알려서 이웃 나라로 하여금 (秦이 趙를 편들어주는 것을) 바라보게 하였습니다. (秦의 愛趙를 알게 하는 뜻을) 성취하지 못할까 걱정하여 고의로 出兵하여 趙와 魏에게 거짓으로 보여주었습니다. 또 천하가 이런 뜻을 눈치 채고 놀랄까 걱정하여 은밀하게 韓에 대해서는 양면 작전을 폈습니다(故微韓以貳之). 천하가 자신을 의심할까 걱정하여 인질을 보내 믿게 하였습니다. 동맹국에(與國) 德을 베푼다.

1636 원문 農夫登, 年穀豐盈 – 登(등)은 곡식이 여물다. 익다.(穀熟曰登). 年穀(연곡)은 그 해의 수확. 豐盈(풍영)은 풍년들다. 盈은 가득 찰 영.

1637 원문 賢主惡之 – 마음이 불안하다. 별로 애쓰지도 않았는데 자신만이 이런 축복을 받는 것 같아 불안해했다는 뜻. '증오하다' 라는 뜻이 아니다.

소리치면서 실제로는 약체인 韓(空韓)을 정벌하였습니다. 臣이 이런 秦의 의도를 관찰해보니 秦의 모책은 틀림없이 여기서부터 시작되었습니다.」

{原文} 「且夫說士之計, 皆曰韓亡三川, 魏滅晉國, 恃韓未窮, 而禍及於趙. 且物固有勢異而患同者, 又有勢同而患異者. 昔者, 楚人久伐而中山亡. 今燕盡韓之河南, 距沙丘, 而至鉅鹿之界三百里, 距於扞關, 至於榆中千五百里. 秦盡韓, 魏之上黨, 則地與國都邦屬而壤挈者七百里. 秦以三軍强弩坐羊唐之上, 卽地去邯鄲二十里. 且秦以三軍攻王之上黨而危其北, 則句注之西, 非王之有也. 今魯句注禁常山而守, 三百里通於燕之唐, 曲吾, 此代馬胡駒不東, 而崑山之玉不出也. 此三寶者, 又非王之有也. 今從於彊秦國之伐齊, 臣恐其禍出於是矣. 昔者, 五國之王, 嘗合橫而謀伐趙, 參分趙國壤地, 著之盤盂, 屬之讎柞. 五國之兵有日矣, 韓乃西師以禁秦國, 使秦發令素服而聽, 反溫,枳,高平於魏, 反三公, 什清於趙, 以王之明知也. 夫韓事趙宜正爲上交, 今乃以抵罪取伐, 臣恐其後事王者之不敢自必也. 今王收天下, 必以王爲得. 韓危社稷以事王, 天下必重王. 然則韓義王以天下就之, 下至韓慕王以天下收之, 是一世之命, 制於王已. 臣願大王深與左右群臣卒計而重謀, 先事成慮而熟圖之也.」

{국역} 「또 說士(策士)의 계책에 의하면, 韓이 三川(洛陽 일대)의 땅을 빼앗기고, 魏가 晉國(安邑)을 잃었으며, 韓이 아직 망하지 않은 것을(韓이 방패가 될 것을) 믿고 있지만, 그 禍는 결국 趙에 미칠 것이라고 모두가 말합니다.[1638] 또 萬事의 형상은 다르나 걱정은 같은 것이 있고, 형상이 같아도 걱정이 다른 것이 있습니다. 옛날에, 楚人이 오랫동안 정벌에 힘쓸 때를 이용하여 (趙는) 中山國을 없앴습니다.[1639] 지금 燕은 韓의 河南을 다 차지하였고, 沙丘(사구)에서 鉅鹿(거록)까지의 거리는 3백 리이고,[1640] 扜關(한관)에서 楡中(유중)까지 거리는 1,500리(500리)입니다. 秦이 韓과 魏의 上黨을 모두 다 차지하게 되면, 거기에서(上黨) (趙의) 국도까지(邯鄲) 趙國의 영지는 7백 리입니다. 秦은 三軍의 강한 쇠뇌(强弩) 부대를 구불구불한 羊의 창자 같은 곳에 배치한다면[1641] 한단까지의 거리는 불과 20리입니

1638 원문 而禍及於趙 - 본래 韓, 魏, 趙의 三晉은 脣齒之國이므로 韓이 亡한즉, 魏도 멸망할 것이며, 魏가 멸망하면 그 화가 趙에 멸망한 것이니, 韓이 아직 존속한다는 사실을 믿을 수 없다는 뜻.

1639 원문 久伐而中山亡 - 楚가 秦의 침공에 시달리는 동안, 趙에서는 진의 침공을 걱정하지 안 해도 되기에 趙는 중산국을 침범하였다. 이는 趙武靈王 25년(前 301년)의 일이다.
본래 中山國은 前 406년 魏國에 멸망. - 前 380년 復國. - 公元 前 325년 稱王했었다. 前 296년에 趙國에 멸망했다. 멸망 당시 국도는 靈壽(今 河北省 서남부 石家庄市 관할 平山縣). 《史記 43권 趙世家》, 《戰國策 中山策》 참고.

1640 원문 距沙丘, 而至鉅鹿之界三百里 - 鉅鹿(거록)의 鉅는 클 거. 낙양에서 북쪽 1,100리. 河北省 중부 지역. 鉅鹿縣은, 今 河北省 남부 邢台市 관할 鉅鹿縣.

1641 秦以三軍强弩坐羊唐之上 - 羊唐은 응당 羊腸(양장)이어야 한다는 주석에 따른다.

다. 또 秦이 三軍으로 趙의 上黨을 공격하며 그 북쪽을 위협한다면 句注(구주)의 서쪽의 땅은 대왕의 소유가 아닙니다. 지금 (秦이) 句注(구주)를 넘어 常山의 통행을 막으면서 수비한다면 燕의 唐(당)과 曲吾(곡오)에 통할 수 있는 3백리의 땅이 秦의 소유가 됩니다. 이렇게 되면(此) 代郡이나 胡地에서 얻을 수 있는 말을 동쪽으로 가져올 수 없고, 또 崑山(곤산)의 玉도 반출될 수가 없으니[1642] 이런 三寶 역시 또한 대왕의 소유가 아닙니다. 지금 (대왕은) 강한 秦國을 따라 齊를 정벌하고 있지만, 臣이 생각할 때, 바로 여기서 禍가 닥칠 것입니다. 옛날에(昔者) 五國(齊, 楚, 魏, 韓, 燕)의 王이 서로 연합하여 趙를 치고 趙國의 땅을 나눠 갖기로 하고, 그 맹서를 盤盂(반우)에 새겨놓고[1643] 술잔처럼 주고받듯 늘 말했습니다.[1644] 五國의 군사가 오늘 내일 미루는 동안, 韓(또는 齊)으로 하여금 서쪽으로 秦國을 막게 하였고, 秦으로 하여금 (항복의 표시로) 素服으로 명을 따르게 하였으며, 溫(온), 枳(지), 高平(고평)의 땅을 魏에 반환케 하였고, 三公〔삼

1642 원문 崑山之玉不出也 - (漢代) 金城郡 臨羌(임강)에 崑山(곤산)이 있고 거기서 玉이 산출된다. 甘肅省 省會인 蘭州市 서쪽과 青海省 일부 지역에 해당. 漢代 凉州刺史部 소속. 치소는 金城郡(금성군) - 金城湯池(금성탕지)의 뜻. 甘肅省 省會인 동남부 蘭州市 서쪽과 青海省 일부 지역에 해당. 凉州刺史部 소속. 치소는 允吾縣(今 甘肅省 永靖縣 서북). 後漢에서도 同. 洛陽에서 서쪽 2,800리.

1643 원문 著之盤盂 - 盤盂(반우)는 세숫대야. 그것을 볼 때마다 잊지 말라는 뜻. 盤은 소반 반. 盂는 바리 우. 사발.

1644 원문 屬之讎柞 - 술잔을 주고받듯 말하다. 讎柞(수작)은 酬酢(수작)과 同. 술잔을 주고받는 것처럼 伐趙를 이야기하다. 술잔을 주고받는 동안에도 伐趙를 생각하다.

공, 巠分(경분)]과, 什淸〔십청, 先兪(선유)]의 땅을 趙에 반환케 하였으니, 이는 大王의 明知일 것입니다. 대체로 韓(齊)이 趙를 섬기게 한 것은 최상의 외교이나, 지금 罪가 있다 하여 정벌하려 하시니, 臣이 걱정되는 바는 뒷날 대왕을 섬기려는 자가 스스로 나서지 않을 것이 분명합니다. 지금 대왕께서는 天下의 세력을(合從) 다 규합하려 하시니, 틀림없이 뜻을 이룰 것입니다. 지금 韓(齊)은 사직을 걸고 대왕의 편에 섰고, 천하는(합종 세력) 대왕을 重히 모시고 있습니다. 그래서 韓(齊)이 대왕께서 義로 천하를 상대하신다고 생각하는 한 천하 세력의 규합은 一世(當代)의 명령이며 대왕에 의하여 제어될 것입니다. 臣은 대왕께서 측근의 여러 신하들과 함께 이를 깊이 헤아리시고 거듭 모색하시길, 또 일이 성취될 수 있도록 깊이 생각하시길 바랍니다.」

231/ 齊攻宋,

{原文} 齊攻宋, 奉陽君不欲. 客請奉陽君曰,

"君之春秋高矣, 而封地不定, 不可不熟圖也. 秦之貪, 韓, 魏危, 衛, 楚正(僻), 中山之地薄, 宋罪重, 齊怒深, 殘伐亂宋, 定身封, 德强齊, 此百代之一時也."

齊가 宋을 공격하려 하나,

{국역} 齊가 宋을 공격하려 하는데,[1645] (趙의) 奉陽君(봉양군, 李兌)은 원치 않았다. 이에 客人이 봉양군에게 말했다.

"君의 春秋도 높으시나, 封地는 아직 정해지지 않았으니 깊이 생각하지 않을 수 없습니다. 秦의 탐욕에 韓과 魏가 위태롭고, 衛와(또는 燕) 楚는 멀리 떨어져 있으며,[1646] 中山國은 땅이 척박하고, 宋은 罪重(중한 벌)로 인하여 齊의 큰 노여움을 사고 있습니다. 이러한 때에 어지러운 宋[1647]을 토벌하여 公의 封地를 확정짓고, 또 강력한 齊에 도움을 주는 일은 百代에 한 번 있을 수 있는 일입니다."

232/ 秦王謂公子他

{原文} 秦王謂公子他曰,

"昔歲殽下之事, 韓爲中軍, 以與諸侯攻秦. 韓與秦接境壤

1645 원문 齊攻宋 - 이는 〈趙策 四, 齊將攻宋〉 章에 거듭 나온다. 본장의 客은 公孫衍(공손연)인데, 이는 蘇秦의 착오라는 주석이 있다.

1646 원문 衛, 楚正 - 正은 僻(후미질 벽)이어야 한다는 주석에 따른다.

1647 宋國 - 周朝의 제후국, 國君은 子姓, 今 河南省 중동부 商丘市와 安徽省 북단 淮北市 일대. 帝辛(紂王)의 庶兄 微子啓(미자계)를 봉한 나라. 그 위치가 중원의 요충지에 해당하여 富商과 巨賈들이 운집하는 곳. 宋人은 經商으로 유명. 前286年 齊에 병합 멸망한 나라.

界, 其地不能千里, 展轉不可約. 日者秦, 楚戰於藍田, 韓出銳師以佐秦, 秦戰不利, 因轉與楚, 不固信盟, 唯便是從. 韓之在我, 心腹之疾. 吾將伐之, 何如?"

公子他曰, "王出兵韓, 韓必懼, 懼則可以不戰而深取割."

王曰, "善."

乃起兵, 一軍臨滎陽, 一軍臨太行.

韓恐, 使陽城君入謝於秦, 請效上黨之地以爲和. 令韓陽告上黨之守靳黈曰,

"秦起二軍以臨韓, 韓不能有. 今王令韓興兵以上黨入和於秦, 使陽言之太守, 太守其效之."

靳黈曰, "人有言, 挈瓶之知, 不失守器. 王則有令, 而臣太守, 雖王與子, 亦其猜焉. 臣請悉發守以應秦, 若不能卒, 則死之."

韓陽趨以報王, 王曰, "吾始已諾於應侯矣, 今不與, 是欺之也."

乃使馮亭代靳黈.

秦王이 公子 他(타)에게 말하다.

{국역} 秦의 昭王이 公子인 他(타)에게 말했다.[1648]

1648 원문 秦王謂公子他曰 – 秦이 출병하여 韓의 滎陽(형양)을 공격한 일은 周 赧王(난왕) 52년, 秦 昭襄王 44년. 前 263년이었다. 韓의 上黨 郡守

"옛날에 殽函(효함)의 싸움에서[1649] 韓은 (공격하는 연합세력의) 中軍이 되어 여러 제후와 함께 우리 秦을 공격하였습니다. 韓과 秦은 국경을 맞대고 있으며 그 땅은 천리가 되지 않는데도 이런저런 핑계로 약조를 지키지 않습니다. 그전에 秦과 楚가 藍田(남전)에서 싸울 때,[1650] 韓은 정예 군사를 동원하여 우리를 돕다가 우리가 (楚에) 불리하자, 약속을 깨고 楚의 편에 되었으니 그들은 약조를 지키지 않고 상황에 따라 바뀝니다. 그러니 韓은 우리에게 心腹(심복:가슴속)의 질병과 같기에 내가 韓을 정벌하려 하는데 어떻겠습니까?"

公子 他가 말했다.

"王께서 韓에 출병한다면, 韓은 틀림없이 두려워할 것이고, 상대가 우리를 두려워하면 싸우지 않고도 땅을 크게 잘라줄 것입니다."

王은 "맞습니다."라 말하며, 바로 군사를 동원하여 一軍은 滎陽(형양)에 다른 1군은 太行(태항)에 주둔시켰다.

韓은 두려워 떨며, 陽城君(양성군)을 秦에 보내 사죄케 하면서 (韓

馮亭(풍정)이 趙에 투항한 것은 그 다음 해였다. 본 章은 그 상황을 서술하였다. 公子 他(타)는 秦 혜문왕의 아들이며, 昭襄王(昭王)의 형으로 池(지)로 표기한 판본도 있다.

1649 원문 昔歲, 殽下之事 – 秦 惠文王 7년(前 318)에, 五國이 函谷關을 공격한 일을 말한다. 함곡관과 殽山(효산, 殽山)은 가까운 거리라서 보통 殽函(효함)으로 통칭한다. 《史記 趙世家》에 의하면, 趙가 韓 上黨의 땅을 넘겨받은 것은 趙 孝成王 2년(前 264)이고, 이 때문에 일어난 秦과 趙의 長平之戰의 패배는 孝成王 7년 259년이다. 秦 소양왕이 50여 년 전 殽函의 戰役을 언급한 것은 韓과의 舊怨(구원)을 강조한 것이다.

1650 원문 秦楚戰於藍田 – 秦 惠文王 後 13年 前 312년.

소유) 上黨의 땅을 바쳐 화해를 요청하였다. 그러면서 韓陽(한양)을 보내, 이를 上黨 太守인 靳黈(근주)에게 말했다.

"秦이 二軍을 동원하여 韓을 압박하니, 韓은 소유할 수 없어, 이번에 王(桓惠王, 재위 前 272-239년)은 興兵할 수가 없어 上黨을 秦에 주고 화해하려 하면서 韓陽(한양)을 보내 이를 알리니, 태수는 땅을 秦에 바치기 바라노라."

이에 靳黈(근주)가 말했다.

"사람들은 '병에 물을 담을 줄 알면 자기 물건을 버리지 않는다.' 고[1651] 말합니다. 王은 명령하셨지만 臣은 太守이고 왕께서 당신에게 말했다지만 이 또한 (지킬 수 없다는) 추측일 것이요. 臣은 모든 군사를 동원하여 수비하며 秦에 대응하다가 끝내 할 수 없다면 죽으면 그뿐입니다."

韓陽이 서둘러 王에 보고하자 韓王이 말했다.

"나는 이미 應侯(응후)에게 약속하였는데,[1652] 지금 주지 않는다면 이는 그들을 속이는 것이다."

그러면서 馮亭(풍정)을 보내 근주의 직책을 대신케 하였다.

{原文} 馮亭守三十日, 陰使人請趙王曰,

"韓不能守上黨, 且以與秦, 其民皆不欲爲秦, 而願爲趙.

1651 원문 挈甁之知, 不失守器 - 挈은 손에 들 설. 손에 병을 바로 들을 수 있는 지혜, 가장 단순한 능력. 挈甁은 물을 긷는 자(汲字)라는 주석도 있다. 所守之器는 甁(병).

1652 應侯(응후) - 范雎(범수)의 작위. 應은 지명. 범수의 封地. 구체적 위치에 대하여는 여러 주석이 많다.

今有城市之邑七十, 願拜內之於王, 唯王才之."

趙王喜, 召平原君而告之曰,

"韓不能守上黨, 且以與秦, 其吏民不欲爲秦, 而皆願爲趙. 今馮亭令使者以與寡人, 何如?"

趙豹對曰, "臣聞聖人甚禍無故之利."

王曰, "人懷吾義, 何謂無故乎?"

對曰, "秦蠶食韓氏之地, 中絶不令相通, 故自以爲坐受上黨也. 且夫韓之所以內趙者, 欲嫁其禍也. 秦被其勞, 而趙受其利, 雖强大不能得之於小弱, 而小弱顧能得之强大乎? 今王取之, 可謂有故乎? 且秦以牛田, 水通糧, 其死士皆列之於上地, 令嚴政行, 不可與戰. 王自圖之!"

王大怒曰, "夫用百萬之衆, 攻戰踰年歷歲, 未見一城也. 今不用兵而得城七十, 何故不爲?" 趙豹出.

王召趙勝, 趙禹而告之曰, "韓不能守上黨, 今其守以與寡人, 有城市之邑七十."

二人對曰, "用兵踰年, 未見一城, 今坐而得城, 此大利也."

乃使趙勝往受地.

{국역} 馮亭(풍정)은 30일 동안 (上黨을) 지키다가 은밀히 사람을 趙王에게 보내 말했다.

"韓은 上黨을 지킬 수 없다면서 이 땅을 秦에 바치려 하나, 여기 백성은 모두 秦에 속하기보다는 趙의 백성이 되기를 원합니다. 지금 (상당 일원의) 17개 城邑을[1653] 왕에게 바치기를 원하오니 王께서는 헤아려주시기 바랍니다.[1654]

趙王(孝成王)은 기뻐하면서 平陽君(평양군)을 불러 이를 알려주며 말했다.[1655]

"韓은 上黨을 지킬 수 없고, 秦에 바치려 하는데, 그 吏民은 秦의 백성이 되기를 원하지 않고 모두 趙의 백성이 되려 한다. 지금 馮亭(풍정)이 使者를 보내 과인에게 바친다 하니 어떻게 생각하는가?"

趙豹(조표, 平陽君)가 대답하였다.

"臣이 알기로, 聖人은 아무런 까닭 없는 이득은 큰 화가 된다고 하였습니다."

王이 말했다.

"저들이 나의 大義를 알고 있거늘 어찌 까닭 없다고 생각하는가?"

"秦은 韓氏의 땅을 蠶食(잠식)하여 (영역의) 중간을 단절하여 불통케 하였으니, (秦에서는) 앉아서 上黨 땅을 얻었다고 생각할 것입니다. 그리고 韓이 그 땅을 우리에게 바치려 하는 것은 그 재앙을 우

1653 원문 七十城邑은《史記》에 十七로 되었음. 이하 同.

1654 원문 願拜內之於王, 唯王才之. - 才는 財 또는 裁와 同.

1655 원문 召平原君 - 平原君은 平陽君이 되어야 한다.《史記》에는 平陽君. 名은 趙豹(조표), 趙 惠文王의 同母弟. 趙 惠文王이 趙豹를 平陽君에 封했다. 趙 孝成王 4年(前 262). 韓國에서 上黨郡을 지킬 수 없어 馮亭(풍정)이 趙國에 헌상할 때, 孝成王은 기꺼이 받으려 했지만 趙豹는 반대했다. 孝成王은 받았고 결국 그 2년 뒤 長平之戰이 일어난다.

리에게 떠넘기는 것입니다. 秦은 고생만하고 우리 趙가 그 이득을 차지하는 것인데, 강대국이(秦) 약소국으로부터(韓) 차지할 수 없는 땅을 약소한 우리가(趙) 强大한 나라로부터(秦) 차지할 수 있겠습니까? 그리고 秦은 牛田(우전, 秦의 지명)에서 水運으로 군량을 운반하면서 죽음을 무릅쓰는 士卒이 그 땅에 가득하며 엄격한 명령으로 다스리고 있는데, 그런 그들과 싸울 수 없으니 왕께서는 스스로 생각해 주시기 바랍니다!"

그러자 趙王이 大怒하며 말했다.

"백만 대군을 동원, 공격하여도 1년이 넘도록 城 하나를 얻지 못했었다. 지금 군사를 동원하지 않고서도 17개 성을 얻을 수 있거늘 왜 받지 말라고 하는가?"

趙豹(조표)는 그냥 나가버렸다. 왕은 趙勝(조승, 平原君)과 趙禹(조우)를 불러 이를 알렸다.

"韓은 上黨을 지킬 수 없고, 그 태수는 과인에게 바치려는데 성읍이 17개이다."

두 사람이 대답하였다.

"用兵으로 해를 넘겨도 城 하나를 얻을 수 없는데, 지금 그냥 앉아서 城을 얻으니 이는 큰 이득입니다."

이에 趙王은 趙勝(조승)을 보내 上黨의 땅을 접수케 하였다.

{原文} 趙勝至曰, "敝邑之王, 使使者臣勝, 太守有詔, 使臣勝謂曰. 請以三萬戶之都封太守, 千戶封縣令, 諸吏皆益爵三級, 民能相集者, 賜家六金."

馮亭垂涕而勉曰, "是吾處三不義也, 爲主守地而不能死,而以與人, 不義一也. 主內之秦, 不順主命, 不義二也. 賣主之地而食之, 不義三也."

辭封而入韓, 謂韓王曰, "趙聞韓不能守上黨, 今發兵已取之矣."

韓告秦曰, "趙起兵取上黨."

秦王怒, 令公孫起, 王齮以兵遇趙於長平.

{국역} 趙勝(조승, 平原君)이 (上黨에) 도착하여 말했다.

"우리〔敝邑(폐읍)〕 王(趙王)께서 使者인 勝(승)을 보내 太守에게 알리게 명하셨다. 太守를 3만 戶의 성읍으로 봉하고, 각 1천 戶로 縣令(현령)을 봉하며, 모든 관리에게 작위 3급을 올려주고, 家戶마다 6金을 하사한다."

馮亭(풍정)은 눈물을 흘리며 사양하였다.

"저는 지금 3가지 不義에 처하였습니다. 이곳을 지켜야 하나 죽음으로 지키지 못하고 타국에 바친 것이 첫째 不義입니다. 主君(韓王)께서는 秦에 바치라 하였지만 주군의 명령을 따르지 않았으니, 두 번째 불의입니다. 主君의 땅을 바쳐 식읍을 얻으니(爵位), 세 번째 불의입니다."

그리고서는 작위를 사양하고 韓으로 귀국하여 韓王에게 말하였다.

"우리가 上黨을 지킬 수 없다는 것을 알고 趙는 군사를 동원하여 이미 상당을 차지하였습니다."

韓에서는 이를 秦에 알리며 말했다.

"趙가 起兵하여 上黨을 차지하였습니다."

秦王은 분노하면서 公孫起(白起)와 王齮(왕기, 桓齮)를 시켜 군사를 거느리고 趙와 長平에서 싸우게 하였다.

233/ 蘇秦爲趙王使於秦

{原文} 蘇秦爲趙王使於秦, 反, 三日不得見.

謂趙王曰, "秦乃者過柱山, 有兩木焉. 一蓋呼侶, 一蓋哭. 問其故, 對曰, '吾已大矣, 年已長矣, 吾苦夫匠人, 且以繩墨案規矩刻鏤我.' 一蓋曰, '此非吾所苦也, 是故吾事也. 吾所苦夫鐵鉆然, 自入而出夫人者.' 今臣使於秦, 而三日不見, 無有謂臣爲鐵鉆者乎?"

蘇秦이 趙王을 위하여 秦에 사신으로 갔다가

{국역} 蘇秦이 趙王을 위하여 秦에 사신으로 갔다가[1656] 돌아왔으나, 3일이 지나도록 왕을 만나지 못했다. 이에 趙王에게 전하게 하였다.

1656 원문 蘇秦爲趙王使於秦 - 일부 판본에는 본 章이 없다. 본 章은 구체적인 事實이 없고 空論이며 難澁(난삽)하여 後人의 假託(가탁)이라고 알려졌다.

"제가 秦(진)에서 돌아오는 길에 앞서 柱山(주산, 無考)을 지나 오는데 나무 두 그루가 있었습니다. 그중 한 나무가 짝을 불렀지만 한 그루는 울고 있었습니다. 까닭을 물었더니 한 나무가 말했습니다. '나는 이제 자랄 만큼 컸고 나이도 많은데, 나는 목수(匠人)가 나에게 먹줄을〔繩墨(승묵)〕 띠고 직각자(規矩)로 잰 다음에 나에게 톱질하는 것이 두렵습니다.' 라고 말했습니다. 그러자 다른 하나가 말했습니다. '나는 그것을 힘들어 하는 바가 아닙니다. 그것은 진정 나도 언젠가는 당할 일입니다. 내가 괴로운 것은 쇠쐐기가 되어[1657] 남에게 박혔다가 사람에게 뽑혀지는 것입니다.' 라고 말했습니다. 지금 臣은 秦에 사신으로 다녀왔지만 3일 동안 뵙지 못했으니 쇠쐐기와 다르지 않다고 아니할 수 있겠습니까?"

234/ 甘茂爲秦約魏以攻韓宜陽

{原文} 甘茂爲秦約魏以攻韓宜陽, 又北之趙, 冷向謂强國曰,

1657 吾所苦夫鐵鉆 – 鉆은 족집게 첩. 보습 검. 銛(가래 섬)과 通한다는 주석이 있다. 그래서 가래나 족집게처럼 고생한다고 해석하지만, 문장 내용과 어울리지 않는다. 문장 내용상 鐵鉆(철첩, 쇠로 만든 鉆)으로 사람에 의해 끼워졌다가 빼버린다면, 이는 쐐기〔楔(설)〕이다. 장작을 쪼갤 때 조그만 틈을 찍어낸 다음에 역삼각형의 쇠쐐기를 끼운 다음에 큰 망치로 쐐기를 내려치면 장작이 갈라진다. 곧 소진은 자신이 남의 목적 달성을 위하여 이용되는 쐐기와 같은 신세라고 불평을 했다.

"不如令趙拘甘茂, 勿出, 以與齊,韓,秦市. 齊王欲求救宜陽, 必效縣狐氏. 韓欲有宜陽, 必以路涉, 端氏賂趙. 秦王欲得宜陽, 不愛名寶, 且拘茂也, 且以置公孫赫, 樗里疾."

甘茂(감무)가 秦을 위해 魏와 동맹하여 韓의 宜陽(의양)을 공격하고,

{국역} 甘茂(감무)가 秦을 위하여 魏와 동맹하고서 韓의 宜陽(의양)을 공격하였으며,[1658] 이어 北으로 趙에 이르자 (책사) 冷向(냉향)이 (趙人) 强國(강국)에게 말했다.

"趙에서 甘茂(감무)를 잡아두어 출국하지 못하게 하고, 齊와 韓과 秦에 흥정하는 것이 좋을 것입니다. 齊王(閔王)은 宜陽(의양)을 차지하려고 狐氏(호씨)의 현을 내놓을 수 있고, 韓에서는 의양을 보전하려고 路涉(노섭)과 (河東의) 端氏(단씨)의 땅을 趙에 바칠 것입니다.

1658 甘茂爲秦約魏以攻韓宜陽 – 甘茂(감무, 생졸년 미상)는 戰國 시기 楚國 下蔡邑(今 安徽省 중부 蚌埠市 방부시 관할 鳳臺縣) 사람으로, 秦國의 명장이었다. 百家之說을 공부하였고 뒷날 張儀(장의)와 樗里疾(저리질)의 천거로 惠文王을 섬겼다. 周 赧王 3년(前 312), 秦, 韓, 魏 3국이 攻楚했고 楚國은 大敗했다. 秦國은 楚國의 漢中를 차지했고, 甘茂는 漢中 일대를 평정하였다. 뒷날 秦을 떠나 齊國으로 옮겨갔고 齊國의 上卿에 올랐다. 나중에서 魏國에서 죽었다. 감무의 손자가 12살에 秦國의 上卿이 되었다는 甘羅(감라, 前 247年 – ?)이다. 삼국시대 吳 손권의 부장 甘寧(감녕)은 감무의 후손으로 알려졌다. 《史記 樗里子甘茂列傳》 참고. 韓의 宜陽(의양)을 공격한 것은 秦 武王 3년, 趙 武靈王 18년(前 308년)의 일이었다.

秦王(武王)은 宜陽을 차지하려고 유명한 보물을 아끼지 않을 것이며, 또 감무를 구류하면 (秦에서는) 公孫赫(공손혁)이나 樗里疾(저리질)을 宰相(재상)으로 등용할 것입니다."

235/ 謂皮相國曰

{原文} 謂皮相國曰,

"以趙之弱而據之建信君, 涉孟之讎然者何也? 以從爲有功也. 齊不從, 建信君知從之無功. 建信者安能以無功惡秦哉? 不能以無功惡秦, 則且出兵助秦攻魏, 以楚, 趙分齊, 則是强畢矣. 建信, 春申從, 則無功而惡秦. 秦分齊, 齊亡魏, 則有功而善秦. 故兩君者, 擇有功之, 與無功爲知哉?"

(어떤 이가) 皮(피) 相國에게 말하기를,

{국역} 어떤 사람이 (趙國의) 皮(피) 相國에게 말했다.[1659]

"趙는 약하면서도 建信君(건신군)에 의지하고,[1660] 涉孟(섭맹)과는

1659 원문 謂皮相國曰 – 본 章은 秦王 政(秦始皇) 6년, 趙 悼襄王(재위 前 244 – 236) 3년(前 241)에 楚 春申君이 여러 연합군과 함께 秦을 공격했을 때의 일이라는 주석이 있다. 뜻이 상당히 모호하여 의미 파악이 쉽지 않다.

1660 원문 趙之弱而據之建信君 – 據는 의거할 거. 매달리다. 일을 맡겨놓다. 建

원수인데 그런 이유는 무엇이겠습니까?[1661] 그가 합종으로 공을 세웠기 때문입니다. (그러나 지금) 齊가 합종을 따르지 않아 建信君도 합종의 성과가 없는 줄을 알고 있습니다. 建信君은 아무런 功도 없는데, 어찌 秦에서 미워하겠습니까? 합종의 功이 없어 秦의 미움을 받지 않는다면, 군사를 일으켜 秦을 도와 魏를 공격하고 楚와 趙로 하여금 齊를 분할하게 한다면 齊의 강성은 끝납니다. 建信君과 春申君이 合從한다면 아무런 전공이 없어도 秦에는 손해가(惡) 될 것입니다. 秦이 齊를 분할하고 齊가 魏를 멸망시킨다면,[1662] 공을 세운 것이 되고 秦에 우호적일 것입니다. 그러니 兩 君이 공을 선택에 따라 有功(공을 세움)과 無功(공을 세우지 않음)으로 지혜가 갈리지 않겠습니까?"

信君은 趙의 幸臣.

1661 원문 涉孟之讎然者何也? - 涉孟(섭맹)은 人名. 이 사람이 建信君과 서로 반대 입장이라는 뜻인지? 연횡과 합종의 반대 입장에서 趙國에 해롭다는 의미인지 판단하기 어렵다. 인물이 누구인지, 또 어떤 입장인지 아니면 무슨 말을 했는지 거두절미하고 단편적 구절을 기록했기에 의미 파악이 쉽지 않다.

1662 원문 秦分齊, 齊亡魏 - 이 구절은 '語不可解' 라는 주석도 있다. 아마 큰 착오가 있을 것이다. 秦分齊 구절의 分은 合의 誤字라는 주석도 있으니 종잡을 수가 없다.

236/ 或謂皮相國

{原文} 或謂皮相國曰,

"魏殺呂遼而衛兵, 亡其北陽而梁危, 河間封不定而齊(趙)危, 文信不得志, 三晉倍之憂也. 今魏恥未滅, 趙患又起, 文信侯之憂大矣. 齊不從, 三晉之心疑矣. 憂大者不計而構, 心疑者事秦急. 秦, 魏之構, 不待割而成. 秦從楚,魏攻齊, 獨吞趙, 齊,趙必俱亡矣."

或者가 皮 相國에게 이르기를,

{국역} 或者가 趙나라 皮 相國에게 일러 말했다.[1663]

"魏나라에서 (秦臣) 呂遼(여료)를 죽이고 衛國에 군사를 보내 국경을 막고 있다가, 진의 노여움을 사서 그 北陽의 땅을 잃고, 梁(魏)까지 위기에 처하게 되며, 한편 조나라는 河間의 封地를 결정하지 못하여 趙나라도 위기에 처하게 되었고, 秦나라 文信侯(呂不韋)도 뜻을 펴지 못했으며, 한편 三晉이 背信(倍之)하자 우환에 봉착하였습니다. 지금 진나라는 魏를 나눈데 대한 恥辱(치욕)을 씻지 못하였는데, 趙의 患難이 또 일어나자 文信侯의 우려는 더 커졌습니다. 齊가 합종에 참여하지 않고 三晉(韓, 魏, 趙)의 속셈을 의심하고 있습

1663 원문 或謂皮相國曰 - 본 章의 시기가 언제인지 알 수 없다. 呂不韋(여불위)가 언제 河間郡 일대에 봉지를 받았는가도 기록이 없다.

니다. 우려(걱정)가 深大(커지다)하다면 계책을 따지지 않고 講和해야 하고, 마음에 의혹이 있다면 서둘러 秦을 섬겨야 합니다. 秦과 魏가 강화하게 되면 위나라의 땅을 분할하는 것은 빨리 이루어질 것입니다. 秦이 楚, 그리고 魏와 동맹하여 齊를 공격하게 되면 (秦은) 홀로 趙를 병탄할 것이니, 그렇게 되면 齊와 趙는 틀림없이 함께 망할 것입니다."

237/ 趙王封孟嘗君以武城

{原文} 趙王封孟嘗君以武城. 孟嘗君擇舍人以爲武城吏, 而遣之曰,

"鄙語豈不曰, 借車者馳之, 借衣者被之哉?"

皆對曰, "有之."

孟嘗君曰, "文甚不取也. 夫所借衣車者, 非親友, 則兄弟也. 夫馳親友之車, 被兄弟之衣, 文以爲不可. 今趙王不知文不肖, 而封之以武城, 願大夫之往也, 毋伐樹木, 毋發屋室, 訾然使趙王悟而知文也. 謹使可全而歸之."

趙王이 孟嘗君을 武城에 封했다.

{국역} 趙王이 孟嘗君(田文)을 武城에 봉했다.[1664] 孟嘗君은 舍人

(사인) 중에서 골라 武城 관리로 삼아 보내면서 말했다.

"속된 말에도〔鄙語(비어)〕 '수레를 빌려온 자는 마음껏 달려보고(借車馳之), 옷을 빌려 입은 자는 늘 항상 입고 있다(借衣被之).' 는 말이 있지 않은가?"

그러자 모두가 "있습니다."라고 대답하였다.

맹상군이 말했다.

"나 田文은 그래서는 안 된다고 생각한다. 수레나 옷을 빌려준 사람은 친우 아니라면 형제이다. 친우의 수레라고 마음대로 몰고, 형제의 옷이라고 마구 입는다면 나는 안 된다고 생각한다. 지금 趙王은 내가 不肖(불초)한 줄도 모르고 나를 武城에 봉하였으니, 大夫들(舍人을 지칭)이 무성에 가거든 (남의) 나무를 함부로 베지 말고, 民家를 함부로 허물지 말 것이니, 매사를 살펴 趙王이 田文을 바로 보았다는 생각을 갖게 해야 한다.[1665] 조심하여 나중에 모두를 그대로 돌려주어야 한다."

1664 원문 趙王封孟嘗君以武城 – 이는 周 赧王(난왕) 32년(前 283), 趙 惠文王 16년의 일이고, 맹상군이 민심을 얻기 위한 훈시라고 생각된다. 武城은 漢代 淸河郡(國)에 속한 지명인데, 今 山東省 북부 德州市관할 武城縣에 해당한다.

1665 원문 訾然使趙王悟而知文也 – 訾는 생각하다. 헐뜯을 자. 살펴보다(察也).

238/ 謂趙王曰,

{原文} 謂趙王曰,

"三晉合而秦弱, 三晉離而秦强, 此天下之所明也. 秦之有燕而伐趙, 有趙而伐燕, 有梁而伐趙, 有趙而伐梁, 有楚而伐韓, 有韓而伐楚, 此天下之所明見也. 然山東不能易其路, 兵弱也. 弱而不能相壹, 是何秦之知, 山東之愚也. 是臣所爲山東之憂也. 虎將卽禽, 禽不知虎之卽己也, 而相鬪兩罷, 而歸其死於虎. 故使禽知虎之卽己, 決不相鬪矣. 今山東之主不知秦之卽己也, 而尙相鬪兩敝, 而歸其國於秦, 知不如禽遠矣. 願王熟慮之也."

(혹자가) 趙王에게 일러 말하다.

{국역} (어떤 사람이) 趙王(武靈王)에게 말했다.[1666]

"三晉(韓, 魏, 趙)이 合從하면 秦이 약해지고, 三晉이 離散(이산)하면 秦이 강해지는 사실을 천하는 분명히 알고 있습니다. 秦이 燕과 화친하면 趙를 정벌하고,[1667] (秦이) 趙와 화친하면 燕을 정벌할 수

1666 원문 謂趙王曰 - 본 章은 楚 懷王이 武關(무관)에서 秦에 끌려간 周 赧王(난왕) 16년, 趙 武靈王 27년인 前 299년의 일이다. 이를 통해 縱橫家(종횡가)의 상황인식을 파악할 수 있다.

1667 원문 秦之有燕而伐趙 - 여기 有는 화친하다(善之也). 한편으로 삼다.

있습니다. (秦이) 梁과 (魏) 화친하면 伐趙하고, 趙와 화친하면 伐梁(魏)합니다. (秦이) 楚와 친교하면 伐韓하고, 韓과 화친하면 楚를 정벌할 수 있습니다. 이는 天下가 분명히 알 수 있습니다. 그러나 山東(殽山 以東) 여러 나라는 그 진로를 바꿀 수가 없기에 (연합하지 못하여) 군사력이 약합니다.[1668]

趙 武靈王(무령왕, 재위 前 325 - 299년)

약하면서 하나가 될 수도 없기에 秦의 연횡에 비하여 (合從만을 추구할 수밖에 없는) 山東의 나라는 어리석을 뿐입니다. 이 때문에 臣은 山東(六國)을 우려하고 있습니다. 호랑이가 다른 짐승에 다가가는데,[1669] 짐승들은 자신에게 다가오는 줄을 모르고 서로 싸우다가 양쪽이 모두 지치면 그만 호랑이에게 죽게 됩니다. 그래서 산의 짐승으로 하여금 호랑이가 자신을 노리는 줄을 알게 하여, 결코 싸우

1668 원문 不能易其路, 兵弱也. - 秦의 연횡 노선을 바꾸기 어렵다. 山東의 六國은 秦을 포함하는 합종으로 한편이 되기 어렵다.

1669 원문 虎將卽禽 - 禽은 날짐승 금. 여기서는 달리는 산짐승을 지칭(走獸 總名).

지 않아야 합니다. 지금 山東(六國)의 君主는 秦이 자신에게 다가오는 것을 모르기에 아직도 싸우고 있는데, 결국 양쪽 모두 피폐하면 결국 나라가 秦에 합쳐질 것이니, 그 지혜가 짐승보다 더 낫지 않습니다. 대왕께서는 이를 깊이 생각하셔야 합니다."

{原文} "今事有可急者, 秦之欲伐韓,梁, 東闚於周室甚, 惟寐忘之. 今南攻楚者, 惡三晉之大合也. 今攻楚休而復之, 已五年矣, 攘地千餘里. 今謂楚王, '苟來擧玉趾而見寡人, 必與楚爲兄弟之國, 必爲楚攻韓,梁, 反楚之故地.' 楚王美秦之語, 怒韓,梁之不救己, 必入於秦. 有謀故發使之趙, 以燕餌趙, 而離三晉. 今王美秦之言, 而欲攻燕, 攻燕, 食未飽而禍已及矣. 楚王入秦, 秦,楚爲一, 東面而攻韓. 韓南無楚, 北無趙, 韓不待伐, 割挈馬兔而西走. 秦與韓爲上交, 秦禍安移於梁矣. 以秦之强, 有楚,韓之用, 梁不待伐矣. 割挈馬兔而西走, 秦與梁爲上交, 秦禍案攘於趙矣. 以强秦之有韓, 梁,楚, 與燕之怒, 割必深矣. 國之擧此, 臣之所爲來. 臣故曰, 事有可急爲者."

"及楚王之未入也, 三晉相親相堅, 出銳師以戍韓, 梁西邊, 楚王聞之, 必不入秦, 秦必怒而循攻楚, 是秦禍不離楚也, 便於三晉. 若楚王入, 秦見三晉之大合而堅也, 必不出楚王, 卽多割, 是秦禍不離楚也, 有利於三晉. 願王之熟計之也急!"

趙王因起兵南成韓,梁之西邊. 秦見三晉之堅也, 果不出楚王卬, 而多求地.

{국역} "지금의 사태가 다급한 것은 秦이 韓과 梁(魏)을 치면서 동쪽으로 周室을 엿보는 것이 아주 노골적이니 (아마) 잠잘 때나 잊을 것입니다. (秦이) 南으로 楚를 공격했던 이유는, 三晉의 (楚와의) 합종을 걱정했기 때문입니다. 지금 楚에 대한 공격을 중지한 지 5년에 (秦이) 다시 공격하는데, 그간 땅을 1천 리나 늘렸습니다. (秦은) 지금 楚王(懷王)에게 '진정으로, 초왕이 스스로 찾아와 寡人(秦 昭王)을 만나고 우리와 형제의 나라처럼 지낼 수 있다면, (秦은) 楚를 위하여 韓과 梁(魏)을 공격하여 楚의 故地를 돌려주겠다.' 고 하였습니다. 楚王은 秦의 말을 믿고 있으며 韓과 魏가 楚를 돕지 않았던 일을 미워하니 틀림없이 秦을 찾아갈 것입니다. (秦은) 이런 책모가 있기에 趙에 사신을 보내 燕을 趙의 미끼로 던지면서 三晉을 분리시키려 합니다. 지금 大王(趙王)께서는 秦의 언약을 믿으면서 燕을 공격하려 하시는데, 燕을 치더라도 배가 부를 수도 없으며 禍(화)만 닥쳐올 것입니다. 楚王이 入秦하여 秦과 楚가 하나가 되면 (秦은) 동쪽으로 韓을 공격할 것입니다. 韓은 南으로 楚의 도움도, 북으로 趙의 도움도 바랄 수 없기에, 韓은 (秦의) 정벌을 기다리기도 전에 땅을 떼어 들고 말이나(馬) 토끼처럼 서쪽으로(秦) 달려갈 것입니다. 秦과 韓이 최상의 친교를 맺으면, 秦의 兵禍(병화)는 아주 자연스레 魏나라로 옮겨갈 것입니다. 강한 秦나라에 楚가 한편이 되고 韓을 부릴 수(用) 있으니, 魏(梁)는 (秦의) 정벌을 기다리지 못할 것입니다(미리 굴복할 것이라는 뜻). (그래서 魏도) 땅을 잘라 들고서 말이나 토끼

처럼 서쪽으로(秦) 달려갈 것이고, 秦과 魏가 최선의 외교를 맺게 되면, 秦의 兵禍는 자연스레 趙로 옮겨올 것입니다. 强秦에 韓과 魏(梁), 楚가 한편이 되었고, (趙에 대한) 燕의 분노까지 더해진다면, (趙는) 땅을 많이 할양해야만 합니다. 趙國이 이렇게 될 것 같기에 臣이 찾아왔습니다. 그래서 臣은 급한 일부터 서두르라고 말씀드렸습니다."

"楚王이 (秦에) 들어가기 전에 三晉이 서로 친하고 긴밀하게 협조하면서 정예 군사를 동원하여 韓과 梁의 西邊을 방어한다면(戍), 楚王이 이런 사실을 알고서는 틀림없이 秦에 들어가지 않을 것이며, 秦은 분명히 분노하면서 전에 했던 그대로 楚를 공격할 것이니, 이렇게 되면 秦의 兵禍는 楚를 떠나지 않을 것이라서 三晉에게는 이득입니다. 만약 楚王이 入秦하고, 秦이 三晉의 대 연합과 견고한 방어를 보게 되면 틀림없이 楚王을 내주지 않으면서 (楚는) 많은 땅을 할양해야 하니, 이는 秦의 兵禍가 楚를 떠나지 않으면서 三晉에게는 유리할 것입니다. 대왕께서는 서둘러 이를 깊이 고려하십시오!"

이에 趙王은 起兵하여 남쪽으로 韓과 魏(梁)의 서쪽 변경을 지켜주었다. 秦은 三晉의 견고한 동맹을 보고, 예상대로 (억류한) 楚王을 〔名은 卬(앙)〕 풀어주지 않으면서 (楚地의) 많은 할양(땅을 떼어주다)을 요구하였다.

19.《戰國策》卷十九 趙策 二

239/ 蘇秦從燕之趙

{原文} 蘇秦從燕之趙, 始合從, 說趙王曰,

"天下之卿相人臣, 乃至布衣之士, 莫不高賢大王之行義, 皆願奉教陳忠於前之日久矣. 雖然, 奉陽君妒, 大王不得任事, 是以外賓客遊談之士, 無敢盡忠於前者. 今奉陽君捐館舍, 大王乃今然後得與士民相親, 臣故敢獻其愚, 效愚忠. 爲大王計, 莫若安民無事, 請無庸有爲也. 安民之本, 在於擇交. 擇交而得則民安, 擇交不得則民終身不得安. 請言外患, 齊,秦爲兩敵, 而民不得安, 倚秦攻齊, 而民不得安, 倚齊攻秦, 而民不得安. 故夫謀人之主, 伐人之國, 常苦出辭斷絶人之交, 願大王愼無出於口也."

蘇秦이 燕에서 趙에 와서,

{국역} 蘇秦(소진)이 燕으로부터 趙나라에 들어와,[1670] 처음 合從策으로 趙王에게 유세하였다.

"天下의 卿과 相, 人臣부터 布衣之士에 이르기까지 大王의 大義 실천을 높게 숭상하지 않는 사람이 없으며,[1671] 모두가 대왕 앞에서 가르침을 받으며 충성을 바치고자 오래 전부터 희망했습니다. 그렇지만 奉陽君(李兌)이 賢人을 질투하기에 대왕께서는 정사를 맡길 수 없었으며,[1672] 이 때문에 賓客이나 遊說之士들은 대왕 앞에 충성을 바칠 수가 없었습니다. 지금 奉陽君은 머물던 집을 버렸고(死)[1673] 大王께서는 이후 더욱 士民과 가까이 하신다고 하기에 臣은 감히 어리석은 지혜와 愚忠(우충)을 바치고자 합니다.[1674] 大王을 위한 계책

1670 원문 蘇秦從燕之趙 - 《史記 蘇秦列傳》에 의하면, 燕 文侯(재위 前 361 - 333년)가 소진에게 많은 재물을 주어 趙에 보내주었다. 趙 肅侯가 재위 중이었다(前 349 - 326년). 소진이 趙에 유세한 것은 前 334년으로 알려졌다. 본 장은 地理의 東西 구분이 없고, 高下强弱을 任意대로 말하였으니, 史家의 기록이 아니라 策士의 妄談(망담)과 같다는 주석이 있을 정도이다.

1671 원문 莫不高賢大王之行義 - 趙는 武靈王(재위 전 325 - 299년)에 처음 왕을 자칭했다. 肅侯를 대왕이라 언급한 것은 客人의 아부 인사로 생각할 수 있다.

1672 奉陽君 - 李兌. 趙 惠文王의 相. 妒는 투기할 투. 嫉賢也.

1673 奉陽君捐館舍 - 捐은 버릴 연. 館舍는 집. 捐館舍는 부인의 죽음을 의미. 여기서는 통용했다. 奉陽君(李兌)은 肅侯 재위 중 내내 생존했었다. 사실과 다른 말이다.

1674 원문 臣故敢獻其愚, 效愚忠. - 獻은 바치다(進也).

으로 安民과 無事보다 더 중한 일은 없사오니 필요 없이 일을 만들지 마시길 바랍니다. 安民의 근본은 제후 간의 외교에 달렸습니다. 상대를 잘 골라 外交하면 곧 백성이 편하고(民安), 외교가 성공하지 못하면(擇交不得) 백성은 종신토록 평안할 수 없습니다. 外患(외환)에 관하여 말씀드리자면, 齊와 秦은 (趙의) 양쪽 모두 적국이니 백성이 평안할 수 없으며, 秦에 의지하며 齊를 공격하여도 백성은 평안할 수 없고, 齊와 함께 攻秦하여도 백성은 평온할 수 없습니다. 그러하기에 백성을 위하여 책모를 꾸미는 主君이나 다른 나라를 징벌한다는 말이 나오자 마자 다른 제후와의 외교가 단절될 수도 있으니, 원컨대 대왕께서는 조심하시어 말하지 마십시오."

{原文} "請屛左右, 曰言所以異, 陰陽而已矣. 大王誠能聽臣, 燕必致氈裘狗馬之地, 齊必致海隅魚鹽之地, 楚必致橘柚雲夢之地, 韓,魏皆可使致封地湯沐之邑, 貴戚父兄皆可以受封侯. 夫割地效實, 五伯之所以覆軍禽將而求也; 封侯貴戚, 湯, 武之所以放殺而爭也. 今大王垂拱而兩有之, 是臣之所以爲大王願也. 大王與秦, 則秦必弱韓,魏,與齊, 則齊必弱楚,魏. 魏弱則割河外, 韓弱則效宜陽. 宜陽效則上郡絶, 河外割則道不通. 楚弱則無援. 此三策者, 不可不熟計也. 夫秦下軹道則南陽動, 劫韓包周則趙自銷鑠, 據衛取淇則齊必入朝. 秦欲已得行於山東, 則必擧甲而向趙. 秦甲涉河踰漳, 據番吾, 則兵必戰於邯鄲之下矣. 此臣之所以爲大王患也."

{국역} "(王의) 측근을 모두 물리쳐주시기 바랍니다. 제가 드리려는 말씀이 (다른 사람과) 다른 것은 陰陽(음양)과도 같을 것입니다. 大王께서 진심으로 臣의 뜻을 따라주신다면, 燕은 틀림없이 털 갖옷〔氈裘(전구)〕이나 사냥개와 말을 산출하는 땅을 (趙에) 바칠 것이고, 齊에서는 틀림없이 바닷가〔海隅(해우)〕 魚鹽(어염)이 산출하는 땅을 바칠 것이며, 楚에서는 귤이나 유자가〔橘柚(귤유)〕 나오는 雲夢(운몽)의 땅을 틀림없이 바칠 것이고, 韓과 魏에서 사신을 보내 封地(봉지)나 湯沐(탕목)으로 쓸만한 성읍을 바칠 것입니다. 그렇게 되면 대왕의 귀척과 종족 대부들은 모두 侯(후)로 봉할 수 있습니다. 땅을 베어주거나(割地) 산물의 땅을 얻는 것은(效實) 五伯(오패 / 五霸)의 경우에 적군을 전멸시키거나 대장을 사로잡았을 경우에 해당되는 상이었지만, (이제 趙에서는) 貴戚(귀척)을 제후에 봉할 수 있는데, 이는 (殷의) 湯王(탕왕)과 (周) 武王도 (昏君을) 放殺(방살)한 뒤에야 이룰 수 있었습니다. (그런데) 지금 大王께서는 팔짱을 끼고서〔垂拱(수공)〕 두 가지를 다 얻을 수 있는데, 이는 臣이 대왕을 위해 바라는 것입니다. 大王께서 秦과 한편이 되신다면, 秦은 틀림없이 韓과 魏를 약화시킬 것입니다. (대왕께서) 齊와 한편이 된다면 齊는 틀림없이 楚와 魏를 약화시킬 것입니다. 魏가 약화되면 (魏는) 河外의 땅을(河水의 서쪽) 할양할 것이며, 韓이 弱하면 宜陽(의양)을 바칠 것입니다. (韓이) 宜陽을 바치면 上郡(상군)과의 교통이 단절될 것이고, (魏가) 河外의 땅을 할양하면 (魏는) 交通할 수가 없습니다. 그리고 楚가 약화되면 (韓과 魏를) 도울 수도 없어집니다. 그러니 이 3가지 방책을 숙려(신중히 고려하다)하지 않을 수 없습니다. 대체적으로 秦의 군사가 軹道(지도, 地名)로 남하한다면[1675]

1675 軹道(지도) - (漢代) 霸陵(패릉)의 亭名.

(楚의) 南陽(남양)이 혼란에 빠지게 되고, (秦이) 韓을 겁박하여 周室의 땅을 포위한다면, 趙는 그 세력이 저절로 녹아 사라질 것이며,[1676] (秦이) 衛(위)를 거점으로 삼아 淇(기)를 차지하면, 齊는 틀림없이 (秦에) 입조(굴복하여 들어오다)할 것입니다. 秦이 이미 山東에 뜻을 두고 있기에 틀림없이 군사를 동원하여(擧甲) 趙로 향할 것입니다. 秦의 군사가 河水와 漳水(장수)를 건너와서, (趙邑) 番吾(반오, 땅이름 반)를[1677] 점거하게 되면, 전쟁은 틀림없이 邯鄲(한단) 부근에서 일어날 것입니다. 이것이 바로 臣이 대왕을 위하여 걱정하는 까닭입니다."

{原文} "當今之時, 山東之建國, 莫如趙强. 趙地方二千里, 帶甲數十萬, 車千乘, 騎萬匹, 粟支十年. 西有常山, 南有河, 漳, 東有淸河, 北有燕國. 燕固弱國, 不足畏也. 且秦之所畏害於天下者, 莫如趙. 然而秦不敢擧兵甲而伐趙者, 何也? 畏韓,魏之議其後也. 然則韓,魏, 趙之南蔽也. 秦之攻韓,魏也, 則不然. 無有名山大川之限, 稍稍蠶食之, 傅之國都而止矣. 韓,魏不能支秦, 必入臣. 韓,魏臣於秦, 秦無韓, 魏之隔, 禍中於趙矣. 此臣之所以爲大王患也."

"臣聞, 堯無三夫之分, 舜無咫尺之地, 以有天下. 禹無百人之聚, 以王諸侯. 湯,武之卒不過三千人, 車不過三百乘,

1676 原文 劫韓包周則趙自銷鑠 – 秦이 東進하면 趙의 세력이 저절로 사라진다는 것은 뜬금없는 말이다. 銷는 녹일 소. 鑠은 녹일 삭.

1677 番吾 – 한때 中山國 도읍, 趙의 邑名. 今 河北省 중남부 石家莊市 관할 靈壽縣.

立爲天子, 誠得其道也. 是故明主外料其敵國之强弱, 內度其士卒之衆寡, 賢與不肖, 不待兩軍相當, 而勝敗存亡之機節, 固已見於胸中矣, 豈掩於衆人之言, 而以冥冥決事哉!"

{국역} "지금 이 시대, 山東에 건국된 나라 중 趙보다 강한 나라는 없습니다. 趙는 사방 2천 리에 무장한 군사가 수십 만이고, 兵車 1천乘, 기마 1만 필에 군량은 10년을 버틸 수 있습니다. 서쪽에는 常山〔恒山(항산)〕이[1678] 南에는 河水와 漳水(장수)가, 동쪽에는 淸河(청하)가, 北에는 燕國이 있습니다. 燕은 본래(固) 弱國이니 걱정할 것이 없습니다. 그러니 秦이 천하에 두려워하는 나라는 趙만한 나라가 없습니다. 그렇다 하더라도 秦이 감히 거병하여 趙를 정벌하지 못하는 까닭은 무엇이겠습니까? 그것은 韓과 魏가 협의하여 배후를 공격할까 겁내기 때문입니다. 그러하다면 韓과 魏는 趙의 남쪽 울타리입니다. 秦이 韓과 魏를 공격하려 한다면? 그래서는 안 될 것입니다. (韓과 魏에는) 나라를 지켜줄만한 名山이나 大川의 울타리가 없기에 조금씩(稍稍) 蠶食(잠식)하여 國都까지 오면 끝이 납니다. 韓과 魏는 秦에 맞서지(支秦) 못하고 틀림없이 (秦에) 신하로 入朝할 것입니

1678 常山(恒山, 항산) - 中國 五嶽 중 北嶽. 恒山(항산)은, 今 河北省 曲陽縣과 山西省의 접경. 山西省 북단. 一名 元岳, 常山, 北岳. 恒山. 주봉인 天峰嶺은 해발 2,016m. 戰國時代 趙의 元氏縣에 위치. 劉向이 漢 文帝를 避諱(피휘)하여 常山이라 고쳐 기록했다. 常山하면 누구나 趙雲을 생각한다. 趙雲(조운, ? - 229년, 字는 子龍)은 三國 시기 蜀漢 名將, 常山郡 출신. 조운의 대담한 용기에 대하여 劉備도 "子龍의 一身이 전부 쓸개이다(子龍一身都是膽也)."라고 말했으니, 사람의 담력은 쓸개에서 나온다고 생각하였다.

다. 韓과 魏가 秦에 굴복하게 되면, 秦에서는 韓과 魏라는 가림막이 없기에 그 禍가 趙나라에 곧바로 꽂힐 것입니다. 이 점이 臣이 大王을 위해 걱정하는 것입니다."

"臣이 알기로, 堯(요)에게는 사나이 3명이 일할 만한 땅이나, 舜(순)에게는 咫尺(지척)의 땅도[1679] 없었지만 천하를 차지하였습니다. 禹王(우왕)은 1백 명이 모여 사는 마을도 없었지만 제후의 왕이 되었습니다.[1680] 湯王(탕왕)과 武王의 군사는 3천 명이 안 되었고, 수레는 3百 乘(승)이 안 되었어도 天子로 立身하였으니, 이는 진정 그 正道를 지켰기 때문입니다. 이처럼 明主는 밖으로는 그 적국의 강약을 헤아리고, 안으로는 그 士卒의 다소와 현명한가 아니면 부족한가를 헤아려 적국과 싸움을 벌이기 전에 승패와 存亡(존망)의 기미를 정말로 가슴속에 알고 있으니, 어찌 뭇 사람의 말에 따라 마치 깜깜하듯 무지하게 일을 결정하겠습니까!"

{原文} "臣竊以天下地圖案之, 諸侯之地五倍於秦, 料諸侯之卒, 十倍於秦. 六國並力爲一, 西面而攻秦, 秦破必矣. 今見破於秦, 西面而事之, 見臣於秦. 夫破人之與破於人也,

---

1679 원문 無咫尺之地 – 咫는 길이 지. 8分. 尺은 한 자. 漢代에 1尺10分. 23.1cm.

1680 원문 以王諸侯 – 여기 王은 동사로 쓰였다. 여기 내용은 좀 과장되었다. 舜(순)은 顓頊(전욱)의 후손으로 虞(우) 나라가 있었다. 夏의 禹(우) 역시 작지만 나라를 갖고 있었다. 우리가 보통 말하는 '舜은 無立錐之地하고, 禹는 無十戶之聚"라는 말은 작은 쪽으로 과장한 것이다. 큰 것은 크게 부풀리고, 작은 것은 더욱 작게 축소하려는 경향이 있다.

臣人之與臣於人也, 豈可同日而言之哉! 夫橫人者, 皆欲割諸侯之地以與秦成. 與秦成, 則高臺, 美宮室, 聽竽瑟之音, 察五味之和, 前有軒轅, 後有長庭, 美人巧笑. 卒有秦患, 而不與其憂. 是故橫人日夜務以秦權恐猲諸侯, 以求割地. 願大王之熟計之也."

{국역} "臣이 홀로 天下의 지도를 살펴보았더니, 諸侯의 땅은 秦의 5배가 되고, 제후국의 군사는 秦의 10배에 이릅니다. 6國이 힘을 모아 하나가 되어 서쪽으로 秦을 공격한다면 秦은 틀림없이 격파됩니다. 지금 秦에 격파 당한 나라는 서쪽을 바라보고 秦을 섬기는 신하로 자처하고 있습니다. 대체로 남을 격파하는 사람과 격파 당하는 사람, 남을 신하로 거느리는 사람과 신하가 되어 남을 섬기는 사람을 어찌 한날에 말할 수 있겠습니까? (秦과의) 연횡을 말하는 자들은 모두가 제후의 땅을 할양하여 秦에 바치자는 주장입니다. 그러면 秦과 화해가 성립되고 높은 누각과 멋진 궁실에서 피리(竽)와 비파(瑟)의 음률을 들으며, 五味가 조화된 음식을 먹고 앞에는 멋진 궁궐(軒轅, 美人之所處也), 뒤에는 넓은 뜨락에서 미인의 웃음소리를 즐길 것이라 생각합니다. 그러나 끝내 秦의 환난에 그 우환을 같이 하지는 않을 것입니다. 그래서 연횡을 주장하는 사람은(橫人) 밤낮으로(日夜) 秦의 권세로 제후를 恐猲(공갈)하면서[1681] 땅의 할양을 요구하고 있습니다. 그러니 대왕께서는 이를 깊이 생각하셔

1681 恐猲(공갈) - 恐은 두려울 공. 두렵게 하다. 猲은 주둥이가 짧은 개 갈. 喝(꾸짖을 갈)과 通. 恐喝(恐猲)은 두려워하도록 협박하다.

야 합니다."

{原文} "臣聞, 明王絶疑去讒, 屛流言之跡, 塞朋黨之門, 故尊主廣地强兵之計, 臣得陳忠於前矣. 故竊爲大王計, 莫如一韓,魏,齊,楚,燕,趙, 六國從親, 以儐畔秦. 令天下之將相, 相與會於洹水之上, 通質刑白馬以盟之. 約曰, '秦攻楚, 齊, 魏各出銳師以佐之, 韓絶食道, 趙涉河,漳, 燕守常山之北. 秦攻韓,魏, 則楚絶其後, 齊出銳師以佐之, 趙涉河,漳, 燕守雲中. 秦攻齊, 則楚絶其後, 韓守成皐, 魏塞午道, 趙涉河, 漳, 博關, 燕出銳師以佐之. 秦攻燕, 則趙守常山, 楚軍武關, 齊涉渤海, 韓,魏出銳師以佐之. 秦攻趙, 則韓軍宜陽, 楚軍武關, 魏軍河外, 齊涉渤海, 燕出銳師以佐之. 諸侯有先背約者, 五國共伐之.' 六國從親以擯秦, 秦必不敢出兵於函谷關以害山東矣! 如是則伯業成矣!"

趙王曰, "寡人年少, 莅國之日淺, 未嘗得聞社稷之長計. 今上客有意存天下, 安諸侯, 寡人敬以國從."

乃封蘇秦爲武安君, 飾車百乘, 黃金千鎰, 白璧百雙, 錦繡千純, 以約諸侯.

{국역} "臣이 알기로는, 明王은 疑惑(의혹)을 단절하고 참언을 제거하며, 유언비어의 근거를 차단하고 朋黨(붕당)의 발생을 예방하기에 존엄한 主君으로 땅을 넓히고 군사를 강하게 하는 계책을 수립하며,

그들 臣은 그런 주군에게 충성을 다하는 것입니다. 그러하니 삼가 대왕을 위한 계책으로는 韓, 魏, 齊, 楚, 燕, 趙가 하나가 되어 六國이 合從으로 親交하며 秦에 맞서기보다 더 좋은 방책을 없을 것입니다. 지금 천하의 將相으로 하여금 洹水(원수)[1682]에 모이게 하여 인질을 교환하고(通質) 白馬를 잡아(刑白馬) 그 피로 맹서하게 합니다. 그 맹서는 이렇습니다. '秦이 楚를 공격하면, 齊와 魏는 각각 정병을 출동시켜 楚를 돕고, 韓은 (秦의) 糧道(食道: 식량 보급)를 절단하며, 趙는 河水와 漳水(장수)를 건너 진격하고, 燕은 常山의 이북을 방어한다. 秦이 韓과 魏를 공격하면, 楚는 秦의 배후를 공격하고, 齊는 정병을 동원하여 韓과 魏를 도우며, 趙는 河와 漳을 건너 진격하고 燕은 雲中郡을 방어한다. 秦이 攻齊하면, 楚는 그 배후를 단절하고, 韓은 成皐(성고)를 방어하며, 魏는 午道(오도)를 폐쇄하며, 趙는 河水와 漳水를 건너 진격하여 博關(박관)을 방어하며, 燕은 정병을 내어 지원한다. 秦이 燕을 공격하면 趙는 常山을 수비하고, 楚는 武關(무관)에 군사를 진격 주둔시키며, 齊는 渤海(발해)를 건너 구원하고, 韓과 魏는 정예 병력을 동원하여 燕을 구원한다. 秦이 趙를 공격한다면, 韓은 宜陽(의양)에 주둔하고, 楚軍은 武關(무관)에, 魏軍은 河外(河西)에 주둔시키고, 齊는 渤海(발해)를 건너 진격하며, 燕은 정병을 동원하여 趙를 구원한다. 諸侯 중에 먼저 맹약을 깨는 자가 있다면 (다른) 五國이 공동으로 징벌한다.' 이렇게 六國이 합종으로 친교하며 秦을 물리친다면, 秦은 틀림없이 函谷關 밖으로 군사를 출동

1682 洹水(洹河, 원하) – 지금은 安陽河로 통칭. 衛河(위하)의 2대 지류의 하나. 河南省 林州市 林慮山에서 발원하여 林州市, 安陽市 등을 지난다. 殷의 도성 殷墟(은허)를 흐르는 강이다.

하여 山東의 육국을 침범하지 못할 것입니다. 이렇게 된다면 (趙의) 霸業(패업)은 성공할 것입니다!"

趙王이 말했다.

"寡人은 年少하고, 蒞國(이국, 理國: 국정을 맡다)도 日淺(일천: 얼마되지 않다)하여 여태껏 사직을 위한 이런 長計(장구한 계획)를 알지 못하고 있었습니다. 지금 上客께서 천하의 질서를 유지하고 제후를 安存(안정시키다)케 하는 방책을 갖고 계시니 寡人은 삼가 나라와 함께 따를 것입니다."

그리고서는 蘇秦을 武安君에 封했고 장식을 꾸민 수레 1백 승, 黃金 1千 鎰(일), 白璧 1百 雙(쌍), 수놓은 비단 1千 純(순)을 주어 다른 제후와 맹약케 하였다.

240/ 秦攻趙

{原文} 秦攻趙, 蘇子謂秦王曰,

"臣聞明王之於其民也, 博論而技藝之, 是故官無乏事而力不困, 於其言也, 多聽而時用之, 是故事無敗業而惡不章. 臣願王察臣之所謁, 而效之於一時之用也. 臣聞懷重寶者, 不以夜行, 任大功者, 不以輕敵. 是以賢者任重而行恭, 知者功大而辭順. 故民不惡其尊, 而世不妒其業. 臣聞之, 百倍之國者, 民不樂後也, 功業高世者, 人主不再行也. 力盡之民,仁者不用也, 求得而反靜, 聖主之制也, 功大而息民, 用兵之道也. 今用兵終身不休, 力盡不罷, 怒趙必於其己邑, 趙僅存哉! 然而四輪之國也, 今雖得邯鄲, 非國之長利也. 意者, 地廣而不耕, 民羸而不休, 又嚴之以刑罰, 則雖從而不止矣. 語曰, '戰勝而國危者, 物不斷也. 功大而權輕者, 地不入也.' 故過任之事, 父不得於子, 無已之求, 君不得於臣. 故微之爲著者强, 察乎息民之爲用者伯, 明乎輕之爲重者王."

秦이 趙를 침공하자,

{국역} 秦이 趙를 공격하자,[1683] 蘇子가 秦王에게 말했다.

"臣이 알기로는, 明王은 그 백성의 여러 의견을(博論) 논하고 재주를(技藝) 활용하기에 나라의 일이 잘못되거나〔乏事(핍사)〕 人力이 부족하지 않으며, 백성의 말을 많이 듣고(多聽) 때맞춰 받아들이기에(時用) 하는 일에 실패가 없으며 악행도 일어나지 않는다고 하였습니다. 臣은 王께서 臣이 뵙고 말씀드리는 바를 살펴보시고 생각하여 一時(한때의 쓰임)라도 받아주시기를 바랍니다. 臣이 알기로, 좋

1683 秦攻趙 – 前 259 – 258년 趙 孝成王 연간에 秦이 趙 도읍 邯鄲(한단)을 공격한 적이 있었다. 그때의 일인지 확실하지 않다. 본 章은 齊가 燕의 침공을 받아 멸망 직전까지 갔다가 田單(전단)의 활약으로 복구한 이후 14년 이라 하였는데 그 시절에 소진은 이미 죽고 없었다. 뒷날 說客이 지어낸 허구의 내용이라는 주석이 있다. 文末에 秦王이 군사를 해산했고 이후 29년간 서로 공격하지 않았다고 하였는데, 2백 년 전국시대에 결코 그런 일은 없었다.

은 보배를(重寶) 가진 자는 밤에 다니지 않고, 큰일을 해야 할 사람은 가벼이 남과 싸우지 않는다고 하였습니다. 이 때문에 賢者는 책임이 무겁기에 그 행실은 恭敬하며, 知者는 大功을 세우고도 그 언사는 온순합니다.[1684] 그렇기에 백성은 그 尊位를 미워하지 않고, 세상 사람은 그의 成功을 질투하지도 않습니다. 臣이 알기로, 큰 땅을 가진 나라의(百倍之國) 백성은 그 이후를(많은 일) 즐겨하지 않으며,[1685] 그전에 없던 큰 공을 세운 사람에게 人主는 또 그런 공을 세우기를 바라지 않으며,[1686] 仁者는 탈진한 백성들을 다시 노역에 동원하지 않고, 얻었다면 그 다음에는 조용히 쉬게 하는 것이 聖主(聖王)의 법도입니다. 大功을 이뤘다면 백성을 쉬게 하는 것이(息民) 用兵의 正道입니다. 지금 用兵에 終身토록 不休(불휴: 쉬지 못하다)하고, 힘이 모두 고갈되었는데도 군사를 해산하지 않는다면, 趙에 대한 분노는 틀림없이 나라 안에서 일어날 것이니 아마 趙는 존속하기 어려울 것입니다.[1687] 그러나 (趙는) 사방이 서로 통달할 수 있는 나라이니(사방에 우방국이 있음)[1688] 지금 비록 한단을 (秦이) 함락시킨다 하여도 장기적으로 나라에(秦) 이롭지 않을 것입니다. 생각해 보건

1684 원문 知者功大而辭順 – 자신의 大功을 자랑하지 않는다(不伐也).

1685 원문 民不樂後也 – 국토가 넓어진 이후, 民은 그 이후 다시 일어나는 일을 不樂한다. 큰 나라가 된 것이 왕에게는 즐거운 일이지만, 백성은 그 이후 많은 일에 동원될 수밖에 없다. 백성이 무엇을 즐거워하겠는가?

1686 원문 人主不再行也 – 전에 없는 큰 공을 세운 자에게 人主는 다음에 또 그런 공을 세우기를 바라지 않는다. '大功은 不再'.

1687 원문 趙僅存哉! – 僅은 겨우 근. 조금. 존속이 거의 어렵다는 의미.

1688 然而四輪之國也 – 輪은 바퀴 륜. 通하다. 그 백성이 사방으로 서로 통달할 수 있는 나라이다.

대, 경지가 넓어도 농사짓지 못하고, 백성이 지쳤는데 쉬지 못하는데, 거기에 엄한 형벌로 다스린다면 백성이 비록 따라준다지만 (도망이나 반발은) 그치지 않을 것입니다. 속언에 '戰勝하고도 나라가 위태로운 것은 전쟁 동원을 그치지 않기 때문이며,[1689] 大功을 세우고도 권력이 경미한 것은 땅을 차지하지 못했기 때문이라.' 고 하였습니다. 그래서 너무 지나친 일이라면 아버지도 아들에게 요구할 수 없으며, 끝이 없는 욕구는 주군이라도 신하에게 요구할 수 없습니다. 그러하기에 보이지 않는 작은 것이 커질 것이라 식별하는 사람이 강한 자이고, 백성을 쉬게 할 때를 알고 부리는 자가 覇者(패자)이며, 경미한 것을 중대한 것으로 여기는 자가 王이 될 것입니다."

{**原文**} 秦王曰, "寡人案兵息民, 則天下必爲從, 將以逆秦."

蘇子曰, "臣有以知天下之不能爲從以逆秦也. 臣以田單, 如耳爲大過也. 豈獨田單, 如耳爲大過哉? 天下之主亦盡過矣! 夫慮收亡齊, 罷楚, 敝魏與不可知之趙, 欲以窮秦折韓, 臣以爲至愚也. 夫齊威,宣, 世之賢主也, 德博而地廣, 國富而用民, 將武而兵强. 宣王用之, 後逼韓威魏, 以南伐楚, 西攻秦, 爲齊兵困於殽塞之上, 十年攘地, 秦人遠跡不服, 而齊爲虛戾. 夫齊兵之所以破, 韓, 魏之所以僅存者, 何也? 是則伐楚攻秦, 而後受其殃也. 今富非有齊威, 宣之餘也, 精兵

1689 원문 物不斷也 - 物은 事也. 斷은 止也. 戰事을 그치지 않다. 동원을 그치지 않다.

非有富韓勁魏之庫也, 而將非有田單, 司馬之慮也. 收破齊, 罷楚, 弊魏, 不可知之趙, 欲以窮秦折韓, 臣以爲至誤. 臣以從一不可成也. 客有難者, 今臣有患於世. 夫刑名之家, 皆曰 '白馬非馬' 也. 已如白馬實馬, 乃使有白馬之爲也. 此臣之所患也."

"昔者, 秦人下兵攻懷, 服其人, 三國從之. 趙奢, 鮑佞將, 楚有四人起而從之. 臨懷而不救, 秦人去而不從. 不識三國之憎秦而愛懷邪? 忘其憎懷而愛秦邪? 夫攻而不救, 去而不從, 是以三國之兵困, 而趙奢, 鮑佞之能也. 故裂地以敗於齊. 田單將齊之良, 以兵橫行於中十四年, 終身不敢設兵以攻秦折韓也, 而馳於封內, 不識從之一成惡存也."

於是秦王解兵不出於境, 諸侯休, 天下安, 二十九年不相攻.

{국역} 秦王이 말했다.

"寡人이 군사를 해산하고(案兵) 백성을 쉬게 하여도, 天下는 틀림없이 합종하여 秦에 반역할 것입니다."

그러자 蘇子가 말했다.

"臣은 세상이 합종으로 하나 되어 秦에 거역할 수는 없을 것이라 생각합니다. 臣은 田單(전단)과 如耳(여이)[1690]가 大過(큰 과오)를 저

1690 田單(전단, 생졸년 미상, 陳單) - 戰國 시대 田齊의 宗室. 齊國의 軍事 戰略家이다. 燕 昭王 28년(前 284), 燕의 장군 樂毅(악의)는 齊를 정벌하여

지르고 있다고 생각합니다. 어찌 田單과 如耳만 大過를 저지르겠습니까? 天下의 君主 역시 모두 마찬가지입니다. 제후들이 齊를 격파하고 楚를 멸망시키거나, 魏를 피폐케 하거나, 存亡을 알 수 없는 趙를 돕는 것이[1691] 秦을 곤궁으로 몰거나 韓을 꺾어버리는 것이라 생각한다면, 그것은 아주 어리석은 짓이라 생각합니다. 齊의 威王(위왕, 재위 前 356 – 320)과 宣王(선왕, 재위 前 319 – 301)은 傳世의 賢主였는데, 덕을 널리 베풀고(德博) 국토를 넓혔으며(地廣), 나라는 부유했고 백성을 잘 동원하였으며, 장수는 용맹했고(將武) 군사는 강했습니다(兵强). 宣王도 뒤를 이어 韓을 핍박하고 魏를 위협하였으며 南으로는 伐楚(초를 정벌하다)하고, 서쪽으로 攻秦(진을 공격하다)하였으니, 이 때문에 秦은 殽塞(효산의 요새)에서 곤궁에 처했고 이후 10년이나 영토를 물렸지만, 秦은 멀리 물러나 굴복하지 않았으니, 이에 齊는 나라가 급속도로 피폐하였습니다.[1692] 齊兵이 격파했어도 韓과 魏가 겨우 명맥을 이은 것은 무엇 때문이겠습니까? 이는 (齊가) 伐楚하고 攻秦한 그 이후에 (齊가) 재앙을 당했기 때문입니

도읍 臨淄(임치)를 점령하였다. 昭王 32년(前 280)에는 齊의 70여 城을 탈취하였는데, 그 다음 해에 田單은 卽墨之戰에서 火牛陣으로 燕軍을 격파하고 燕에 빼앗겼던 70여 성을 수복했다. 이어 相이 되어 齊 襄王을 보필하였다. 如耳(여의)는 人名. 韓의 臣. 본래 魏人. 如가 姓. 田單과 如耳가 합종을 추진하고 있었다.

1691 원문 敝魏與不可知之趙 – 不可知之趙는 앞으로의 存亡을 알 수 없는 趙.

1692 원문 而齊爲虛戾 – 虛戾(허려)는 국가 재용이 바닥나고 백성이 지치고 병들다. 虛戾는 虛厲로 해석할 수도 있다. 居宅에 無人하면 虛이고, 死而無後한 것을 厲라 한다.

다. 지금 (齊는) 그 國富가 齊 威王이나 宣王 때만 못하고 그 精兵은 韓을 핍박하고 魏를 억누르던 시절만 못하며, 그들 장수는 옛날의 田單(전단)이나 司馬穰苴(사마양저)[1693]만 못합니다. (그들이 合從으로) 격파된 齊, 피폐한 楚, 지친 魏, 존속을 알 수 없는 趙를 수습하여 秦을 궁지로 몰거나 韓을 꺾어버리려 한다면, 臣은 큰 誤算(오산)이라 생각합니다. 臣은 合從으로 하나가 되는 것도 불가능한 일이라 생각합니다. 說客(세객)에도 (합종을) 비난하는 자가 있고, 지금 신하 중에도 세상의 환난을 우려하는 사람이 있습니다. 刑名家들은[1694] 모두가 '白馬는 非馬이다.' 라고 말하고 있습니다.[1695] 이미 만약 白

1693 司馬穰苴(사마양저, 생졸년 미상)는 嬀(규)는 姓, 田氏, 名은 穰苴. 春秋 후기, 齊 敬公(재위 前 548-490)의 장수. 兵法家. 田完의 후손.

1694 刑名之家 - 名家(명가)는 司馬談의 〈論六家要旨〉에서 六家의 하나. 先秦 諸子百家의 하나. 논리학파. 古代 名家의 辯者(변자)들은 實(실)과 名(명)의 명제를 논리적으로 탐구하였으니 著名이란 命題로는 '白馬非馬', '堅白石', '合同異' 등이 있고 저명한 人物로 鄧析(등석), 公孫龍(공손룡), 宋鈃(송견), 尹文(윤문), 惠施(혜시) 등이 있다.

1695 白馬非馬 - 戰國 시기에 名家의 公孫龍(공손룡)이 제기한 辯論의 命題. '白馬는 말인가? 아닌가?' 이는 《公孫龍子 白馬論》에 수록되었다. 그의 주장의 대략은 아래와 같다. '馬' 는 외형을 描述(묘술, 묘사 서술)하였다. '白' 은 색채를 서술한 말인데, 색채와 형상은 하나의 범주에 속하지 않는다. 때문에 백마는 말이라 할 수 없다. 白馬는 白色과 外形(馬), 곧 2개의 특성이 결합하였다. 만약 색을 말하지 않는다면, 곧 단순한 외형(馬)을 말하려 한다면 白馬를 말할 수가 없다. 黃馬나 黑馬도 모두 馬이다. 다만 黃馬나 黑馬는 白馬가 아니다. 만약 白馬가 馬라면 黃馬나 黑馬가 白馬가 아니기에 이들 또한 馬가 아니다. 이는 명제의 모순이기 때문에 성립할 수가 없다. 求馬한다면 黃馬나 黑馬도 얻을 수 있다. 白馬를 구하려 한다면 黃馬나 黑馬는 얻을 수 없다.(포함

馬가 실제 馬(實馬)라면 모두가 白馬가 있다고 해야 하는데, 천하의 말은 모두 백마가 아니기에 백마는 말이 아니라고 말하고 있습니다. 이것이 臣이 걱정하는 바입니다.[1696]

"옛날에(昔者), 秦人이 군사를 동원하여 (河內郡의) 懷縣(회현)을 공격하여 그 백성을 굴복케 하자 三國(趙, 齊, 楚)이 합종하였습니다. (趙의) 趙奢(조사), (齊의) 鮑佞(포영)이 장수로, 그리고 楚의 장수 4인이 기병하며 출정하였습니다. 이들이 회현에 접근했습니다만 구원하지 않았고 秦의 군사가 퇴거하자 합종은 저절로 끝났습니다. 이 3국이 秦을 증오했지만 懷(회)의 땅은 아깝지가 않았는지는 잘 모르겠습니다. 아니면 회의 땅을 증오하였지만 秦을 아껴주었기 때문이겠습니까? 대체로 공격이 있어도 구원하지 않고 퇴각하자, 합종이 깨어진다면 그것은 그 군사가 너무 지쳤기 때문이거나 趙奢(조사)와 鮑佞(포영)의 능력 때문이었습니다. 그러하기에 땅을 할애하고서도 齊에 패했던 것입니다. 田單은 齊의 우량한 군사를 거느리고 齊나라에 橫行(횡행)하기 14년에 끝내 군사를 거느리고 秦을 공격하거나

되지 않는다). 白馬가 馬라면 구하려는 것은 하나이다. 구하려는 것이 하나라면 白馬는 馬와 다르지 않다. 얻으려는 것이 다르지 않다면 구하려는 것은 하나이다. 구하려는 것이 하나라면 白馬는 馬와 다르지 않다. 구하려는 것이 다르지 않다면 (白馬를 구할 때) 黃馬와 黑馬는 왜 되고 왜 안 되는가? 可와 不可는 그 형상이 분명하지 않기 때문일 것이다. 그렇다면 黃馬나 黑馬는 하나이다. 黃馬, 黑馬는 馬라고는 말할 수 있지만 白馬라 할 수는 없다. 그렇다면 白馬는 馬가 아니다(非馬).

1696 원문 此臣之所患也 – 言難者가 모두 이와 같다면, 나도 걱정하겠지만 지금 모두 이와 같지는 않다는 뜻.

韓을 굴복시키려 하지 않고 자신의 封地 안에서만 활동하였는데 합종의 의의가 어디에 있는지 잘 모르겠습니다."

이에 진왕은 군사를 해산하였고 국경 밖으로 군사를 출동시키지 않았고, 제후 여러 나라도 휴전하자, 천하가 평온하여 29년 동안 서로 공격하는 일이 없었다.

241/ 張儀爲秦連橫說趙王

{原文} 張儀爲秦連橫, 說趙王曰,

"弊邑秦王使臣敢獻書於大王御史. 大王收率天下以儐秦, 秦兵不敢出函谷關十五年矣. 大王之威, 行於天下山東. 弊邑恐懼懾伏, 繕甲厲兵, 飾車騎, 習馳射, 力田積粟, 守四封之內, 愁居懾處, 不敢動搖, 唯大王有意督過之也. 今秦以大王之力, 西擧巴蜀, 並漢中, 東收兩周而西遷九鼎, 守白馬之津. 秦雖辟遠, 然而心忿悁含怒之日久矣. 今宣君有微甲鈍兵, 軍於澠池, 願渡河踰漳, 據番吾, 迎戰邯鄲之下. 願以甲子之日合戰, 以正殷紂之事. 敬使臣先以聞於左右."

張儀가 秦을 위하여 連橫으로 趙王에게 유세하다.

{국역} 張儀(장의, 前 373-310)가 秦을 위하여 連橫策(연횡책)으로 趙

王에게 유세하며 말했다.[1697]

"弊邑(폐읍)의 秦王(惠文王)은 臣을 보내 大王의 御史에게 獻書(헌서: 글을 올리다)하게 하였습니다. 大王께서는 天下를 이끌고 秦을 배척하시기에, 秦兵은 감히 함곡관을 나서지 못한 지가 15년이나 되었습니다. 그러니 大王의 위엄은 온 세상에(山東) 떨치고 있습니다. 저희 秦에서는 두려워 엎드리며 정병의 갑옷이나 수선하고 戰車(전거)를 장식하거나 말 타고 활쏘기를 연습하며, 농사를 지어 군량을 비축하고 사방을 수비하지만, 두려워 떨며 감히 움직이지도 못하니, 오직 대왕께서 우리 잘못을 질책해 주시길 바랄 뿐입니다. 지금 秦에서는 大王의 조력 덕분에 서쪽으로 巴蜀(파촉)을 차지하였고,[1698] 漢中(한중)을 병탄하였으며, 東쪽으로는 東, 西周를 손에 넣고 (周天子의) 九鼎(구정)을 옮겨갔으며,[1699] (河水의) 白馬津(백마진)을 지키고 있습니다. 秦이 비록 후미진 먼 곳이지만, 그러나 마음에 울분과 분노를 품은 지 오래입니다.[1700] 지금 저의 主君은 미미한 군사에 노둔한 병졸이지만 澠池(민지)에 주둔하면서[1701] 河水와 漳水(장수)를

1697 원문 張儀爲秦連橫 - 본 章은 周 赧王(난왕) 4년, 趙 武靈王 15년(前 311)의 일로 알려졌다. 본 장에서 언급한 史實과 지리에 관한 언급에 事實에 부합되지 않는 것이 많다는 주석도 있다. 후대 辯士들의 拙劣(졸열)한 擬托(의탁)이라 생각된다.

1698 《史記 六國年表》에 의하면, 秦 惠文王 後 9년(前 316)에 蜀國을 병탄하였다.

1699 원문 而西遷九鼎 - 이는 史書에 기록이 없으며, 說客의 허풍이라는 주석이 있다.

1700 원문 心忿悁含怒之日久矣 - 悁은 성낼 연(忿也). 含은 머금을 함.

1701 원문 軍於澠池 - 軍은 주둔하다. 동사로 쓰였다. 澠은 고을 이름 민

건너서 (趙邑) 番吾(반오, 番은 땅이름 반)를 점거한 뒤에, 邯鄲(한단) 부근에서 결전하려 합니다. 오는 甲子日에 전투를 벌려 (武王이) 殷紂王(주왕)을 처단한 일을 본받고자 합니다. 존경하는 뜻에서 臣을 보내 대왕의 측근에게 먼저 알리게 하였습니다."[1702]

{原文} "凡大王之所信以爲從者, 恃蘇秦之計. 熒惑諸侯, 以是爲非, 以非爲是, 欲反覆齊國而不能, 自令車裂於齊之市. 夫天下之不可一亦明矣. 今楚與秦爲昆弟之國, 而韓, 魏稱爲東蕃之臣, 齊獻魚鹽之地, 此斷趙之右臂也. 夫斷右臂而求與人鬪, 失其黨而孤居, 求欲無危, 豈可得哉? 今秦發三將軍, 一軍塞午道, 告齊使興師度清河, 軍於邯鄲之東, 一軍軍於成皐. 敺韓,魏而軍於河外, 一軍軍於澠池. 約曰, 四國爲一以攻趙, 破趙而四分其地. 是故不敢匿意隱情, 先以聞於左右. 臣切爲大王計, 莫如與秦遇於澠池, 面相見而身相結也. 臣請案兵無攻, 願大王之定計."

{국역} "대체로 大王이 믿는 바 합종이란 蘇秦의 계책을 따르는 것입니다. 이는 여러 제후를 熒惑(형혹, 眩惑)케 한 것으로 옳은 것을 그르다, 그른 것을 옳다 하면서 소진이란 자는 齊를 뒤엎으려다

(면). 澠池는 黽池(민지, 黽은 힘쓸 민, 맹꽁이 민). 弘農郡에 속한 지명. 漢代 黽池縣(민지현)은, 今 河南省 黃河 남안, 三門峽市 관할 黽池縣(민지현).

1702 원문 敬使臣先以聞於左右 – 이 말은 겸양과 恭遜(공손)을 가장한 협박이다.

가 실패하여 齊의 거리에서 車裂刑(거열형)에 처해진 자입니다. 천하가 합종으로 하나가 될 수 없다는 것은 분명합니다. 지금 楚와 秦은 昆弟(곤제, 兄弟)의 나라가 되었고, 韓과 魏 역시 (秦의) 신하가 되어 東方의 蕃臣(번신, 藩臣)이 되었으며, 齊에서는 魚鹽(어염)이 산출되는 지역(토지)을 헌상하였는데, 이는 趙의 右臂(우비, 오른팔)를 자른 것과 같습니다. 오른팔이 잘린 채로 다른 사람과 싸우겠다면 그 무리를 잃을 뿐만 아니라 외톨이가 될 것이니(孤居), 위태롭지 않기를 원하지만 어찌 그리 되겠습니까? 지금 秦은 3軍을 출동시켜, 一軍은 午道(오도)를 막고 齊로 하여금 군사를 동원하여 (河水의 하류 지역) 淸河를 건너 邯鄲(한단)의 동쪽에 주둔케 할 것입니다. 다른 1軍은 成皐(성고)[1703]에 주둔케 하여 韓과 魏의 군사를 몰아 진격하여 河外(하외, 趙에서 보면 河水의 남쪽)에 주둔시킬 것이며, 다른 1軍은 澠池(민지)에 주둔시킬 것입니다. (우리가) 약속하기를 四國(진 · 제 · 한 · 위)이 하나가 되어 攻趙(공동으로 조나라를 공격하다)하여 破趙(조를 격파하다)한 다음에 그 땅을 四分하기로 하였습니다. 그래서 이를 숨길 수가 없어 먼저 대왕의 측근에게 알리는 것입니다. 臣은 진심으로 대왕을 위한 계책으로 말씀드리니 秦과 澠池(민지)에서 서로 만나 직접 결맹하시기 바랍니다. 臣이 군사 공격을 멈추도록 할 터이니 대왕께서는 계책을 결정하시기 바랍니다."

1703 成皐(성고) - 今 河南省 중부 鄭州市 관할 滎陽市(형양시) 서북. 地勢가 험준하여 예부터 兵爭의 땅이었다.

{原文} 趙王曰,

“先王之時, 奉陽君相, 專權擅勢, 蔽晦先王, 獨制官事. 寡人宮居, 屬於師傅, 不能與國謀. 先王棄群臣, 寡人年少, 奉祠祭之日淺, 私心固竊疑焉. 以爲一從不事秦, 非國之長利也. 乃且願變心易慮, 剖地謝前過以事秦. 方將約車趨行, 而適聞使者之明詔.”

於是乃以車三百乘入朝澠池, 割河間以事秦.

{국역} 趙王이 말했다.

“先王(武靈王)의 재위 시에, 奉陽君(봉양군, 李兌)이 相이었는데,[1704] 권세를 마음대로 행사하며 선왕의 혜안을 가리면서 政事를 혼자 결정하였습니다. 과인은 나이가 어려 궁 안에 머물면서 師傅(사부)의 가르침을 받고 있어 나라의 정책 결정에 함께 할 수 없었습니다. 先王께서 여러 신하를 버리셨고(薨), 과인은 나이도 어리고, 종묘 제사를 받들은 지 일천하지만, 마음속으로 정말 의심을 갖고 있었습니다. 오로지 합종만으로 秦을 배척하는 것은 나라를 위해 장기적으로 이득이 아니라 생각하였습니다. 그러면서 생각을 바꿔 이제 땅을 할양하여 前日의 과오를 사과하고 事秦(진을 섬기다)하기로 결정하였습니다. 이제 간략하게 수레를 준비하고 달려가려는 차에 마침 使者의 명쾌한 가르침을 들었습니다.”

1704 先王之時, 奉陽君相 - 先王은 武靈王. 무령왕의 相은 肥義(비의)였다. 奉陽君은 李兌(이태)이고, 李兌는 惠文王의 相이었다. 사실과 전혀 부합하지 않는 구절이다.

이에 수레 3백 乘을 거느리고 澠池(민지)에 가서 입조하면서[1705] 河間(하간)의 땅을 할양하여[1706] 秦을 섬겼다.

242/ 武靈王平晝間居

{原文} 武靈王平晝間居, 肥義侍坐, 曰,

"王慮世事之變, 權甲兵用之, 念簡,襄之跡, 計胡,狄之利乎?"

王曰, "嗣立不忘先德, 君之道也. 錯質務明主之長, 臣之論也. 是以賢君靜而有道民便事之敎, 動有明古先世之功. 爲人臣者, 窮有弟長辭讓之節, 通有補民益主之業. 此兩者, 君臣之分也. 今吾欲繼襄主之業, 啓胡,翟之鄕, 而卒世不見也. 敵弱者, 用力少而功多, 可以無盡百姓之勞, 而享往古之勳. 夫有高世之功者, 必負遺俗之累. 有獨知之慮

1705 원문 於是乃以車三百乘入朝澠池 – 趙 武靈王 재위 중에 趙는 秦에 입조한 사실이 없다. 趙와 秦의 澠池(민지)에서의 회담은 趙 惠文王 20년, 前 279년의 일이고 이때 장의는 이미 죽고 없었다. 또 혜문왕이 어린 나이도 아니었다. 전혀 사실에 부합되지 않는 作文이다.

1706 河間은 지역 이름, 漳河와 河水 사이. 秦漢代의 郡國名. 秦代 河間은 鉅鹿郡(거록군) 관할이었는데, 今 河北省 남부 邢台市(형태시)에 해당한다. 곧 河間은 趙의 도읍 한단에 연접한 북쪽이다. 이는 하간이 어디인지도 모르고 지은 글이다.

者, 必被庶人之恐. 今吾將胡服騎射以教百姓, 而世必議寡人矣."

武靈王(무령왕)이 평일 한가할 때,

{국역} 武靈王(무령왕, 재위 前 325-299년)이 평일에 한가하였는데,[1707] (相인) 肥義(비의)[1708]가 侍坐(시좌: 모시고 앉아있다)하다가 말했다.

"王께서는 세상의 변화를 우려하시고 甲兵(군대)의 효용(쓰임)을 깊이 헤아리시는데, (先代인) 簡子(간자, 집권, 前 517-476년)와 襄子(양자, 집권, 前 475-443년)의 치적을 생각할 때, (우리가) 胡人과 狄人(적인)에 비하여 유리한가를 생각해 보셨습니까?"

왕이 말했다.

"지위를 계승했으면 先德(선왕의 덕)을 잊지 않는 것이 주군의 도

1707 원문 武靈王平晝間居 - 平晝(평주)는 平日. 無事之日. 間居는 한가하다. 본 章에 무령왕과 公子 成(성), 趙文(조문), 趙造(조조)의 논쟁 요지는 시대 변화에 따른 제도의 개혁이다. 개혁은 옛 제도(古禮)에서 벗어나는 것이다. 騎射에 유리한 胡服은 가까이는 上黨의 형세에 대응하기 위한 것이고, 멀리는 中山의 원한을 갚기 위한 것이라 하였다. 《史記 六國年表》에는 周 赧王(난왕) 8년(前 307) 趙 무령왕 19년 칸에 '初胡服' 이라 기록했다. 《史記 六國年表》는 전국시대 연표로 다른 표에 비하여 착오가 많은데, 다른 사료에 의하면 趙 무령왕 24년(前 302)이 정확하다는 주석이 있다. 하여튼 무령왕이 軍服으로 胡服을 채택한 것은 혁신이었다.

1708 肥義(비의)는 趙의 相. 賢人. 先代 肅侯 時부터 왕의 총애가 있었다. 公子 成(성), 王孫 緤(설), 趙文(조문), 趙造(조조) 등은 모두 趙 왕족이다.

리이고, 明主의 장점을 살려 헌신하는 것은 신하의 言論(말이나 글로 자기의 사상을 발표하는 일)일 것입니다.[1709] 그래서 賢君은 平靜(평정) 속에 백성을 편안케 하는 길을 이끌어야 하고, 변화 속에(動) 옛 先世의 공적을 밝혀야 합니다. 人臣(신하)이 된 者는 곤궁하더라도 어른에게 孝悌(효제)의 미덕과 겸양의 지조를 견지하며, 백성과 주군의 일을 유익하게 보좌하는 일에 통달해야 합니다. 이 두 가지는 君臣의 본분일 것입니다. 지금 나는 (선대) 襄王(趙襄子)의 업적을 이어 胡人과 翟人(적인, 狄人)의 땅을 개척하고(啓, 開와 通) 싶으나, 여태껏(卒世, 擧世) (적임자를) 찾지 못했소. (우리는) 약자를(胡, 翟) 상대하기에(敵) 用力이 적어도 그 功은 많으니, 백성의 노고를 다하지 않더라도 옛날 같은 치적을(勳) 성취할 수 있을 것입니다. 세상에서 큰 공을 이룩한 자는 세속의 폐습에 부담을 갖고,[1710] 홀로 생각이 깊은 知者일지라도 세상의 두려움(원망?)을 사게 됩니다. 지금 나는 胡服(호복)을 입히고[1711] 騎射(기사 : 말 타기와 활쏘기)를 백성에게 가르치고 싶지만 세상에서는 나를 비난할 것입니다."

{原文} 肥義曰,

"臣聞之, 疑事無功, 疑行無名. 今王卽定負遺俗之慮,

1709 원문 錯質務明主之長 – 錯은 섞일 착. 委와 通. 委質(위질)은 몸을 바침. 헌신하다.

1710 원문 必負遺俗之累 – 세속과 같이할 수 없는 부담이 있다는 뜻.

1711 원문 今吾將胡服 – 胡服은 胡人의 옷. 흉노 등 북방인의 옷, 時服이라 했다. 古來의 의상인 裘(구, 상, 하의가 붙은 長衣)와 裳(상, 통이 넓은 下衣)을 폐지하겠다는 뜻.

殆毋顧天下之議矣. 夫論至德者, 不和於俗, 成大功者, 不謀於衆. 昔舜舞有苗, 而禹袒入裸國, 非以養欲而樂志也, 欲以論德而要功也. 愚者闇於成事, 智者見於未萌, 王其遂行之."

王曰, "寡人非疑胡服也, 吾恐天下笑之. 狂夫之樂, 知者哀焉, 愚者之笑, 賢者戚焉. 世有順我者, 則胡服之功未可知也. 雖敺世以笑我, 胡地中山吾必有之."

{국역} (趙 相) 肥義(비의)가 말했다.

"臣이 알기로는, 疑事(의사: 의심하는 일)는 성공할 수 없고, 疑行(의행: 의심속에서 행동하다)은 명분이 없다고 하였습니다. 지금 대왕께서는 결정하셨지만 세속의 우려가 부담되더라도 천하 속인의 論議를 고려하지는 마십시오. 至德을 論하는 자는 世俗과 타협하지 않고, 大功을 이루려는 자는 衆人(뭇사람)과 함께 논의하지 않습니다. 옛날 舜(순)은 苗族(묘족)에 들어가 춤을 추웠고,[1712] (夏의) 禹王(우왕)은 웃통을 벗고 裸國(나국)에 들어갔는데, 이는 하고 싶은 대로 즐기려는 뜻이 아니라 그 德行을 논하면서 공을 세우려 했던 것입니다. 愚者(우자)는 成事에 어둡지만(闇於成事), 智者는 싹이 트기 전에 알아야 하나니(見於未萌), 왕께서는 걱정하지 말고 시행하시기 바랍니다."

무령왕이 말했다.

"寡人은 胡服의 효용을 의심하는 것이 아니라 천하의 비웃음을

1712 昔舜舞有苗 – 有苗는 苗族(묘족). 중국의 西南夷. 묘족에 군사를 동원하지 않고 그들 습속대로 干舞(舞羽)를 추워서 굴복시켰다.

걱정합니다. 狂夫(광부: 미친 사내)의 쾌락이 知者에게는 슬픔일 수 있고, 愚者(우자)의 웃음에, 賢者는 찡그릴 수도 있습니다. 세상에는 나를 따르는 자라도 胡服(호복)의 효용성을 어떻게 생각할지 알 수 없습니다. 비록 세상 사람을 다 몰아 함께 나를 비웃더라도 나는 胡地와 中山國을 필히 차지할 것입니다."

{原文} 王遂胡服. 使王孫緤告公子成曰,

"寡人胡服, 且將以朝, 亦欲叔之服之也. 家聽於親, 國聽於君, 古今之公行也. 子不反親, 臣不逆主, 先王之通誼也. 今寡人作敎易服, 而叔不服, 吾恐天下議之也. 夫制國有常, 而利民爲本, 從政有經, 而令行爲上. 故明德在於論賤, 行政在於信貴. 今胡服之意, 非以養欲而樂志也. 事有所出, 功有所止. 事成功立, 然後德且見也. 今寡人恐叔逆從政之經, 以輔公叔之議. 且寡人聞之, 事利國者行無邪, 因貴戚者名不累. 故寡人願募公叔之義, 以成胡服之功. 使緤謁之叔, 請服焉."

公子成再拜曰,

"臣固聞王之胡服也, 不佞寢疾, 不能趨走, 是以不先進. 王今命之, 臣固敢竭其愚忠. 臣聞之, 中國者, 聰明叡知之所居也, 萬物財用之所聚也, 賢聖之所敎也, 仁義之所施也, 詩書禮樂之所用也, 異敏技藝之所試也, 遠方之所觀赴也, 蠻夷之所義行也. 今王釋此, 而襲遠方之服, 變古之敎, 易古之道, 逆人之心, 畔學者, 離中國, 臣願大王圖之."

{국역} 王은 胡服을 착용했다. 王孫인 緤(설)을 보내 (叔父인) 公子 成(성)에게 말했다.

"寡人은 胡服을 입고 조회할 것이며 숙부께서도 착용하시길 바랍니다. 가문에서는 부친을 따르고, 나라에서는 주군을 따르는 것이 고금의 公行(공적인 행동)입니다. 자식이 양친(어버이)에 어긋나지 않고 신하는 주군의 뜻을 거역하지 않는 것이 先王부터 이어온 通誼(통의, 大義)입니다. 지금 寡人이 교화하려고 服式을 바꿨는데 숙부께서 따라주지 않는다면, 저는 세상 여론이 걱정됩니다. 國制에 常道가 있고 利民에도 근본이 있으며, 정치에도 經綸(경륜)이 있고 법령을 받들어야 합니다. 그래서 明德을 베풀어도 천민을 먼저 의논해야 하고, 行政에는 貴者의 信任이 있어야 합니다. 지금 胡服을 착용하는 本意는 (과인의) 욕구에 따르거나 즐기려는 뜻이 아닙니다. 모든 일을 시작했다면 성과를 거두어야만 그만둘 수 있습니다. 일이 잘 되어 성공한 뒤에 그 혜택이 나타날 것입니다. 지금 과인은 숙부께서 정치의 經常(항상 일정하여 변하지 아니함)을 거슬러 여러 숙부들의 의논의 대상이 될까 걱정이 됩니다. 또 寡人이 알기로는, 나라에 이득이 되는 일을 하려는 자는 그 행실이 정당해야 하며(無邪), 貴戚(귀척)을 위한 일은 명분에 얽매일 수 없습니다. 그래서 과인은 여러 公叔의 논의에 따르면서 호복 착용의 성과를 거두고 싶습니다. 지금 緤(설)을 보내 숙부를 알현케 하며 호복 착용을 말씀드립니다."

이에 公子 成(성)이 재배하며 말했다.

"臣도 王의 胡服 착용을 알고 있지만, 미련하고 병들어 서둘지 못하기에 먼저 알현하지 못했습니다. 왕께서 말씀하신 그대로 臣은 진정 愚忠(우충)을 다 바치려 합니다. 臣이 알기로, 中國은 聰明(총명)과 叡智(예지)에 의거 생활하는 곳이고, 萬物과 財用이 모여드는 곳이며, 賢聖의 가르침이 있고, 仁義가 시행되는 곳이며, 詩書와 禮樂이 적용되는 곳이고, 특별히 민활한 技藝(기예)가 시행되며, 먼 지방에서도 본받으려는 곳이고, 蠻夷(만이)에게도 대의를 베풀어 주는 곳입니다. 지금 왕께서는 이 모든 것을 따르지 않고서, 먼 변방의 복식을 본뜨면서 옛 교화와 옛 大道를 바꾸어 人心을 거스르고, 學者의 뜻에 畔(반, 反과 通)하며 中國에서 벗어나려 하시는데, 臣은 대왕께서 다시 생각하시길 바랍니다."

{原文} 使者報王. 王曰, "吾固聞叔之病也."

卽之公叔成家, 自請之曰,

"夫服者, 所以便用也, 禮者, 所以便事也. 是以聖人觀其鄕而順宜, 因其事而制禮, 所以利其民而厚其國也. 被髮文身, 錯臂左衽, 甌越之民也. 黑齒雕題, 鯷冠秫縫, 大吳之國也. 禮服不同, 其便一也. 是以鄕異而用變, 事異而禮易. 是故聖人苟可以利其民, 不一其用, 果可以便其事, 不同其禮. 儒者一師而禮異, 中國同俗而教離, 又況山谷之便乎? 故去就之變, 知者不能一, 遠近之服, 賢聖不能同. 窮鄕多異, 曲學多辨, 不知而不疑, 異於己而不非者, 公於求善也. 今卿之所言者, 俗也. 吾之所言者, 所以制俗也. 今吾國東有河, 薄洛之水, 與齊,中山同之, 而無舟楫之用. 自常山以至代,上黨, 東有燕,東胡之境, 西有樓煩,秦,韓之邊, 而無騎射之備. 故寡人且聚舟楫之用, 求水居之民, 以守河, 薄洛之水, 變服騎射, 以備其參胡,樓煩, 秦,韓之邊. 且昔者簡主不塞晉陽, 以及上黨, 而襄王兼戎取代, 以攘諸胡, 此愚知之所明也. 先時中山負齊之强兵, 侵掠吾地, 係累吾民, 引水圍鄗, 非社稷之神靈, 卽鄗幾不守. 先王忿之, 其怨未能報也. 今騎射之服, 近可以備上黨之形, 遠可以報中山之怨. 而叔也順中國之俗以逆簡, 襄之意, 惡變服之名, 而忘國事之恥, 非寡人所望於子!"

{국역} 使者〔緤(설)〕가 王에게 보고했다.

왕은 "나도 숙부가 편찮으시다고 들었다."라고 말했다.

그리고 즉시 公叔인 成(성)의 집을 찾아가서 직접 말했다.

"服式이란 생활의 편리이고(便用), 禮는 일하는 방편입니다(便事). 때문에 聖人은 그 지방에 맞춰 복식을 정했고 하는 일에 따라 예의를 제정하였으며, 그렇게 하여 백성을 이롭게, 나라를 부유하게(厚) 하였습니다. 머리를 풀거나 文身 또는 왼쪽으로 옷깃을 여미는(左衽) 것은 (南方) 甌越(구월, 林越, 越人)의 백성들입니다. 이를(齒) 검게 칠하고(黑齒) 이마에 무늬를 새기기〔雕題(조제)〕, 메기 모양 冠〔鯷冠(제관)〕에 굵은 실로 꿰매는 옷〔秫縫(출봉)〕은 吳國의 풍습입니다. 禮服이 (지역에 따라) 不同한 것은 편의에 따른 것입니다. 이에 사는 곳이 다르면 용도도 다르고, 하는 일에 따라 禮도 바뀝니다. 따라서 聖人은 편리한 바를 따라 백성을 이롭게 하니 그 용법은 하나가 아니며, 과감하게 편리에 따라야 하기에 禮를 같이할 수 없는 것입니다. 儒者라도 스승은 한 사람(一師, 孔子)이나 (실천하는) 禮가 다르고, 中國이 同俗(같은 풍속)이라도 敎化(가르치어 감화시킴)가 서로 다른데, 하물며 산속 계곡에서는 무엇이 편하겠습니까? 그래서 去就(거취)에 따른 변화가 있기에 知者라도 하나로 같게 할 수 없고, 遠近에 따른 서로 다른 복식은 성현이라도 같게 할 수 없습니다. 궁벽한 마을에 서로 많이 틀린 것처럼 曲學(곡학: 바른 길에서 벗어난 학문)에는 辨說(변설)이 많고, 不知(알지 못함)하면 不疑(의심하지 말다)하며 나와 다르다 하여 나쁜 것이 아니고, 다만 善을 얻으려는 점은 모두 같은 것입니다. 지금 숙부께서(卿) 말씀하신 것은 일반 습속입니다. 제가 말씀드리는 것은 습속에 대한 새로운 방식입니다. 지금 우리나라의 동쪽에는 河水(黃河)와 薄洛水(박락수, 미상)가 있어 齊, 그리고 中山國과 공유하나 배〔舟楫(주즙: 배와 삿대로 배에 달린 모든 것)〕를 활용하지 못하고 있습니다. 또 常山(상산, 恒山)으로부터 代郡(대군)과 上黨(상당)의 동쪽에는 燕과 東胡(동호)[1713]와 접경하였습니다. 서쪽에는 樓煩(누번)이 있고, 秦 그리고 韓의 변경이나 전혀 騎射(기사: 말타기와 활쏘기)에 대한 준비가 없었습니다. 그래서 寡人은 배(舟楫)를 부릴 줄 아는 백성을 모으고 水居(물가에 사는 것)하는 백성을 구하여 河水와 薄洛水(박락수)를 방어할 것입니다. 또 變服(호복을 입히다)하고 騎射를 가르쳐서 參胡(三胡)와 樓煩(누번), 그리고 秦과 韓의 변방을 지켜야 합니다. 그러나 예전 簡主(趙簡子, 名은 趙鞅. 집권, 前 517 – 476년)께서는 晉陽(진양) 및 上黨을 막지 않

1713 東胡(동호) – 종족 이름, 烏丸(오환)의 先代. 나중에는 鮮卑(선비)로 통칭. 在匈奴의 동쪽이라서 東胡라 호칭. 烏丸은 본래 산 이름.

으셨고, 襄王(趙襄子, 집권, 前 475 – 443년)께서는 戎族(융족)을 아우르고, 代(대)의 땅을 차지하고서 여러 胡人을 물리치셨으니, 이는 어린 백성들도 확실하게 아는 바입니다. 그전에(先時) 中山國은 齊의 强兵에 의지하며 나의(趙) 땅을 약탈하였고, 나의 백성들을 잡아갔으며, 물을 끌어들여 鄗邑(호읍)[1714]을 포위 공격하였는데, 사직 신령의 도움이 없었으면 거의 지킬 수 없었습니다. 이에 先王들이 분노하였지만 아직 그 원한을 갚지 못하였습니다. 이번에 騎射를 장려하고 복식을 바꾸려는 것은 가깝게는 上黨의 형세에 대응하면서 멀리로는 中山國에 대한 원수를 갚으려는 뜻입니다. 그러니 叔父 또한 중국의 습속에 따른다 하여(順) 簡主(간주)와 襄王(양왕)의 뜻을 거역하고 變服(변복)의 명분을 증오하기 때문에 國事의 치욕을 잊으신다면, 이는 숙부에 대한 과인의 기대와 크게 다를 것입니다."

{原文} 公子成再拜稽首曰,

"臣愚不達於王之議, 敢道世俗之聞. 今欲繼簡,襄之意, 以順先王之志, 臣敢不聽令." 再拜. 乃賜胡服.

趙文進諫曰,

"農夫勞而君子養焉, 政之經也. 愚者陳意而知者論焉, 敎之道也. 臣無隱忠, 君無蔽言, 國之祿也. 臣雖愚, 願竭其忠."

1714 鄗(호) – 常山의 지명. 후한 건국자 光武帝 劉秀(유수)가 여기서 즉위하고(서기 25년) 高邑으로 개명하였다. 今 河北省 남서부 石家莊市 관할 高邑縣.

王曰, “慮無惡擾, 忠無過罪, 子其言乎.”

趙文曰, “當世輔俗, 古之道也. 衣服有常, 禮之制也. 修法無愆, 民之職也. 三者, 先聖之所以教. 今君釋此, 而襲遠方之服, 變古之教, 易古之道, 故臣願王之圖之.”

王曰, “子言世俗之間. 常民溺於習俗, 學者沉於所聞. 此兩者, 所以成官而順政也, 非所以觀遠而論始也. 且夫三代不同服而王, 五伯不同教而政. 知者作教, 而愚者制焉. 賢者議俗, 不肖者拘焉. 夫制於服之民, 不足與論心. 拘於俗之衆, 不足與致意. 故勢與俗化, 而禮與變俱, 聖人之道也. 承教而動, 循法無私, 民之職也. 知學之人, 能與聞遷, 達於禮之變, 能與時化. 故爲己者不待人, 制今者不法古, 子其釋之.”

{국역} 公子 成(성)이 再拜하고 머리를 숙이고 말했다.

“臣은 어리석기에 대왕의 말씀을 이해하지 못하여 세속의 의론으로 말씀드리고 싶습니다. 지금 簡主(趙簡子)와 襄主(趙襄子)의 뜻을 이어 先王의 大志에 순응하시는데, 臣이 감히 王命을 어찌 아니 따르겠습니까?”

그러면서 再拜하였다. 이에 왕은 胡服을 하사하였다.

이에 趙文(조문)이 앞으로 나서며 말하였다.

“農夫가 힘써 일하여 君子를 봉양하는 것은 政事의 大經입니다. 愚者는 뜻을 말하고 知者의 논술은 교화의 大道입니다. 신하가 충성을 숨겨서는 안 되고, 주군은 간언을 막지 않는 것이 나라의 福祿(복록)입니다. 臣이 비록 어리석지만 충성을 다 바칠 것입니다."

이에 왕이 말했다.

"사려에 흔들림이 없고,[1715] 충성에 과오가 없으니 경은 말해보시오."

趙文이 말했다.

"세상 흐름을 따라 시속을 바로잡는 것이 옛날의 도리였습니다. 의복은 일정한 규칙이 있고 禮度에 따른 法制입니다. 법도를 따르면 허물이 없으니,[1716] 이는 백성의 직분입니다. 이 3가지로 先聖은 교화를 실행하였습니다. 지금 君王께서는 이를 버리고서 遠方의 복제를 따르고, 古代의 교화를 변화시키며 고대의 도리를 바꾸려 하시는데 臣은 왕께서 다시 생각해 주시기를 바랍니다."

이에 왕이 말했다.

"卿의 말은 세속의 말이요.[1717] 常民은 習俗에 빠지게 되고, 學者는 들은 것에서 벗어나지 못한다고 하였소. 이 두 가지는 그저 자리나 지키고 政令을 따를 뿐, 멀리 내다보거나 새로운 논리의 전개는 아니요. 대체로 夏·殷·周 三代가 不同한 服色으로 王을 하고, 五伯(오패)는 서로 교화를 달리하여 다스렸소. 知者는 敎化를 만들고 愚者는 통제를 당합니다. 賢者는 時俗을 論하고, 不肖者(불초자)는 時俗에 구속되는 것이요. 백성을 제어하고 복속케 하는데 백성의 마음을 논할 필요가 없고, 민중을 제어 복종케 하는데 그 뜻을 다

1715 원문 慮無惡擾 – 생각이 확실하면 외물에 따라 흔들리지 않는다는 뜻.

1716 원문 修法無愆 – 修법은 脩法, 곧 循法. 循은 따를 순. 愆은 허물 건.

1717 원문 子言世俗之間 – 그 말은 세속을 벗어나지는 못했다는 뜻.

성취시킬 수는 없소. 그래도 權勢는 세속과 같이 가야 하고 禮俗도 같이 변하는 것이 聖人의 방도입니다. 교화에 따라 행동하고 법규를 따르고 私意를 따르지 않는 것은 백성의 직분이요. 知學한 사람은 세상에 따르고 禮俗의 변화에 통달한 사람이라면 시속과 같이 변화할 것이요. 그래서 爲己者(자신을 위해 일하는 자)는 남을 기다리지 않고, 지금 시속을 규제하려면 古禮를 따르지 않는 것이니 경은 (古禮에) 집착하지 마시오."

{原文} 趙造諫曰,

"隱忠不竭, 奸之屬也. 以私誣國, 賤之類也. 犯姦者身死, 賤國者族宗. 反之明刑, 臣下之大罪也. 臣雖愚, 願盡其忠, 無遁其死."

王曰, "竭意不諱, 忠也. 上無蔽言, 明也. 忠不辟危, 明不距人. 子其言乎."

趙造曰, "臣聞之, 聖人不易民而教, 知者不變俗而動. 因民而教者, 不勞而成功. 據俗而動者, 慮徑而易見也. 今王易初不循俗, 胡服不顧世, 非所以教民而成禮也. 且服奇者志淫, 俗辟者亂民. 是以蒞國者不襲奇辟之服, 中國不近蠻夷之行, 非所以教民而成禮者也. 且循法無過, 脩禮無邪, 臣願王之圖之."

{국역} 趙造(조조)가 諫言(간언)하였다.

"충성을 은폐하고 다하지 않는다면 奸臣의 무리입니다. 私意로 나라를 헐뜯는다면 賤人(천인)의 부류입니다. 간악한 죄를 지은 자는 죽어야 하고, 나라를 賤視하는 자는 그 문중을 멸족해야 합니다. 이 두 가지는 先聖께서 형벌로 분명히 하셨으며, 또한 신하에게는 대죄입니다. 臣이 비록 어리석지만 충성을 다할 것이오며 죽음도 불사하겠습니다."

그러자 왕이 말했다.

"꺼릴 것 없이 뜻을 다하는 것이 誠忠이고, 위에서 (신하의) 말을 막지 않는 것이 明智이요. 충성에 위험을 피하지 않고 明智는 사람을 막지 않는 것이니 경은 말을 해 보라."

이에 趙造(조조)가 말했다.

"臣이 알기로, 聖人은 백성을 바꾸지 않고(있는 그대로) 교화하며, 知者는 세속을 바꾸지 않고 움직이게 합니다. 백성에 바탕을 두고 교화한다면 힘들이지 않고도 성공을 거둡니다. 時俗에 근거하여 움직이는 자는 지름길을 걷는 것과 같아 쉽게 (성과를) 볼 수 있습니다.[1718] 지금 王께서는 變易(변역)을 시작하시면서 (백성의) 습속을 따르지 않으시고, 胡服에 대하여 세상의 뜻을 고려하지 않으시니, 이는 백성을 교화하여 예속을 성취하는 길이 아닙니다. 또 복장이 기이하면 그 뜻이 음란할 수 있고, 세속을 피하는 자가 백성을 혼란케 할 수도 있습니다. 이 때문에 나라를 다스리는 자는 기이한 복색을 따르지 않고, 중국은 蠻夷의 행실을 가까이하지 않기에, 백성을 교화하지 않고는 예법으로 성립하지 않았습니다. 또 법속을 따르면 과오가 없고, 禮를 따라 행하면 사악이 없사오니, 왕께서는 고려해

1718 원문 慮徑而易見也 – 徑은 지름길 경. 지름길을 걷다. 편하다. 易見은 쉽게 볼 수 있다. 쉽게 알 수 있다.

주시기 바랍니다."

{原文} 王曰, "古今不同俗, 何古之法? 帝王不相襲, 何禮之循? 宓戲,神農敎而不誅, 黃帝,堯,舜誅而不怒. 及至三王, 觀時而制法, 因事而制禮, 法度制令, 各順其宜, 衣服器械, 各便其用. 故禮世不必道, 便國不必法古. 聖人之興也, 不相襲而王. 夏, 殷之衰也, 不易禮而滅. 然則反古未可非, 而循禮未足多也. 且服奇而志淫, 是鄒, 魯無奇行也. 俗辟而民易, 是吳,越無俊民也. 是以聖人利身之謂服, 便事之謂敎, 進退之謂節, 衣服之制, 所以齊常民, 非所以論賢者也. 故聖與俗流, 賢與變俱. 諺曰, '以書爲御者, 不盡於馬之情. 以古制今者, 不達於事之變.' 故循法之功, 不足以高世, 法古之學, 不足以制今. 子其勿反也."

{국역} 武靈王이 말했다.

"고금의 習俗이 같지 않은데 왜 옛 법인가? 帝王도 서로 세습하지 않는데, 무슨 禮를 답습해야 하는가? 宓戲(복희, 伏羲)나 神農氏(신농씨)는 백성을 교화하면서 사형이 없었으며, 黃帝(황제)와 堯(요), 舜(순)은 죄인을 처형했지만 (부당하다고) 분노하는 사람이 없었다. 三代(夏, 殷, 周)의 王은 時俗을 보아 法을 제정하였고, 실정에 의거 制禮하니 모든 法度와 명령이 모두 순조롭고 適宜(적의 : 알맞고 마땅함)하였다. 또 衣服이나 器械(기계)도 그 용도에 적합하였다. 그래서 세상에 禮를 행하는데 반드시 하나이어야 할 필요는 없고 편하면 그

뿐, 옛 법을 따를 것도 없었다. 聖人의 興起〔의기(義氣)가 분발하여 일어남〕도 세습이 아니어도 王이 되었다. 夏와 殷의 쇠퇴기에 禮를 바꾸지 않았어도 나라는 멸망하였다. 그러한즉 古禮가 아니라서 안 되는 것도 아니고, 옛 禮를 따른다 하여 충분히 좋은 것도 아니다. 또 服制가 奇異하다 하여 사람의 志氣가 淫佚(음일)해진다면 鄒(추, 孟子의 고국)나 魯(노)에서는 奇行이 없어야 한다. 時俗이 편벽되어 품성이 바뀐다면 吳나 越(월)에서는 俊逸(준일: 재능이 썩 뛰어남)한 인재가 없어야 한다. 그래서 聖人은 사람에게 이로워야 服制이고, 일을 쉽게 할 수 있는 것을 教化라 하였으며, 적당한 進退를 節操(절조)라 했다. 백성들에게 衣服의 法制란 常人을 濟度(제도)하기 위한 것이지, 賢者를 위한 논의의 방편이 아니다. 그래서 聖과 俗(속)은 流轉(유전)하며, 賢人은 時俗의 변화를 따른다. 그러니 俗諺(속언)에서도, '책에 쓰인 대로 수레를 운행하면 말(馬)의 성질을 모른다. 옛 법도로 지금을 제어한다면 일의 변화에 통달하지 못한다.' 고 하였다. 그래서 법도만을 따른다면 당세에 큰 공을 세울 수 없다. 옛 법도만을 배운다면 現今을 제어하기에 부족하다. 그러니 卿은 더 이상 반대하지 말라."

243/ 王立周紹爲傅

{原文} 王立周紹爲傅, 曰,

"寡人始行縣, 過番吾, 當子爲子之時, 踐石以上者皆道子之孝. 故寡人問子以璧, 遺子以酒食, 而求見子. 子謁病而辭. 人有言子者曰, '父之孝子, 君之忠臣也.' 故寡人以子之知慮, 爲辨足以道人, 危足以持難, 忠可以寫意, 信可以遠期. 詩云, '服難以勇, 治亂以知, 事之計也. 立傅以行, 教少以學, 義之經也. 循計之事, 失而累, 訪議之行, 窮而不憂.' 故寡人慾子之胡服以傅王乎."

周紹曰, "王失論矣, 非賤臣所敢任也."

王曰, "選子莫若父, 論臣莫若君. 君, 寡人也."

周紹曰, "立傅之道六."

王曰, "六者何也?"

周紹曰, "知慮不躁達於變, 身行寬惠達於禮, 威嚴不足以易於位, 重利不足以變其心, 恭於教而不快, 和於下而不危. 六者, 傅之才, 而臣無一焉. 隱中不竭, 臣之罪也. 傅命僕官, 以煩有司, 吏之恥也. 王請更論."

趙王이 周紹(주소)를 사부로 삼다.

{국역} 趙王이 周紹(주소)를 사부로 임명하며 말했다.[1719]

1719 王立周紹爲傅 – 王은 武靈王. 周紹(주소)는 인물 未詳. 紹는 이을 소. 받다. 무령왕은 주소를 태자 何(하)의 師傅(사부)로 삼았다. 《史記 趙世家》에 의하면, 이는 무령왕 25년(前 301)의 일이다.

"寡人이 처음 縣을 순시하며 番吾(반오)[1720]에 들렀을 때, 卿(子)은 아직 젊은이였는데, 踐石(천석 : 大夫)[1721] 이상의 여러 사람이 모두 경을 효자라고 말했소. 그래서 과인이 璧(벽, 둥근 옥)을 보내 예를 표하고, 경에게 酒食을 보낸 뒤에 경을 만나려 했소. 그러나 경은 稱病(칭병: 병을 핑계로 하다)하며 사양하였소. 그러자 어떤 사람이 나에게 말했소. '부친에게 효자라면 왕에게 충신일 것입니다.' 그래서 과인은 경이 지혜롭고 사려 깊은 사람으로, 그 분별력이 남을 이끌 수 있으며, 위기에 어려움을 극복할 수 있고, 그 忠誠은 뜻을 널리 펼 수 있으며, 그 信義는 먼 뒷날을 기약할 수 있을 것이라 생각했소. 《佚詩(일시) / 속담》에서도[1722] '난관의 극복은 용기로, 治亂은 지혜로써 해야 하니, 이는 일의 計策〔계책: 계교(計巧)와 방책. 꾀〕이다. 사부는 행실을 보아 고르고, 어린 사람에게 학문을 교수하나니, 大義는 경전이다. 계획에 따라 처리하고 잘못되어도 걱정하지 않으며, 의논을 실행하니 궁색해도 걱정하지 않는다.' 하였소. 그래서 과인은 경에게 胡服을 착용케 하고 (뒷날) 王이 될 태자의 사부로 삼으려 합니다."

이에 周紹(주소)가 말했다.

"王께서는 잘못 알고 계셨습니다. 賤臣이 감당할 수 없는 일입니다."

1720 過番吾 – 過는 지나가다가 들리다. 찾아가 만나다. 番吾(반오)는 한때 中山國 도읍이었던 趙의 邑名, 今 河北省 남부 石家莊市 관할 靈壽縣.

1721 踐石(천석) – 말이나 수레에 올라탈 때 밟고 올라서는 돌. 즉 大夫 이상만 사용하므로, 여기서는 大夫(대부)란 뜻으로 쓰인다.

1722 詩云 – 《詩經》에 수록된 詩는 아니다. 《佚詩》라 하였지만 諺(상말 언, 예로부터 전해오는 말. 속담)이라는 주석도 있다.

王이 말했다.

"아들 중에 골라야 한다면 부친만 한 사람이 없고, 신하 중에 선택해야 한다면 주군만큼 아는 사람이 없다고 하였습니다. 君은 과인이 잘 압니다."

주소는 "사부를 택하는데 6가지 道가 있습니다."라고 말했다.

"그 여섯 가지가 무엇이요?"

"지식과 사려가 깊어 조급히 顯達(현달: 입신 출세함)하려 변하지 않아야 하고, 몸가짐과 행실이 관대하고 지혜로우나 몸에 배어야 하며, 어떤 권위로도 그 지위를 바꿀 수 없어야 하고, 큰 이득으로도 그 심경이 바뀌지 않아야 하며, 공경으로 교육하되 서두르지 않아야 하고(恭教不快), 아랫사람에게 온화하면서도 교만이 없어야 하는데(和下不危), 이 여섯 가지가 사부될 사람의 재능이나 臣에게는 그 하나도 없습니다. (誠心을) 가슴에 품고도 다 바치지 않는다면, 그것은 신하된 자의 죄입니다. 師傅라는 命은 힘든 관직이고 담당자를 번거롭게 하며,[1723] 담당 관리에게는 오히려 번거로움만 안겨주게 하니 왕께서는 다시 논의해 주시기 바랍니다."

{原文} 王曰, "知此六者, 所以使子."

周紹曰, "乃國未通於王胡服. 雖然, 臣, 王之臣也, 而王

1723 원문 傅命僕官, 以煩有司 - 傅는 附(따를 부)와 同意. 同은 比也. 僕은 종 복. 辱(욕될 욕)과 같은 뜻. 漢代의 太傅나 少傅는 영광된 직분이었으나, 전국시대 왕자의 사부는 마치 하인과 같은 천한 지위로 인식되었던 것 같다.

重命之, 臣敢不聽令乎?"

再拜, 賜胡服.

王曰, "寡人以王子爲子任, 欲子之厚愛之, 無所見醜. 御道之以行義, 勿令溺苦於學. 事君者, 順其意, 不逆其志. 事先者, 明其高, 不倍其孤. 故有臣可命, 其國之祿也. 子能行是, 以事寡人者畢矣. 《書》云, '去邪無疑, 任賢勿貳.' 寡人與子, 不用人矣."

遂賜周紹胡服衣冠, 具帶黃金師比,

{국역} 왕이 말했다.

"이 여섯 가지를 알고 있기에 卿(子)에게 부탁드립니다."

周紹(주소)가 말했다.

"지금 나라에서는 胡服에 대한 왕의 뜻이 통하지 않고 있습니다. 그렇지만 臣은 王의 신하이고 왕께서는 저를 중히 여기시어 임명하셨으니, 臣이 어찌 감히 따르지 않겠습니까?"

주소가 再拜하자, 王은 胡服[1724]을 하사했다. 이어 왕이 말했다.

"寡人은 王子를 卿에게 맡기오니, 경이 왕자를 많이 愛育하여 추한 꼴이 없기를 바랍니다.[1725] (王子가) 大義를 실천하도록 이끌

1724 胡服 – 우리 韓服에는 주머니〔囊(주머니 낭)〕가 없다. 우리 조상은 옷과 분리된 주머니를 사용했다. 그런데 胡服에는 옷에 주머니가 있다. 곧 '호복의 주머니' 가 호주머니〔胡囊(호랑)〕이다. 걸으면서 '호주머니에 손 넣지 말라' 는 말을 자주 들었다.

1725 원문 無所見醜 – 수동형 문장. (所~). 醜는 추할 추. 惡事.

어주시고, 잘못된 학문에 빠지지 않게 가르쳐주시기 바랍니다.[1726] 事君은 主君의 뜻을 따르고(順其意), 그 志向을 거스르지 않는 것입니다(不逆其志). 先君을 섬기는 자는 그 높은 뜻을 밝히고 그 어린 것(孤, 後嗣)을 잘못되지 않게 키워야 합니다. 그리하여 卿 같은 臣에게 부탁할 수 있으니, 이는 나라의 福祿입니다. 경은 이를 실행할 수 있고 이로써 과인 섬기기를 충분히 마치는 것입니다. 《書 虞書》에 이르기를,[1727] '사악함을 제거하는데 주저 말고(去邪無疑), 任賢(어진이를 임명하다)하고서는 이간질을 못하게 하라(任賢勿貳).' 하였으니, 寡人은 이미 卿에게 맡겼으니, 다른 사람의 말을 듣지 않을 것입니다."

그리고서는 주소에게 胡服의 衣冠과 冠帶, 黃金의 師比(사비 : 허리띠 바-클)[1728]를 하사하였다.

1726 勿令溺苦於學 – 溺은 빠지다. 苦는 勞. 학문을 바로 이끌어주지 않으면 필요 없는 학문을 외우려 애쓴다는 뜻이 있다. 學은 誦(외울 송)이라는 주석도 있다. 무령왕은 왕자가 騎射(기사: 말타고 활쏘기)와 같은 무예를 익히고, 실생활에 필요한 지식을 터득하기를 원했다. 儒家의 경전 같은 문장을 배우고 외우는 것을 苦學이라 생각했다.

1727 《書》云 – 《書 虞書 大禹謨》, 「～任賢勿貳, 去邪勿疑. 疑謀勿成, 百志惟熙.」

1728 黃金師比 – 師比(사비)는 胡服 革帶(혁대)의 帶鉤(대구, 허리띠 바 – 클). 飾貝(식패). 우리나라 청동기 유물에 '虎形帶鉤', '馬形帶鉤' 가 있다.

244/ 趙燕後胡服

{原文} 趙燕後胡服, 王令讓之曰,

"事主之行, 竭意盡力, 微諫而不譁, 應對而不怨, 不逆上以自伐, 不立私以爲名. 子道順而不拂, 臣行讓而不爭. 子用私道者家必亂, 臣用私義者國必危. 反親以爲行, 慈父不子, 逆主以自成, 惠主不臣也. 寡人胡服, 子獨弗服, 逆主罪莫大焉. 以從政爲累, 以逆主爲高, 行私莫大焉. 故寡人恐親, 故稱親. 犯刑戮之罪, 以明有司之法."

趙燕再拜稽首曰,

"前吏命胡服, 施及賤臣, 臣以失令過期, 更不用侵辱教, 王之惠也. 臣敬循衣服, 以待今日."

趙燕(조연)이 胡服 입기를 미루자,

{국역} 趙燕(조연)이 胡服 착용을 미루자, 왕이 그를 질책하였다.[1729]

"주군을 섬기는 행실은 誠意와 勞力을 다하면서(竭意盡力), 작은 일에 忠諫(충간)하되 큰소리를 내어서는 안 되며(不譁), 應對(응대)하나 원망해서는 아니되고 윗사람을 거역하거나 자신의 이름을 내세워도 안 된다. 자식은 孝順하되 그 뜻을 잃어서도 안 되

1729 趙燕後胡服 – 趙燕(조연)은 인명. 趙의 왕족. 後胡服은 호복이 다른 사람보다 늦다. 讓은 꾸짖을 양. 責也.

며, 臣은 겸양을 실천하되 (名聲을) 다툴 수 없다. 자식이 私道를 고집하면 가문이 필히 혼란하고, 臣이 私義를 내세우면 나라가 위태롭게 된다. 양친을 거역하는 행실이라면 慈父라도 자식으로 여기지 않고(不子), 주군에 반역하며 혼자 잘난 척하면 惠主(慈君)라도 신하로 생각하지 않는다(不臣也). 寡人이 胡服을 장려하는데, 卿이 홀로 착용하지 않는다면 주군을 거역하는 죄가 이보다 더 클 수가 없다. (착용하지 않고) 정사에 임한다면 累(누)가 되고, 주군을 거역하는 것을 고상하다고 생각한다면(以逆主爲高), 그 사사로운 죄가 이보다 더 클 수가 없을 것이다. 그래서 과인은 내 스스로 刑戮(형륙: 형벌을 가하여 죽임)을 범하는 잘못을 하더라도 司法의 뜻을 분명히 할 것이다."

조연이 再拜하고 稽首(계수: 남을 공격하는 태도로 머리를 조아림)하며 말했다.

"전일에 관리가 胡服 착용을 명할 때, 臣에게도 말했지만, 臣이 기일을 어겼습니다만, 그런데도 대왕께서 형벌을 내리지 않으시니, 이는 대왕의 慈惠(자혜: 자비스러운 은혜)입니다. 臣은 삼가 호복을 착용하고 대왕의 명을 기다리겠습니다."

245/ 王破原陽

{原文} 王破原陽, 以爲騎邑. 牛贊進諫曰,

"國有固籍, 兵有常經. 變籍則亂, 失經則弱. 今王破原陽,

以爲騎邑, 是變籍而棄經也. 且習其兵者輕其敵, 便其用者易其難. 今民便其用而王變之, 是損君而弱國也. 故利不百者不變俗, 功不什者不易器. 今王破卒散兵, 以奉騎射, 臣恐其攻獲之利, 不如所失之費也."

王曰, "古今異利, 遠近易用. 陰陽不同道, 四時不一宜. 故賢人觀時, 而不觀於時, 制兵, 而不制於兵. 子知官府之籍, 不知器械之利, 知兵甲之用, 不知陰陽之宜. 故兵不當於用, 何兵之不可易? 教不便於事, 何俗之不可變? 昔者先君襄主與代交地, 城境封之, 名曰無窮之門, 所以昭後而期遠也. 今重甲循兵, 不可以踰險, 仁義道德, 不可以來朝. 吾聞信不棄功, 知不遺時. 今子以官府之籍, 亂寡人之事, 非子所知."

牛贊再拜稽首曰, "臣敢不聽令乎?"

王遂胡服, 率騎入胡, 出於遺遺之門, 踰九限之固, 絶五俓之險, 至楡中, 闢地千里.

王이 原陽(원양)을 격파하다.

{국역} (趙) 무령왕이 (雲中郡) 胡地(호지) 原陽(원양)을 격파하고,[1730] 그곳을 호복을 입힌 騎兵의 훈련 근거지(騎邑)로 삼았다. (趙

1730 王破原陽 – 이는 武靈王이 胡服 착용을 강행한 다음 해의 戰果로 알려

人) 牛贊(우찬)이란 사람이 進言하였다.

"나라에는 진정 (불변의) 典籍(法)이 있어야 하고, 군사에는 일정한 원칙이(常經) 있어야 합니다. 근본법이 흔들리면 혼란이 오고(變籍則亂), 원칙을 잃으면 (군사가) 약해집니다. 지금 대왕께서 原陽(원양)을 격파하시고 거기를 騎邑(기읍: 기마병 훈련지)으로 삼았는데, 이는 법과 원칙을 잃은 처사입니다. 또, 군사를 자주 훈련하면 적을 경시할 수 있고, 병기도 자주 사용하다 보면 곤경을 쉽게 해결해 낼 수 있습니다. 지금도 백성은 병기를 쉽게 다루는데, 왕께서 원칙을 바꾸신다면, 이는 주군을 버릴 수도 있고 또 나라를 약하게 할 수도 있습니다. 그래서 그 이득이 1백 배가 되지 않는다면 時俗(法)을 바꾸지 않고, 그 효용성이(功) 10배가 되지 않는다면 도구를 바꾸지 않는다고 하였습니다.[1731] 지금 대왕께서는 병사를 흩어 기병으로 편제를 바꾸시는데, 臣은 그 戰功의 이득이 잃는 비용보다 많을 것 같아 걱정입니다."

王이 말했다.

"古今은 그 이득이 같지 않고, (병기는) 원근에 따라 그 용도가 다른 것이요. 陰陽은 그 道가 같지 않고, 사계절의 기운은 하나가

졌다(前 300년). 原陽은 (雲中郡의) 지명. 漢代 雲中郡은, 今 內蒙古自治區 呼和浩特市 서쪽의 土默特左旗 동남. 呼和浩特市는 內蒙古自治州의 首都(省會). 山西省의 북쪽. 山西省 사람들이 많이 이주한 지역이다.

1731 원문 故利不百者不變俗, 功不什者不易器. -이는《史記 商君列傳》에는 杜摯(두지)의 말로 수록되었다. 杜摯曰, "利不百, 不變法. 功不十, 不易器. 法古無過, 循禮無邪." 衛鞅曰, "治世不一道, 國不法古, ~."

아니요. 그래서 賢人은 時俗을 살펴보지만 時俗만을 보지 않는 것이요. 군사를 통제하지만 군제로만 통제하지는 않는 것이요. 卿은 官府의 籍(法)을 알고 있지만, 무기의 이득을 모르고 있고, 군사의 용도를 알지만 음양의 적절한 활용을 모르고 있소.[1732] 그래서 군사를 잘못 운용하고 있다지만 군사의 활용 방법은 왜 바꿀 수 없는가? 교화가 시속에 맞지 않는다면, 時俗을 바꾸면 왜 안 되는가? 옛날에 先君 襄主(趙襄子)는 代(대)에서 (胡人과) 국경을 맞대자, 국경을 봉쇄하여 축성하고[1733] (성문을 만들어) '無窮之門(무궁지문)' 이라 하였는데, 이는 뒷날 더 먼 곳의 땅을 영토로 넓힐 것을 기약한다는 뜻이었소. 지금 중무장 군사에 병기를 정비하지 않으면 험난한 지형을 넘을 수 없고, (우리의) 仁義道德만으로는 (胡人을) 입조하게 할 수 없는 것이요. 과인이 알기로, 자신이 있다면 成功을 포기할 수 없고, 지혜가 있다면 때를 놓치지 않지요. 지금 그대가 官府의 일상적인 법으로 과인의 정사를 어지럽히는데, 이는 경이 알 바가 아닐 것이요."

이에 우찬은 再拜하고 머리를 숙이고서 말했다.

"臣이 어찌 감히 命을 따르지 않겠습니까?"

王은 (우찬에게) 胡服으로 기병을 거느리고 胡地에 진격케 하였다. 우찬은 遺遺之門(유유지문)[1734]을 나가 九限(구한)의 험고한 땅을

1732 원문 不知陰陽之宜 – 天地 氣運의 변화와 運用, 그리고 그에 따른 人事와 剛柔(강유)의 調節.

1733 원문 城境封之 – 국경에 축성하는 것을 封域(봉역)이라 했다.

1734 遺遺之門(유유지문) – 今 陝西省 북단 楡林市 서북에 위치한 挺關(정관).

넘고,[1735] 五俓(오경)의 험로를 가로질러[1736] 楡中(유중)에 이르기까지 趙나라의 영역을 1천 리나 넓히었다.

1735 원문 踰九限之固 - 踰는 넘을 유. 九限은 九原(구원). 漢代 五原郡(오원군, 치소는 九原縣 / 今 內蒙古 서남부 包頭市. 黃河 북안). 黃河가 內蒙古에서 ∩ 모양으로 방향을 바꾸는 황하 안과 밖. 五原郡을 《三國演義》의 미남자, 赤兎馬(적토마)를 탄 呂布(여포)의 고향으로 생각하면 기억에 남는다.

1736 원문 絶五俓之險 - 絶은 가로질러가다. 俓은 지름길 경. 五俓은, 今 河北省 石家莊市 관할 井陘縣의 井陘口(정형구).

20.《戰國策》卷二十 趙策 三

246/ 趙惠文王三十年

{原文} 趙惠文王三十年, 相都平君田單問趙奢曰,

"吾非不說將軍之兵法也, 所以不服者, 獨將軍之用衆. 用衆者, 使民不得耕作, 糧食輓賃不可給也. 此坐而自破之道也, 非單之所爲也. 單聞之, 帝王之兵, 所用者不過三萬, 而天下服矣. 今將軍必負十萬, 二十萬之衆乃用之, 此單之所不服也."

馬服曰, "君非徒不達於兵也, 又不明其時勢. 夫吳干之劍, 肉試則斷牛馬, 金試則截盤匜, 薄之柱上而擊之, 則折爲三, 質之石上而擊之, 則碎爲百. 今以三萬之衆而應强國之兵, 是薄柱擊石之類也. 且夫吳干之劍材, 難夫毋脊之厚, 而鋒不入. 無脾之薄, 而刃不斷. 兼有是兩者, 無釣鍔鐔蒙須之便, 操其刃而刺, 則未入而手斷. 君無十餘, 二十萬之

衆, 而爲此釣鍔鐔蒙須之便, 而徒以三萬行於天下, 君焉能乎? 且古者, 四海之內, 分爲萬國. 城雖大, 無過三百丈者, 人雖衆, 無過三千家者. 而以集兵三萬, 距此奚難哉! 今取古之爲萬國者, 分以爲戰國七, 能具數十萬之兵, 曠日持久, 數歲, 卽君之齊已. 齊以二十萬之衆攻荊, 五年乃罷. 趙以二十萬之衆攻中山, 五年乃歸. 今者, 齊,韓相方, 而國圍攻焉, 豈有敢曰, 我其以三萬救是者乎哉? 今千丈之城, 萬家之邑相望也, 而索以三萬之衆, 圍千丈之城, 不存其一角, 而野戰不足用也, 君將以此何之?"

都平君喟然太息曰, "單不至也!"

趙 惠文王 30년에,

{국역} 趙 惠文王 30년에,[1737] 相인 都平君 田單(전단)이[1738] 趙奢(조사)에게 물었다.[1739]

1737 원문 趙惠文王三十年 - 趙 惠文王(名은 趙何, 재위 前 298 - 266년) 30年(前269)은《史記 趙世家》에 의하면, 趙 孝成王(名은 趙丹, 재위 265 - 245년) 2년(前 264)이다. 본 장은 田單(전단)과 趙奢(조사)가 병력의 다과에 대하여 논쟁한 내용이다.

1738 相都平君田單 - 都平君은 趙의 작위. 齊의 작위는 安平君이다. 田單(전단)은 본래 齊의 장군. 생졸년 미상, 田齊의 宗室. 齊國이 軍事 戰略家, 卽墨之戰에서 火牛陣으로 燕軍을 격파하고 燕에 빼앗겼던 70여 성을 수복했다. 전단은 孝成 원년에, 趙의 군사를 거느리고 燕을 공격했고 다음 해 趙의 相이 되었다.

"내가 將軍의 兵法을 좋아하지 않는 것은 아니지만, 그래도 인정할 수 없는 것은 장군의 부대 지휘입니다.[1740] 부대를 거느리는 자는 백성으로 하여금 농사를 짓지 못하게 하고, 군량을 운반한다 하여도 충분히 공급하지 못하고 있습니다. 이는 마치 앉아서 망하기를 기다리는 것과 같으니, 내가(田單) 말할 일은 아닙니다. 내가(田單) 듣기로는, 帝王의 군사일지라도 지휘할 수 있는 군사는 3만을 넘을 수 없고, (3만의 군사로도) 천하를 굴복시킬 수 있습니다. 지금 장군은 틀림없이 10만의 군사를 거느리고도 20만 명의 군사를 지휘하고 싶어하니, 이는 나 田單이 승복할 수 없습니다."

馬服君(趙奢)이 말했다.

"당신은(君) 兵器(兵)를 모를 뿐만 아니라, (만국의) 時勢에도 어둡습니다.[1741] 吳나라 干將(간장)의 劍(검)[1742]은 짐승 고기를 썰면 牛馬를 자를 수 있고, 쇠(金)를 자르면 (靑銅의) 세숫대야를〔盤匜(반이)〕 토막 낼 수 있지만,[1743] 큰 기둥을 내리치면[1744] (干將이) 3토막

1739 원문 問趙奢曰 - 趙奢(조사, 생졸년 미상, 奢는 사치할 사)는 趙國 將軍, 閼與之戰(알여지전)에서 秦에 승리하여 馬服君에 봉해졌다. 조사의 아들이 趙括(조괄). 조괄은 長平戰에서 秦의 白起(백기)에게 대패하였다. 부친은 戰功으로 馬服君에 봉해졌었다.

1740 원문 獨將軍之用衆 - 用은 부리다. 隷下(예하) 부대를 지휘하다. 衆은 군사. 개별적인 병사가 아니라 전체를 의미한다.

1741 원문 又不明其時勢 - 時勢는 중원의 여러 나라 곧 七國의 차이. 형세.

1742 원문 吳干之劍 - 吳王이 干將(간장)이란 劍匠(검장)을 시켜 주조한 劍. 劍은 양 날, 刀는 날이 하나이다.

1743 원문 金試則截盤匜 - 盤은 소반 반. 匜는 주전자 이. 盤匜는 세숫대야.(盥器, 관기). 銅器.

1744 원문 薄之柱上而擊之 - 薄은 엷을 박. 여기서는 迫(칠 박).

으로 잘려지고, 돌 모루(質)를 내리치면 수백 조각으로 박살납니다. 지금 3만의 군사로 강국의 군사를 상대한다면, 마치 간장으로 기둥이나 돌 모루를 치는 것과 같습니다. 거기다(且) 吳 干將劍(간장검)의 재료는 얻기도 어렵지만, 그렇다 하여 칼 등이 두껍지 않으면 찔러도 들어가지 아니하고, 칼날의 얇은 부분이 없으면(無脾, 脾는 近刃處) 칼날이 들지 않습니다. 두 가지가 다 있어도(두꺼운 칼 등, 얇은 날 부분) 칼 손잡이의 둥근 고리나 칼집, 칼 줄 등 편한 부분이 없어[1745] 칼날을 잡고 (상대를) 찌른다면 칼이 들어가기도 전에 내 손이 잘려나갈 것입니다. 君에게 10만여, 20만의 군사가 아니라면 마치 칼 손잡이나 고리, 칼 줄이 없는 것과 같은데, 오로지 3만의 군사만을 가지고 천하를 휘젓고 다니라면 당신은 어찌하겠습니까? 또 옛날에는 四海之內가 수많은 나라로 분열되었습니다(分爲萬國). 城이 크다 하여도 3백 丈(장)이 넘지 않았고, 백성이 많다 하여도 3천 戶를 넘지 않았습니다. 거기에 (그런 城에) 3만 군사가 집결한다면, 무슨 어려움이 있겠습니까? 지금은 옛 萬國이 戰國 7國으로 나뉘었고, (7국이) 수십 만의 병력을 갖추고 오랜 시간을 끌며 몇 년에 걸친 持久戰(지구전)을 벌리는데, 바로 당신의 齊나라가 그랬습니다. 齊는 2십만의 군사로 荊(楚)을 공격하여 5년 만에 끝냈습니다. 趙는

1745 원문 無鈞鍔鐔蒙須之便 – 本曾作"頃", 下同. 鈞는 갈고랑이 구. 칼자루의 둥근 고리(劍頭鐶). 柄也(칼자루). 鍔은 칼날 악(刃鋒也). 鐔은 날 밑 심.(珥鼻也). 蒙須(몽수)는 劍繩(검승), 칼에 달린 줄. 칼에서 칼날이 가장 중요하다. 그렇다고 칼 등, 칼 손잡이, 칼 줄 등 손에 사용하기 편한 부분이 없다면 칼을 쓸 수가 없다. 군사 3만이 칼날이라면 다른 군사도 있어야 한다는 뜻.

20만의 대군으로 中山國을 공격하여 5년 만에 귀환하였습니다. 근세에(今者) 齊와 韓은 서로 비슷하여 상대를 포위 공격하고 있는데, 어찌 감히 3만의 군사로 이를 구원하겠다고 나설 수 있겠습니까? 지금 1천 丈(장)의 大城에 1만 戶의 성읍이 마주보고 있는데, 3만의 병력으로 1천 장의 성곽을 포위한다면 그 한 귀퉁이도 감당할 수도 없으며, 또 野戰에서도 부족할 것인데, 君은 3만의 군사로 무엇을 하시겠습니까?"

都平君(安平君) 田單(전단)은 크게 한숨을 쉬며 "제가 미처 생각하지 못했습니다!" 라고 말했다.[1746]

247/ 趙使機郝之秦

{原文} 趙使機郝之秦, 請相魏冉. 宋突謂機郝曰,

"秦不聽, 樓緩必怨公. 公不若陰辭樓子曰, '請無急秦王.' 秦王見趙之相魏冉之不急也, 是事而不成, 魏冉固德

1746 원문 "單不至也!" - 至는 따라가다(及也). 생각이 거기에 미치지 못하다. 병력의 다소는 상대적이다. 田單은 小數로 기습하는 奇兵을 생각했다면, 趙奢는 대군으로 대군을 맞서는 正兵을 원칙이라 여겼던 것 같다. 전투는 以正爲常이어야 하고, 그 운영에서는 奇兵도 있을 수 있으나, 奇兵으로 正兵을 이기기는 어려울 것이다. 문제는 병력의 다소가 아니라 누가 用兵을 잘하느냐에 달렸다. 조사의 아들 趙括(조괄)은 40만의 병력으로 秦의 白起에게 대패하였다. 楚漢戰에서 韓信은 '多多益善' 이라 했다. 이 말은 그의 用兵 능력을 말한 것이다.

公矣."

趙가 使臣 機郝(기학)을 秦에 보내어,

{국역} 趙가 사신으로 機郝(기학)을 秦에 보내어,[1747] 魏冉(위염)을 相에 임명할 것을 요청케 하였다. 이에 (齊人) 宋突(송돌)이 기학에게 말했다.

"秦이 (우리의 요청을) 들어주지 않으면, (秦의 相인) 樓緩(누완)은 틀림없이 당신을 원망할 것입니다. 그러니 公은 미리 은밀히 樓子(樓緩)에게 말하십시요. '秦王에게 서둘러 위염을 相으로 임명하지는 마십시오.' 라고 말하는 것이 좋을 것입니다. 그러면 秦王은 위염을 相으로 임명하는 일이 급하지 않을 것이라 생각할 것이니, 당신의 일을 성공하지 못하더라도 魏冉(위염)은 당신을 고맙게 생각할 것입니다."

248/ 齊破燕, 趙欲存之

{原文} 齊破燕, 趙欲存之. 樂毅謂趙王曰, "今無約而攻齊, 齊必讎趙. 不如請以河東易燕地於齊. 趙有河北, 齊有河東,

1747 원문 趙使機郝之秦 - 機郝(기학)은 人名. 仇赫(구혁)과 同. 《史記》에는 仇液(구액). 본 章은 秦 昭襄王 재위 중, 趙 惠文王 4년(前 295)의 일이다.

燕, 趙必不爭矣. 是二國親也. 以河東之地强齊, 以燕以趙輔之, 天下憎之, 必皆事王以伐齊. 是因天下以破齊也."

王曰, "善." 乃以河東易齊, 楚, 魏憎之, 令淖滑, 惠施之趙, 請伐齊而存燕.

齊가 燕을 격파하자, 趙는 燕을 도우려 했다.

{국역} 齊가 燕을 격파하자,[1748] 趙는 燕을 구원하려 했다. 이에 樂毅(악의)[1749]가 趙王(武靈王)에게 말했다.

"지금 아무런 약조도 없이 齊를 공격하면, 齊는 틀림없이 趙를 원수로 여길 것입니다. 그러니 齊에 (齊가 차지한) 河東의 땅과 燕의 땅을 교환하자고 제의하면, 趙는 河北을 차지하고, 齊는 河東을 차지할 수 있으며, 燕과 趙는 아무런 분쟁도 없을 것입니다. 이는 (趙와 燕) 양국의 친교가 됩니다. 그러나 河東의 땅을 차지하여 齊가 강국이 되면 燕은 趙를 돕게 되고, 천하의 다른 나라는 齊를 미워하게 되니, 여러 나라가 대왕에게 齊를 정벌하자고 제의할 것입니다."

그러자 趙王은 "좋다."고 말했다. 그리고서는 齊와 河東의 땅을 교환하였고, 楚와 魏에서는 齊를 증오하면서 淖滑(요활, 人名)과 惠

1748 원문 齊破燕 - 이는 前 312년, 燕王 噲(쾌) 9년, 燕의 내란 때, 趙 武靈王 14년, 齊 宣王 재위 중의 일이다.

1749 樂毅(악의, 생졸년 미상) - 燕國 명장. 齊의 70여 성을 탈취. 法家 代表 人物 중 한 사람. 이는 악의가 趙에 있을 때이다.

施(혜시)[1750]를 趙에 보내, 齊를 정벌하고 燕을 구원하자고 제의하였다.

249/ 秦攻趙藺離石祁拔

{原文} 秦攻趙, 藺,離石,祁拔. 趙以公子部爲質於秦, 而請內焦,黎,牛狐之城, 以易藺,離石,祁於趙. 趙背秦, 不予焦,黎,牛狐. 秦王怒, 令公子繒請地. 趙王乃令鄭朱對曰,

"夫藺,離石,祁之地, 曠遠於趙, 而近於大國. 有先王之明與先臣之力, 故能有之. 今寡人不逮, 其社稷之不能恤, 安能收恤藺,離石,祁乎? 寡人有不令之臣, 實爲此事也, 非寡人之所敢知."

卒倍秦. 秦王大怒, 令衛胡易伐趙, 攻閼與. 趙奢將救之. 魏令公子咎以銳師居安邑, 以挾秦. 秦敗於閼與, 反攻魏幾, 廉頗救幾, 大敗秦師.

1750 淖滑(요활) - 姓(성)氏로는 활로 읽힌다. 惠施(혜시, ? 前 370 - 310년)는 戰國 시대 宋國人. 莊子와 같은 시대 인물. 名家의 대표적 인물. 《莊子》에 혜시의 담론이 많이 들어있다. 〈天下篇〉의 '歷物十事', 〈秋水篇〉의 '濠梁之辯' 등이 그 예이다. 혜시는 魏 惠王(재위 前 369 - 319년)의 相이었다. 魏 惠王은 《孟子》에 나오는 梁惠王이다.

秦이 攻趙하여 藺(인), 離石(이석), 祁(기)를 점거하였다.

{국역} 秦이 趙를 공격하여, 藺(인), 離石(이석), 祁(기) 땅을 점거하였다.[1751] 趙는 公子 郚(오)를 秦에 인질로 보내면서 焦(초), 黎(여), 牛狐(우호)의 성을 바치겠다며 藺(인), 離石(이석), 祁(기)를 趙에 돌려달라고 하였다. 그러나 趙는 秦과 약속을 저버리고 焦, 黎, 牛狐의 땅을 주지 않았다. 이에 秦王(秦 昭襄王)은 분노하며 公子 繒(증)을 보내 땅을 요구하였다. 趙王은 이에 鄭朱(정주)를 시켜 공자 증에게 대답하였다.

"藺(인), 離石(이석), 祁(기)의 땅은 趙에서 아주 멀고 大國(秦)에 가깝습니다. 先王의 明智와 先臣의 노력으로 우리 趙가 보유할 수 있었습니다. 지금 寡人은 그분들 능력만 못하여 아직 사직도 제대로 보존하지 못하는데 어떻게 인, 이석, 기 땅을 돌볼 수 있겠습니까? 과인에게 내 명을 듣지 않는 신하가 있어 이런 일이 생긴 것이라서 과인이 알지 못하고 어찌할 수도 없습니다."

그러면서 끝내 秦과 약조를 어겼다. 秦王은 대노하며 衛胡易(위호이)를 시켜 趙의 閼與(알여, 地名)를[1752] 공격케 하였다. (趙의) 趙奢(조

1751 원문 秦攻趙藺離石祁拔 - 이는 趙 惠文王 재위 중인 前 281년의 일이고, 이때 秦의 장군은 白起였다. 본 장의 내용은 사실과 부합되지 않아 책사의 擬托(의탁)이라는 주석이 있다. 藺(인), 離石(이석) 祁(기)는 모두 지명으로, 今 山西省 중서부 呂梁市 離石區 일대의 땅이다.

1752 秦國이 趙國의 藺(인), 離石(이석), 祁(기)를 점거한 것은 前 281년이었다. 그 뒤 여러 협상이 있고 결국 閼與之戰(알여지전)이 벌어지는데, 이는 前 270 - 269년의 일이다. 閼與(알여)는, 今 山西省 중부 晉中市 和順縣에 해당한다.

사)는 군사를 거느리고 알여를 지켰다. 魏에서는 公子 咎(구, 허물 구)를 보내 정병을 거느리고 安邑(안읍)에 주둔하면서 秦을 협공하였다. 秦은 閼與(알여)에서 패전하자, 군사를 돌려 魏의 幾(기)를 공격하였는데 (趙의) 廉頗(염파)가[1753] 幾(기)를 구원하여 秦의 군사는 대패하였다.

趙 廉頗(염파, 생졸년 미상)

250/ 富丁欲以趙合齊魏

{原文} 富丁欲以趙合齊,魏, 樓緩欲以趙合秦,楚. 富丁恐主

1753 廉頗(염파, 생졸년 미상) - 廉氏, 名은 頗(조금 파. 자못, 약간). 戰國 末期 趙國의 良將. 藺相如(인상여)에게 負荊請罪(부형청죄: 가시나무를 지고 죄를 청한다는 말이며 잘못을 깨닫고 진정으로 사죄한다)하고 刎頸之交(문경지교: 목을 벨수 있는 사이라는 말이며, 서로 죽음을 같이할 수 있는 의기가 상통하는 사이라는 뜻이다)를 맺은 장군. 《史記 廉頗藺相如列傳》 참고.

父之聽樓緩而合秦,楚也.

司馬淺爲富丁謂主父曰,

"不如以順齊. 今我不順齊伐秦, 秦,楚必合而攻韓,魏. 韓,魏告急於齊, 齊不欲伐秦, 必以趙爲辭, 則不伐秦者趙也, 韓,魏必怨趙. 齊之兵不西, 韓必聽秦違齊. 違齊而親, 兵必歸於趙矣. 今我順而齊不西, 韓,魏必絶齊, 絶齊則皆事我. 且我順齊, 齊無而西. 日者, 樓緩坐魏三月, 不能散齊,魏之交. 今我順而齊,魏果西, 是罷齊敝秦也, 趙必爲天下重國."

主父曰, "我與三國攻秦, 是俱敝也."

曰, "不然. 我約三國而告之秦, 以未構中山也. 三國欲伐秦之果也, 必聽我, 欲和我. 中山聽之, 是我以王因饒中山而取地也. 中山不聽, 三國必絶之, 是中山孤也. 三國不能和我, 雖少出兵可也. 我分兵而孤中山, 中山必亡. 我已亡中山, 而以餘兵與三國攻秦, 是我一擧而兩取地於秦, 中山也."

富丁(부정)은 趙와 齊,魏를 결합시키려 하고,

{국역} (趙人) 富丁(부정)은 趙와 齊, 魏를 연합하려 했고,[1754] 樓緩(누완)[1755]은 趙를 秦과 楚와 연합시키려 했다. 富丁은 主父(주부, 武靈

1754 원문 富丁欲以趙合齊,魏 – 富丁은 인명. 趙人. 周 赧王(난왕) 17년(前 298년), 齊, 漢, 魏 三國이 秦을 공격하기 직전이 일이다.

1755 樓緩(누완, 생졸년 미상) – 戰國 시대 縱橫家. 秦趙 聯盟의 주동자. 前

王)가 누완의 말에 따라 (趙가) 秦과 楚와 결합할 것을 걱정하였다.

(趙人) 司馬淺(사마천)이 富丁(부정)을 위해 主父에게 말했다.

"(趙는) 齊에 협조하는 것이 더 나을 것입니다. 지금 우리가 齊에 협조하지 않고 秦을 공격하면, 秦과 楚는 必히 결합하여 韓과 魏를 공격할 것입니다. 韓과 魏가 齊에 위기를 알리며 구원을 청하면, 齊는 秦을 공격하지 못하면서 틀림없이 趙를 핑계 댈 것입니다. 그렇게 되면, 秦을 공격하지 않은 것은 趙 때문이고, 韓과 魏는 틀림없이 趙를 원망할 것입니다. 齊의 군사가 西로 진격하지 않으면(伐秦) 韓은 틀림없이 秦에 협조하며 齊를 배신할 것입니다. 이처럼 齊와 등지면서 秦과 가까워지면 兵禍를 당할 나라는 틀림없이 趙가 될 것입니다. 지금 우리가 齊에 협조하면서도 서쪽(秦)을 공격하지 않으면, 韓과 魏는 틀림없이 齊와 절교할 것이고, 齊와 절교하면 우리 趙를 섬길 것입니다. 또 우리가 齊에 결합하더라도 齊는 서쪽(秦)을 공격하지는 않을 것입니다. 일전에 누완이 魏에 3개월이나 머물렀지만 齊와 魏의 친교를 깨지 못했습니다. 지금 우리 趙가 齊와 연합하고 魏가 秦을 공격한다면, 이는 齊와 秦 모두가 피폐해질 것이기에 趙는 틀림없이 천하에 가장 중요한 나라가 될 것입니다."

이에 主父(武靈王)가 말했다.

"우리와 三國(韓, 魏, 齊)이 秦을 공격하게 되면, 모두가 피폐할 것이요."

이에 司馬淺(사마천)이 말했다.

300년에 秦의 樗里疾(저리질)이 죽자, 昭襄王은 樓緩(누완)을 丞相에 임용했었다.

"그렇지 않습니다. 우리가 3국과 약조하면서 이를 秦에 알리면, (내용 누락 추정) 중산국과는 얽히지 않을 것입니다. 三國이 秦을 정벌하려면 틀림없이 우리의 말을 들어야 하기에 우리와 화합할 것입니다. 中山이 우리 요구를 들어주더라도 우리 왕 때문이고, 중산국을 도와주면서 중산국의 땅을 취할 수 있으니 우리는 더 부유해집니다. 중산국이 우리말을 들어주지 않는다면 三國이 中山國과 단절하고 중산국은 고립됩니다. 三國이 우리 趙에 협조하지 않더라도 우리는 약간의 군사만 출동시켜도 될 것입니다. 우리가 分兵(군대를 나누다)하여 중산국을 고립시키면 중산국은 틀림없이 망할 것입니다. 우리가 중산국을 멸망시키고 나면 그 잉여의 군사로 삼국과 협력하여 秦을 공격할 수 있으니, 우리는 일거에 중산국과 秦의 땅을 취할 수 있습니다."

251/ 魏因富丁且合於秦

{原文} 魏因富丁且合於秦, 趙恐, 請效地於魏而聽薛公. 教子欬謂李兌曰,

"趙畏橫之合也, 故欲效地於魏而聽薛公. 公不如令主父以地資周最, 而請相之於魏. 周最以天下辱秦者也, 今相魏, 魏,秦必虛矣. 齊,魏雖勁, 無秦不能傷趙. 魏王聽, 是輕齊也. 秦,魏雖勁, 無齊不能得趙. 此利於趙而便於周最也."

魏가 富丁(부정)을 통해 秦과 연합하여 하자,

{국역} 魏가 (趙人) 富丁(부정)을 통해 秦과 결합하려 하자,[1756] 趙에서는 이를 두려워하며 魏에 땅을 베어주며, (魏 相인) 薛公(설공, 孟嘗君, 田文)의 의견에 따르겠다고 하였다. 이에 富丁은 (趙人) 子欬(자해)를 시켜 (趙 相) 李兌(이태)에게 말을 전하게 하였다.

"趙는 連橫의 結成(秦과 結合)을 두려워하기에, 魏에 땅을 내주면서 薛公(田文)의 말에 따르겠다고 합니다. 그러니 公은 主父(武靈王)로 하여금 그 땅을 周最(주최)[1757]에게 주고(資), 주최를 魏의 相으로 삼게 하는 것이 더 나을 것입니다. 주최는 合從의 힘을 근거로 秦을 욕되게 할 것이고, 주최가 魏의 相이 된다면, 魏와 秦은 틀림없이 관계가 소원해질(虛) 것입니다. 지금 齊와 魏가 비록 强勁(강경)하다지만, 秦이 돕지 않는다면(無秦) 趙를 공격할 수 없습니다. 魏王이 이를 따라준다면, 이는 齊를 경시하는 것입니다. 그리고 秦과 魏가 역시 강하다지만 齊의 도움이 없다면 趙를 어찌할 수도 없습니다. 이 모두는 趙에 이롭고 또 주최에게도 쉬운 일입니다."

1756 원문 魏因富丁且合於秦 – 富丁은 본래 趙와 齊, 魏의 연합을 추진했었다. 지금 魏가 秦과 결합하려 했고 趙는 따를 수가 없었다. 앞 章과 같이 前 298년경의 일이라는 주석이 있다.

1757 周最(주최) – 戰國 시대 제후국 西周의 公子. 생졸년 미상. 활동 시기는 대략 周王 慎靚王(신정왕)과 周 마지막 천자 赧王(난왕, 名은 赧. 얼굴 붉힐 난 / 隱王) 초기로 추정한다. 제후국 西周와 東周, 魏國, 齊國의 상국을 역임했으며 秦國, 齊國, 魏國, 楚國, 韓國을 돌아다닌 縱橫家(종횡가)였다. 주최는 合縱(합종)을 주장하고 連橫(연횡)에 반대하며 周王室을 보존하려 애를 썼다.

252/ 魏使人因平原君請從於趙

{原文} 魏使人因平原君請從於趙. 三言之, 趙王不聽. 出遇虞卿曰,

"爲入必語從."

虞卿入, 王曰, "今者平原君爲魏請從, 寡人不聽. 其於子何如?"

虞卿曰, "魏過矣."

王曰, "然, 故寡人不聽."

虞卿曰, "王亦過矣."

王曰, "何也?"

曰, "凡强弱之擧事, 强受其利, 弱受其害. 今魏求從, 而王不聽, 是魏求害, 而王辭利也. 臣故曰, 魏過, 王亦過矣."

强受其利, 弱受其害.

魏가 平原君을 통하여 趙에 합종을 요청했다.

{국역} 魏가 사람을 보내 平原君(평원군)을 통하여 趙와 합종할 것을 요청하였다.[1758] 3번이나 요청했으나 趙王은 수락하지 않았다.

1758 원문 魏使人因平原君請從於趙 – 이는《史記 平原君列傳》에도 수록되었는데 前 255 – 254년의 일이다. 虞卿(우경)은 평소에 合從으로 秦에 대항할 것을 주장한 사람인데, 趙王이 魏의 제의를 받아들이지 않자 이는 잘못이라고 말했다.

(平原君이) 나오다가 虞卿(우경)[1759]을 만나 말했다.

"나를 위해 들어가서 합종을 설득해 주시오."

우경이 들어가자, 趙王이 말했다.

"지금 平原君[1760]이 魏와 合從하자고 했으나, 寡人이 허락하지 않았는데 당신은 어떻게 생각하는가?"

虞卿이 말했다. "魏의 잘못입니다."

"그렇소! 그래서 과인이 허락하지 않았소."

虞卿은 "王께서도 역시 잘못하셨습니다."라고 말했다.

"왜 그런가?"

"모든 강자와 약자 사이의 일에서 강자가 그 이득을 얻고 약자는 손해를 보게 되어 있습니다. 지금 魏에서 합종을 맺으려는 것을 왕께서 허락지 않으신 것은, 魏로서는 손해를 보려는 일이었고 왕께서는 이득을 뿌리친 것이니, 그래서 臣은 魏는 잘못했고 대왕 역시 과오라고 말씀드린 것입니다."

1759 虞卿(우경) – 趙를 위한 說客으로 생각된다. 虞는 성씨. 卿은 실제 卿이 아니라 上卿의 대우를 받는다는 뜻이다.《史記 平原君虞卿列傳》참고.

1760 平原君(평원군, ? – 前 251년. 嬴姓, 趙氏, 名은 勝) – 趙 武靈王의 아들. 趙 惠文王의 동생. 재상 역임. 養士로 聞名. 齊國 孟嘗君 田文, 魏國 信陵君 魏无忌(위무기), 楚國 春申君 黃歇(황헐)과 함께 戰國 四公子라 합칭. 司馬遷《史記 平原君虞卿列傳》에 입전. '毛遂自薦(모수자천: 모수가 자신을 천거했다는 말이며, 재주가 있어도 추천해주는 사람이 없어 기다리다 못해 스스로 자신을 천거한다는 뜻이다)의 故事가 유명.

253/ 平原君請馮忌曰

{原文} 平原君請馮忌曰,

"吾欲北伐上黨, 出兵攻燕, 何如?"

馮忌對曰, "不可. 夫以秦將武安君公孫起乘七勝之威, 而與馬服之子戰於長平之下, 大敗趙師, 因以其餘兵, 圍邯鄲之城. 趙以亡敗之餘衆, 收破軍之敝守, 而秦罷於邯鄲之下, 趙守而不可拔者, 以攻難而守者易也. 今趙非有七克之威也, 而燕非有長平之禍也. 今七敗之禍未復, 而欲以罷趙攻强燕, 是使弱趙爲强秦之所以攻, 而使强燕爲弱趙之所以守. 而强秦以休兵承趙之敝, 此乃强吳之所以亡, 而弱越之所以霸. 故臣未見燕之可攻也."

平原君曰, "善哉!"

平原君이 馮忌(풍기)를 만나 물었다.

{국역} 平原君이 馮忌(풍기)를 만나 물었다.[1761]

"나는 북으로 진격하여 上黨을 치고, 이어 燕을 정벌하려는데 어떻겠소?"

1761 平原君請馮忌曰 – 본 장은 秦이 趙의 도읍 邯鄲(한단)을 포위 공격했다가(前 256년) 물러난 이후의 일이다. 馮忌(풍기)가 자신을 外臣이라 한 것을 보면 趙人이 아님을 알 수 있다.

趙 平原君(평원군, ? – 前 251년)

풍기가 대답하였다.

"불가합니다. 秦將인 武安君 公孫起(공손기, 白起)는 7勝의 승세를 몰아 馬服君(趙奢)의 아들〔趙括(조괄)〕과 長平(장평)에서 싸워 趙의 군사를 대파하였고, 그 여분의 군사로 邯鄲(한단) 성을 포위했었습니다. 趙는 패망한 나머지 군사를 끌어 모으고, 격파된 부대를 수습하여 겨우 한단을 지켰는데, 秦 역시 한단에서 지쳐 있었기에 趙의 수비를 격파하지 못했습니다. 그 이유는 공격은 어렵고 수비는 그 보다 쉬웠기 때문입니다. 지금 趙는 (秦 白起처럼) 7승을 거둔 위세도 없거니와, 燕은 (우리처럼) 長平의 패전 같은 兵禍도 겪지 않았습니다. 지금 (趙는) 七敗의 兵禍를 회복하지도 못했는데, 지친 趙의 군사가 강한 燕을 공격하는 것은 마치 약한 趙나라가 강한 秦을 공격하는 것이고, 강한 燕에게 약한 趙의 공격을 수비하라는 것과 같습니다. 또 强한 秦은 군사를 쉬게 하면서 趙가 피폐하기를 기다리고 있는데, 이는 옛날 강한 吳가 멸망하고 약한 越이 패자가 된 이유와 같을 것입니다. 그래서 臣은 燕을 공격할만한 이유를 아직 찾지 못하고 있습니다."

이에 평원군은 "옳은 말씀이요!"라고 말했다.

254/ 平原君謂平陽君

{原文} 平原君謂平陽君曰,

"公子牟游於秦, 且東, 而辭應侯. 應侯曰, '公子將行矣, 獨無以敎之乎?' 曰, '且微君之命命之也, 臣固且有效於君. 夫貴不與富期, 而富至, 富不與粱肉期, 而粱肉至, 粱肉不與驕奢期, 而驕奢至, 驕奢不與死亡期, 而死亡至. 累世以前, 坐此者多矣.' 應侯曰, '公子之所以敎之者厚矣.' 僕得聞此, 不忘於心. 願君之亦勿忘也."

平陽君曰, "敬諾."

平原君이 平陽君에게 말하기를,

{국역} 平原君이 그 아우 平陽君에게 말했다.[1762]

"(魏) 公子 牟(모)가 秦을 유람하고, 막 동쪽으로 가려고 應侯〔응후 : 秦의 재상, 范雎(범수)〕에게 떠나는 인사를 하자 응후가 말했습니다. '公子께서 떠나시려는데 저에게 가르침을 좀 주십시오.' 그러자 공자 모가 말했습니다. '지금 君의 말씀이 아니더라도 臣이 드리고 싶은 말이 있었습니다. 대체로 높은 자리에서는(貴) 부유하기를 바라

1762 平原君謂平陽君曰 – 趙 平原君의 名은 趙勝(조승). 平陽君은 평원군의 아우, 名은 趙豹(조표). 公子 牟(모)의 말은 策士의 擬托(의탁)이라는 주석이 있다.

지 않아도 富가 찾아옵니다. 부유하면 좋은 음식이나 육류를 기대하지 않아도 좋은 음식과 고기반찬이 들어옵니다. 좋은 음식과 육류를 먹으며 교만과 사치하려는 생각이 없어도 교만과 사치는 저절로 몸에 뱁니다. 교만과 사치가 몸에 배면 망하기를 기대하지 않아도 죽거나 패망이 찾아옵니다. 오랜 예부터 이런 일에 연루된 사람이 많답니다.' 그러자 응후가 말했습니다. '公子의 가르침이 아주 크십니다.' 나(平原君)는 이 말을 듣고 마음에 잊지 않고 있습니다. 당신도 이를 잊지 마십시오."

平陽君은 "삼가 마음에 잊지 않겠습니다."라고 말했다.

255/ 秦攻趙於長平

{原文} 秦攻趙於長平, 大破之, 引兵而歸. 因使人索六城於趙而講. 趙計未定. 樓緩新從秦來, 趙王與樓緩計之曰,

"與秦城何如? 不與何如?"

樓緩辭讓曰, "此非人臣之所能知也."

王曰, "雖然, 試言公之私."

樓緩曰, "王亦聞夫公甫文伯母乎? 公甫文伯官於魯, 病死. 婦人爲之自殺於房中者二八. 其母聞之, 不肯哭也. 相室曰, '焉有子死而不哭者乎?' 其母曰, '孔子, 賢人也, 逐於魯, 是人不隨. 今死, 而婦人爲死者十六人. 若是者, 其於

長者薄, 而於婦人厚?' 故從母言之, 之爲賢母也. 從婦言之, 必不免爲妒婦也. 故其言一也, 言者異, 則人心變矣. 今臣新從秦來, 而言勿與, 則非計也. 言與之, 則恐王以臣之爲秦也. 故不敢對. 使臣得爲王計之, 不如予之."

王曰, "諾."

秦이 長平에서 趙軍을 공격하여

{국역} 秦은 趙軍을 長平에서 공격하여 大破한 뒤에 귀환하였다.[1763] 그러면서 사람을 보내 趙에 6개의 城 할양을 요구하며 강화하려 했다.[1764] 趙의 계책이 미정일 때, 樓緩(누완)이 秦에서 趙에 막

1763 秦攻趙於長平, 大破之 – 長平之戰은, 今 山西省 동남부 晋城市 관할 高平市에서, 趙 孝成王(재위 265 – 245년) 때, 前 262 – 260년에 걸친 秦과 趙의 一戰이었다. 前 263年에 秦이 出兵하여 韓을 공격하며 上黨郡과 韓의 都城인 新鄭(신정)의 통로를 단절했다. 韓에서는 上黨郡을 秦에 분할하려 했으나 上黨의 軍民이 따르지 않자, 趙國에 구원을 요청했다. 趙에서는 老將 廉頗(염파)를 보내 長平에 주둔 방어케 하며 上黨郡을 聲援(성원)했다. 이후 秦과 趙의 전투와 대치가 계속되었다. 前 260年 秦國 대장인 王齕(왕흘)이 上黨郡을 점령하고 廉頗(염파)와 長平에서 對峙(대치)하며, 쌍방이 4개월을 버티었다. 秦國은 反間計를 써서 趙國의 젊은 장수 趙括(조괄)이 염파를 대신하게 했다. 동시에 비밀리에 大將 白起(백기)를 출전시켰다. 長平戰에서 趙軍은 참패했고, 40만 降卒은 구덩이에 산 채로 묻혔다. 이후 山東 6국은 秦에 항거할 戰力이 없었다.

1764 원문 因使人索六城於趙而講 – 이 구절은 秦이 趙에 德을 베풀어 6성을 내주면 강화하겠다는 뜻으로 서술했다. 사실은 趙가 장평전의 참패

도착하자, 趙王이 누완과 계책을 논하며 물었다.

"秦에 城을 주면 어떻고, 주지 않으면 어떻게 되겠소?"

누완이 사양하며 말했다.

"이는 제가 알 수 없는 일입니다."

"그렇더라도 公의 私見이라도 말해 보시오."

누완이 다음과 같이 말하였다.

"王께서는 公甫文伯(공보문백)[1765] 모친의 이야기를 아니 들어보셨습니까? 公甫文伯이 魯에서 벼슬하다가 病死하였습니다. 그러자 婦人으로 남편을 따라 방안에서 자살한 사람이 16명(自殺於房中者二八)이었습니다.[1766] 공보문백의 모친은 소식을 듣고도 哭(곡)을 하지 않았습니다. 이에 傅姆(부모, 원문은 相室)가 '아들이 죽었는데 왜 통곡하지 않으십니까?' 라고 물었습니다. 이에 그 모친이 말했습니다. '孔子(공자)는 賢人인데 (孔子가) 魯에서 쫓겨날 때,[1767] 是人(내 아들)은 공자를 따라가지 않았다.[1768] 지금 병사했는데 따라 죽은 자

이후 秦의 공격이 두려워 6성을 바치고 강화를 희망했다.

1765 公甫文伯〔공보문백, 생졸년 미상, 姬姓, 公父씨, 名은 歜(헐)〕 – 公甫文伯은 별명. 춘추시대 魯, 季悼子의 孫, 公父穆伯의 子. 季康子의 從兄弟. 그 모친은 敬姜(경강).

1766 원문 自殺於房中者二八 – 二八은 二人의 誤寫라는 주석이 있다.

1767 (孔子) 逐於魯 – 孔子(前 551 – 479년)는 魯에서 大司寇(대사구)를 역임했다. 前 497년(魯 定公 13) 봄, 齊는 魯國에 불안을 느껴, 미녀와 好馬를 보냈고 계환자가 접수했으며, 魯君은 정사에 태만했다. 郊祭 후에 祭肉을 보내주지 않자, 공자는 魯國을 떠나 이후 14년간 각국을 周遊했고 前 484년에 귀국했다.

1768 원문 是人不隨 – 아들을 '이 사람(是人)'이라 지칭한 것은 아들로 생각하지 않는다는(不子之也) 뜻이다.

가 16명이나 된다. 이 같은 일은 그가 長者에게는 薄(박)했고 婦人에게는 厚(후)했던 것이 아닌가?' 이렇게 말했기에 그 모친은 賢母라는 칭송을 들을 수 있었습니다. (이런 말을, 따라서 죽지 않은) 다른 부인이 이렇게 말했다면, 틀림없이 질투하는 여인이라 했을 것이니, 이처럼 말은 하나이나, 말하는 사람이 다르면 그에 따라 人心(評價)이 다릅니다. 지금 臣은 秦에서 막 도착했는데, 땅을 내주지 말라고 말하면, 이는 잘못된 계책입니다. 땅을 내줘야 한다고 말하면, 대왕께서는 아마도, 臣이 秦만을 위한다고 생각하실 겁니다. 그러니 감히 대답할 수가 없습니다. 臣의 생각으로는, 왕을 위해서라면 땅을 주는 것이 좋을 것 같습니다."

이에 왕은 "알았소."라고 말했다.

{原文} 虞卿聞之, 入見王, 王以樓緩言告之. 虞卿曰,

"此飾說也. 秦既解邯鄲之圍, 而趙王入朝, 使趙郝約事於秦, 割六縣而講."

王曰, "何謂也?"

虞卿曰, "秦之攻趙也, 倦而歸乎? 王以其力尚能進, 愛王而不攻乎?"

王曰, "秦之攻我也, 不遺餘力矣, 必以倦而歸也."

虞卿曰, "秦以其力攻其所不能取, 倦而歸. 王又以其力之所不能攻以資之, 是助秦自攻也. 來年秦復攻王, 王無以救矣."

{국역} 虞卿(우경)이 이런 소식을 듣고 들어가 王을 만나자, 왕은 樓緩(누완)의 말을 일러주었다. 그러자 우경이 말했다.

"이는 그냥 꾸며댄 말입니다. 秦이 이미 邯鄲(한단)의 포위를 풀어주며 趙王에게 入朝하라면서 趙郝(조학)을 보냈으며, 秦을 섬기기로 약조하였으니 6개 縣을 떼어주면 강화를 하겠다고 합니다."

"왜 그러한가?"

"秦이 趙를 공격했는데 지쳤기에 回軍했겠습니까? 왕께서는 (秦이) 그 병력이 진격할 수도 있는데, 왕을 아껴주느라고 공격하지 않았다고 생각하십니까?"

"秦이 우리 趙를 침공하면서 힘을 남겨 두지는 않았을 것이니, 틀림없이 그들도 지쳤기에 돌아갔을 것이다."

"秦은 그 힘으로 공격해도 빼앗을 수 없고 지쳤기에 귀환했습니다. 그런데 왕께서는 그들이 공격하여 뺏을 수도 없는 땅을 그들에게 내준다면, 이는 秦을 도와 자기 자신 스스로를 공격한 것입니다. 내년에 秦이 다시 趙를 공격해온다면, 왕께서는 自救(자구: 스스로 자신을 구제함)할 길이 없습니다."

{原文} 王又以虞卿之言告樓緩. 樓緩曰, "虞卿能盡知秦力之所至乎? 誠知秦力之不至, 此彈丸之地, 猶不予也, 令秦來年復攻王, 得無割其內而媾乎?"

王曰, "誠聽子割矣, 子能必來年秦之不復攻我乎?"

樓緩對曰, "此非臣之所敢任也. 昔者三晉之交於秦, 相善也. 今秦釋韓, 魏而獨攻王, 王之所以事秦必不如韓, 魏也.

今臣爲足下解負親之攻，啓關通敝，齊交韓，魏．至來年而王獨不取於秦，王之所以事秦者，必在韓，魏之後也．此非臣之所敢任也．"

{국역} 王은 다시 虞卿(우경)의 말을 樓緩(누완)에게 전해주었다. 그러자 누완이 말했다.

"우경은 秦의 군사력이 어떠한 가를 정말 다 알고 있을까요?[1769] 정말로 秦의 군사력이 미치지 못하였다며, 탄환만한 땅을 주지 않았다가 내년이라도 秦이 다시 침략해 온다면 내륙의 땅을 베어 주더라도 강화할 수 있을 것 같습니까?"

"정말 당신 말대로 땅을 할양할 경우, 그대는 내년이라도 秦이 우리를 다시 침공하지 않게 할 수 있겠는가?"

"이는 臣이 감히 감당할만한 일이 아닙니다. 옛날에 三晉(韓, 魏, 趙)이 모두 秦과 외교를 맺어 상호 친선을 유지했었습니다. 지금은 秦이 韓과 魏를 풀어주고(釋) 오직 趙만을 공격하고 있으니, 王의 秦에 대한 외교는 필히 韓이나 魏와는 다르기 때문일 것입니다. 지금 臣이 왕을(足下) 위하여 (秦과의) 친교를 저버렸다는 비난을 풀어주고, 관문을 열고 막힌 관계를 다시 맺고, 齊가 韓이나 魏와 통교하듯 만들더라도, 내년에 왕께서 秦을 마땅치 않다고 생각한다면, 왕께서 秦을 섬기는 그 정도는 틀림없이 韓이나 魏보다 뒤쳐질 것입니다.

1769 能盡知秦力之所至乎? - 우경이 秦의 군사가 지쳐서 돌아갔을 것이라는 말에 秦의 군사력이 어찌 거기 까지겠는가? 그 이상이라는 의미. 至는 及也.

이는 臣이 감히 책임질 일이 아닙니다."

{原文} 王以樓緩之言告. 虞卿曰,

"樓緩言不媾, 來年秦復攻王, 得無更割其內而媾. 今媾, 樓緩又不能必秦之不復攻也, 雖割何益? 來年復攻, 又割其力之所不能取而媾也, 此自盡之術也. 不如無媾. 秦雖善攻, 不能取六城, 趙雖不能守, 而不至失六城. 秦倦而歸, 兵必罷. 我以五城收天下以攻罷秦, 是我失之於天下, 而取償於秦也. 吾國尙利, 孰與坐而割地, 自弱以强秦? 今樓緩曰, '秦善韓, 魏而攻趙者, 必王之事秦不如韓, 魏也.' 是使王歲以六城事秦也, 卽坐而地盡矣. 來年秦復求割地, 王將予之乎? 不與, 則是棄前貴而挑秦禍也. 與之, 則無地而給之. 語曰, '强者善攻, 而弱者不能自守.' 今坐而聽秦, 秦兵不敝而多得地, 是强秦而弱趙也. 以益愈强之秦, 而割愈弱之趙, 其計固不止矣. 且秦虎狼之國也, 無禮義之心. 其求無已, 而王之地有盡. 以有盡之地, 給無已之求, 其勢必無趙矣. 故曰, 此飾說也. 王必勿與."

王曰, "諾."

{국역} 王이 樓緩(누완)의 말을 전해 주었다. 그러자 虞卿(우경)이 말했다.

"樓緩(누완)의 말은 和親하지 않으면(不媾, 媾는 화친할 구) 내년에 秦이 다시 趙를 침공할 것이고 내륙의 땅을 할양하더라도 화친할 수 없을 것이라 하였습니다. 지금 강화한다 하여도 누완은 또 秦이 다시 침공하지 못하게 할 수 없다고 하니, (지금) 땅을 할양하는 것이 무슨 이득이겠습니까? 來年에 다시 침공할 경우 그들이 침략하지 못하는 곳의 땅을 베어주며 강화한다면, 이는 우리 스스로 내 땅을 줄여나가는 방법입니다. 그렇다면 차라리 강화하지 않는 것만 못합니다. 秦이 비록 공격에 능하다 치더라도 6개의 성을 다 차지할 수는 없을 것입니다. 趙가 비록 자체 방어를 못한다 치더라도 6개의 성을 모두 상실할 정도는 아닙니다. 秦이 지쳐서 귀국한다면 그 군사도 필히 피폐한 것입니다. 우리는 五城(六城)으로 천하의(다른 나라의) 군사를 모아 지친 秦軍을 공격한다면, 우리는 5개 성을 다른 제후에게 주고 그 보상을 秦에서 받는 것입니다. 그렇다면 차라리 우리에게 이익이 되는데 누가 앉아서 割地(할지)하며 强秦(진나라를 강하게 해주다)에 스스로 굴복하겠습니까? 지금 누완이 말한 것처럼 '秦이 韓과 魏와 친교하며 趙를 침공하는 것은 王의 事秦(진을 섬기는 것)이 틀림없이 韓과 魏만 못하기 때문'이라면, 이는 왕께서 올해 6성으로 事秦하는 것은 결국 그냥 앉아서 땅만 내주는 것입니다. 내년에 秦이 다시 割地를 요구한다면 왕께서는 땅을 또 내주겠습니까? 주지 않는다면 이전에 준 恩功은 모두 버리면서 秦의 兵禍만 불러오는 것입니다. (내년에도) 또 땅을 내줘야 한다면 줄만한 땅이 없을 것입니다. 俗諺(속언) 그대로 '强者는 善攻(공격에 뛰어나다)하나 弱者는 自守(스스로 지켜내다)도 못한다.' 고 하였습니다. 지금 앉아서 秦의 요구를 수락한다면, 秦兵은 힘 안 들이고도 땅을 차지하는 것이니, 秦은 강해지고 趙는 약해지는 것입니다. 강한 秦

은 더욱 강해지고, 割地하는 趙는 더 약해지는 것이니, 그런 계책이라면 앞으로 진정 (땅 요구를) 멈추게 할 수도 없을 것입니다. 또 秦은 虎狼(호랑)과 같은 나라이고 禮와 의리를 생각지도 않습니다. 그 욕구는 끝이 없지만 王의 땅은 한계가 있습니다. 한계가 있는 우리 땅으로 (秦의) 끝없는 욕심을 채워줘야 한다면 그 형세는 결국 趙의 멸망입니다. 그러기에 누완의 말은 교묘하게 꾸며댄 말이라고 했던 것입니다. 왕께서는 땅을 절대로 주지 마십시오."

王은 "옳다."고 하였다.

{原文} 樓緩聞之, 入見於王, 王又以虞卿言告之.

樓緩曰, "不然, 虞卿得其一, 未知其二也. 夫秦, 趙構難, 而天下皆說, 何也? 曰 '我將因强而乘弱.' 今趙兵困於秦, 天下之賀戰者, 則必盡在於秦矣. 故不若亟割地求和, 以疑天下, 慰秦心. 不然, 天下將因秦之怒, 秦趙之敝而瓜分之. 趙且亡, 何秦之圖? 王以此斷之, 勿復計也."

{국역} 樓緩(누완)이 알고서는 궁에 들어와 왕을 만나자, 왕은 虞卿(우경)의 말을 알려주었다. 그러자 누완이 말했다.

"그렇지 않습니다. 우경은 하나만 알고 둘은 모릅니다. 秦과 趙의 분쟁이 일어나자, 천하 여러 나라가 모두 기뻐했는데 왜 그랬겠습니까? 모두가 '강한 자의 편에 붙어(因强) 약자를 타고 누르겠다(乘弱, 陵弱).' 고 생각했습니다. 지금 우리 군사는 秦의 군사에 시달리고(困) 있는데, 이 싸움을 즐기는 나라들은 모두 秦의 편에 서 있습니다(在於秦矣). 그러니 빨리(亟) 땅을 베어주고(割地) 강화하여(求和) 제후들을 의심케 하며, 秦을 안심시켜야 합니다. 그렇지 않으면 천하 제후들은 秦의 분노에 같은 편이 되어서, 秦과 趙의 피폐를 이용하여 趙를 나눠 가지려[1770] 할 것입니다. 이렇게 趙가 망해버린 다음에 秦을 어떻게 하시겠습니까? 왕께서는 결단하시고 다른 계책을 생각하지 마십시오."

{原文} 虞卿聞之, 又入見王曰,

"危矣, 樓子之爲秦也! 夫趙兵困於秦, 又割地爲和, 是愈疑天下, 而何慰秦心哉? 是不亦大示天下弱乎? 且臣曰勿予者, 非固勿予而已也. 秦索六城於王, 王以五城賂齊. 齊, 秦之深讎也, 得王五城, 並力而西擊秦也, 齊之聽王, 不待辭之畢也. 是王失於齊而取償於秦, 一擧結三國之親, 而與秦易道也."

趙王曰, "善." 因發虞卿東見齊王, 與之謀秦.

虞卿未反, 秦之使者已在趙矣. 樓緩聞之, 逃去.

{국역} 虞卿(우경)이 듣고서는 또 들어가 왕을 만나 말했다.

"정말 위태로우니, 누완은 秦을 편들고 있습니다. 趙의 군사가 秦에 패전했고, 또 割地하여 강화한다면, 여러 제후는 趙의 허약을 더욱 의심하지, 어찌 秦을 달래주려고 하겠습니까? 이 또한 온 천하에

1770 원문 趙之敝而瓜分之 - 敝는 해질 폐. 弊와 同. 瓜分(과분)은 오이(참외)를 갈라 먹다. 分其地如破瓜然.

우리의 약한 꼴을 널리 보여줄 뿐입니다. 그리고 臣이 땅을 베어주길 그만두자 말은 안 주면 그만이라는 뜻이 아닙니다. 秦이 우리에게 6개 성을 요구하는데, 우리가 5개 성을 齊에 주는 것입니다. 齊와 秦은 깊은 원한이 있습니다. 齊가 5개 성을 차지한다면, 온 국력을 동원하여 서쪽으로 秦을 공격할 것이고, 齊가 대왕의 제안을 들으면, 말이 끝나기도 전에 동의할 것입니다. 이는 대왕께서 齊에 주었지만 秦에서 보상받는 것입니다. 그리고 일거에 삼국(韓, 魏, 齊)과 친교를 강화하게 됩니다. 그러면서 秦과는 처지가 역전되는 것입니다."

趙王은 "좋다."고 하였다. 그리고 우경을 보내 동쪽 齊王을 만나 秦에 대한 방책을 모색하였다.

우경이 (齊에서) 귀국하기도 전에, 秦의 사자가 趙에 머물고 있었다. 누완은 소식을 듣고서도 어디론가 도망쳤다.

256/ 秦攻趙, 平原君使人~.

{原文} 秦攻趙, 平原君使人請救於魏. 信陵君發兵至邯鄲城下, 秦兵罷. 虞卿爲平原君請益地, 謂趙王曰,

"夫不鬪一卒, 不頓一戟, 而解二國患者, 平原君之力也. 用人之力, 而忘人之功, 不可."

趙王曰, "善." 將益之地.

公孫龍聞之, 見平原君曰, "君無覆軍殺將之功, 而封以東

武城. 趙國豪傑之士, 多在君之右, 而君爲相國者以親故. 夫君封以東武城不讓無功, 佩趙國相印不辭無能, 一解國患, 欲求益地, 是親戚受封, 而國人計功也. 爲君計者, 不如勿受便."

平原君曰, "謹受令." 乃不受封.

秦이 攻趙하자, 平原君은 사람을 시켜 ~.

{국역} 秦이 趙를 침공하자, (趙의) 平原君(평원군)은 사람을 보내 魏(위)에 구원을 요청하였다.[1771] (魏) 信陵君(신릉군)[1772]은 군사를 동원하여 邯鄲(한단) 城에 와서 구원했고, 秦은 군사를 철수했다. 虞卿(우경)은 平原君을 위하여 봉지를 늘려주어야 한다고 청원하며 趙王(孝成王, 재위 前 265 – 245년)에게 말했다.

"군졸 싸움도 없이 창〔戟(극)〕 하나 버리지 않고,[1773] 二國의 환난을 해결한 것은 平原君의 功力입니다. 남의 도움을 받고 그 사람의 은공을 잊으면 안 됩니다."

1771 원문 秦攻趙, 平原君使人請救於魏. – 이는 秦이 趙 도읍 邯鄲(한단)을 포위 공격했던 前 257년(趙 孝成王 9년) 직후의 일이다. 平原君은 公孫龍(공손룡)의 諫言(간언)에 따라 封地를 사양했다.

1772 信陵君(신릉군) 無忌(무기, ? – 前 243) – 姬姓, 魏氏, 魏 昭王의 아들. 魏 安釐王의 同父異母弟. 보통 魏公子로 통칭. 魏 安釐王 때 魏國 上將軍 역임. 禮賢下士하고 廣招門客했다. 秦과 趙의 邯鄲之戰에서 병부를 훔쳐 군사를 동원하여 趙를 구원하여 의리를 지켰다.

1773 원문 不頓一戟 – 頓은 머리를 조아릴 돈. 깨지다. 부서지다. 戟은 창 극.

趙王은 "그렇다." 하면서 (叔父인 平原君의) 封地를 늘려주려 했다. 이를 (趙人) 公孫龍(공손룡)[1774]이 듣고서는 平原君을 만나 말했다.

"君께서는 적군을 격파하거나 적장을 죽인 공로도 없이 東武城을 봉지로 받으려 하신다면서요? 趙國에는 왕의 측근에 많은 豪傑之士(호걸지사)가 있는데, 君이 相國이 된 것은 宗親이기 때문입니다. 君께서 東武城을 받고서도 無功하다고 사양하지 않고 있으며, 趙國의 相印을 차고서도 無能하다며 사임하지 않고서, 또 일국의 환난을 해결했다고 더 많은 봉지를 바라고 있지만, 이는 종친이기에 受封(봉지를 받다)한 것이며, 백성들은 그 공적을 계산해 볼 것입니다. 君을 위한 계책이라면 받지 않는 것이 더 나을 것입니다."

이에 平原君은 "삼가 충고에 따르겠습니다."라 말했고, 封地를 받지 않았다.[1775]

1774 公孫龍〔공손룡, 前 320－250年, 字는 子秉(자병)〕－平原君의 門客. 名家의 대표 인물. '白馬非馬', 그리고 '離堅白(이견백)'의 논쟁으로 유명하다. 惠施(혜시) 또한 공손룡과 비슷한 명성을 누렸다. 仲尼弟子 公孫龍이 아니다.

1775 平原君은 馮亭(풍정)에서 失計하여 秦의 兵禍를 자초하였고, 趙國의 절반을 상실할 뻔했었다. 그런데도 邯鄲의 포위를 풀었다는 것이 무슨 공적이겠는가? 그저 운이 좋아 因人成事(인인성사: 사람으로 인하여 일을 이룬다는 말이며, 혼자 힘으로는 되는 일이 없다는 뜻이다)한 것이고, 만년에 우연히 성공한 것이 아니겠는가?

257/ 秦趙戰於長平

{原文} 秦,趙戰於長平, 趙不勝, 亡一都尉. 趙王召樓昌與虞卿曰,

"軍戰不勝, 尉復死, 寡人使卷甲而趍之, 何如?"

樓昌曰, "無益也, 不如發重使而爲媾."

虞卿曰, "夫言媾者, 以爲不媾者軍必破, 而制媾者在秦. 且王之論秦也, 欲破王之軍乎? 其不邪?"

王曰, "秦不遺餘力矣, 必且破趙軍."

虞卿曰, "王聊聽臣, 發使出重寶以附楚,魏. 楚,魏欲得王之重寶, 必入吾使. 趙使入楚,魏, 秦必疑天下合從也, 且必恐. 如此, 則媾乃可爲也."

趙王不聽, 與平陽君爲媾, 發鄭朱入秦, 秦內之.

趙王召虞卿曰, "寡人使平陽君媾秦, 秦已內鄭朱矣, 子以爲奚如?"

虞卿曰, "王必不得媾, 軍必破矣, 天下之賀戰勝者皆在秦矣. 鄭朱, 趙之貴人也, 而入於秦, 秦王與應侯必顯重以示天下. 楚,魏以趙爲媾, 必不救王. 秦知天下不救王, 則媾不可得成也."

趙卒不得媾, 軍果大敗. 王入秦, 秦留趙王而後許之媾.

秦과 趙가 長平에서 싸워,

{국역} 秦이 趙와 長平에서 싸웠는데,[1776] 趙는 이기지 못하고, 都尉(도위, 軍尉) 한 사람을 잃었다. 趙王(孝成王)은 樓昌(누창)과 虞卿(우경)을 불러 말했다.

"군사가 싸워 이기지 못하고, 都尉[1777]가 또 전사하였으니, 어찌 해야 하나? 과인이 갑옷을 걷어붙이고 달려 나가려 하는데 어떻겠는가?"

누창이 말했다.

"無益합니다. 높은 사람을 보내 (秦과) 강화하는 것만 못합니다."[1778]

우경이 말했다.

"강화를 말하는 사람들은 강화하지 않으면 군사는 必敗한다고 말하는데, 강화의 주도권은 秦이 갖고 있습니다. 왕께서는 秦과의 관계에서 우리 군사의 패망을 예상하십니까? 아니면 그 반대이십니까?"

"秦도 여력이 없을 정도지만 그래도 우리 군사를 이길 것이다."

1776 원문 秦趙戰於長平 – 이는 前 262 – 260 秦과 趙 전쟁에서 장평의 패전(前 260) 당시의 일이다. 잘못된 계책 다음의 곤경을 생각 않을 수가 없다.

1777 都尉 – 장군의 하위 직명. 보통 단위부대의 부대장. 우리나라 대대장급이라 생각하면 느낌이 올 것이다.

1778 원문 不如發重使而爲媾 – 媾는 和親할 구.(求和也) 講과 通.

"왕께서는 오직 臣의 말을 들어주십시오. 사신을 보내 많은 재물로 楚와 魏를 우리 편으로 만드셔야 하니, 楚와 魏에서는 재물을 받으려고 틀림없이 우리 사신을 받아들일 것입니다. 그들이 사신을 받아들이면 秦은 우리와 여러 나라가 합종을 맺지 않을까 틀림없이 두려워할 것이고 그러면 강화할 수 있을 것입니다."

그러나 趙王은 우경의 말을 따르지 않고 平陽君(평양군)을 보내 강화를 주선케 하며 이어 鄭朱(정주)를 보내자, 秦에서는 입국을 수락하였다. 趙王이 우경을 불러 말했다.

"寡人이 平陽君을 보내 秦과 강화했고, 秦은 이미 鄭朱(정주)의 입국을 허락했는데 경은 어떻게 생각하는가?"

우경이 말했다.

"王께서는 틀림없이 강화하지도 못하고, 우리 군사는 격파될 것이며 전승을 축하할 사람들은 모두 秦의 편일 것입니다. 鄭朱는 趙의 貴人이고 秦에 입국한다면, 秦王(昭王)과 應侯〔응후, 范雎(범수)〕는 틀림없이 이를 천하에 널리 자랑할 것입니다. 그러면 楚와 魏는 우리가 秦과 강화한 것으로 여기고 우리를 돕지 않을 것입니다. 秦은 천하의 여러 나라가 趙의 편이 아니라는 것을 알게 될 것이니 강화를 맺지 않을 것입니다."

趙는 끝내 秦과 강화하지 못했고, 趙의 군사는 대패하였다. 趙王이 入秦(직접 진에 들어가다)하자, 진에서는 왕을 억류했다가 나중에서야 강화를 수락하였다.

258/ 秦圍趙之邯鄲

{原文} 秦圍趙之邯鄲. 魏安釐王使將軍晉鄙救趙. 畏秦, 止於蕩陰, 不進. 魏王使客將軍新垣衍間入邯鄲, 因平原君謂趙王曰,

"秦所以急圍趙者, 前與齊湣王爭强爲帝, 已而復歸帝, 以齊故. 今齊湣王已益弱. 方今唯秦雄天下, 此非必貪邯鄲, 其意欲求爲帝. 趙誠發使尊秦昭王爲帝, 秦必喜, 罷兵去."

平原君猶豫未有所決.

秦이 趙의 邯鄲(한단)을 포위하다.

{국역} 秦이 趙의 邯鄲(한단)을 포위하였다.[1779] 魏의 安釐王(안리왕)[1780]이 장군 晉鄙(진비)를 보내 趙를 구원케 하였다. 그러나 진비는 秦을 겁내어 蕩陰縣(탕음현)에 머물며 진격하지 않았다. 魏王은

1779 원문 秦圍趙之邯鄲 – 이는 前 257년의 일이다. 이 장에서 볼 수 있는 魯仲連(노중련)의 「義不帝秦」의 大義는 후대의 詩歌나 문학에 큰 영향을 끼쳤다. 그러나 年代가 틀리고 史實과 어긋나는 부분이 많아 이 역시 辯士의 擬托(의탁)이라는 주석이 있다.

1780 魏 安釐王(안리왕, 재위 前 276 – 243년, 安禧王. 安僖王) – 姬姓, 魏氏, 名은 圉(어), 魏 昭王의 아들. 司馬遷의 조부 名 司馬僖. 때문에 《史記》에서는 僖를 피하여 모두 釐(다스릴 리)로 고쳐 썼다.

客人(外國人) 장군 新垣衍(신원연)[1781]을, 샛길로 한단에 들여보내 平原君을 통해 趙王(孝成王)에게 말하게 하였다.

"秦이 趙를 맹렬히 포위 공격하는 것은 齊 湣王(민왕, 閔王, 前 300－284년)과 세력을 다투면서 稱帝(칭제)하자고 했다가 齊가 이를 포기했기 때문입니다. 그 뒤로 齊 민왕은 더욱 쇠약해졌습니다. 지금 秦만 유일하게 천하의 강자이니, 이번 침공은 한단을 탐내서가 아니라 帝位를 얻으려는 욕심 때문입니다. 趙에서 진정으로 사신을 보내 秦 昭王(昭襄王, 재위 前 306－251년)을 帝라고 칭해준다면, 秦은 틀림없이 기뻐하며 군사를 철수할 것입니다."

그러나 平原君은 猶豫(유예: 망설이며 미루다)하며 결정하지 못했다.

{原文} 此時魯仲連適游趙, 會秦圍趙. 聞魏將欲令趙尊秦爲帝, 乃見平原君曰,

"事將奈何矣?"

平原君曰, "勝也何敢言事? 百萬之衆折於外, 今又內圍邯鄲而不能去. 魏王使將軍辛垣衍令趙帝秦. 今其人在是, 勝也何敢言事?"

魯連曰, "始吾以君爲天下之賢公子也, 吾乃今然後知君非天下之賢公子也. 梁客辛垣衍安在? 吾請爲君責而歸之."

平原君曰, "勝請召而見之於先生."

1781 新垣衍(신원연)－辛垣衍(신원연), 他國人으로 仕魏(사위: 위국에 봉사하고 있다)하고 있었다.

平原君遂見辛垣衍曰, "東國有魯連先生, 其人在此, 勝請爲紹介, 而見之於將軍."

辛垣衍曰, "吾聞魯連先生, 齊國之高士也. 衍, 人臣也, 使事有職. 吾不願見魯連先生也."

平原君曰, "勝已泄之矣."

辛垣衍許諾.

{국역} 이때 魯仲連(노중련)[1782]은 마침 趙에 유람 중이었고, 마침 秦은 趙를 포위했다. 노중련은 魏將이 趙로 하여금 秦王을 帝로 높이려 한다는 말을 듣고, 곧 평원군을 만나 "일을 어떻게 처리하시렵니까?" 라고 물었다.

이에 平原君이 말했다.

"내가(勝, 평원군 名) 어찌 감히 國事를 말하겠습니까? 백만의 군사가 밖에서 패전했었고, 지금 또 안으로 한단이 포위되었고, 그들을 몰아내지 못하고 있습니다. 魏王이 그의 장군 辛垣衍(신원연)을 보내 趙가 秦을 帝로 호칭하라고 요청하고 있습니다. 지금 그 사람이 여기 있는데, 제가 무슨 말을 하겠습니까?"

노중련이 말했다.

"전에 저는 君을 天下의 賢明한 公子라고 생각하였습니다만, 저

1782 魯仲連(노중련, ?前 305 - 245년, 간칭 魯連) - 戰國時代 齊國 茌平人. 遊說名士. 稷下 學宮에서 수학. 세객으로 유명. 저명한 「義不帝秦」 변론이 잘 알려졌다. 《漢書 藝文志》에 《魯仲連子》 14篇이 있다. 《史記 魯仲連鄒陽列傳》에 입전. 唐 李白이 마음으로 존경했던 인물이다. 세객으로 유명. 저명한 「義不帝秦」 변론이 잘 알려졌다.

는 오늘 이후 君이 천하의 현명한 공자가 아니라는 것을 알겠습니다. 梁(魏)의 客人 신원연이 어디에 있습니까? 내가 君을 위해 그 사람을 책망하여 돌려보내겠습니다."

平原君이 말했다.

"제가 그 사람을 불러 선생을 뵙게 하겠습니다."

平原君이 신원연을 만나 말했다.

"東國(齊)의 노중련 선생이 지금 여기에 계시는데, 제가 그분을 소개하여[1783] 장군을 뵙게 하겠습니다."

신원연이 말했다.

"저도 魯仲連 선생이 齊國의 高士라고 알고 있습니다. 저는(衍) 다른 나라의 신하로 직무 수행 중에 있습니다. 저는 魯仲連 선생을 만나고 싶지 않습니다."

이에 平原君이 말했다. "제가 이미 그분에게 말해버렸습니다."

그러자 신원연이 수락하였다.

{原文} 魯連見辛垣衍而無言. 辛垣衍曰,

"吾視居此. 圍城之中者, 皆有求於平原君者也. 今吾視先生之玉貌, 非有求於平原君者, 曷爲久居此圍城之中而不去也?"

魯連曰, "世以鮑焦無從容而死者, 皆非也. 今衆人不知, 則爲一身. 彼秦者, 棄禮義而上首功之國也. 權使其士, 虜

1783 勝請爲紹介 – 紹介(소개)는 도와주다. 禮에 손님이 오면 말로 전해주다. 紹는 이을 소(繼也). 介는 끼일 개. 양쪽을 말로 이어주다.

使其民. 彼則肆然而爲帝, 過而遂正於天下, 則連有赴東海而死矣. 吾不忍爲之民也! 所爲見將軍者, 欲以助趙也."

辛垣衍曰, "先生助之奈何?"

魯連曰, "吾將使梁及燕助之. 齊,楚則固助之矣."

辛垣衍曰, "燕則吾請以從矣. 若乃梁, 則吾乃梁人也, 先生惡能使梁助之耶?"

魯連曰, "梁未睹秦稱帝之害故也, 使梁睹秦稱帝之害, 則必助趙矣."

辛垣衍曰, "秦稱帝之害將奈何?"

魯仲連曰, "昔齊威王嘗爲仁義矣, 率天下諸侯而朝周. 周貧且微, 諸侯莫朝, 而齊獨朝之. 居歲餘, 周烈王崩, 諸侯皆弔, 齊後往. 周怒, 赴於齊曰, '天崩地坼, 天子下席. 東藩之臣田嬰齊後至, 則斮之.' 威王勃然怒曰, '叱嗟, 而母婢也.' 卒爲天下笑. 故生則朝周, 死則叱之, 誠不忍其求也. 彼天子固然, 其無足怪."

{국역} 노중련은 辛垣衍(신원연)을 만나 아무 말도 하지 않았다. 이에 신원연이 먼저 말했다.

"내가 여기 머물며 보니 포위된 城 안에서 모두가 평원군에게 의지하고 있습니다. 지금 제가 선생의 훌륭하신 모습을 뵈오니, 평원군에게 도움을 바라지 않는 분이신데, 왜 여기 포위된 성에 오래 머물면서 떠나시지 않으십니까?"

노중련이 대답했다.

"세상 사람들은 (周의) 鮑焦(포초)[1784]가 조용히 살다 죽은 사람이라고 알고 있지만 모두 아닙니다. 지금 많은 사람들은 그가 자신을 위해 죽었다는 것을 모르고 있습니다. 저 秦이란 나라는 禮와 義를 저버리고 (敵의) 首級(수급)을 잘라오면 功으로 인정하여 작위를 높여 주는 나라입니다(上首功之國). 그 士人으로 하여금 그 백성을 포로처럼 부리라고 권장하고 있습니다. 그런 나라가 지금 방자하게도 (肆然) 칭제하려 하니, (이는) 過誤(과오)로 천하를 바로잡겠다는 것이라서 저 노중련은 차라리 東海에 가서 빠져죽고 싶을 뿐입니다.[1785] 나는 차마 그런 나라 백성이 되고 싶지 않습니다. 내가 장군을 만난 것은 趙를 도우려는 뜻입니다."

그러자 신원연이 물었다.

"先生은 어떻게 趙를 도우려 하십니까?"

"나는 梁(魏)과 燕으로 하여금 趙를 구원케 할 것입니다. 齊와 楚는 이미 확실하게 趙를 돕고 있습니다."

신원연이 물었다.

"燕이라면 내가 청하더라도 따라줄 것 같습니다. 그러나 梁은 나도 梁人이지만, 선생께서는 梁을 어떻게 하여 돕게 할 것입니까?"

1784 鮑焦(포초) - 鮑가 姓. 焦가 이름. 樵와 通. 周의 지조 있는 士人. 隱士. 도토리를 주워 먹고 살면서 제후와도 교제하지 않고 왕을 섬기지도 않았고, 자식도 없는 청렴한 사람으로 나무를 껴안고 죽었다. 《莊子 盜跖(도척)》에 보인다.

1785 원문 則連有赴東海而死矣 - 鮑焦(포초)가 나무를 껴안고 죽은 심정과 같다는 뜻.

노중련이 말했다.

"梁은 秦이 稱帝(칭제)하면 어떤 피해가 있는지를 모르고 있으니, 梁으로 하여금 그 피해를 알게 한다면 틀림없이 趙를 도울 것입니다."

신원연이 물었다.

"秦이 稱帝한다면 그 피해가 무엇입니까?"

노중련이 말했다.

"옛날 齊 威王(위왕, 前 356 – 320년)은 일찍부터 仁과 義를 실천하면서 천하의 제후들을 이끌고 周 天子에게 入朝하려 했습니다. 그때 周는 貧國에 또 미약하였기에 제후들은 입조하려는 제후가 없었지만 齊는 홀로 입조하였습니다. 일 년 뒤에 周 烈王(열왕)이 붕어하자(재위 前 375 – 369年)[1786] 모든 제후가 조문하였는데, 齊 위왕은 가장 나중에 조문하였습니다. 周 천자가 怒하면서 齊王에게 말했습니다. '하늘이 무너지고 땅이 갈라져(天崩地坼), 天子도 下席[1787]했다. 동쪽의 藩臣(번신)인 田嬰齊(전영제, 威王)가 늦게 조문하니 바로 베어 죽이겠다.' 그러자 제나라 威王이 분연히 분노하며 말했습니다. '아!〔叱嗟(질차)〕 네 어미를 婢女(노비)로 만들겠다.'[1788] 결국 威王은 천하의 웃음거리가 되었습니다. 그 까닭은 살아 있을 때는 입조했지만, 죽었다고 꾸짖은 것은 그 욕구를 얻을 수 없다고 생각한 것입니다. 周 천자가 화를 낸 것은 天子이니 그런 것이라서 이상하지 않았습니다."

1786 齊 威王과 周 烈王의 재위 연대가 맞지 않는다. 사실과 일치하지 않다.

1787 下席 – 거적에서 잠을 자고〔寢苫(침점)〕 모옥에 거처하다(居廬). 이는 烈王 아들 安王의 교만이라 할 수 있다.

1788 원문 而母婢也. – 而는 너 이(汝也). 烈王의 왕후를 욕한 말.

{原文} 辛垣衍曰, "先生獨未見夫僕乎? 十人而從一人者, 寧力不勝, 智不若耶? 畏之也."

魯仲連曰, "然梁之比於秦若僕耶?"

辛垣衍曰, "然."

魯仲連曰, "然吾將使秦王烹醢梁王."

辛垣衍怏然不悅曰, "嘻, 亦太甚矣, 先生之言也! 先生又惡能使秦王烹醢梁王?"

魯仲連曰, "固也, 待吾言之. 昔者, 鬼侯,鄂侯,文王, 紂之三公也. 鬼侯有子而好, 故入之於紂, 紂以爲惡, 醢鬼侯. 鄂侯爭之急, 辨之疾, 故脯鄂侯. 文王聞之, 喟然而歎, 故拘之於牖里之庫, 百日而欲令之死. 曷爲與人俱稱帝王, 卒就脯醢之地也? 齊閔王將之魯, 夷維子執策而從, 謂魯人曰, '子將何以待吾君?' 魯人曰, '吾將以十太牢待子之君.' 維子曰, '子安取禮而來待吾君? 彼吾君者, 天子也. 天子巡狩, 諸侯辟舍, 納於筦鍵, 攝衽抱幾, 視膳於堂下, 天子已食, 退而聽朝也.' 魯人投其籥, 不果納. 不得入於魯, 將之薛, 假塗於鄒. 當是時, 鄒君死, 閔王欲入弔. 夷維子謂鄒之孤曰, '天子弔, 主人必將倍殯柩, 設北面於南方, 然後天子南面弔也.' 鄒之群臣曰, '必若此, 吾將伏劍而死.' 故不敢入於鄒. 鄒, 魯之臣, 生則不得事養, 死則不得飯含. 然且欲行天子之禮於鄒,魯之臣, 不果納. 今秦萬乘之國, 梁亦萬乘之國. 俱據萬乘之國, 交有稱王之名, 睹其一戰而勝, 欲從而帝之, 是使三晉之大臣不如鄒, 魯之僕妾也. 且秦無已而帝, 則且變易諸侯之大臣. 彼將奪其所謂不肖, 而予其所謂賢, 奪其所憎, 而與其所愛. 彼又將使其子女讒妾爲諸侯妃姬, 處梁之宮, 梁王安得晏然而已乎? 而將軍又何以得故寵乎?"

於是, 辛垣衍起, 再拜謝曰, "始以先生爲庸人, 吾乃今日而知先生爲天下之士也. 吾請去, 不敢復言帝秦."

{국역} 신원연이 말했다.

"先生께서는 노비〔僕(노비 복)〕를 보지 못하셨습니까? (노비) 열 명이 한 사람(주인)을 따르는 것은 주인의 힘보다 모자라거나 그 지혜를 이길 수 없어 그렇겠습니까? 주인이 두려운 것일 뿐입니다."

노중련이 말했다.

"그렇다면 梁(魏)이 秦을 모시는 것이 노비가 주인을 모시는 것과 같습니까?"

신원연이 대답했다.

"그렇습니다."

노중련이 말했다.

"그렇다면 내가 秦王으로 하여금 梁王(魏王)을 삶아(烹) 젓〔醢(젓갈 해)〕을 담그게 하겠습니다."

신원연은 불쾌한 듯 싫어하면서 말했다.

"어허!〔噫(희)〕 선생의 말씀이 너무 심합니다. 선생이 어떻게 秦

王에게 梁王을 삶아 죽여 젓을 담그게 할 수 있겠습니까?"

魯仲連이 말했다.

"그럴 수 있습니다. 내 말을 들어보십시오. 옛날에 鬼侯(귀후)와 鄂侯(악후)[1789], 그리고 文王(문왕)은 (殷) 紂王(주왕)의 三公이었습니다. 鬼侯에게 예쁜 딸이 있어 紂王에게 바쳤지만 紂王은 오히려 미워하면서 귀후를 죽여 젓을 담갔습니다. 鄂侯(악후)가 서둘러 귀후를 변호하였지만 紂王은 악후를 죽여 그 육신을 脯(포)로 떴습니다. 문왕이 소식을 듣고 탄식하자, 紂王은 문왕을 牖里(유리)의 감옥에 1백 일을 가둬두고 죽이려 하였습니다. (紂王이 그런 폭군인데도) 어째서 다른 사람들은 帝王이라 불렀고, 脯(포)로 떠지거나 젓갈(醢)이 되었겠습니까? 또 齊 閔王(민왕)이 魯國에 들어갈 때, 夷維子(이유자)[1790]가 고삐를 잡고 수종하였는데, 魯人들에게 말했습니다. '당신들은 우리 主君을 어떻게 모시겠는가?' 그러자 魯人이 말했습니다. '우리는 열 가지 太牢(태뢰, 大牢)로 당신의 주군을 모시겠습니다.' 그러자 夷維子(이유자)가 말했습니다. '그대들은 어떤 예를 갖춰 우리 主君을 모시려 하는가? 우리 주군은 天子이시다. 天子가 巡狩(순수)할 때, 諸侯들은 길을 비키고(辟舍), 창고의 열쇠를 바치고,[1791] 옷깃을 여미며(攝衽) 꿇어앉아(抱幾) 堂下에서 음식을 바치고, 天子가 식사를 마친 뒤에 물러났다가 알현하는 것

1789 鬼侯(귀후) - 魏 鄴縣(업현)에 九侯城이 있다는 주석이 있다. 鄂侯(악후)의 鄂은 楚의 지명, 또는 晉의 別邑이라는 주석이 있다.

1790 夷維子 - 維는 東萊의 마을 이름. 東夷의 땅이었다.

1791 원문 納於筦鍵 - 筦은 피리 관. 자물쇠(鑰也). 鍵은 자물 통. 그 창고의 재물을 바친다는 뜻.

이다.' 라고 말했습니다. 그러자 魯人들은 열쇠를 집어던지고 다시 바치지 않았습니다. 그러자 결국 (齊 민왕은) 魯에 가지 못하고 薛(설)에 가려고 鄒(추)를 지나가려 하였습니다. 그때 鄒君(추군)이 죽어 민왕이 들어가 조문하려고 하였습니다. 이유자가 鄒君의 아들에게 말했습니다. '天子가 弔問(조문)할 것이니, 主人(喪主)은 필히 영구를 뒤에 놓고 천자를 향하여 北面할 수 있는 자리를 남쪽에 만들면, 천자는 북쪽에서 남쪽을 바라보고 조문할 것이다.' 라고 말했습니다. 그러자 鄒의 여러 신하가 말했습니다. '꼭 그래야 한다면 우리들은 차라리 칼을 안고 죽을 것이요.' 그러자 민왕은 鄒(추)를 지나가지도 못했습니다. 鄒와 魯의 신하는 (나라가 가난하여) 살아서는 봉록을 제대로 못 받았고 죽어서는 시신의 입에 넣을 구슬도 없었지만[1792] 鄒와 魯의 신하들은 천자에 대한 예를 받아들이려 하지 않았습니다. 지금 秦은 萬乘之國이고, 梁도 역시 亦萬乘之國입니다. 모두 같은 萬乘之國으로서 외교에 똑같은 王을 칭하는데 한 쪽에서 한 번 싸움에 이긴 것을 가지고 복종하며 帝로 모시려 한다면 三晋의 제후들은 鄒와 魯의 하인만도 못한 것입니다. 그리고 秦은 욕심을 그치지 않아 칭제로 끝나지 않고 제후를 大臣으로 바꿀 것입니다. 秦은 앞으로도 소위 不肖(불초)하다는 제후의 땅을 박탈하여 소위 현명하다 생각하는 제후에게 줄 것이며, 미워하는 자의 땅을 빼앗아 좋아하는 자에게 줄 것입니다. 저 秦나라는 그 딸 중에서 참소를 잘하는 여인을 제후의 后妃(후비)로 보낼 것인

1792 원문 死則不得飯含 – 珠玉으로 死者의 입을 채우는 것을 含(머금을 함)이라 한다.

데, 그런 여인이 梁의 궁 안에 살고 있다면 梁王은 어찌 편안히 지낼 수 있겠습니까? 그리고 장군은 어떻게 梁王의 신임을 받을 수 있겠습니까?"

이에 신원연은 일어나 再拜하고 사례하며 말했다.

"처음에는 先生을 보통 사람으로 생각했습니다만, 오늘에서야 저는 선생께서 천하의 高士임을 알았습니다. 저는 이제 물러가서 다시는 秦을 帝王으로 받들자는 말을 안 하겠습니다."

{原文} 秦將聞之, 爲郤軍五十里. 適會魏公子無忌奪晉鄙軍以救趙擊秦, 秦軍引而去. 於是平原君欲封魯仲連. 魯仲連辭讓者三, 終不肯受. 平原君乃置酒, 酒酣, 起前以千金爲魯連壽.

魯連笑曰, "所貴於天下之士者, 爲人排患, 釋難, 解紛亂而無所取也. 卽有所取者, 是商賈之人也, 仲連不忍爲也."

遂辭平原君而去, 終身不復見.

{국역} 秦의 장수는 이런 이야기를 전해 듣고 군사를 50여 리나 후퇴시켰다. 마침 魏 公子 無忌(무기, 信陵君)가 晉鄙(진비)의 군권을 빼앗아 趙를 구원하며 秦軍을 공격하자, 秦은 군사를 철수하여 돌아갔다. 이에 平原君은 魯仲連을 작위에 봉하려 했다. 그러나 노중련은 3번을 사양하며 끝내 받으려 하지 않았다. 평원군은 이에 술자리를 마련하였는데 술이 거나하게 돌아가자(酒酣), 자리에서 일어나 千金으로 노중련에게 祝壽(축수)하였다. 이에 노중련이 웃으며

말했다.

"천하가 賢士를 고귀하다고 여기는 것은 환난을 멀리 하거나 없애주며, 분란을 해결해주지만 그 대가를 받지 않기 때문입니다. 그 대가를 받는다면, 이는 장사꾼과 같은 것이니 노중련은 차마 그렇게는 못할 것입니다."

그리고서는 평원군에게 인사하고 떠나간 뒤에 죽을 때까지 다시 만나지 않았다.

259/ 說張相國

{原文} 說張相國曰,

"君安能少趙人, 而令趙人多君? 君安能憎趙人, 而令趙人愛君乎? 夫膠漆, 至輕也, 而不能合遠, 鴻毛, 至黏也, 而不能自擧. 夫飄於淸風, 則橫行四海. 故事有簡而功成者, 因也. 今趙萬乘之强國也. 前漳,滏, 右常山, 左河間, 北有代, 帶甲百萬, 嘗抑强齊, 四十餘年而秦不能得所欲. 由是觀之, 趙之於天下也不輕. 今君易萬乘之强趙, 而慕思不可得之小梁, 臣竊爲君不取也."

君曰, "善." 自是之後, 衆人廣坐之中, 未嘗不言趙人之長者也, 未嘗不言趙俗之善者也.

張 相國에게 말했다.

{국역} (어떤 사람이) 張 相國에게 말했다.[1793]

"君은 어찌 趙人을 얕보면서 趙人이 君을 받들어 주기를 바랍니까? 君은 趙人을 증오하면서 왜 趙人이 존중해주기를 바랍니까? 아교〔膠(아교 교)〕와 옻〔漆(칠)〕은 아주 잘 붙지만[1794] 멀리 떨어진 것을 붙일 수는 없습니다. 기러기 털〔鴻毛(홍모)〕은 아주 가볍지만 저절로 떠오르지 못합니다. 시원한 바람이(淸風) 불어야만 四海를 마음대로 떠다닐 수 있습니다. 그래서 무슨 일이든 간단해야만 功을 이룰 수 있으니(成功) 바로 시작(원인, 因)이 있어야 합니다. 지금 趙는 萬乘의 强國입니다. 남쪽으로는 漳水(장수)와 滏水(부수)가 흐르고, 오른쪽에는(西) 常山(상산, 恒山)이, 왼쪽(東)에는 河間(하간)의 땅이, 北으로는 代郡(대군)이 있고, 무장 병사(帶甲)가 百萬이라 늘 강한 齊를 억누르기 40여 년에, 秦도 (趙를) 마음대로 할 수 없었습니다. 이를 본다면(由是觀之), 趙는 天下에서 결코 약한 나라가 아닙니다. 지금 君께서는 萬乘의 强趙(강한 조나라)를 쉽게 생각하면서, 얻을 수도 없는 작은 梁(魏)을 흠모하시니, 臣은 君께서 그렇게 해서는 안 될 것이라고 생각합니다."

이에 張 상국이 말했다. "옳은 말씀입니다."

그 이후로 여러 사람이 모인 자리에서 趙人의 우수한 점을 말하

1793 원문 說張相國曰 – 張 相國은 梁人으로 趙에 출사한 사람이라는 주석이 있다. 언제의 일인지 연대를 추정할 수 없다.

1794 원문 至黏也 – 黏은 찰질 점. 끈기가 많은 것을 '차지다', '찰지다' 라고 한다. 찰떡은 끈기가 많은 차진 떡이다. 黏은 黐(붙을 닐)과 同.

지 않은 자가 없었고, 趙의 풍속이 善하다고 언급하지 않은 자가 없었다.

260/ 鄭同北見趙王

{原文} 鄭同北見趙王.

趙王曰, "子南方之博士也, 何以教之?"

鄭同曰, "臣南方草鄙之人也, 何足問? 雖然, 王致之於前, 安敢不對乎? 臣少之時, 親嘗教以兵."

趙王曰, "寡人不好兵."

鄭同因撫手仰天而笑之曰, "兵固天下之狙喜也, 臣故意大王不好也. 臣亦嘗以兵說魏昭王, 昭王亦曰, '寡人不喜.' 臣曰, '王之行能如許由乎? 許由無天下之累, 故不受也. 今王既受先王之傳, 欲宗廟之安, 壤地不削, 社稷之血食乎?' 王曰, '然.' 今有人操隨侯之珠, 持丘之環, 萬金之財, 時宿於野, 內無孟賁之威, 荊慶之斷, 外無弓弩之禦, 不出宿夕, 人必危之矣. 今有强貪之國, 臨王之境, 索王之地, 告以理則不可, 說以義則不聽. 王非戰國守圉之具, 其將何以當之? 王若無兵, 鄰國得志矣."

趙王曰, "寡人請奉教."

鄭同北見趙王

{국역} (鄭나라 사람) 鄭同(정동)이 북쪽으로 와서 趙王을 만났다.[1795] 趙王이 말했다.

"당신은 南方의 박식한 士人(辯博之士 / 儒士)이니, 나에게 무엇을 일러 주겠소?"

鄭同이 말했다.

"臣은 南方의 비루한 사람이니(野人), 제게 물으실 것이 있겠습니까? 그렇지만 이렇게 대왕 앞에서 어찌 대답하지 않을 수 있겠습니까? 臣은 젊어서 병법을 배웠습니다."

"寡人은 兵法을 좋아하지 않습니다."

그러자 鄭同(정동)은 손을 잡고 하늘을 보며 웃더니 말을 했다.

"병법은 사실 세상에 교활한 자들이 좋아하는 것이라서[1796] 臣은 정말로 대왕께서 싫어하실 줄 알았습니다. 臣은 앞서 魏 昭王(소왕)에게 병법에 관하여 말한 적이 있었는데 그분도 '寡人은 좋아하지

1795 원문 鄭同北見趙王 – 鄭同은 鄭人, 遊說客(유세객). 兵家에 가까운 사람이라 짐작할 수 있다. 鄭(정)은 趙의 南에 있던 나라. 여기 趙王은, 혹 趙 惠文王(재위 前 298–266년)? – 魏 昭王(재위 前 295–277年)과 재위 연대가 비슷하다. 여기 鄭은 鄭나라 있던 지역 출신이란 뜻. 鄭國은 春秋戰國 時代의 諸侯國, 姬姓, 鄭氏, 백작. 前 806年에 桓公(환공)이 피봉. 건국. 畿內 소국에서 畿外 제후국으로 발전. 周室이 東遷 시 周 왕실을 도왔다. 춘추 초기에 대국으로 성장하였다. 춘추시대의 도읍은 新鄭, 곧 今 河南省 중부 新鄭市(鄭州市와 許昌市의 중간). 이후 내분으로 쇠퇴하여 前 375년 韓國에 병합 멸망하였다.

1796 원문 兵固天下之狙喜也 – 狙는 원숭이 저. 교활하다. 속이다(狙詐). 兵家는 다른 사람 속이기를 좋아한다는 뜻.

않는다.' 고 하였습니다. 그래서 臣이 말했습니다. '王께서는 許由(허유)와 같을 수 있겠습니까?[1797] 許由는 천하를 물려준다 하여도 마음이 귀찮다며 받지 않았습니다. 지금 대왕께서는 先王으로부터 나라를 물려받았기에 宗廟(종묘)를 안정시켜야 하고, 나라의 강역을 보전하며, 사직을 존속시켜야 하지 않겠습니까?' 라고 물었습니다. 그랬더니 昭王은 맞는 말이라고 했습니다. 지금 어떤 사람이 隨侯之珠(수후의 珠玉)와 持丘之環(지구지환) 같은 萬金의 재물을 가지고[1798] 들판에서 잠을 자야 했는데, 孟賁(맹분) 같은 力士도, 荊慶(형경, 荊卿, 곧 荊軻)같이 결단할 용사도 없으며, 활과 같은(弓弩) 무기도 없다면 그날 밤이 새기도 전에 다른 사람이 그에게 위해를 가했을 것입니다. 지금 강하고 탐욕스런 나라가 王의 국경에 와서 땅을 요구한다

1797 巢父(소부)는 唐堯 시기의 隱士. 나무 위에 새 둥지 같은 집을 짓고 살았다. 堯가 제위를 소부에게 양위하려 하자, 소부는 許由를 천거했다. 許由(허유, 許繇)는 堯 시기의 高士(현사), 堯가 그에게 禪讓(선양)하려 하자 箕山(기산)으로 옮겨와 농사를 지으며 살았다. 堯가 다시 九州長官을 맡아달라고 부탁하자, 허유는 潁水(영수)에 가서 귀를 씻었다(洗耳). 이는 명예나 녹봉에 관한 말은 그의 귀를 더럽힌다는 뜻일 것이다.《史記 伯夷列傳 第一》「而說者曰 堯讓天下於許由, 許由不受, 恥之逃隱. 及夏之時, 有卞隨,務光者. 此何以稱焉?」

1798 원문 有人操隨侯之珠, 持丘之環, 萬金之財 - 鮑本"持"下脫一字. "持丘之環? 또는 丘之環은 미상. 隋侯(수후)의 對文. 隨侯之珠는 隨侯珠. 春秋戰國時期 隨國(수국)의 珍寶, 和氏璧과 함께 '春秋二寶' 또는 '隨和(수화)' 로 간략히 말한다. 전설에서는 隨國의 君主가 놀러나갔다가 상처를 입은 뱀을 치료해 주었다. 그 뱀이 자칭 용왕의 아들이라며 수후에게 준 寶玉이다. 靈蛇之珠(영사지주)라고도 한다. '隨珠和璧', '隨珠荊玉', '隨珠彈雀(수주탄작)' 등의 성어가 사용된다.

면, 事理로 따지거나 의리로 설득하더라도 듣지 않을 것입니다. 王께서 싸워 지킬 武備도 없다면 장차 어떻게 대처하시겠습니까?[1799] 王에게 만약 군사가 없다면 이웃 나라는 제 마음대로 할 것입니다(得志)."

趙王은 "寡人은 가르침을 받고 싶습니다."라고 말했다.

261/ 建信君貴於趙

{原文} 建信君貴於趙. 公子魏牟過趙, 趙王迎之, 顧反至坐, 前有尺帛, 且令工以爲冠. 工見客來也, 因辟.

趙王曰, "公子乃驅後車, 幸以臨寡人, 願聞所以爲天下."

魏牟曰, "王能重王之國若此尺帛, 則王之國大治矣."

趙王不說, 形於顔色, 曰, "先生不知寡人不肖, 使奉社稷, 豈敢輕國若此?"

魏牟曰, "王無怒, 請爲王說之." 曰, "王有此尺帛, 何不令前郞中以爲冠?"

王曰, "郞中不知爲冠."

魏牟曰, "爲冠而敗之, 奚虧於王之國? 而王必待工而後

1799 원문 非戰國守圉之具 – 圉는 마부 어. 감옥. 그칠 어, 막을 어. 圄(감옥 어, 지킬 어)와 通. 守圉는 守禦(수어).

乃使之. 今爲天下之工, 或非也, 社稷爲虛戾, 先王不血食, 而王不以予工, 乃與幼艾. 且王之先帝, 駕犀首而驂馬服, 以與秦角逐. 秦當時適其鋒. 今王憧憧, 乃輦建信以與强秦角逐, 臣恐秦折王之椅也."

建信君이 趙에서 귀한 대우를 받다.

{국역} 建信君(건신군)이 趙에서 高貴한 자리에 있었다.[1800] 魏나라 公子인 魏牟(위모)가 趙에 들렀고, 趙王이 맞이하였는데, (위모가) 자리에 앉아 돌아보니, 앞에 한 자 길이 비단이 있었고, 趙王은 공인을 시켜 왕이 사용할 冠(관)을 만들게 했었다. 工人이 들어왔다가 손님을 보고서는 밖으로 나갔다. 趙王이 말했다.

"公子께서 수레를 몰아 과인을 찾아주셨으니 천하의 일을 듣고 싶습니다."

魏牟(위모)가 말했다.

"王께서 대왕의 나라를 이 한 자의 비단처럼 소중히 여기신다면 왕국은 크게 잘 다스려질 것입니다."

그러자 趙王은 싫어하는 기색을 얼굴에 나타나며 말했다.

"先王께서는 과인의 不肖하다는 것을 모르시기에 사직을 잘 받들라 시키셨는데, 제가 감히 어떻게 나라 통치를 이런 한 자 비단에 비교하리요?"

1800 원문 建信君貴於趙 - 본 章의 시기나 연대를 알 수가 없다. 建信君이란 사람은 王의 총애를 받았던 사람일 것이다.

"王께서는 노여워하지 마십시오."

그러면서 이어 말했다.

"王께서는 이 한 자의 비단을 가지고 어찌하여 측근인 郞中에게 왕관을 만들라고 시키지 않으십니까?"

"郞中은 왕관을 만들 줄 모릅니다."

"왕관을 만들려다가 실패했다고 해서 대왕의 나라에 어떤 손해가 있습니까? 왕께서는 틀림없이 공인을 불러 시킬 것입니다. 지금 천하를 다스려야 하는 工人이 혹 잘못이라도 한다면, 사직은 텅 비게 되고, 先王은 제사를 받지 못할 수도 있습니다. 지금 왕께서는 工人에게 일을 맡기지 아니하고 어린 미남에게 나라를 맡겼습니다. 王의 先帝(惠文王?)께서는 犀首(서수, 직명, 人名은 未詳)와 馬服君을 등용하여[1801] 秦과 角逐(각축)했던 적도 있었습니다. 秦은 그 당시에 (趙의) 銳鋒(예봉)을 피해야만 했었습니다. 지금 王께서는 그냥 옛일을 그리면서(憧憧) 建信君(건신군)에게 戰車를 맡겨 강한 秦과 각축하게 시키시니, 臣은 秦에서 王의 수레 굴대를 부러트릴까 걱정이 됩니다."[1802]

1801 원문 駕犀首而驂馬服 – 駕는 수레를 타다. 戰車를 몰다. 여기서는 국정을 운영하다. 犀首(서수)는 관직명. 여기에 등용되었던 사람은 미상. 驂은 곁마 참. 등용했었다는 뜻. 馬服은 馬服君 趙奢(조사).

1802 원문 臣恐秦折王之椅也 – 椅는 나무 이름 의. 기대다. 輢와 通. 輢는 수레 양쪽에 수레를 지탱하는 나무 의.

262/ 衛靈公近雍,

{原文} 衛靈公近雍疸, 彌子瑕. 二人者, 專君之勢以蔽左右.

復塗偵謂君曰, "昔日臣夢見君."

君曰, "子何夢?"

曰, "夢見灶君."

君忿然作色曰, "吾聞夢見人君者, 夢見日. 今子曰夢見灶君而言君也, 有說則可, 無說則死."

對曰, "日, 並燭天下者也, 一物不能蔽也. 若灶則不然, 前之人煬, 則後之人無從見也. 今臣疑人之有煬於君者也, 是以夢見灶君."

君曰, "善." 於是, 因廢雍疸, 彌子瑕, 而立司空狗.

衛 靈公의 측근 雍疸(옹달)

{국역} 衛 靈公(영공)의 측근은 雍疸(옹달)과 彌子瑕(미자하)였다.[1803] 그 두 사람은 왕의 권세를 믿고 다른 사람의 접근을 가로막았다. (衛

1803 원문 衛靈公近雍疸 - 본 장은 전국시대의 일도 아니고 趙와도 관계가 없다. 왜 여기에 들어갔는지 모를 일이다. 魏 靈公(재위 前 540 - 493년)은 춘추시대 말에 해당한다. 雍疸(옹달)은 癰疽(옹저)의 착오일 것이라는 주석이 있다. 彌子瑕(미자하)는 魏 靈公의 幸臣(男寵)으로 그 妻와 子路의 妻가 兄弟이고, 이는《孟子》에 보인다는 주석이 있다.

人) 復塗偵(복도정)[1804]이 主君에게 말했다.

"昔日(지난 밤)에 臣은 꿈에서 주군을 뵈었습니다."

衛 靈公이 물었다. "무슨 꿈인가?"

"꿈에 竈王(조왕, 灶君. 부엌의 神)을 뵈었습니다."

영공이 발끈 얼굴을 붉히며 말했다.

"내가 알기로, 꿈에서 人君을 만났었다면 꿈에서 해(日)를 본 것이라고 한다. 지금 당신이 꿈에 灶君(조군:아궁이 신, 竈王)을 보고서 主君이라 하니, 사실대로 잘 말하면 살려주지만 거짓말을 하면 죽여버리겠다."

복도정은 말하였다.

"해(日)는 천하를 밝혀 주니 어떤 물건으로도 가릴 수 없습니다. 그러나 부엌의 불은 그렇지 않으니, 그 앞에 어떤 사람이 있으면[1805] 뒷사람은 그 아궁이의 불을 볼 수가 없습니다. 지금 臣은 어떤 사람이 主君의 빛을 가리고 있어서 꿈에 灶君(조군:아궁이의 신)을 본 것 같습니다."

위 영공은 "맞는 말이다."라고 말했다. 그리고 옹달과 미자하를 내치고 司空에 史狗(사구, 史朝의 아들)를 등용하였다.

1804 復塗偵(복도정) - 여기서는 人名. 侏儒(주유, 난장이 / 공대)의 착오일 것이라는 주석도 있다.

1805 원문 前之人煬 - 煬은 쬘 양. 불을 때다(炊也). 말리다. 건조시키다. 불에 가까이하여 말리다.

263/ 或謂建信

{原文} 或謂建信,

"君之所以事王者, 色也. 葺之所以事王者, 知也. 色老而衰, 知老而多. 以日多之知, 而逐衰惡之色, 君必困矣."

建信君曰, "奈何?"

曰, "並驥而走者, 五里而罷. 乘驥而御之, 不倦而取道多. 君令葺乘獨斷之車, 御獨斷之勢, 以居邯鄲. 令之內治國事, 外刺諸侯, 則葺之事有不言者矣. 君因言王而重責之, 葺之軸今折矣."

建信君再拜受命, 入言於王, 厚任葺以事能, 重責之. 未期年而葺亡走矣.

或人이 建信君에게 말했다.

{국역} 或人(어떤 사람)이 建信君(건신군)에게 말했다.[1806]

"君이 군왕을 섬기는 것은 미색입니다. 葺(즙, 인명. 未詳)은 왕을 知(智)로 섬기고 있습니다. 美色은 나이를 먹으면서 쇠퇴하지만 지혜는 늙을수록 더 많아집니다. 세월이 가며 많아지는 것은 지혜를 날로 쇠약해지는 미색으로 쫓아내려 하지만 君은 틀림없이 困窮(곤궁)해질 것입니다."

1806 원문 或謂建信 – 趙 孝成王 때의 일이나 정확한 연대를 알 수 없다.

建信君이 "어찌하면 좋은가?" 라고 물었다.

"천리마를 따라 달리는 자는 5리도 못가서 지쳐버립니다. 그러나 천리마를 타고 몰고 간다면 지치지도 않고 멀리 갈 수 있습니다. 君께서는 葺(즙)으로 하여금 수레를 獨斷(독단)으로 몰고 邯鄲(한단)에 머물러 마음대로 권세를 부리게 하십시오. 그가 안으로 국사를 마음대로 다스리고 밖으로 제후들을 독단적으로 자극하게 해도 葺(즙)의 일을 말하는 자가 없을 것입니다. 그때 가서 君이 왕에게 말씀드리며 엄히 문책한다면, 葺(즙)의 수레 굴대〔軸(굴대 축)〕는 부러질 것입니다."

建信君은 再拜하며 그대로 따랐다. 왕에게 葺(즙)이 유능하다며 중책을 맡게 하였다. 1년이 채 안되어 葺(즙)은 도망쳐 버렸다.

264/ 苦成常謂建信君

{原文} 苦成常謂建信君曰,

"天下合從, 而獨以趙惡秦, 何也? 魏殺呂遺, 而天下交之. 今收河間, 於是與殺呂遺何以異? 君唯釋虛僞疾, 文信猶且知之也. 從而有功乎, 何患不得收河間? 從而無功乎, 收河間何益也?"

苦成常(고성상)이 建信君에게 말했다.

{국역} 苦成常(고성상)이 建信君에게 말했다.[1807]

"天下가 合從했지만 유독 趙만이 秦에게서 미움을 사는 것은 무엇 때문입니까? 魏에서 秦의 呂遺(여유, 呂遼)를 죽였지만 천하 여러 나라는 魏와 외교하고 있습니다. 지금 (趙에서) 秦의 河間(하간)의 땅을 회수하려 하는데,[1808] (魏에서) 여유를 죽인 것과 무엇이 다릅니까? 君께서는 병을 핑계로 이름뿐인 자리에서 물러난다면 文信侯(呂不韋)도 곧 이를 알게 될 것입니다. 합종이 효과적인 방책이라면, 무엇 때문에 河間을 회수 못할 것이라 걱정하겠습니까? 합종이 실효가 없다면 河間 땅을 회수한들 무슨 이득이 있겠습니까?"

265/ 希寫見建信君

{原文} 希寫見建信君. 建信君曰,

1807 원문 苦成常謂建信君曰 – 苦는 晉의 誤字일 것이라는 주석이 있지만 확실하지 않다. 成常이 人名인가도 미상이다. 苦成이 地名이라는 주석도 있다. 秦王 政(정) 즉위 초기에, 呂不韋(여불위)를 河間(하간)의 땅에 봉할 그 무렵의 일로 추정할 수 있다.

1808 河間은 지역 명칭이다. 漢代에는 河間郡(國)이 있었다. 秦은 이 땅에 여불위를 봉하려 했다. 조는 하간을 회수하려 했고, 여불위는 이곳을 근거로 땅을 더 넓히려 했다. 이를 呂遺(여유, 呂遼)를 죽인 일과 비유한 뜻은 미상이다.

"文信侯之於僕也, 甚無禮. 秦使人來仕, 僕官之丞相, 爵五大夫. 文信侯之於僕也, 甚矣其無禮也."

希寫曰, "臣以爲今世用事者, 不如商賈."

建信君悖然曰, "足下卑用事者而高商賈乎?"

曰, "不然. 夫良商不與人爭買賣之賈, 而謹司時. 時賤而買, 雖貴已賤矣. 時貴而賣, 雖賤已貴矣. 昔者, 文王之拘於牖里, 而武王羈於玉門, 卒斷紂之頭而縣於太白者, 是武王之功也. 今君不能與文信侯相伉以權, 而責文信侯少禮, 臣竊爲君不取也."

希寫(희사)가 建信君을 만나자,

{국역} (趙人) 希寫(희사)가 建信君을 만났다.[1809] 建信君이 말했다.

"文信侯(문신후)[1810]는 나에 대하여 아주 무례합니다. 秦에서 사람을 보내 (趙에) 出仕(벼슬 자리로 나가다)하게 부탁하자, 나는 그 사람을 丞相의 官屬으로 작위 五大夫에 임명하였습니다.[1811] 文信侯

1809 원문 希寫見建信君 – 希寫(희사)는 趙人. 策士. 趙 孝成王 때의 일. 希寫의 말에 建信君은 할 말이 없었다.

1810 文信侯 – 呂不韋(여불위, 前 292 – 235年)는 始皇 10년(前 237)에 13년간의 國相 자리에서 물러나 자신의 河南郡 封地로 옮겼다. 이어 12년(前 235)에 蜀으로 流放되자, 가는 도중에 三川郡(洛陽)에서 鴆毒(짐독)으로 자살했다.

1811 秦 武王 2년에 처음으로 丞相을 두었다. 秦은 20等 작위 제도를 시행

는 나에 대하여 정말 심하게 무례합니다."

希寫(희사)가 말했다.

"臣은 지금 권력을 행사하는 사람들은 商賈(상고, 商人)만 못하다고 생각합니다."

그러자 建信君이 발끈 성을 내며〔悖然(발연)〕 말했다.

"足下(貴下)는 관리를 비하하고 商賈(상고)가 높다고 생각합니까?"

"그렇지 않습니다. 뛰어난 상인은 賣買 가격을 정할 때, 때를 잘 맞춥니다.[1812] 값이 賤(천: 싸다)할 때 사들이는데, 비록 귀한 물건도 값이 싸진 것입니다. 時價가 비쌀 때 팔아버리는데, 이미 싼 물건이 귀해진 것입니다. 옛날에 (周) 文王이 牖里(유리)에 갇혀 있었고, 武王(무왕)은 玉門(옥문, 成皐의 北門)에 갇혀 있었지만, 끝내 紂王(주왕)의 목을 太白(旗名)에 매단 것은 武王의 공적이었습니다. 지금 君께서는 문신후와 힘을 겨룰 때가 아니며, 문신후의 무례를 따질 때가 아니니, 臣은 지금 君께서 말하지 않는 것이 낫겠다고 생각합니다."

266/ 魏魀謂建信君

{原文} 魏魀謂建信君曰,

"人有置繫蹄者而得虎. 虎怒, 決蹯而去. 虎之情, 非不愛

하였다. 五大夫는 九等 작위인데 軍吏에 해당한다는 주석이 있다.

1812 而謹司時 – 司는 伺(엿볼 사)와 同.

其蹯也. 然而不以環寸之蹯, 害七尺之軀者, 權也. 今有國, 非直七尺軀也. 而君之身於王, 非環寸之蹯也. 願公之熟圖之也."

魏魀(위개)가 建信君에게 말했다.

{국역} 魏魀(위개)가 建信君에게 말했다.[1813]

"어떤 사람이 올가미를 놔서 호랑이를 잡았습니다.[1814] 호랑이는 분노하면서 발목을 잘라 버리고 도망갔습니다.[1815] 호랑이가 그 발을 아끼지 않아서가 아닙니다. 그러나 둘레 한 치의 발목을 자르지 않으며 7자의 몸뚱이를 해치게 되니, 이는 상황에 따른 조치(權)입니다. 지금 이 나라는 비단 七尺의 몸뚱이만이 아닙니다. 왕에게 당신은 한 치의 발목만도 못할 것입니다. 공께서는 깊이 생각해보십시오."

1813 魏魀謂建信君曰 – 魏魀(위개)는 인명. 魀는 비틀거릴 개. 魁(으뜸 괴)로 된 판본도 있다. 본 章은 趙 孝成王 때의 일이라 알려졌다.

1814 원문 人有置繫蹄者而得虎 – 繫蹄는 올무(올가미)로 짐승의 발을 잡아매다.

1815 원문 決蹯而去 – 蹯은 짐승 발바닥 번. 決은 잘라내다.

267/ 秦攻趙鼓鐸之音～

{原文} 秦攻趙, 鼓鐸之音聞於北堂. 希卑曰,

"夫秦之攻趙, 不宜急如此. 此召兵也. 必有大臣欲衡者耳. 王欲知其人, 旦日贊群臣而訪之, 先言橫者, 則其人也."

建信君果先言橫.

秦이 攻趙하여 북소리와 방울소리가～

{국역} 秦이 趙를 침공하자, 북과 방울소리가 (궁궐) 北堂까지 들렸다.[1816]

(趙人) 希卑(희비)가 말했다.

"秦의 우리 趙나라 침공이 이렇게 빠를 수가 없습니다. 이는 내응하는 자가 있기 때문입니다.[1817] (그들은) 틀림없이 大臣 중에 連衡(연횡)을 주장하는 자일 것입니다. 왕께서 그런 사람을 알고 싶으시다면, 내일(旦日)에 연횡에 찬성하는 자를 群臣 중에서 찾아보면 먼저 연횡을 말하는 자가 바로 그 사람일 것입니다."

(다음 날) 建信君이 예상대로 제일 먼저 연횡을 주장하였다.

1816 원문 秦攻趙, 鼓鐸之音聞於北堂 – 본 章은 秦의 장수 王齕(왕흘)이 邯鄲(한단)을 포위 공격하던 趙 孝成王 8년 前 258년의 일이다. 建信君은 합종이나 연횡에 뚜렷한 주관이 없는 사람이었다.

1817 此召兵也 – 趙에 內應者가 있소 북소리는 방울소리로 신호하는 것 같다는 뜻.

268/ 齊人李伯見孝成王

{原文} 齊人李伯見孝成王. 成王說之, 以爲代郡守. 而居無幾何, 人告之反. 孝成王方饋, 不墮食. 無幾何, 告者復至, 孝成王不應. 已, 乃使使者言, "齊擧兵擊燕, 恐其以擊燕爲名, 而以兵襲趙, 故發兵自備. 今燕, 齊已合, 臣請要其敝, 而地可多割."

自是之後, 爲孝成王從事於外者, 無自疑於中者.

齊人 李伯(이백)이 孝成王을 알현했다.

{국역} 齊人 李伯(이백)이 孝成王을 알현했다.[1818] 효성왕은 기뻐하면서 代郡의 군수로 삼았다. 얼마 지나지 않아 어떤 사람이 그가 반역했다고 아뢰었다. 효성왕은 막 식사 중이었는데 수저를 놓지도 않았고 식사를 멈추지도 않았다. 얼마 지나자, 다른 자가 들어와 보고했으나 효성왕은 반응하지 않았다. 이윽고(已) (李伯의) 사자가 달려와 보고하였다.

"齊가 擧兵하여 燕을 공격한다고 하지만, 燕을 공격한다는 핑계로, 군사를 내어 우리를 습격할 것 같아 군사를 동원하여 자체 경비하고 있습니다. 지금 燕과 齊가 전투를 시작한다면, 臣은 그들이 지치기를 기다렸다가 공격하면 많은 땅을 얻을 것 같습니다."

1818 원문 齊人李伯見孝成王 – 언제 일인지 年代는 미상. 주제는 用人不疑.

이후로는 효성왕에 의해 임명된 지방관들은 궁중에서 자신을 의심할지 모른다는 생각을 하지 않았다.

21.《戰國策》卷二十一 趙策 四

269/ 爲齊獻書趙王

{原文} 爲齊獻書趙王曰,

「臣一見, 而能令王坐而天下致名寶. 而臣竊怪王之不試見臣, 而窮臣也. 群臣必多以臣爲不能者, 故王重見臣也. 以臣爲不能者非他, 欲用王之兵, 成其私者也. 非然, 則交有所偏者也. 非然, 則知不足者也. 非然, 則欲以天下之重恐王, 而取行於王者也. 臣以齊循事王, 王能亡燕, 能亡韓, 魏, 能攻秦, 能孤秦. 臣以爲齊致尊名於王, 天下孰敢不致尊名於王? 臣以齊致地於王, 天下孰敢不致地於王? 臣以齊爲王求名於燕及韓, 魏, 孰敢辭之? 臣之能也, 其前可見已. 齊先重王, 故天下盡重王, 無齊, 天下必盡輕王也. 秦之彊, 以無齊之故重王, 燕, 魏自以無齊故重王. 今王無齊獨安得無重天下? 故勸王無齊者, 非知不足也, 則不忠者也. 非然,則欲用王之兵成其私者也. 非然, 則欲輕王以天下之重, 取行於王者也. 非然, 則位尊而能卑者也. 願王之熟慮無齊之利害也.」

齊를 위하여 趙王에게 헌서하다.

{국역} (어떤 자가) 齊를 위하여 趙王에게 獻書(헌서, 獻策)하였다.[1819]

「臣의 一見(왕을 한 번보다)으로는, 왕께서는 앉아서도 능히 천하의 名命과 寶(實質)를 다 거두실 분입니다. 그러나 臣은 왕께서 저를 만나보려고 하지도 않고 臣을 곤궁하게 버려두는 것을 이상하다고 생각하였습니다. (趙의) 모든 신하들이 거의 다, 저를 무능한 사람으로 보기 때문에 대왕께서도 저를 불러 만나보기가 어려울 것입니다.[1820] 臣을 무능하다고 생각하는 사람들은 다른 이유가 아니라

1819 원문 爲齊獻書趙王 - 이는 樂毅(악의)가 다섯 나라의 동맹군으로 齊를 공격하던 前 284년의 일로 알려졌다. 獻書한 사람은 蘇秦이고, 趙王은 惠文王일 것이라는 주석도 있다. 前 284年, 燕 昭王(소왕)은 樂毅(악의)를 上將軍으로 삼고, 秦, 韓, 趙, 魏와 연합하여 齊를 공격하였다. 齊의 도읍 臨淄가 함락되었고, 70여 성이 점령되었다. 齊의 莒(거)와 卽墨(즉묵) 등 겨우 일부만 남았고, 齊 湣王(민왕)은 莒(거)로 피난했다가 楚將 淖齒(요치)에게 살해되었다. 王孫인 陳賈(진가)와 莒人(거인)들이 요치를 살해하고 湣王(민왕)의 아들 法章(법장)을 옹립하니, 이가 齊 襄王(양왕)이다. 燕軍이 군사를 동원하여 卽墨(즉묵)을 포위했을 때, 城中에서는 田單(전단)을 장수로 삼아 대항하였다. 쌍방은 5년을 대치하였다.

1820 원문 故王重見臣也 - 重은 곤란하다. 어렵다.(難也).

대왕 군사의 힘을 빌려 사익을 얻으려 하기 때문입니다. 그렇지 않다면 그 교제가 매우 편향적이기 때문입니다. 그것도 아니라면 知(智)가 부족하기 때문이거나, 아니면 천하의 중임을 담당할 왕을 협박하여 자기주장을 내세우려는 사람일 것입니다. 臣이 齊와 협조하여(循) 대왕을 섬긴다면 대왕께서는 능히 燕을 망하게 할 수 있고, 韓과 魏를 없앨 수도, 또 秦을 공격할 수도, 아니면 고립시킬 수도 있습니다. 臣은 齊가 대왕에게 존귀한 명성을 바칠 수도 있다고 생각하는데, 천하에 어느 누가 대왕에게 尊名을 부르지 않을 수 있겠습니까? 臣은 齊가 대왕에게 땅을 바칠 수 있는데, 천하에 어느 나라가 땅을 바치지 않겠습니까? 臣이 대왕을 위하여 齊의 힘을 얻고서 燕 및 韓과 魏에 尊名을 바치라고 요구한다면 누가 감히 거절하겠습니까? 臣의 능력은 이미 앞서 다 드러났었습니다. 齊가 먼저 대왕을 존중하면 천하의 모든 나라가 대왕을 받들 것입니다. 齊가 대왕에게 협력하지 않으면 다른 나라에서도 대왕을 경시할 것입니다. 秦이 강하지만 齊가 (秦을) 돕지 않기에 대왕을 존중하는 것이고, 燕과 魏에서도 齊가 돕지 않기에 대왕을 높여 모시지 않는 것입니다. 그러하니 지금 대왕께서는 齊의 도움 없이 어떻게 천하의 존중을 받을 수 있겠습니까? 그러하기에 왕께 齊를 무시하자고 권하는 자들은 지혜가 부족한 것이고 또 不忠하는 자입니다. 그렇지 않다면 대왕 군사의 힘으로 私利를 채우려는 자이거나, 아니면 천하의 중임을 맡아 수행하게 될 대왕을 경시하면서 대왕을 이용하려는 자입니다. 그것도 아니라면 지위만 높고 능력은 없는 신하일 것입니다. 그러하오니 대왕께서는 齊나라의 도움이 없을 때의 利害를 깊이 생각하시기 바랍니다.」

270/ 齊欲攻宋

{原文} 齊欲攻宋, 秦令起賈禁之. 齊乃捄趙以伐宋. 秦王怒, 屬怨於趙. 李兌約五國以伐秦, 無功, 留天下之兵於成皋, 而陰構於秦. 又欲與秦攻魏, 以解其怨而取封焉.

魏王不說. 之齊, 謂齊王曰,

"臣爲足下謂魏王曰,

'三晉皆有秦患. 今之攻秦也, 爲趙也. 五國伐趙, 趙必亡矣. 秦逐李兌, 李兌必死. 今之伐秦也, 以救李子之死也. 今趙留天下之甲於成皋, 而陰鬻之於秦, 已講, 則令秦攻魏以成其私封, 王之事趙也何得矣? 且王嘗濟於漳, 而身朝於邯鄲, 抱陰, 成, 負蒿, 葛, 薜, 以爲趙蔽, 而趙無爲王行也. 今又以河陽,姑密封其子, 而乃令秦攻王, 以便取陰. 人比然而後如賢不, 如王若用所以事趙之半收齊, 天下有敢謀王者乎? 王之事齊也, 無入朝之辱, 無割地之費. 齊爲王之故, 虛國於燕,趙之前, 用兵於二千里之外, 故攻城野戰, 未嘗不爲王先被矢石也. 得二都, 割河東, 盡效之於王. 自是之後, 秦攻魏, 齊甲未嘗不歲至於王之境也. 請問王之所以報齊者可乎? 韓呡處於趙, 去齊三千里, 王以此疑齊, 曰有秦陰. 今王又挾故薛公以爲相, 善韓徐以爲上交, 尊虞商以爲大客, 王固可以反疑齊乎?'

魏王聽此言也甚詘, 其欲事王也甚循. 其怨於趙. 臣願王之曰聞魏而無庸見惡也, 臣請爲王推其怨於趙, 願王之陰重趙, 而無使秦之見王之重趙也. 秦見之且亦重趙. 齊, 秦交重趙, 臣必見燕與韓, 魏亦且重趙也, 皆且無敢與趙治. 五國事趙, 趙從親以合於秦, 必爲王高矣. 臣故欲王之偏劫天下, 而皆私甘之也. 王使臣以韓, 魏與燕劫趙, 使丹也甘之, 以趙劫韓,魏, 使臣也甘之, 以三晉劫秦, 使順也甘之, 以天下劫楚, 使眠也甘之. 則天下皆偪秦以事王, 而不敢相私也. 交定, 然後王擇焉."

齊가 宋을 침공하려고,

{국역} 齊가 宋을 침공하려 하자,[1821] 秦은 起賈(기가, 人名)를 보내 이를 제지하였다. 이에 齊에서는 趙를 끌어들여 宋을 정벌하였다.[1822] 秦王(昭王)은 분노하였고, 분노는 趙로 향했다. 이에 趙將 李兌(이태)는 五國(韓, 趙, 魏, 楚, 齊)을 연합하여 伐秦(진나라를 공격하다)했으나, 성과를 거두지 못했고, 연합군은 成皐(성고)에 머물렀

1821 원문 齊欲攻宋 – 齊 閔王의 宋 침공은 3차에 걸쳐 진행되었는데 1차는 周 赧王(난왕) 27년(前 288), 齊 閔王(滑王) 13년이었다. 본 章에서는 李兌(이태)가 5국의 동맹군을 이끌고 秦 공격을 서술했다.

1822 원문 齊乃捄趙以伐宋 – 捄는 흙 파서 올릴 구. 담다. 끌어오다(援也). 모으다(收也). 齊가 趙를 끌어들여 伐宋하려 했으나 송 정벌에 성공하지 못했다. 그래서 趙의 장군 李兌(이태)는 五國을 연합하여 秦 정벌에 나섰다. 齊가 宋을 정벌 멸망시킨 것은 秦 정벌 다음이고 여기에는 기록되지 않았다.

는데, (이태는) 은밀히 秦과 강화하려 했다. 그러면서 秦과 함께 魏를 침공하여 (秦의 趙에 대한) 원망을 돌리고 한편으로는 땅을 차지하려 했다.

이에 魏王(昭王, 재위 前 295－277년)은 이런 상황을 싫어했다. 어떤 사람이 齊에 가서 齊 閔王에게 말했다.

"臣이 대왕(齊王)을 위해 魏王에게 이렇게 말하겠습니다.

'三晉이 모두 秦으로부터 고통을 겪고 있습니다. 지금 秦을 공격하는 것은 趙나라 때문입니다. 五國이 趙를 침공하면 趙는 필히 멸망할 것입니다. 그러면 秦은 이태를 축출할 것이고, 이태는 죽게 됩니다. 지금 秦을 공격하는 것은 이태를 죽음에서 구하려는 것입니다. 지금 趙는 여러 나라의 군사를 成皐(성고)에 모아 놓고 은밀히 秦과 거래하고 있으며, 거래가 성립되면(已講) 秦으로 魏를 공격케 하고 (이태는) 몰래 땅을 차지하려는 뜻인데, 王(魏王)께서 趙를 섬긴들 무얼 얻겠습니까? 또 王께서는 일찍이 漳水(장수)를 건너가서 직접 邯鄲(한단)에까지 가서 조나라 왕을 朝見했었고, 陰(음, 위치 미상)과 成(성, 위치 미상)의 땅을 안고, 蕎(호), 葛(갈), 薛(벽, 薜?)의 땅을 짊어져다 주면서(負) 趙의 울타리가 되겠다고 하였지만, 趙에서는 대왕을 위해 그 어떤 보답도 주지 않았습니다. 지금 또 (이태는) 河陽(하양)과 姑密(고밀)에 아들을 封하게 하면서, 秦으로 하여금 王(魏王)을 공격하게 하고, 이를 이용하여 陰(음) 땅을 차지하려고 합니다. (사람은) 서로 비교를 해보면 현명한가? 아닌가를 알 수 있습니다. 왕께서 만약 趙를 섬기는 그 절반만으로 齊를 섬긴다면, 天下의 누가 감히 왕을 넘보려 하겠습니까? 王께서 齊를 섬긴다 하여도, 入朝해야 하는 치욕도 없을 것이며, 땅을 바치는 손실도 없을 것입니다. 齊에서는 王이 자기편이 되었다는 이유 하나만으로도 燕과 趙를 앞에 두고도 나라가 텅 빌 정도로 2천 리 밖까지 군사를 동원하여 野戰으로 攻城하며, 왕을 위하여 먼저 矢石(시석)을 무릅쓰지 않을 수 없을 것입니다. 그래서 2개의 성을 차지한다면 河東의 땅을 잘라 모두 왕에게 바칠 것입니다. 그러면 그 이후로, 秦이 魏를 공격하더라도 齊의 군사는 어느 해이든 魏의 국경을 지켜줄 것입니다. 그러하다면 王께서는 무엇으로 齊에 보답할는지 물어보고 싶습니다. 韓呡(한문, 人名. 呡은 입술 문. 岷은 산 이름 민. ?)은 趙나라에 가 있어 齊에서 3천 리 떨어져 있는데도, 왕께서는 齊를 의심하면서 秦과 음모가 있다고 말씀하십니다. 지금 王께서는 (齊의) 薛公(설공, 맹상군, 田文)을 (魏의) 相으로 임용하고 있으며, 韓徐(한서)와 친히 여겨 上交(높은 외교관계)를 맺고, 虞商(우상)을 받들어 大客(上客)으로 우대하시면서, 그래도 오히려 齊를 의심하며 반대하실 수 있습니까?

魏王이 (저의) 이런 말을 들으면 심히 기가 죽어(甚詘) 아마 저절로 대왕을(齊王) 섬기려 할 것입니다. 그러면서 趙를 원망할 것입니다. 臣이 원하는 바는, 王(齊王)께서 魏의 말을 들어주면서 (魏王의) 좁은 소견에(庸見) 따른 원망을 듣지 말아야 하고, 제가 또 청하는 바는 王께서 (魏의) 원망을 趙에 돌리게 하시고, 왕께서 은밀히 趙를 중시하면서, 秦에서는 이를 모르게 해야 합니다. 秦이 (우리가 趙를 중시하는 것을) 알면 그들도 趙를 중시할 것입니다. 齊와 秦이 함께 趙를 중시한다면, 臣이 볼 때 틀림없이 燕·韓과 魏 역시 趙를 중시할 것이고, 그러면 어느 누구도 趙를 어쩌지 못할 것입니다. 이처럼 五國이 趙를 섬기게 되면 趙는 합종의 친교를 바탕으로 秦과 연합하려면 반드시 대왕을 높여야만 합니다. 臣은 그렇게 하여 대왕께서 천하를 휘어잡을 수 있게 되면, 여러 나라 역시 은밀히 달갑게 여길 것입니다. 대왕께서는 臣으로 하여금 韓과 魏와 燕과 함께 趙를 겁박할 수 있도록 임무를 부여하시면, 공자(齊) 丹(단, 人名)도 좋아할 것이고(甘之), 趙가 韓과 魏를 겁박한다면 臣 역시 감수할 것입니다. 三晉이 秦을 겁박한다면 공자 順(순, 人名) 역시 감수할 것이며, 天下 여러 나라가 楚를 겁박한다면 공자 眠(문) 역시 책임을 지고 달가워 할 것입니다. 그렇다면 天下 모두가 秦을 핍박하면서 대왕을 섬길 것이며, 누구도 은밀한 거래는 하지 못할 것입니다. 이처럼 외교로 (천하를) 안정시킨 연후에 대왕께서는 필요한 모든 것을 골라 성취할 수 있을 것입니다."

271/ 齊將攻宋而秦楚禁之

{**原文**} 齊將攻宋, 而秦, 楚禁之. 齊因欲與趙, 趙不聽. 齊乃令公孫衍說李兌以攻宋而定封焉. 李兌乃謂齊王曰,

"臣之所以堅三晉以攻秦者, 非以爲齊得利秦之毁也, 欲以使攻宋也. 而宋置太子以爲王, 下親其上而守堅, 臣是以欲足下之速歸休士民也. 今太子走, 諸善太子者, 皆有死心. 若復攻之, 其國必有亂, 而太子在外, 此亦擧宋之時也."

"臣爲足下使公孫衍說奉陽君曰, '君之身老矣, 封不可不早定也. 爲君慮封, 莫若於宋, 他國莫可. 夫秦人貪, 韓,魏

危, 燕,楚辟, 中山之地薄, 莫如於陰. 失今之時, 不可復得已. 宋之罪重, 齊之怒深, 殘亂宋, 得大齊, 定身封, 此百代之一時也.' 以奉陽君甚貪之, 唯得大封, 齊無大異. 臣願足下之大發攻宋之擧, 而無庸致兵, 姑待已耕, 以觀奉陽君之應足下也. 縣陰以甘之, 循有燕以臨之, 而臣待忠之封, 事必大成. 臣又願足下有地效於襄安君以資臣也. 足下果殘宋, 此兩地之時也, 足下何愛焉? 若足下不得志於宋, 與國何敢望也. 足下以此資臣也, 臣循燕觀趙, 則足下擊潰而決天下矣."

齊가 宋을 침공하려는데, 秦과 楚가~

{국역} 齊가 宋을 침공하려는데 秦과 楚가 저지하였다.[1823] 齊는 이에 趙를 끌어드리려 했지만 趙도 따라주지 않았다. 齊는 이에 公孫衍(공손연)[1824]을 시켜, (趙의) 李兌(이태)에게 함께 攻宋하여 얻은 땅

1823 원문 齊將攻宋, 而秦, 楚禁之. - 이는 前 286년의 일이다. 齊王에게 유세한 사람은 소진이어야 하고, 公孫衍(공손연)은 응당 蘇秦이어야 한다는 주석이 있다. 또 奉陽君이 누구인가는 확실치 않다.

1824 公孫衍 - 秦의 相이었다가 방축된 것이 秦 武王 4년(前 307)으로, 趙의 武靈王 19년이었다. 뒷날에서 魏에서 피살되었지만 趙의 李兌가 합종을 펼 때와는 시기가 맞지 않는다. 여기 공손연은 犀首 공손연이 아닌 다른 사람일 수 있다는 주석이 있다. 公孫衍(공손연, 約 前 360 - 300년)은 魏國人. 魏에서 무관직인 犀首(서수, 犀는 무소 서)의 관직을 역임. 犀首로도 통칭. 戰國 魏의 縱橫家, 張儀와 同期, 秦國과 魏國에서 관직에

을 封하겠다고 설득케 하였다. 그러자 이태가 齊王(閔王)에게 말했다.

"臣이 三晉의 방어를 공고히 하면서 秦을 침공한 것은 齊가 秦을 처서 얻을 수 있는 이득을 훼방하려는 뜻이 아니라 齊도 함께 宋을 치게 하려는 뜻이었습니다. 宋은 太子를 세워 王으로 삼았고, 아래위 사람이 모두 한마음이 되어 굳게 지키고 있으니, 臣은 이 때문에 귀국이 속히 군대를 철수시켜 士民(병사와 백성)을 휴식케 하려는 뜻이었습니다. 지금 (宋의) 태자는 달아났고 태자를 모셨던 자들은 모두 죽기를 각오하고 있습니다(皆有死心). 만약 (지금) 다시 宋을 공격한다면 그 나라는 틀림없이 혼란에 빠지고, 태자는 국외에 있으니, 이는 宋을 멸망시킬 기회입니다."

"臣(李兌)은 足下(齊 閔王)를 위해 公孫衍(공손연)을 시켜 奉陽君(봉양군)[1825]을 설득시켜 주시기 바랍니다.[1826] '君의 一身도 늙었으니 책봉을 서둘러 정하지 않을 수 없습니다. 君의 (적합한) 封地를 생각해보면 宋만한 땅이 없고, 他國은 적당한 곳이 없습니다. 秦人은 탐욕이 많고, 韓과 魏는 (秦에 가까워 封地로서는) 위태로우며,

---

있으면서 張儀의 連橫 책략의 주요 적수. 장의만큼 유명했지만 전해오는 행적이 별로 없다. 《史記》에서는 張儀傳에 附傳. 《戰國策》에서도 기록이 많지 않다.

1825 奉陽君 – 李兌의 작위가 봉양군이다. 그런데 여기 奉陽君은, 趙 肅侯(숙후, 재위 前 349 – 326년)의 동생 趙成(조성)이다. 숙후는 조성을 相에 임명하고 奉陽君이라 불렀다. 그러나 조성은 본 章의 내용과 연대가 전혀 맞지 않는다.

1826 史實 관계를 따지면 본 장의 臣은 蘇秦이어야 하고, 奉陽君(봉양군)은 李兌(이태)가 되어야 한다.

燕과 楚는 너무 먼 僻地(벽지)이고, 中山의 땅은 땅이 척박하여 宋나라의 陰(음, 陶?)만도 못합니다. 이번 때를 놓치면 다시 얻을 수 없습니다. 宋의 죄악이 重할 뿐만 아니라 (宋에 대한) 齊의 분노도 깊으며 혼란한 宋을 잔멸시키고 대국 齊의 신임을 얻으며 일신을 안정시킬 봉지까지 얻으니, 이는 百代에 한번 뿐인 기회입니다.' 그러면 奉陽君은 탐을 낼 것이고, 일단 봉지를 확정한다면 齊에서도 큰 이견은 없을 것입니다. 臣은 足下(齊王)께서 대군을 동원하여 宋을 공격한다면, 군사를 동원할 필요도 없이 그냥 농사를 지을 수 있는 땅이니, 봉양군이 족하에게 얼마나 충성하는가를 관찰하면 될 것입니다. (足下께서는) 陰(地名)을 높이 내걸어(縣, 懸) 미끼로 삼으면서(甘之), 燕의 군사를 유인하여 제압하시고, 臣은 (奉陽君이) 충성을 바치면서 책봉 받아 일이 잘 마무리되는 것을 바라만 보겠습니다. 臣은 또 足下께서 襄安君(양안군, 미상)에게 땅을 떼어준다 하여 (양안군이) 저를 도와주도록 하십시오. 足下께서 쇠약한 宋을 없애버리면 宋의 땅을 넓히는 것이니, 足下께서는 무엇이 아깝겠습니까? 만약 足下께서 宋에서 뜻대로 되지 않더라도 한 편인 나라(與國, 趙)가 감히 무엇을 바랄 수 있겠습니까? 족하께서는 이에 저의 활동 자금을 마련해 주시면 臣은 燕과 趙에 가서 유세할 것이니, 족하께서는 (宋을) 격멸하고 천하를 좌우하십시오."

272/ 五國伐秦無功

{原文} 五國伐秦無功, 罷於成皐. 趙欲搆於秦, 楚與魏,韓將應之, 齊弗欲. 蘇代謂齊王曰,

"臣以爲足下見奉陽君矣. 臣謂奉陽君曰, 天下散而事秦, 秦必據宋. 魏冉必妒君之有陰也. 秦王貪, 魏冉妒, 則陰不可得已矣. 君無搆, 齊必攻宋. 齊攻宋, 則楚必攻宋, 魏必攻宋, 燕, 趙助之. 五國據宋, 不至一二月, 陰必得矣. 得陰而搆, 秦雖有變, 則君無患矣. 若不得已而必搆, 則願五國復堅約. 願得趙, 足下雄飛, 與韓氏大吏東免, 齊王必無召呡也. 使臣守約, 若與有倍約者, 以四國攻之. 無倍約者, 而秦侵約, 五國復堅而賓之. 今韓, 魏與齊相疑也, 若復不堅約而講, 臣恐與國之大亂也. 齊, 秦非復合也, 必有踦重者矣. 後合與踦重者, 皆非趙之利也. 且天下散而事秦, 是秦制天下也. 秦制天下, 將何以天下爲? 臣願君之蚤計也."

五國이 秦을 정벌했으나 성과도 없이,

{국역} 五國(韓, 趙, 魏, 楚, 齊)이 秦을 정벌했으나 성과도 거두지 못하고, 지쳐 成皐(성고)에 머물렀다.[1827] 趙가 秦과 講和(강화)하려

1827 五國伐秦無功 – 본 章은 五國의 伐秦과 蘇代(蘇秦이어야 함)의 奉陽君 설득은 전 288년의 일이다. 설득의 요점은 攻秦의 堅持(견지)와 秦과

하자, 楚와 魏와 韓은 호응하였지만 齊에서는 원하지 않았다. 蘇代(소대 / 蘇秦)가 齊王(閔王)에게 말했다.

“臣이 足下(齊王)를 위하여 趙나라 奉陽君(봉양군, 李兌)을 만났습니다. 臣이 봉양군에게 말했습니다.

天下가 (合從을) 해산하고 秦을 섬기려 하지만, 秦은 틀림없이 宋을 점거하려 합니다. (秦의) 魏冉(위염)은 틀림없이 君이 陰(음, 지명. 陶 ?)을 소유하는 것을 질투할 것입니다. 秦王은 탐욕을 부리고, 위염은 질투하니, 君은 陰(음)을 차지하지 못할 것입니다. 君이 강화하지 않는다면, 齊는 틀림없이 宋을 공격할 것입니다. 齊가 宋을 공격하면, 楚도 틀림없이 攻宋하고 魏도 필히 攻宋할 것이며, 燕과 趙는 도울 것입니다. 五國이 宋을 점거한다면, 한두 달 안으로 (宋의) 陰(음) 땅을 차지할 것입니다. 陰 땅을 차지하고 강화한다면, 秦이 비록 마음이 변하더라도 君께서는 걱정이 없을 것입니다. 만약 陰 땅을 얻지 못하더라도 꼭 강화를 해야 한다면 五國이 다시 굳건한 맹약을 원할 것입니다. (오국이 모두) 趙의 도움을 원하기에 足下께서는 雄飛할 것이고, 韓나라의 고관은 동쪽을(齊) 섬기려 애쓸 것이니, 齊王은 틀림없이 呡(문, 韓呡, 人名. 岷은 산 이름 민. ?)을 불러들이지 않을 것입니다. 그리고 臣으로 하여금 약조를 맺게 할 것이나, 만약 倍約(背約: 약속을 배반하다)하는 나라가 있다면 (다른) 四國이 공격할 것입니다. 배약하는 나라가 없는데 秦이 약조한 나라를 침공한다면, 五國이 다시 굳게 동맹을 체결하면서 秦을 배척할(賓은 擯과 通) 것입니다. 지금 韓과 魏 및 齊가 서로 의심하고 있지만 만약 다시 맹약을

趙의 거래에 의한 강화 반대이다.

체결하지 않고 강화하게 된다면, 臣은 같은 편의 나라끼리(與國) 분란이 크게 일어날까 걱정이 됩니다. (아마) 齊와 秦은 다시 결합하지는 않을 것이나 필히 서로 뒤틀림이 있을 것입니다.[1828] 나중에 뒤틀렸던 나라가 다시 연합한다 하더라도 모두가 趙에 이롭지는 않을 것입니다. 또 천하 제후가 합종을 풀고 秦을 섬긴다면 秦이 천하를 제압할 것입니다. 秦이 천하를 제압한다면 (趙는) 天下를 어찌 하겠습니까?[1829] 臣은 君께서 계책을 빨리 결정하시기 바랍니다."

{**原文**} "天下爭秦有六擧, 皆不利趙矣. 天下爭秦, 秦王受負海內之國, 合負親之交, 以據中國, 而求利於三晉, 是秦之一擧也. 秦行是計, 不利於趙, 而君終不得陰, 一矣. 天下爭秦, 秦王內韓珉於齊, 內成陽君於韓, 相魏懷於魏, 復合衍交兩王, 王賁, 韓他之曹, 皆起而行事, 是秦之一擧也. 秦行是計也, 不利於趙, 而君又不得陰, 二矣. 天下爭秦, 秦王受齊受趙, 三疆三親, 以據魏而求安邑, 是秦之一擧也. 秦行是計, 齊, 趙應之, 魏不待伐, 抱安邑而信秦, 秦得安邑之饒, 魏爲上交, 韓必入朝秦, 過趙已安邑矣, 是秦之一擧也. 秦行是計, 不利於趙, 而君必不得陰, 三矣. 天下爭秦, 秦堅燕, 趙之交, 以伐齊收楚, 與韓呡而攻魏, 是秦之一擧也. 秦行是

1828 원문 必有踦重者矣 - 踦는 절뚝발이 기. 짝짝이. 뿔이 하나는 위로, 하나는 아래로 자라는 것(角一俯一仰曰觭). 觭(천지각 기)와 通.

1829 원문 將何以天下爲? - 天下를 秦이 마음대로 할 때 趙는 아무 쓸모가 없을 것이다. 아무 힘도 못 쓸 것이다.

計, 而燕, 趙應之. 燕, 趙伐齊, 兵始用, 秦因收楚而攻魏, 不至一二月, 魏必破矣. 秦擧安邑而塞女戟, 韓之太原絶, 下軹道, 南陽, 高, 伐魏, 絶韓, 包二周, 卽趙自消爍矣. 國燥於秦, 兵分於齊, 非趙之利也. 而君終身不得陰, 四矣. 天下爭秦, 秦堅三晉之交攻齊, 國破財屈, 而兵東分於齊, 秦桉兵攻魏, 取安邑, 是秦之一擧也. 秦行是計也, 君桉救魏, 是以攻齊之已弊, 救與秦爭戰也, 君不救也, 韓,魏焉免西合? 國在謀之中, 而君有終身不得陰, 五矣. 天下爭秦, 秦按爲義, 存亡繼絶, 固危扶弱, 定無罪之君, 必起中山與勝焉. 秦起中山與勝, 而趙, 宋同命, 何暇言陰? 六矣. 故曰君必無講, 則陰必得矣. 奉陽君曰, '善.' 乃絶和於秦, 而收齊, 魏以成取陰."

{국역} "天下가 다투어 秦을 섬기게 된다면(爭秦은 爭事秦), 6가지 일이 일어날 것이나 모두가 趙에 불리할 것입니다. 秦王(昭王)은 바다를 끼고 있는 나라(負海之國, 齊)를 얻게 되며, 연횡의 교류를 저버렸던 趙를 배제하고서도 中國(中原)을 차지한 채 三晉의 이득을 독점할 것이니, 이것이 秦의 첫 번째 일입니다. 秦이 이를 예상대로 실천하면 趙에 불리하고 君은 끝내 陰(음) 땅을 얻을 수 없으니, 이것이 君에게 불리한 첫째 이유입니다. 天下가 다투듯 秦을 섬기게 되면 秦王은 韓珉〔한민, 위의 韓呡(한문)〕을 齊에서 불러 등용케 할 것이며, 成陽君(성양군)을 韓나라에서, 魏懷(위회)를 魏에 相으로 앉힐 것이고, 다시 公孫衍(공손연)으로 하여금 齊와 趙 두 나라를 왕래하며

(秦人) 王賁(왕분)과 韓他(한타) 같은 무리를 모아 등용케 하여 권력을 행사케 할 것이니, 이 또한 秦의 두 번째 계획일 것입니다. 秦이 이런 계책을 시행한다면, 趙에 불리하고 君은 陰 땅을 얻을 수 없는 두 번째 이유입니다. 天下가 다투듯 秦을 섬긴다면, 秦王은 齊와 趙에서 이득을 취하면서 三疆(三强)과 三親을 분리시키고 魏를 점거한 뒤에 魏의 安邑(안읍)을 요구할 것이니, 이 또한 秦의 (6擧 중) 하나일 것입니다. 秦이 이 계획을 추진하면 齊와 趙는 응해야 하고, 魏는 침공을 받기 전에 安邑을 가지고 秦에 바치면서 信義를 말할 것이나 秦은 安邑의 풍요를 누리면서 魏를 가장 친밀한 나라로 외교한다면 韓은 틀림없이 秦에 入朝할 것이고 趙에서는 安邑 이상을 얻어내려 할 것이니,[1830] 이 또한 秦의 세 번째 계책입니다. 秦이 이 계책을 시행하면 趙에 불리하고 君께서는 필히 陰(음) 땅을 얻지 못할 것이니, 이것이 세 번째 걱정입니다. 天下가 秦을 다투어 섬기면 秦은 燕과 趙와의 교류를 강화하면서 齊를 정벌하고 楚를 아우르면서 韓氓(한문)과 함께 魏를 공격할 것이니, 이 또한 秦의 네 번째 계책입니다. 秦이 이 계책을 시행하면 燕과 趙는 호응할 것입니다. 燕과 趙 두 나라가 齊를 정벌할 것이니, 교전하게 되면 秦은 楚를 병합하면서 魏를 공격할 것이니 한두 달 안에 魏는 틀림없이 격파될 것입니다. 秦은 (魏都) 安邑을 점거하고 女戟(여극, 지명. 미상)의 요새에서 韓과 太原의 연결을 끊을 것이고, 軹道(지도), 南陽(남양), 高(고, 地名)를 함락시키고 魏를 정벌하며 韓을 고립시키면서 동 · 서 二周(이주)

1830 원문 過趙已安邑矣 - 여기 過는 더 많이(勝也) 安邑에서 얻는 것 이상으로 趙에서 얻을 것이다.

를 포위할 것이니, 趙는 저절로 녹아 주저앉을 것입니다. 나라는 秦에 녹아버렸고 군사는 齊에 빼앗기니 趙에 무슨 이득이겠습니까? 그렇게 되면 君은 終身토록 陰(음) 땅을 얻지 못하니, 이것이 군에게 불리하게 되는 네 번째 걱정입니다. 天下가 다투듯 秦을 섬기면 秦은 三晉과의 외교를 묶어둔 채 齊를 공략할 것이고, 趙로서는 나라는 이미 깨어졌고 財用도 다하였으며 군사는 동쪽으로 齊에 분할될 것이며, 秦은 군사를 모아 다시 魏를 공격하여 安邑을 점거할 것이니, 이 또한 秦의 다섯 번째 계책입니다. 秦이 이런 계책을 시행하면 君께서는 魏를 구원한다고 나설 것이나, 이는 齊를 공격하며 지친 군사를 긁어모아 강한 秦의 군사와 맞서는 것이니 君께서는 구원도 못하면서 韓과 魏가 秦에 병합되는 것을 어찌 막을 수 있겠습니까? 나라는 秦의 모책에 휩쓸리고 君은 종신토록 陰(음) 땅을 얻을 수 없을 것이니, 이것이 다섯 번째 이유입니다. 天下가 다투듯 秦을 섬기게 되면, 秦은 大義를 내세우면서 망할 나라를 보존하고 끊어진 나라를 이어주며(存亡繼絶) 위태로운 나라를 튼튼하게, 약한 나라를 돕고(固危扶弱), 無罪한 군주를 안정시킨다면서 中山의 후손 勝(승)을 내세우고 도울 것입니다. 秦이 中山國 勝(승)을 부흥시킨다면, 趙는 옛날 중산을 멸망시켰다 하여 宋과 같은 운명에 처할 것이니, (君은) 어느 겨를에 陰(음)을 얻을 수 있겠습니까? 이것이 여섯 번째 걱정입니다. 그러니 君은 틀림없이 講和하지 않아야만 陰(음) 땅을 얻을 수 있습니다.

이렇게 말했더니 奉陽君은 '옳은 말씀이요.' 라고 말하면서 秦과 和議하려는 논의를 단절했고, 齊와 魏와 결합하여 陰(음)을 꼭 차지하겠다고 말했습니다."

273/ 樓緩將使,

{原文} 樓緩將使, 伏事辭行, 謂趙王曰,

"臣雖盡力竭知, 死不復見於王矣."

王曰, "是何言也? 固且爲書而厚寄卿."

樓子曰, "王不聞公子牟夷之於宋乎? 非肉不食. 文張善宋, 惡公子牟夷, 宋然. 今臣之於王非宋之於公子牟夷也, 而惡臣者過文張. 故臣死不復見於王矣."

王曰, "子勉行矣, 寡人與子有誓言矣."

樓子遂行. 後以中牟反, 入梁. 候者來言, 而王弗聽, 曰,

"吾已與樓子有言矣."

樓緩(누완)이 사신으로 가려고,

{국역} 樓緩(누완)이 사신으로 출발하려 임무를 부여받고 출발 인사를 올리며[1831] 趙王(惠文王)에게 말했다.

"臣이 비록 盡力(진력)하고 지혜를 다 짜내겠지만, 죽을 때까지 대

1831 樓緩將使, 伏事辭行 - 樓緩(누완)은 趙人으로 秦과 친선을 주장하는 說客이었다. 나중에 秦에서 相을 역임하였다. 누완은 말을 꾸며 왕의 신임을 받은 뒤에 돌아서며 배신했다. 거짓이 많은 사람의 말을 가벼이 믿지 말라는 뜻이나, 사실적 근거는 없고 辯士의 擬托(의탁)이라는 주석이 있다. 伏事는 수행해야 할 임무를 받다. 伏事를 '은밀하고 비밀스런 일' 이라는 주석도 있다. 辭行은 출발 인사.

왕을 다시 못 뵐 수도 있습니다."

왕이 물었다.

"지금 무슨 말인가? 내가 임명장에 서명도 했거니와 卿에게 후한 대우를 했다."

"대왕께서는 (宋) 公子 牟夷(모이, 행적 미상)의 宋에 사신으로 갈 때 있었던 일을 모르십니까? (牟夷는) 고기가 없으면(非肉) 不食하던 높은 사람이었습니다. 文張(문장)이란 사람은 宋王의 좋은 대우를 받았는데, 公子 牟夷(모이)를 헐뜯었고 다른 宋人도 그러했습니다. 지금 臣은 王에게 宋나라 公子 牟夷(모이)만큼 소중한 사람이 아니며, 臣을 증오하는 사람은 文張(문장)보다 더 많습니다. 그래서 臣은 죽을지도 모르니 다시 뵐 수 없다고 하였습니다."

"그대는 힘써 맡은 바를 수행할 것이니, 과인은 그대에게 맹서를 해주겠다."

이에 누완은 출발했다.

출발한 뒤, 누완은 (趙邑) 中牟縣(중모현)[1832]에 와서 (趙를) 배반하고 梁에(魏) 귀순하였다. 시중을 들던 자가 돌아와 보고하였으나 王은 믿지 않으며 말했다.

"나는 누완에게 약속한 말이 있었다."

1832 中牟(중모) - 地名. 牟는 소가 우는 소리 모. 한때 趙의 도읍. 趙의 敬侯(경후, 재위 前 386 - 375년)가 中牟(중모)에서 邯鄲(한단)으로 천도하였다.(前 386년) 漢代 中牟縣(중모현)은, 今 河南省 중부 鄭州市 관할 中牟縣, 河水 남안. 《三國演義》에서는 陳宮(진궁, ? - 198년, 字는 公臺)이 쫓기는 曹操(조조)를 따라가려고 中牟(중모) 縣令의 관직을 버린다.

274/ 虞卿謂趙王

{原文} 虞卿謂趙王曰, "人之情, 寧朝人乎? 寧朝於人也?"

趙王曰, "人亦寧朝人耳, 何故寧朝於人?"

虞卿曰, "夫魏爲從主, 而違者范座也. 今王能以百里之地, 若萬戶之都, 請殺范座於魏. 范座死, 則從事可移於趙."

趙王曰, "善."

乃使人以百里之地, 請殺范座於魏. 魏王許諾, 使司徒執范座, 而未殺也.

范座獻書魏王曰,

「臣聞趙王以百里之地, 請殺座之身. 夫殺無罪范座, 座薄故也, 而得百里之地, 大利也. 臣竊爲大王美之. 雖然, 而有一焉, 百里之地不可得, 而死者不可復生也, 則主必爲天下笑矣! 臣竊以爲與其以死人市, 不若以生人市也.」

又遺其後相信陵君書曰,

「夫趙,魏, 敵戰之國也. 趙王以咫尺之書來, 而魏王輕爲之殺無罪之座, 座雖不肖, 故魏之免相也. 嘗以魏之故, 得罪於趙. 夫國內外雖得地, 勢不能守. 然今能守魏者, 莫如君矣. 王聽趙殺座之後, 强秦襲趙之欲, 倍趙之割, 則君將何以止之? 此君之累也.」

信陵君曰, "善." 遽言之王而出之.

虞卿이 趙王에게 말했다.

{국역} 虞卿(우경)이 趙王(惠文王)에게 말했다.[1833]

"人情으로 볼 때, 사람은 남이 찾아와서 뵙기를 좋아하겠습니까?(寧朝人乎?) 아니면 남을 찾아가 뵙기를 좋아하겠습니까?(寧朝於人也?)"

趙王이 말했다.

"사람이 남이 찾아와 뵙기를 원하지, 어찌 남을 찾아가 뵈어야 하겠나?"

우경이 말했다.

"魏는 合從의 主君인데, 그렇게 바꿔놓은 자가 范座(범좌, 范痤)입니다.[1834] 지금 대왕께서 1백 리의 땅, 1만 호의 大邑을 주겠다며 魏에서 그 자를 죽여달라고 하십시오. 그 자가 죽으면 합종의 주군은 다시 趙가 된 것입니다."

趙王은 "그렇다."고 하면서 사람을 보내 1백 리의 땅을 주겠다며 범좌를 죽여달라고 魏에 부탁하였다. 魏王은 허락하고 司徒를 시켜 범좌를 사로잡았지만 아직 죽이지는 않았다.

1833 원문 虞卿謂趙王曰 – 虞卿(우경)이 趙王(惠文王)에게 말했다. 虞卿(우경)은 趙를 위한 說客으로 생각된다. 虞卿(우경)은 평소에 合從으로 秦에 대항할 것을 주장한 사람이다. 虞는 성씨이나 卿은 실제 卿이 아니라 上卿의 대우를 받는다는 뜻이다. 본 章의 내용은 《史記 魏世家》에 安釐王(안리왕) 11년(前 266)의 일로 수록되었다. 趙는 惠文王 33년이었다. 范座(범좌)는 善說하여 생명을 건졌다.

1834 원문 而違者范座也 – 違는 어길 위. 違가 아닌 成이어야 한다는 주석이 있다. 魏나라가 合從의 主體가 되도록 만든 사람이 범좌란 뜻이다.

그러자 范座(범좌)는 魏王에게 獻書(헌서)하였다.

「臣이 듣기로, 趙王이 1백 리의 땅으로 이 몸을 죽여달라고 했습니다. 죄가 없는 범좌를 죽이는 것은 가벼운 일이지만, 얻을 수 있는 백리의 땅은 大利입니다. 臣은 대왕이 할 수 있는 일이라 생각합니다. 그러나 한 가지가 있습니다. 1백 리의 땅을 차지 못할 수 있고, 죽은 사람은 다시 살아나지 못합니다. 그러면 왕은 틀림없이 천하의 웃음거리가 될 것입니다. 臣의 생각으로 사람을 죽여 놓고 홍정하는 것은 사람을 살린 채로 홍정하는 것만 못할 것입니다.」[1835]

또 자신의 후임 相이었던 信陵君에게 서신을 보내 말했다.

「趙와 魏는 맞겨룰만한 나라입니다. 趙王이 짧은 서신을 보냈고, 魏王은 경솔하게 무죄한 이 범좌를 죽이려 하지만, 범좌가 비록 不肖하지만 그래도 魏에서 相을 지낸 사람입니다. 일찍이 魏나라 일로 趙에게는 죄를 지은 것입니다. 지금 이 나라 안에서 쓸모없는 신하이고 밖으로는 땅을 얻을 수 있다지만, 아마 그 땅을 지키지 못할 것입니다. 그렇듯, 지금 魏를 지킬 사람으로는 君 말고는 또 없습니다. 왕이 趙의 말에 따라 이 범좌를 죽인 뒤에, 강한 秦이 趙의 방법을 답습하여 두 배의 땅을 베어주겠다며 君을 죽여라 한다면, 君은 어떻게 막을 수 있겠습니까? 이는 君에게도 累(누)가 될 것입니다.」

信陵君은 "옳습니다."라고 말하고 서둘러 왕에게 말했으며, (왕은) 범좌를 풀어주었다.

1835 臣竊以爲與其以死人市, 不若以生人市也 - 竊은 훔칠 절. 몰래, 혼자의 생각. 謙辭. 與其~, 不若~ - 비교. ~은 ~만 못하다. 市는 홍정하다 사고팔다.

275/ 燕封宋人榮蚡爲高陽君

{原文} 燕封宋人榮蚡爲高陽君, 使將而攻趙. 趙王因割濟東三城合盧,高唐,平原陵地城邑市五十七, 命以與齊, 而以求安平君而將之. 馬服君謂平原君曰,

"國奚無人甚哉! 君致安平君而將之, 乃割濟東三城市邑五十七以與齊, 此夫子(予)與敵國戰, 覆軍殺將之所取, 割地於敵國者也. 今君以此與齊, 而求安平君而將之, 國奚無人甚也! 且君奚不將奢也? 奢嘗抵罪居燕, 燕以奢爲上谷守, 燕之通谷要塞, 奢習知之. 百日之內, 天下之兵未聚, 奢已擧燕矣. 然則君奚求安平君而爲將乎?"

平原君曰, "將軍釋之矣, 僕已言之僕主矣. 僕主幸以聽僕也. 將軍無言已."

燕이 宋人 榮蚡(영분)을 高陽君에 봉하고,

{국역} 燕이 宋人 榮蚡(영분)을 高陽君에 봉하고서 그를 장수로 삼아 군사를 거느리고 趙를 침공케 하였다.[1836] 趙王은 이에 濟水의 동

1836 원문 燕封宋人榮蚡爲高陽君 - 본 章의 내용은《史記 趙世家》에 孝成王 元年, 前 265년의 일로 기록되었다. 齊 田單이 趙의 군사를 거느리고 燕을 공격하여 中陽城을 점령하였다. 趙奢(조사)의 불만은 합리적이라고 생각된다.

쪽 3개 城과 盧(노), 高唐(고당), 平原陵(평원릉) 등지의 57개 城邑과 市邑을 齊에게 내주고, 安平君을 장수로 보내 구원해 달라고 요청하였다. 이에 馬服君〔趙奢(조사)〕이 平原君(?－前 251년. 嬴姓, 趙氏, 名은 勝)에게 말했다.

"나라에 어찌 이리 인물이 없습니까! 君이 安平君을 초치하여 군사를 거느리게 하면서 濟水 동쪽 3城과 57개 市邑을 齊에 할양한다면, 이는 우리가 적국과 싸우면서 적군을 격멸하고 장수를 잃으면서 빼앗은 것을 적국에 다시 베어주는 것과 같습니다. 지금 君이 이것을 齊에 내주면서 안평군을 데려다가 장수로 삼다니, 지금 우리나라에 어찌 이리 인재가 없단 말입니까! 그리고 君은 왜 나(趙奢)를 장수로 삼지 않습니까? 나는 그전에 죄에 걸려 燕에 머물렀고, 燕에서는 나를 上谷(상곡)의 守(수, 郡守)로 임명했었기에, 나는 燕의 계곡이나 요새를 지나다니며 모두 알았습니다. 1백일 이내로 각 제후 군사가 모이기도 전에 나는 燕을 점거할 수도 있습니다. 그런데 君은 무엇 때문에 安平君을 불러 장수로 삼습니까?"

平原君이 말했다.

"將軍은 노여움을 푸시오. 제가(僕) 이미 主君(齊王)에게 말했습니다. 주군이 제 말을 따를 것이니, 장군은 말씀하지 마십시오."

{**原文**} 馬服君曰, "君過矣! 君之所以求安平君者, 以齊之於燕也, 茹肝涉血之仇耶. 其於奢不然. 使安平君愚, 固不能當榮蚡, 使安平君知, 又不肯與燕人戰. 此兩言者, 安平君必處一焉. 雖然, 兩者有一也. 使安平君知, 則奚以趙之强爲? 趙强則齊不復霸矣. 今得强趙之兵, 以杜燕將, 曠日持久數歲, 令士大夫餘子之力, 盡於溝壘, 車甲羽毛裂敝, 府庫倉廩虛, 兩國交以習之, 乃引其兵而歸. 夫盡兩國之兵, 無明此者矣."

夏, 軍也縣釜而炊. 得三城也, 城大無能過百雉者. 果如馬服之言也.

{국역} 그래도 馬服君이 말했다.

"君이 잘못했습니다. 君이 安平君을 불렀던 것은 齊가 燕에 대하여 그 간을 씹어 먹고 피를 보려는 원한을 이용하려 한 것 아닙니까?[1837] 그러나 나는 그렇게 생각하지 않습니다. 安平君의 어리석음은 榮蚡(영분)을 정말 못 당할 것이고, 안평군의 지혜로는 燕과 (열심히) 싸우려 하지 않을 것입니다. 이 두 가지 중 안평군은 하나를 택해야만 합니다. 그러나 이 두 가지는, 곧 하나입니다. 안평군이 지혜롭다면 그가 왜 (燕을 이겨) 우리 趙를 강국으로 만들어주겠습니까? 趙가 강해지면 齊는 제후의 패권을 다시 잡을 수 없습니다. 지금 강대한 趙의 군사를 지휘하여 燕의 장수를 막는다면(杜. 拒와 通) 오래, 수년간 지구전으로 갈 수 있고, 우리 士大夫의 남은 자식들 힘까지 모두 구렁텅이나 참호에 묻히고, 戰車나 갑옷, 깃발이(羽毛) 모두

1837 원문 茹肝涉血之仇耶 - 茹는 먹을 여. 씹다. 涉은 건널 섭. 피를 흘릴 첩. 얕은 물로 걸어서 건너가다. 배를 타고 건너간다면 渡(도). 밟다. 仇는 원수 구. 원한. 卽墨之役을 뜻함. 卽墨之戰은 前 284 - 279년. 燕國 名將 樂毅(악의)가 齊國의 70여 성을 점령하고 卽墨城(즉묵성)에서 대치했었다. 齊의 지도자가 田單이었다. 耶는 어조사 야. 의문 감탄의 뜻을 표시.

찢어지고 해지며, 창고는 텅 비면서 양국은 습관적으로 싸우게 되니, 나중에는 각자 군사를 거느리고 돌아갈 것입니다. 그러면 兩國의 군사는 모두 피폐할 것이니, 이보다 더 확실한 것은 없습니다."

여름에, (장마 때문에) 군사는 솥을 매달아 놓고 炊事(취사)했다. (趙는) 3개 성을 차지했지만, 그 성은 (길이가) 1백 雉(치)가 넘는 곳이 없었고, 마복군의 말 그대로였다.

276/ 三國攻秦趙攻中山

{原文} 三國攻秦, 趙攻中山, 取扶柳, 五年以擅呼沲. 齊人戎郭, 宋突謂仇郝曰,

"不如盡歸中山之新埊(地). 中山案此言於齊曰, 四國將假道於衛, 以過章子之路. 齊聞此, 必效鼓."

三國이 攻秦할 때, 趙는 中山을 침공했다.

{국역} 三國(齊·韓·魏)이 攻秦할 때 趙는 中山國을 공격하여,[1838] 扶柳(부류, 地名)를 점령하였고, 5년 뒤에는 呼沲(호타)를 차지하였다. 齊人인 戎郭(융곽)과 宋突(송돌)이 仇郝(구학, 人名. 仇赫)에게 말했다.

1838 원문 三國攻秦, 趙攻中山 – 이는 三國(齊, 韓, 魏)가 秦을 공격하는 前 298년의 일이다. 文意가 명쾌하지 않다.

"중산으로부터 얻은 새 땅을 모두 돌려주는 것이 나을 것입니다.[1839] 대신 齊에게 이렇게 말하십시오. '四國(趙 · 韓 · 魏 · 중산)이 衛(위)의 길을 빌려(假道) (齊의) 章子의 길을 지나갈 것입니다.' 齊가 이 말을 들으면 틀림없이 鼓城(고성, 地名)을 우리에게(趙) 바칠 것입니다."[1840]

277/ 趙使趙莊合從

{原文} 趙使趙莊合從, 欲伐齊. 齊請效地, 趙因賤趙莊. 齊明謂趙王曰,

"齊畏從之合也, 故效地. 今聞趙莊賤, 張懃貴, 齊必不效地矣."

趙王曰, "善." 乃召趙莊而貴之.

1839 不如盡歸中山之新埊 - 新埊의 埊(땅 지)는 地의 古字이다. 地의 고자로 埊(지)도 쓰였다. 글자 모양을 보면, 그야말로 상형의 뜻이 확실하다. 唐 則天武后 때 이와 유사한 글자를 많이 만들었다.

1840 원문 必效鼓 - 效는 바치다(獻也). 鼓는 지명. 今 山東省 중부 淄博市 부근이라는 주석이 있다.

趙에서 趙莊(조장)을 시켜 合從하고

{국역} 趙가 趙莊(조장)을 시켜 合從하고서는[1841] 齊를 정벌하려고 했다. 이에 齊에서는 땅을 떼어주겠다고 제의하자, 趙에서는 趙莊(조장)을 중히 여기지 않았다(賤). 그러자 (제후국 東周의 신하) 齊明(제명)이 趙王에게 말했다.

"齊는 여러 나라의 연합(合從)이 두려웠기에 땅을 잘라 주겠다는 것이었습니다. 지금 (합종을 주장한) 조장을 홀대하고, (반대파인) 張懃(장근, 張漢)을 높인다 하니(貴), 齊에서는 땅을 주지 않을 것입니다."

趙王(惠文王)은 "옳은 말이다."라면서 조장을 불러 다시 우대하였다(貴之).

278/ 翟章從梁來

{原文} 翟章從梁來, 甚善趙王. 趙王三延之以相, 翟章辭不受. 田駟謂柱國韓向曰,

"臣請爲卿刺之. 客若死, 則王必怒而誅建信君. 建信君

1841 원문 趙使趙莊合從 - 이는 齊 宣王(재위 前 319 - 301년)이 燕의 내란을 이용하여 燕을 정벌하자, 여러 나라가 齊를 정벌하고 燕을 구원하려던 前 314년의 일이다. 齊明의 평범한 말 한마디에 사람에 대한 평가가 급변한다면 이해하기가 쉽지 않다.

死, 則卿必爲相矣. 建信君不死, 以爲交, 終身不敝, 卿因以德建信君矣."

翟章(적장)이 梁에서 찾아오다.

{국역} 翟章(적장)이 梁(魏)에서 趙나라로 들어와(來),[1842] 趙王을 매우 잘 모셨다. 趙王은 그를 3번이나 相으로 임명하려 했으나, 적장은 사양하며 받지 않았다.

이에 田駟(전사, 人名)가 柱國인 韓向(한향)에게 말했다.[1843]

"臣이 卿(경)을 위해 그를 죽이겠소, 客人(翟章)이 죽으면 왕은 틀림없이 화를 내며 建信君(건신군)의 소행으로 알고 건신군을 죽일 겁니다. 건신군이 죽으면 경은 틀림없이 相이 될 것입니다. 건신군이 죽지 않는다면, 죽을 때까지 그와 잘 교제하면 경은 건신군에게 덕을 베푸는 사람이 될 것입니다."

1842 원문 翟章從梁來 – 본 章의 연대를 확정할 수 없다. 翟章(적장)은 人名. 행적 미상. 建信君은 趙 孝成王(재위 前 265 –245)의 寵臣(총신)이었다.

1843 원문 田駟謂柱國 – 柱國은 楚 관직명. 相 다음의 지위. 趙에도 柱國을 설치했다.

279/ 馮忌爲廬陵君

{原文} 馮忌爲廬陵君謂趙王曰, "王之逐廬陵君, 爲燕也."

王曰, "吾所以重者, 無燕, 秦也."

對曰, "秦王三以虞卿爲言, 而王不逐也. 今燕一以廬陵君爲言, 而王逐之. 是王輕强秦而重弱燕也."

王曰, "吾非爲燕也, 吾固將逐之."

"然則王逐廬陵君, 又不爲燕也. 行逐愛弟, 又兼無燕, 秦, 臣竊爲大王不取也."

馮忌(풍기)가 廬陵君(여릉군)을 위하여,

{국역} 馮忌(풍기)가 廬陵君(여릉군)을 위하여 趙王에게 말했다.[1844]

"王께서 廬陵君(여릉군)을 放逐(방축)한 것은 燕 때문입니다."

王이 대답했다.

"나는 燕이나 秦을 重히 여기지 않소."

그런 "秦王(昭王)이 세 번이나 虞卿(우경)을 두고 말했어도 王께서는 방축하지 않았습니다. 그러나 燕에서 廬陵君을 두고 한 번 말하자 왕께서 방축하셨습니다. 이는 강한 秦을 경시하고 약한 燕을 중시한 것입니다."

1844 원문 馮忌爲廬陵君謂趙王曰 – 본 장은 趙 孝成王 재위 10년인 前 256년의 일. 馮忌(풍기)는 說客. 廬陵君(여릉군)은 孝成王의 同母弟.

"나는 燕 때문이 아니라 정말 방축하려고 했소."

"왕께서 燕 때문이 아니라면서 아끼는 동생을 방축하였고 또 燕도 秦도 아니라 하시는데, 臣은 대왕을 위해서 이를 받아들일 수 없습니다."

280/ 馮忌請見趙王

{原文} 馮忌請見趙王, 行人見之. 馮忌接手免首, 欲言而不敢. 王問其故, 對曰,

"客有見人於服子者, 已而請其罪. 服子曰, '公之客獨有三罪, 望我而笑, 是狎也, 談語而不稱師, 是倍也, 交淺而言深, 是亂也.'

客曰, '不然. 夫望人而笑, 是和也, 言而不稱師, 是庸說也, 交淺而言深, 是忠也. 昔者堯見舜於草茅之中, 席隴畝而蔭庇桑, 陰移而受天下傳. 伊尹負鼎俎而干湯, 姓名未著而受三公. 使夫交淺者不可以深談, 則天下不傳, 而三公不得也.'"

趙王曰, "甚善."

馮忌曰, "今外臣交淺而欲深談可乎?"

王曰, "請奉教." 於是馮忌乃談.

馮忌(풍기)가 趙王 알현을 요청하자,

{국역} 馮忌(풍기)가 趙王 알현을 요청하여, 行人〔職名. 近侍 또는 謁者(알자)〕이 알현케 하였다.[1845] 풍기는 손을 맞잡고 고개를 숙인 채(免首, 俛首) 말을 하려 하다가 말하지 않았다. 왕이 까닭을 묻자, 풍기가 대답하였다.

"어떤 客人이 服子(宓子賤)에게 다른 사람을 만나도록 주선하였는데,[1846] (服子가 만나 본 다음에) 다음과 같이 질책하였습니다.

'公의 客人은, 특히나 3가지를 잘못했습니다. 나를 바라보고서는 웃었는데, 이는 나를 버릇없이 대한 것입니다〔親狎(친압)〕. 이야기를 하면서 나를 師(사)라고 부르지 않았으니, 이는 나를 무시한 것입

1845 원문 馮忌請見趙王, 行人見之 – 위 章과 같은 때의 일. 풍기가 趙 孝成王을 처음 알현할 때로 추정. 行人은 職名, 謁者(알자). 近侍(근시).

1846 원문 客有見人於服子者 – 服子는 공자의 제자 宓子賤(복자천)이라는 주석이 있다. 宓(성 복)과 服은 音이 같아 통용한다. 옛일을 사례로 들어 설명한 것이다. 宓은 성 복. 본래 虙(위엄스러울 복, 성씨) 字이나 필사 과정에서 바뀌었다는 주석이 있다. 《史記 仲尼弟子列傳》에 의하면, 宓不齊(복부제)의 字는 子賤(자천)이다. 孔子보다 30세 아래였다. 孔子는 "子賤은 君子로다! 魯에 君子가 없었다면 子賤이 어디서 배웠겠는가?"라고 말했다.(《論語 公冶長》) 자천이 單父(선보)의 읍재였는데 돌아와 공자에게 복명하면서 말했다. "저의 임지에 저보다 현명한 사람이 다섯 분이나 있어 제가 잘 다스리도록 가르쳐 줍니다." 이에 공자께서 말했다. "애석하도다! 복부제가 다스리는 곳이 작은 곳이나, 큰 지역을 다스려도 아주 잘할 것이다." 漢代에 濟南의 伏生(복생)이 《尙書》를 후세에 전했는데, 伏生은 虙不齊(宓不齊)의 후손이며 虙(宓)과 伏이 고대에 통용되었다는 주석이 있다.

니다(倍, 背其師). 그냥 가벼운 만남에(交淺) 깊은 이야기를 하였는데(言深), 이는 알 수 없는 일입니다(亂也).'

그러자 (만남을 주선했던) 客人이 '그렇지 않습니다. 사람을 보고 웃은 것은 親和입니다. 대화 중에 師라 칭하지 않은 것은 편안히 이야기한 것이고(庸說也),[1847] 交淺(교류가 깊지 않다)한데도 言深(심각한 문제를 거론하다)한 것은 衷心(충심, 忠也. 정성)입니다. 옛날에 堯는 舜을 초가집에서 만났고, 밭두둑〔隴畝(농무)〕에 앉아 이야기를 하다가 뽕나무 그늘로 자리를 옮겨 이야기를 하였는데, 그늘이 다하자 天下(帝位)를 그에게 傳受(전수)하였습니다. 伊尹(이윤)은 (요리하는) 솥과 도마를 지고 湯(탕)을 만나자고 하였는데, 姓名이 알려지지도 않았지만 (이윤은) 三公의 자리를 받았습니다. 그러니 만남이 얕다고 하여 깊은 이야기를(深談) 하지 못한다면 舜에게 천하를 넘겨주지도, 이윤은 삼공의 자리를 받지도 못하였을 것입니다.' 라고 말했습니다."

그러자 趙王은 "아주 훌륭한 말씀이요."라고 말했다. 그러자 풍기가 말했다.

"지금 外臣(풍기 자신)은 交淺(교천 : 교류도 깊지 않다)이나 深談(심담 : 깊이 있는 말)을 하려는데 괜찮겠습니까?"

왕은 "삼가 가르침을 받겠습니다."라고 하였다. 이에 풍기는 談論(담론: 하고 싶은 말을 하다)하였다.

1847 원문 是庸說也 - 庸說은 평소처럼 하는 이야기(言之常者).

281/ 客見趙王

{原文} 客見趙王曰, “臣聞王之使人買馬也, 有之乎?”

王曰, “有之.”

“何故至今不遣?”

王曰, “未得相馬之工也.”

對曰, “王何不遣建信君乎?”

王曰, “建信君有國事, 又不知相馬.”

曰, “王何不遣紀姬乎?”

王曰, “紀姬婦人也, 不知相馬.”

對曰, “買馬而善, 何補於國?”

王曰, “無補於國.”

“買馬而惡, 何危於國?”

王曰, “無危於國.”

對曰, “然則買馬善而若惡, 皆無危補於國. 然而王之買馬也, 必將待工. 今治非也, 國家爲虛戾, 而社稷不血食, 然而王不待工, 而與建信君, 何也?”

趙王未之應也. 客曰, “郭燕之法, 有所謂桑雍者, 王知之乎?”

王曰, “未之聞也.”

“所謂桑雍者, 便辟左右之近者, 及夫人優愛孺子也. 此皆能乘王之醉昏, 而求所欲於王者也. 是能得之乎內, 則大臣爲之枉法於外矣. 故日月暉於外, 其賊在於內, 謹備其所憎, 而禍在於所愛."

客人이 趙王을 만나다.

{국역} 客人이 趙王을 만나 물었다.[1848]

"臣은 왕께서 사람을 시켜 말(馬)을 사려 하신다고 들었습니다. 그렇습니까?"

王은 "그렇소."라고 말했다.

"그런데 왜 지금껏 보내지 않습니까?"

"말을 잘 볼 줄 아는(相馬) 사람을 아직 못 구했소."

"王께서는 왜 (寵臣) 建信君(건신군)을 시키지 않습니까?"

"建信君은 國事를 처리해야 하고 또 相馬할 줄 모르오."

"王께서는 왜 紀姬(기희)를 보내지 않습니까?"

"기희는 여인이요, 相馬할 줄 모르오."

"말을 잘 구매하면 국정에 무슨 이득입니까?"

"별 보탬은 없소."

"買馬가 잘못되면 나라가 위태해집니까?"

"나라가 위태하지는 않소."

"그렇다면 買馬를 잘하든 못하든 국정에 별 영향이 없다고 하셨

1848 원문 客見趙王曰 - 이는 〈齊策 四〉 **153.** 先生王斗와 그 주제가 비슷하다. 어떤 사실적 근거는 없고, 책사가 擬托(의탁)한 이야기로 王을 깨우치려 했다.

습니다. 그런데도 왕께서는 말을 구매하려고 相馬에 뛰어난 사람을 찾고 있습니다. 지금 治天下하면서 인재 천거와 배치를(擧錯) 잘못 하여,[1849] 나라가 비고 국정이 어긋났으며 사직에 제사도(血食) 제대로 바치지 못하는데, 왕께서는 (국정 운영의) 工人을 기다리지 않고 왜 건신군에게만 맡기십니까?"

趙王은 대답이 없었다. 이에 객인이 말했다.

"郭燕(곽연)의 占法에 桑雍(상옹, 柔雍)이란 말이 있는데, 王께서는 알고 계십니까?"[1850]

"들어보지 못했소."

"桑雍〔상옹, 柔癰(유옹)〕이란 측근 중에서도 아껴주는 사람입니다. 부인이나 사랑을 많이 주는 여인을(愛孺子) 말합니다. 이들 모두는 왕께서 (情에) 취하여 昏懞(혼몽)할 때를 이용하여 구하려는 것을 왕한테서 얻어냅니다. 이처럼 (상옹은) 안에서 얻어내고, 대신들은 조정 밖에서 법을 어겨가며 욕망을 채웁니다. 이렇게 되면 日月은 햇무리나 달무리에 가려 흐릿해지고[1851] 안에 해로움(賊)이 숨어 자라면서 증오만을 키우고 있으니, 재앙(禍)은 편애하는 측근에 있습니다."

1849 원문 擧錯非也 - 擧錯(거조)는 擧置. 인재 薦擧(천거)와 배치(任用).

1850 원문 郭燕之法 有所謂桑雍者 - 郭燕(곽연)은 郭偃(곽언). 晉의 掌卜大夫(장복대부)인 郭偃(곽언). 桑雍(상옹)은 柔雍(유옹), 雍(옹화할 옹)은 癰(악창 옹)과 同. 뽕나무를 파먹는 벌레. 뽕나무에 이 벌레가 있으면, 뽕나무에 고름같이 물이 흘러내린다는 주석이 있다.

1851 원문 故日月暉於外 - 暉는 빛날 휘. 비치다. 暉는 暈(무리 훈. 햇무리, 달무리)로 새겨야 한다는 주석이 있다. 暈은 곧 흐릿해지다. 일식이나 월식의 뜻으로 풀이한 주석도 있다.

282/ 秦攻魏取寧邑

{原文} 秦攻魏, 取寧邑, 諸侯皆賀. 趙王使往賀, 三反不得通. 趙王憂之, 謂左右曰,

"以秦之强, 得寧邑, 以制齊,趙. 諸侯皆賀, 吾往賀而獨不得通, 此必加兵我, 爲之奈何?"

左右曰, "使者三往不得通者, 必所使者非其人也. 曰諒毅者, 辨士也, 大王可試使之."

諒毅親受命而往. 至秦, 獻書秦王曰,

"大王廣地寧邑, 諸侯皆賀, 敝邑寡君亦竊嘉之, 不敢寧居, 使下臣奉其幣物三至王廷, 而使不得通. 使若無罪, 願大王無絶其歡. 若使有罪, 願得請之."

秦王使使者報曰, "吾所使趙國者, 小大皆聽吾言, 則受書幣. 若不從吾言, 則使者歸矣."

諒毅對曰, "下臣之來, 固願承大國之意也, 豈敢有難? 大王若有以令之, 請奉而西行之, 無所敢疑."

秦이 攻魏하여 寧邑을 점령하자,

{국역} 秦이 攻魏(위나라를 공격하다)하여 寧邑(영읍)을 탈취하자 여러 나라에서 (秦에게) 축하하였다.[1852] 趙王도 사신을 보내 축하하

1852 원문 秦攻魏, 取寧邑, 諸侯皆賀 –《史記 六國年表》에 의하면, 이는 秦

였으나, 3번이나 되돌아와 통교하지 못했다. 이에 趙王이 걱정하며 측근에게 말했다.

"강대한 秦이 寧邑(영읍)을 차지하고 齊와 趙를 견제하고 있다. 諸侯(各國)가 모두 축하하였고, 나 역시 축하 사절을 보냈으나 통교하지 못했는데, 이는 필히 우리를 침공할 뜻인데 어찌하면 좋겠는가?"

左右(側近)에서 말했다.

"使者가 3번이나 갔으나 통교하지 못한 것은 우리가 적임자를 보내지 못한 것입니다. 諒毅(양의)란 辨士가 있는데 大王께서 보내볼 만 합니다."

諒毅(양의)는 직접 受命(왕의 명령을 받다)하고 秦으로 갔다. 秦에 이르러 秦王(昭王)에게 헌서하여 말했다.

"大王께서 寧邑(영읍)까지 영역을 확대하시니 諸侯가 모두 축하하였고, 폐읍의 寡君(趙王) 역시 진심으로 축하하며 그냥 있을 수 없어 폐물을 가지고 下臣을 3번이나 보내어 王廷에 왔었지만 대왕을 뵙지 못했습니다. 만약 (趙王의) 허물이 없다면 대왕께서 기쁘게 받아주시고, 잘못된 바가 있다면 책망을 기다리겠습니다."

그러자 秦王이 사람을 보내 알려왔다.

"내가 趙에 요구하는 일을 크든 작든 다 수락한다면 국서와 폐물을 받겠다. 만약 내 말을 따르지 않겠다면 사자는 돌아가거라."

그러자 양의가 대답했다.

昭王 21년, 趙 惠文王 13년인 前 286년이다. 寧邑(영읍)은 魏地이니, 도성 安邑이다. 이런 글의 주 要旨는 언제라는 시기보다, 사신으로 간 諒毅(양의)의 대응, 곧 使臣의 '不辱君命' 에 있을 것이다.

"下臣이 여기 온 바는 大國의 뜻을 받들러 온 것이니, 무슨 어려움이 있겠습니까? 대왕께서 만약 하명하신다면 명을 받들어 시행할 것이니 의심치 마십시오."

{原文} 於是秦王乃見使者, 曰,

"趙豹, 平原君, 數欺弄寡人. 趙能殺此二人, 則可. 若不能殺, 請今率諸侯受命邯鄲城下."

諒毅曰, "趙豹, 平原君, 親寡君之母弟也, 猶大王之有葉陽,涇陽君也. 大王以孝治聞於天下, 衣服使之便於體, 膳啗之嗛於口, 未嘗不分於葉陽,涇陽君. 葉陽君,涇陽君之車馬衣服, 無非大王之服御者. 臣聞之, '有覆巢毁卵, 而鳳皇不翔. 刳胎焚夭, 而騏驎不至.' 今使臣受大王之令以還報, 敝邑之君, 畏懼不敢不行, 無乃傷葉陽君, 涇陽君之心乎?"

秦王曰, "諾. 勿使從政."

諒毅曰, "敝邑之君, 有母弟不能教誨, 以惡大國, 請黜之, 勿使與政事, 以稱大國."

秦王乃喜, 受其弊而厚遇之.

{국역} 이에 秦王은, 곧 사자(양의)를 만나 말했다.

"趙豹(조표, 平陽君)와 平原君(趙勝)은 과인에게 여러 번 거짓을 하였다. 조에서 능히 이 두 사람을 죽인다면 통교할 수 있다. 만약 죽일 수 없다면, 지금 당장 모든 제후를 이끌고 나와 邯鄲(한단)의 城下에서 명을 기다리겠다."[1853]

이에 諒毅(양의)가 말했다.

"趙豹(조표)와 平原君은 우리 主君의 혈친인 同母弟입니다. 마치 (秦의) 葉陽君(섭양군, 華陽君)과 涇陽君(경양군)과 같습니다. 大王께서는 孝治하신다고 천하에 알려졌으니, 옷을 몸에 맞춰 입히고 입맛에 맞춰 음식을 먹게 하며 섭양군과 경양군을 차별하지 않으십니다. 섭양군과 경양군의 車馬와 의복 역시 대왕의 거마나 복식과 다르지 않습니다. 臣이 알기로, '둥지가 뒤집혀 알이 깨진다면 봉황도 날지 않고,[1854] 태를 가르고 어린 것을 죽이면 기린도 오지 않는다.' 고 하였습니다.[1855] 지금 臣이 명을 받고 돌아가 우리 주군에게 보고하면 敝邑之君은 두려워 떨면서 감히 명을 받아 실행치 않을 수 없으니, 이는 (대왕께서) 섭양군과 경양군을 해칠려는 마음과 다르지 않을 것입니다."

秦王이 말했다.

"알았다. (趙豹와 平原君이) 더 이상 정치에 관여 않게 하라."

양의가 말했다.

"폐읍의 주군이 同母弟(동모제)를 제대로 가르치지 못하여 대국의 미움을 받았으니 내쳐서 정사에 관여하지 않도록 말하겠습니다."

秦王은 기뻐하며 (趙의) 예물을 받고 (양의를) 후대하였다.

1853 원문 請今率諸侯受命邯鄲城下 – 여기 제후는 趙王의 家臣. 受命은 전쟁하겠다는 뜻. 일종의 謙辭(겸사).

1854 원문 覆巢毀卵, 鳳皇不翔. – 覆은 뒤집힐 복. 巢는 둥지 소. 毀는 헐 훼. 卵은 알 난. 翔은 나를 상.

1855 원문 刳胎焚夭 麒麟不至 – 刳는 가를 고. 도려내다. 胎는 태아 태. 焚은 태울 분. 夭는 어릴 요. 소아. 麒麟(기린)은 騏驎.

283/ 趙使姚賈約韓魏

{原文} 趙使姚賈約韓,魏, 韓,魏以友之. 擧茅爲姚賈謂趙王曰,

“賈也, 王之忠臣也. 韓,魏欲得之, 故友之, 將使王逐之, 而己因受之. 今王逐之, 是韓, 魏之欲得, 而王之忠臣有罪也. 故王不如勿逐, 以明王之賢, 而折韓, 魏招之.”

趙가 姚賈(요가)를 보내 韓·魏와 맹약을 맺자,

{국역} 趙가 姚賈(요가)를 보내 韓과 魏와 맹약을 맺게 하자,[1856] 韓과 魏는 姚賈(요가)[1857]를 友人으로 환대하였다. (趙人) 擧茅(거모, 또는 茅擧)가 姚賈(요가)를 위해 趙王에게 말했다.

“요가는 대왕의 忠臣입니다. 韓과 魏에서 이 사람을 얻으려고 친우처럼 대해주어 왕이 요가를 축출하면 받아들일 것입니다. 지금 왕께서 요가를 방축하면, 韓과 魏에서 받아들일 것이고 대왕의 충신은

1856 원문 趙使姚賈約韓,魏 - 본 章은 연대를 추정할 수 없다. 擧茅(거모)가 한 말은 비논리적이다.

1857 姚賈(요가, 생졸년 미상) - 始皇의 大臣, 본래 梁國(魏) 출신. 出身이 貧寒했다. 그 부친이 監門卒(城門衛兵). 趙國의 謀臣이었다가 축출되자 秦國에서 間諜之計(간첩지계)를 건의했다. 秦이 六國과 마지막 전쟁을 치루는 기간에 姚賈는 많은 재물로 楚, 燕, 趙, 魏의 요인을 매수하여 합종을 와해시켰고, 秦王 政은 그를 上卿에 임명하였다. 韓非는 요가를 비난하였다.

죄인이 됩니다. 그러니 왕께서는 요가를 축출하지 마시어, 대왕의 賢明을 밝히시면서 韓과 魏가 요가를 초치하려는 의도를 좌절시키기 바랍니다."

284/ 魏敗楚於陘山

{原文} 魏敗楚於陘山, 禽唐明. 楚王懼, 令昭應奉太子以委和於薛公. 主父欲敗之, 乃結秦, 連楚,宋之交, 令仇郝相宋, 樓緩相秦. 楚王禽(合)趙,宋, 魏之和卒敗.

魏가 楚를 陘山(형산)에서 격파하고,

{국역} 魏가 楚를 陘山(형산)에서 격파하고, (楚將) 唐明(당명, 唐昧)을 생포하였다.[1858] 楚王(懷王)은 두려워하며, 昭應(소응)을 시켜 太子를 齊나라 薛公(설공)에 인질로 보내면서 강화를 주선해 주도록 부탁했다. 이때 (趙) 主父(武靈王)는 이를 저지하려고 秦과 結盟한 다음 楚와 宋을 통교(국교를 맺다)케 하면서, 仇郝(구학)을 宋의 相으로 樓緩(누완)을 秦의 相으로 앉혔다. 楚王은 趙와 宋 두 나라를 연합

1858 원문 魏敗楚於陘山 – 본 章은 文理가 자연스럽지 않아 두 사건이 서로 錯簡(착간)된 것 같다는 주석이 있다. 이 陘山之戰(형산지전)은 楚 懷王 29년, 趙 武靈王 25년인 前 300년의 일이었다.

케 하였고, 魏의 강화는 결국 좌절되었다.[1859]

285/ 秦召春平侯

{原文} 秦召春平侯, 因留之. 世鈞爲之謂文信侯曰,

"春平侯者, 趙王之所甚愛也, 而郞中甚妒之, 故相與謀曰, '春平侯入秦, 秦必留之.' 故謀而入之秦. 今君留之, 是空絕趙, 而郞中之計中也. 故君不如遣春平侯而留平都侯. 春平侯者言行於趙王, 必厚割趙以事君, 而贖平都侯."

文信侯曰, "善." 因與接意而遣之.

秦이 春平侯(춘평후)를 불러,

{국역} 秦이 (趙의) 春平侯(춘평후)를 불러,[1860] 억류하려고 하였다. (秦人) 世鈞(세균, 泄鈞)이 文信侯(呂不韋)에게 말했다.

"春平侯(춘평후)는 趙王이 아주 아끼는 아들이나 (趙의 宿衛官) 郞

1859 원문 楚王禽(合)趙,宋, 魏之和卒敗 - 이 구절은 錯簡이나 缺簡(결간)이 분명하다는 주석이 있다.

1860 원문 秦召春平侯 - 이는《史記 秦本紀》와《史記 六國年表》에 秦王 政 5년(前 242)의 일로 기록했다. 이는 趙 悼襄王(재위 前 244 - 236년) 3년이었다. 春平侯는 趙 太子 春平君이다.

中(낭중, 職名)은 심히 질투하기에 서로 '春平侯가 入秦(진나라에 들어가다)하면, 秦이 必히 억류할 것이라.' 고 모의하여 入秦케 하였습니다. 그를 억류한다면, 이는 공연히 趙와 단절하면서 그 郞中의 계략에 말려 들어가는 것입니다. 그러니 君께서는 春平侯를 돌려보내고 대신 平都侯를 억류케 하십시오. 春平侯의 말은 趙王이 신임하기에 필히 趙의 땅을 잘라 君을 섬길 것이며, 또 平都侯의 몸값을 받아낼 수도 있습니다."

이에 文信侯는 "그렇다."라고 말하면서 春平侯를 접견한 뒤에 그의 뜻대로 돌려보냈다.

286/ 趙太后新用事

{原文} 趙太后新用事, 秦急攻之. 趙氏求救於齊. 齊曰,

"必以長安君爲質, 兵乃出."

太后不肯, 大臣强諫. 太后明謂左右, "有復言令長安君爲質者, 老婦必唾其面."

左師觸讋願見太后. 太后盛氣而揖之. 入而徐趨, 至而自謝, 曰, "老臣病足, 曾不能疾走, 不得見久矣. 竊自恕, 而恐太后玉體之有所郄也, 故願望見太后."

太后曰, "老婦恃輦而行."

曰, "日食飮得無衰乎?"

曰, "恃鬻耳."

曰, "老臣今者殊不欲食, 乃自强步, 日三四里, 少益耆食, 和於身也."

太后曰 "老婦不能." 太后之色少解.

左師公曰, "老臣賤息舒祺, 最少, 不肖. 而臣衰, 竊愛憐之. 願令得補黑衣之數, 以衛王官, 沒死以聞."

太后曰, "敬諾. 年幾何矣?"

對曰, "十五歲矣. 雖少, 願及未填溝壑而託之."

太后曰, "丈夫亦愛憐其少子乎?" 對曰, "甚於婦人."

太后笑曰, "婦人異甚."

對曰, "老臣竊以爲媼之愛燕后賢於長安君."

曰, "君過矣, 不若長安君之甚."

趙太后가 막 집정하자,

{국역} 趙太后(조태후)가 처음 執政(用事)하자,[1861] 秦이 趙를 急攻

1861 趙太后新用事 - 趙太后는 趙 威后(위후, 前 300? - 266년) 惠文王(재위 前 298 - 266)의 王后. 趙威太后, 孝威太后로도 호칭. 趙 孝成王, 長安君, 盧陵君, 燕武成后의 모친. 혜문왕이 죽고 趙 孝成王(재위 前 265 - 245년, 名은 趙丹)이 어려서 즉위하자, 30대 중반 나이에 태후가 되어 用事(執政)했다. 執政 1년 뒤 去世(죽다), 아들 孝成王이 親政.《史記》卷43〈趙世家〉및《戰國策 齊策 四》〈齊王使使者問趙威后〉및《戰國策 趙 策四》〈趙太后新用事〉참고.

(서둘러 공격하다)하였다. 趙는 齊에 구원을 요청하였다. 그러자 齊에서 말했다.

"꼭 長安君(孝成王의 同母弟)을 質子(人質)로 보내면 出兵하겠다."

그러나 太后가 허락지 않자 大臣들이 힘써 諫言을 올렸다. 그러자 太后는 측근에게 분명히 말했다.

"長安君을 質子로 보내야 한다고 말하는 자가 있다면, 이 늙은이가 그 얼굴에 기어이 침을 뱉겠다."

左師(좌사, 官名)인 觸讋〔촉섭, 觸龍(촉룡)〕[1862]이 태후를 알현하겠다고 청했다. 太后가 화가 난 채로 揖(읍)하고 맞이했다. 촉섭은 들어와 천천히 걸어 (태후에) 가까이 와서 사죄하듯 말했다.

"老臣이 다리가 아파 제대로 걸을 수도 없어 오랫동안 뵙지 못했습니다. 용서를 바라오며 태후의 옥체도 평안하신지 걱정이 되어 뵙기를 청했습니다."

太后가 말했다.

"老婦는 輦(연, 손수레)을 타야만 다닐 수 있습니다."

"매일의 食飮(식음)은 줄지 않으셨습니까?"

"죽만 먹고 있습니다."[1863]

"老臣도 요즈음 특히나 식욕이 없어, 억지로 매일 3, 4리를 걸었더니 조금 입맛이 당기고 몸이 나아졌습니다."

1862 觸讋(촉섭) – 人名. 讋은 두려워할 섭. 《史記 趙世家》에는 觸龍(촉룡). 班固의 《漢書 古今人表》에도 '左師 觸龍' 으로 수록(中下級).

1863 원문 恃鬻耳 – 恃는 믿을 시. 의지하다. 鬻은 죽 죽. 鬲(솥 력) 없는 粥(죽 죽)과 同.

태후는 "老婦는 그렇게 할 수 없습니다."라고 말했고, 안색이 조금 풀어졌다.

左師公〔觸讋(촉섭)〕이 말했다.

"老臣의 미천한 자식 舒祺(서기)는 제일 어리고도 不肖(불초)합니다. 지금 臣이 노쇠하니 마음으로 안타깝기만 합니다. 그저 黑衣〔戎服(융복), 군복〕를 입는 왕궁의 衛士(위사)에 숫자나 채울 수 있기를 바라기에, 감히 죽음을 무릅쓰고 말씀드립니다."

"그렇게 하시지요, 나이는 몇 살입니까?"

"열다섯입니다. 아직 어리지만 그래도 제가 죽기 전에 부탁드립니다."[1864]

"丈夫(장부, 남자 어른)도 역시 그 막내 자식을 안쓰럽다고 여깁니까?"

"부인(아녀자)보다 더할 것입니다."

태후가 웃으면서 말했다. "婦人이 특히나 심하겠지요."

"老臣의 생각에 태후〔媼(할미 온)〕께서는 長安君보다 燕后(연후, 威太后의 딸)를 더 많이 사랑하는 것 같습니다."

"君께서 잘못 생각하셨습니다. 長安君만큼 사랑하지 않습니다."

{原文} 左師公曰, "父母之愛子, 則爲之計深遠. 媼之送燕后也, 持其踵爲之泣, 念悲其遠也, 亦哀之矣. 已行, 非弗思也, 祭祀必祝之, 祝曰, '必勿使反.' 子孫相繼爲王也哉?"

1864 원문 願及未塡溝壑而託之 - 塡은 메울 전. 溝는 물도랑 구. 壑은 물도랑 학. 塡壑(전학)은 구덩이에 메워지다. 죽다.

太后曰, "然."

左師公曰, "今三世以前, 至於趙之爲趙, 趙主之子孫侯者, 其繼有在者乎?"

曰, "無有."

曰, "微獨趙, 諸侯有在者乎?"

曰, "老婦不聞也."

"此其近者禍及身, 遠者及其子孫. 豈人主之子孫則必不善哉? 位尊而無功, 奉厚而無勞, 而挾重器多也. 今媼尊長安君之位, 而封之以膏腴之地, 多予之重器, 而不及今令有功於國. 一旦山陵崩, 長安君何以自託於趙? 老臣以媼爲長安君計短也, 故以爲其愛不若燕后."

太后曰, "諾. 恣君之所使之."

於是爲長安君約車百乘質於齊, 齊兵乃出.

子義聞之曰, "人主之子也, 骨肉之親也, 猶不能恃無功之尊, 無勞之奉, 而守金玉之重也, 而況人臣乎?"

{국역} 左師公(촉섭)이 말했다.

"父母의 자식 사랑이야 그 계책이 깊고도 멀리 내다봐야지요. 태후께서 燕后(연후)를 출가시키며 발꿈치를 들고 멀리까지 바라보시면서 눈물을 흘리고 멀리 출가하는 것을 서러워하셨으니, 그 역시 슬픔이 아니겠습니까? 이미 떠난 뒤이지만 생각 안 하는 것도 아니고, 제사지낼 때 축원하듯, '절대로 (쫓겨) 돌아오지 말기를' 빌어주니, 어찌 장구한 계획이 아니오며 자손이 뒤를 이어 王으로 이어지길 바라는 것이 아니겠습니까?"

"그렇습니다(然)."

"지금 三世(三代) 이전에 趙氏가 趙나라로 성립하면서 趙主의 자손이 제후로써 뒤를 이어온 자가 있었습니까?"[1865]

"없었습니다."

"趙가 아니더라도 제후로서 三代를 이어 온 경우가 있었습니까?"

"老婦는 그런 경우를 듣지 못했습니다."

"이는 가까운 곳의 禍(화)는 그 자신에 미치고(及身), 훗날에 당할 禍는 후손에게 닥친다는 것입니다. 어찌 人主(임금)의 子孫만 그렇겠습니까? 그것이 꼭 不善했기에 화를 당한 것이겠습니까? 높은 지위에 있지만 功이 없고, 후한 봉록을 받지만 수고하지도 않으며, 보배를 많이 긁어모아 몸에 지니기만 했기 때문입니다. 지금 태후께서(媼) 長安君의 지위를 높이고 기름진 땅을〔膏腴之地(고유지지)〕 골라 封하며, 많은 보배를 주면서도 지금껏 나라에 공을 세우게 하지는 않았습니다. 그러니 어느 아침에 산이 무너진다면,[1866] 長安君은 趙나라에서 어떻게 스스로 존속할 수 있겠습니까? 老臣은 長安君을 위한 태후의 계책이 너무 짧다고 생각하기에 태후의 장안군에 대한 사랑이 燕后와 같지 않다고 말씀드렸습니다."

"알겠습니다. 君이 시키는 대로 따르겠습니다."

1865 趙國이 성립된 이후로, 조왕의 아들로 책봉을 받아 제후로서 가문을 이어온 경우가 있었느냐는 뜻.

1866 원문 一旦山陵崩 – 旦은 아침 단. 산이 무너지다 – 태후가 죽는다면. 존엄한 태후에게 '죽는다.' 는 말할 수 없다.

이에 長安君은 수레 1백 乘과 함께 齊에 質子(인질)로 보냈고, 齊에서는 趙에 파병하였다.

(趙의 賢士) 子義(자의, 子가 姓)가 이를 전해 듣고 말했다.

"人主의 아들이면 (王의) 骨肉之親인데도, 세운 功이 없는 尊位나 일하지 않고 받는 봉록에 의지할 수 없으며, 또 金玉의 重寶를 지킬 수도 없거늘, 하물며 人臣(신하)이야 더 말할 것이 있겠는가?"

287/ 秦使王翦攻趙

{原文} 秦使王翦攻趙, 趙使李牧, 司馬尙禦之. 李牧數破走秦軍, 殺秦將桓齮. 王翦惡之, 乃多與趙王寵臣郭開等金, 使爲反間, 曰,

"李牧, 司馬尙欲與秦反趙, 以多取封於秦."

趙王疑之, 使趙葱及顔冣代將, 斬李牧, 廢司馬尙. 後三月, 王翦因急擊, 大破趙, 殺趙軍, 虜趙王遷及其將顔聚, 遂滅趙.

秦의 王翦(왕전)이 攻趙하자,

{국역} 秦이 王翦(왕전)을 시켜 趙를 침공하자,[1867] 趙에서는 李牧(이

목)과[1868] 司馬尙(사마상)을 시켜 방어케 하였다. 이목은 秦軍을 여러 번 격파했고, 秦將 桓齮(환의, 齮는 깨물 의. 音은 蟻)를 죽이자, 왕전은 이목을 증오하여, 趙王의 寵臣(총신)인 郭開(곽개) 등에게 황금을 주어 反間(반간)[1869]으로 삼았고, (곽개가) 왕에게 말했다.

1867 원문 秦使王翦攻趙 -《史記 趙世家》에 의하면, 진시황 19년, 前 228년에 秦은 趙를 멸망시켰다. 본 장의 문장은《戰國策》의 다른 문장과 다르다면서 뒷날《史記 李牧列傳》에서 따온 것 같다는 주석이 있다.
王翦(왕전, 생졸년 미상, 翦은 자를 전)은 戰國시대 秦의 명장. 趙國 邯鄲을 격파 함락, 趙와 燕을 멸망시킨 장군. 楚 멸망 이후, 楚軍을 거느리고 百越(백월)을 평정했다.

1868 趙使李牧 - 李牧(이목, ? - 前 229年)의 牧은 字. 趙國 名將, 白起(백기), 王翦(왕전), 廉頗(염파)와 함께 戰國 四大名將의 한 사람.《千字文》에도 「起翦頗牧, 用軍最精」이라 하였다.

1869 反間(반간) - 적을 離間(이간) 시킨다. 적의 간첩을 역이용하다. 反間計는 兵法 36計 중 하나이다. 三十六計를 도표로 정리하면 아래와 같다.

영역	勝戰計	敵戰計	攻戰計
計策	瞞天過海 圍魏救趙 借刀殺人 以逸待勞 趁火打劫 聲東擊西	無中生有 暗渡陳倉 隔岸觀火 笑裡藏刀 李代桃僵 順手牽羊	打草驚蛇 借屍還魂 調虎離山 欲擒故縱 抛磚引玉 擒賊擒王
영역	混戰計	並戰計	敗戰計
計策	釜底抽薪 混水摸魚 金蟬脫殼 關門捉賊 遠交近攻 假道伐虢	偸梁換柱 指桑罵槐 假癡不癲 上屋抽梯 樹上開花 反客爲主	美人計 空城計 反間計 苦肉計 連環計 走爲上策

"李牧과 司馬尙은 秦과 한편이 되어 趙에 반역하고, 秦에서 크게 封을 받을 것입니다."

趙王은 이목을 의심하여 趙葱(조총, 葱은 파 총. 蔥)과 顔冣(안취, 史記는 顔聚)를 보내 장수를 대신케 하면서 李牧을 죽이고 司馬尙를 파면하였다.

그 3개월 뒤에 왕전은 趙를 급습하여 趙를 대파하고 趙軍을 몰살하였으며, 趙王 趙遷(조천, 재위 前 227－222년) 및 그 장수 顔聚(안취, 顔冣)를 사로잡았고, 마침내 趙를 멸망시켰다.

22.《戰國策》卷二十二 魏策 一

※ 魏의 역사 개관

魏國(위국)은 戰國時代 제후국인데 戰國 七雄의 하나로 분류된다. 國姓은 周室과 같은 姬姓(희성)이나 魏氏이다.

魏國의 先祖는 周 文王의 아들인 畢公(필공) 高(고)이다. 후대에 畢公 高의 후손 畢萬(필만)이 晉國으로 이주했고, 晉 獻公(헌공)의 大夫가 되었으며, 戰功으로 魏(위)에 봉해지면서 '魏氏'가 되었다. 이후 점차 발전하여 晉國 六卿의 하나가 되었다. 晉 獻公(헌공, 재위 前 676－651년) 사후에 四子가 爭位할 때, 필만의 아들 魏犨(위주)는 公子 重耳(중이, 뒷날 文公)를 따라 국외를

晉 文公(재위 前 636－628년)

流亡했었다. 19년 뒤, 重耳(중이)가 돌아와 즉위하니, 이 중이가 春秋 五霸(오패) 중 하나인 晉 文公(재위 前 636－628년)이고, 위주는 大夫가 되었는데, 시호는 魏 武子(무자)이다.

이후 晉의 家臣인 魏는 점차 강해졌다. 春秋 말기에 晉國 正卿인 知伯(지백)은 魏桓子(위환자, 魏駒)와 그리고 韓康子(한강자)와 함께 趙襄子(조양자)를 공격하였는데, 조양자가 멸망 직전에 이르러 지백의 교만을 이용하여 韓과 魏를 설득했고, 한과 위는 창을 돌려 지백을 멸망시킨 뒤, 그 땅을 나눠 영역을 확보했다. 결국 晉國은 趙, 魏, 韓 三卿이 패권을 다투게 되고, 이들이 晉을 삼분하며 중국은 춘추시대에서 전국 시대로 접어든다.

○ 三家分晉

前 403年, 晉國의 魏斯(위사, 文侯), 趙籍(조적, 烈侯), 韓虔(한건, 景侯) 등 3大夫는 周朝 威烈王(위열왕, 재위 前 425－402년)의 册封을 받아 공식 제후가 된다. 이때 晉國은 絳城(강성)과 曲沃(곡옥)의 땅을 가진 小國으로 명목상 존속했다. 周 安王 26년(前 376), 魏, 韓, 趙는 晉 靜公을 폐위하고 그 땅을 마저 분할하니, 이로써 韓, 魏, 趙의 三家分晉은 마무리 된다.

魏의 영역은, 지금 山西省의 남부와 河南省의 북부, 그리고 陝西省과 河北省의 일부를 포함하였다. 위국의 서쪽에는 秦國과 국경을 맞대었고, 동쪽으로는 淮水(회수)와 潁水(영수)로 齊와 宋과 이웃하였으며, 서남쪽으로는 韓國, 남쪽으로는 鴻溝(홍구)에서 楚國과 접경하였다. 또 북으로는 趙國과 접경했다. 魏國은 처음에 安邑(안읍, 山西省 서남부 運城市 鹽湖區. 安邑古城 터)에 도읍했다가 前 361년 魏 惠

王 때(재위 前 369－319년), 安邑에서 大梁(대량, 今 河南省 북동부 開封市)으로 천도하였다.[1870] 그래서 수도 이름인 梁이 나라 이름으로 통용되었다.

《孟子》 첫 장 〈梁惠王章句〉의 첫 구절 「孟子見梁惠王하니 王曰, "叟, 不遠千里而來, 亦將有以利吾國乎?"」의 그 王이 梁(魏) 惠王이다.

○ 魏의 융성

魏 文侯와 魏 武侯 때 魏國은 크게 융성했다. 魏 文侯는 공자의 제자였던 子夏(자하),[1871] 그리고 田子方(전자방), 段干木(단간목) 등을

1870 學者의 考證에 의하면, 前 430년 魏 文侯(魏斯)가 安邑에서 洹水(원수, 今 河北 魏縣)로 도읍을 옮겼고, 혜왕은 魏縣에서 大梁으로 천도했다.

1871 子夏(자하) － 孔門十哲의 한 사람(文學), 卜商(복상)의 字는 子夏(자하)이다. 공자보다 44세 어렸다. 공자께서 말했다. "卜商은 함께 詩를 논할 수 있다." 그리고 공자께서 자하에게 말했다. "너는 君子와 같은 유생이 되어야지 小人儒가 되지 마라." 이 말은 道를 밝힐 수 있는(明道) 儒者가 되어야 한다는 뜻이다. 명성이나 얻으려 한다면 小人儒일 것이다.

仲尼(중니, 공자)가 죽자 70 제자들은 흩어져 제후에게 유세하였는데 크게 된 자는 공경이나 사부가 되었고 작게 성취한 자는 사대부의 벗이나 스승이 되었으며, 혹자는 은거하며 세상에 나오지 않았다. 그래서 子張은 陳에 살았고 澹臺子羽(담대자우, 澹臺滅明)는 楚에, 子貢은 齊에서 죽었다. 공자 사후 前 476年에 자하는 晉國의 西河(今 陝西省 渭南市)에서 학당을 개설하고 제자를 교육했다. 그곳은 三家가 分晉한 뒤에 魏國의 영역에 속했다. 자하는 '西河學派' 의 개조가 되었고 그 문하에서 治國의 良才가 많이 배출되었고 뒷날 法家 성장의 요람이 되었다. 서하 일대에서는 子夏를 孔子처럼 대우하였다. 《論語》 一書도 많은 부분이 자하의 제자들에 의해 이루어졌다고 인정받고 있다.

子夏(卜商, 前 507 - ?)

魏文侯(위문후)

스승으로 모셨고, 樂羊(악양)에 명하여 中山國을 공격케 했으며, 西門豹(서문표)를 鄴(업) 縣令으로 삼아 漳水(장수)에 12개 인공 水路〔渠(도랑 거)〕를 만들었다. 李悝(이회)를 등용하여 變法을 시행하였는데, 이회는 成文法典인 《法經》을 저술하여 法治의 근거를 확보하였다. 前 413 - 409년에 걸쳐 魏는 秦을 공격하였고, 河西의 땅을 확보

田子方, 段干木(단간목), 吳起(오기), 禽滑釐(금활리) 같은 사람들은 모두 子夏(자하)에게 배웠다. 이때 오직 魏 文侯(재위 前 445 - 396年)만이 好學하였다. 전국시대에 천하가 다툴 때 유학은 배척되었지만 그래도 齊와 魯에서는 학자들이 유학을 폐하지 않았으니 齊 威王과 宣王은 물론 孟子와 孫卿(손경, 荀子) 같은 사람들이 모두 夫子(孔子)의 학술을 받들고 더욱 발전시켜 당세에 학문으로 유명하였다. 子夏는 아들이 죽자 심하게 통곡했고 그래서 失明했다고 한다.

하여 西河郡을 설치하고 吳起(오기)를 西河郡守에 임용하며 국방을 강화했다. 前 408년에, 魏國은 趙國에 借道(차도, 假道)하여 중산국을 멸망시켰다(1차). 前 405－404년 사이에 魏는 趙, 韓과 연합하여 齊國을 공격하였으며, 齊 長星을 넘어 齊 康公(前 405－386년, 姜齊의 마지막)을 생포하였다. 前 400－391년에 三晉의 聯合軍은 楚를 침공하여 적잖은 땅을 늘리기도 했다.

○ 쇠락

戰國 시대 中期까지 魏國은 여전히 强大하였다. 그러나 결국 땅덩어리가 큰 齊國과 秦國이 동서 양쪽에서 강대해지면서 魏는 쇠퇴할 수밖에 없었다. 거기에 남북으로 楚와 趙의 국력 신장에 따라 魏와 韓은 한계에 봉착할 수밖에 없었다. 魏 三代 魏(梁) 惠王〔名은 魏罃(위앵), 재위 前 369－319년〕은 농업 경제의 발전을 근거로 건강한 富國이었으나 큰 흐름은 쇠락이었다. 이 시기 魏의 동방 진출은 여러 번 좌절하였다. 前 353년의 桂陵之戰(계릉의 싸움)이나 前 341년의 馬陵之戰(마릉의 싸움)에서 齊國에 연패하였다. 前 330년, 魏 惠王 後 5年에 商鞅變法(상앙의 변법)을 거치면서 강해진 秦에게 河西 지역을 빼앗겼는데, 이는 魏에게 큰 타격이었다. 이제 도읍 安邑(山西省 서남부 夏縣)이 무방비로 노출되면서 大梁(今 河南省 북동 開封市)으로 천도하였다. 이후에도 秦의 침략은 계속되었다. 前 334년 魏 惠王과 齊 威王(위왕, 前 356－320)은 함께 稱王하였다.

○ 合縱

前 323년, 魏國의 犀首(서수, 職名)인 公孫衍(공손연)은 魏, 趙, 韓, 燕, 그리고 中山國까지 五國의 동맹으로 秦에 항거하기 위한 合縱(합종, 合從)을 추진하였지만 성공하지 못했다. 前 293년의 伊闕之戰(이궐의 싸움)에서, 秦軍은 魏와 韓의 연합군을 격파하였다. 이후에도 계속되는 秦의 압박에 國勢는 크게 위축되었다. 이 무렵에 信陵君〔公子 無忌(무기), 安釐王의 弟〕은 前 257년에 병부를 훔쳐 魏의 군사로 秦과 싸우는 趙國을 도왔지만 신릉군은 귀국하지 못하고 趙國에 머물고 있었다. 이때 秦이 魏를 침공하자, 魏王은 신릉군을 불러 상장군에 임명하였다. 신릉군은 前 247년 다른 5국의 도움을 받으며 항전하여 秦을 격퇴시켰다. 이런 승리에 결국 위왕의 신릉군에 대한 시기와 의심이 작동했고, 秦의 반간계가 성공했으며, 신릉군은 위왕과 불화 속에 술에 탐닉했고, 결국 실의 속에 죽었으며~, 나라가 멸망으로 가는 일반적인 공식이 여기에도 그대로 적용되었다.

○ 멸망

秦王 政(정) 즉위(前 247년) 이후 魏國에 대한 秦의 壓力(압력)은 더욱 증강되었다. 前 225年, 秦 將 王賁(왕분)은 水攻으로 大梁을 격파하니 魏國은 滅亡하였다.〔마지막 왕은 魏假(위가), 재위 前 227－225년〕 魏는 前 403부터 前 225년까지 179년간 존속하였다.

※ 魏國의 先代

稱號	성명	재위 연도	관계
魏武子	魏犨(주)	前 594년 이후	畢萬之孫, 芒季之子
魏悼子	失考	?	魏犨之子
魏昭子(莊子)	魏絳(강)	前 550년 이후	魏犨之子
魏獻子	魏荼(도)	?	魏絳之子
魏簡子	魏取(취)	?	
魏襄子	魏侈(치)	前508－482년?	魏取之子
魏桓子(宣子)	魏駒(구)	?－前 446年	魏侈之子

魏國君主

稱號	姓名	在位 연도	關係
魏文侯	魏斯(사)	前 445－396년	前 403年 侯爵.
魏武侯	魏擊(격)	前 395－370년	
魏惠王	魏罃(앵)	前 369－319년	前 334年 稱王, 改元.
魏襄王	魏嗣(사)	前 318－296년	
魏昭王	魏遫(칙)	前 295－277년	
魏安釐王 (안리왕)	魏圉(어)	前 276－243년	
魏景湣王 (경민왕)	魏午(오)	前 242－228년	
魏王 假	魏假(가)	前 227－225년	秦에 멸망.

288/ 知伯索地於魏桓子

{原文} 知伯索地於魏桓子, 魏桓子弗予. 任章曰, "何故弗予?"

桓子曰, "無故索地, 故弗予."

任章曰, "無故索地, 鄰國必恐, 重欲無厭, 天下必懼. 君予之地, 知伯必憍. 憍而輕敵, 鄰國懼而相親. 以相親之兵, 待輕敵之國, 知氏之命不長矣! 《周書》曰, 「將欲敗之, 必姑輔之, 將欲取之, 必姑與之.」君不如與之, 以驕知伯. 君何釋以天下圖知氏, 而獨以吾國爲知氏質乎?"

君曰, "善." 乃與之萬家之邑一. 知伯大說. 因索蔡,皐梁於趙, 趙弗與, 因圍晉陽. 韓,魏反於外, 趙氏應之於內, 知氏遂亡.

知伯이 魏桓子(환자)에게 땅을 요구했는데,

{국역} 知伯(지백)이 魏 桓子(환자)에게 땅을 요구했는데,[1872] 魏 桓

1872 知伯索地於魏桓子 - 본 章은 三家가 知氏를 멸망시키기 2년 이전, 곧 周索貞定王 14년(前 455년)의 일이다. 知伯瑤(지백요, 知伯, 智伯, ?-前 453년)가 韓과 魏兵을 거느리고 趙襄子의 성을 공격하였고 실패하여 도리어 멸망당한 것은 周 貞定王 16년, 前 453년이었다. 당시 晉에서 가장 강했던 지백요는 韓康子, 魏桓子, 趙襄子의 3卿에게 땅의 분할을 요구하였다. 趙襄子가 거부하자, 韓과 魏를 압박하여 趙氏 일족의 근

子(환자)는 내주지 않았다. (魏人) 任章(임장)이 말했다.

"왜 땅을 주지 않으십니까?"

환자가 말했다. "아무 까닭도 없이 땅을 달라 하니 줄 수가 없다."

임장이 말했다.

"까닭도 없이 땅을 달라 하니 이웃 나라도 틀림없이 두려울 것이고, 多欲(끝없는 욕망)은 만족을 모르니[1873] 천하가 겁을 낼 것입니다. 君이 지백에게 땅을 주면, 지백은 틀림없이 교만할 것입니다.[1874] 교만하면 적을 경시하고, 이웃 나라들은 두려워하며 서로 친밀할 것입니다. 相親之兵으로 輕敵(적을 가볍게 보다)하는 나라를 상대한다면 知氏의 명줄은 길지 않습니다!《周書》에서도「장차 패망시키려 한다면 필히 일부러 도와야 한다. 갖고 싶다면 필히 먼저 주어야 한다.」고 하였습니다.[1875] 君께서는 땅을 주어 지백을 교만하게 만드는 것이 더 나을 것입니다. 君은 왜 천하와 함께 지백을 도모할 기회를 버리고, 어찌 우리 혼자 지백의 표적이 되려 하십니까?"[1876]

魏桓子는 "옳은 말"이라고 했다. 그리고 지백에게 1만 호의 大邑

거지인 晉陽을 포위 공격했다. 〈秦策 四. 096) 秦昭王謂左右〉 참고. 魏桓子(? - 前 446年) - 姬姓, 魏氏, 名駒, 春秋時期 晉國大夫, 魏氏 世族의 우두머리. 魏 襄子 魏侈(위치)의 아들.

1873 원문 重欲無厭 - 重은 多. 無厭의 厭은 싫어할 염. 질리다. 많아서 싫어하다.

1874 必憍 - 憍는 교만할 교. 驕와 同. 智伯은 范氏와 中行氏를 멸망시킨 뒤에 교만하여 다른 제후에게 땅을 요구하였다.

1875 이는 현행《尙書 周書》에는 없는 구절이다. 老氏之言이 이와 같은 뜻이 있다는 주석이 있다.

1876 원문 而獨以吾國爲知氏質乎? - 質은 도끼로 찍을 때의 표적을 올려놓는 받침. 모루. 내려치는 도끼날을 받을 수밖에 없다. 또는 활을 쏘는 표적의 뜻.

하나를 주었다. 지백은 크게 좋아하면서 趙에게 蔡(채)와 皐梁(고량)의 땅을 요구했으나 趙는 주지 않았기에 (지백은) 晉陽(진양)[1877]을 포위하였다. 韓과 魏는 (晉陽城) 밖에서 반기를 들었고, 趙氏는 城內에서 호응하여 知氏는 결국 멸망하였다(前 453년).

289/ 韓趙相難

{原文} 韓,趙相難. 韓索兵於魏, 曰, "願得借師以伐趙."

魏文侯曰, "寡人與趙兄弟, 不敢從." 趙又索兵以攻韓, 文侯曰, "寡人與韓兄弟, 不敢從." 二國不得兵, 怒而反. 已乃知文侯以講於己也, 皆朝魏.

韓과 趙가 서로 싸웠다.

{국역} 韓과 趙가 서로 싸웠다.[1878] 韓이 魏에 군사 지원을 요구하며 말했다.

"魏國의 군사를 빌려 趙를 정벌하렵니다."

1877 晉陽 – 今 山西省 省會(省都)인 太原市.

1878 원문 韓趙相難 – 여기 難은 책망할 난. 꾸짖다. 원수. 敵. 兵亂. 이는 魏 文侯(재위 前 445 – 396년) 초년의 일이나 연대를 확정할 수 없다. 三晉의 단결을 주장한 文侯는 한때 齊 桓公 같은 强者였다.

이에 魏(위) 文侯(문후)가 말했다.

"寡人과 趙는 兄弟이니 그렇게 못합니다."

趙에서도 파병을 요구하며 韓을 공격하려 했다. 이에 문후가 말했다.

"寡人은 韓과 兄弟라서 그럴 수 없습니다."

二國은 군사를 빌리지 못하자 화를 내며 (각자) 회군하였다. 나중에 문후가 두 나라의 강화를 주선할 것을 알고 모두 문후에게 入朝하였다.

290/ 樂羊爲魏將而攻中山

{原文} 樂羊爲魏將而攻中山. 其子在中山, 中山之君烹其子而遺之羹, 樂羊坐於幕下而啜之, 盡一盃. 文侯謂睹師贊曰, "樂羊以我之故, 食其子之肉."

贊對曰, "其子之肉尙食之, 其誰不食!"

樂羊旣罷中山, 文侯賞其功而疑其心.

樂羊(악양)이 魏將으로 中山國을 공격하였다.

{국역} 樂羊(악양)이 魏將이 되어 中山國을 공격하였다.[1879] 그의 아

1879 원문 樂羊爲魏將而攻中山 – 이는 《史記 六國年表》에 의하면, 이는 周

들은 중산국에 있었는데(將領으로 근무 중), 中山國 國君이 악양의 아들을 삶아 국물〔羹(갱)〕을 보냈다. 樂羊은 장막 안에 앉아서 한 그릇을 다 마시었다.[1880]

文侯가 睹師贊(도사찬)에게 말했다.[1881]

"樂羊은 나 때문에 그 자식의 살점을 먹었도다."

도사찬이 대답했다.

"그 자식의 살점도 먹는데 무엇을 못 먹겠습니까!"

악양이 중산국을 격파하자 文侯는 그 공을 높이 賞讚(상찬)하였지만 그 마음을 의심하였다.[1882]

威烈王 18년, 魏 文侯 38년, 前 408년의 일이었다. 본 章의 내용은《韓非子 說林 上》에도 수록되었다. 樂羊(악양, 생졸년 미상, 羊이 名)은 본래 中山國 출신이었다. 樂羊은 처음에 魏 相國 翟璜(적황)의 門客이었는데, 中山國君인 窟(굴)이 發兵하여 침공하자, 적황은 악양을 천거했다. 樂羊의 子 樂舒(악서)는 中山王의 將領으로 근무하면서 싸움에서 적황의 아들 翟靖(적정)을 죽였었다. 그런 줄을 알면서도 翟璜은 樂羊의 사람됨을 알기에 恩怨(은원)을 따지지 않고 악양을 천거하고 보증하였다. 樂羊은 출병 후에 적은 강하고 아군은 약하기에 緩兵之計(완병지계) 작전을 썼다. 이에 魏에서는 많은 사람들이 악양이 중산국과 내통한다는 무고도 있었다. 中山國에서 악의의 아들을 죽여 삶은 국물을 보내자, 악양은 그 국물을 그대로 마셨다. 이후 중산국을 대파하였다. 燕將 樂毅(악의)의 先祖이다.

1800 원문 啜之, 盡一盃 – 啜은 마실 철. 飮也.

1881 謂睹師贊曰 – 睹師贊(도사찬)은 인명. 후대에 堵師(도사)로도 표기.

1882 원문 賞其功而疑其心 – 자기 자식의 살점을 먹을 정도로, 父子의 골육지정이 없는 잔인한 사람이라고 의심했다는 뜻. 나중에 악양은 죽어 자신의 封地인 靈壽(영수)에 묻혔다고 한다.

291/ 西門豹爲鄴令

{原文} 西門豹爲鄴令, 而辭乎魏文侯. 文侯曰, "子往矣, 必就子之功, 而成子之名."

西門豹曰, "敢問就功成名, 亦有術乎?"

文侯曰, "有之. 夫鄕邑老者而先受坐之士, 子入而問其賢良之士而師事之, 求其好掩人之美而揚人之醜者而參驗之. 夫物多相類而非也, 幽莠之幼也似禾, 驪牛之黃也似虎, 白骨疑象, 武夫類玉, 此皆似之而非者也."

西門豹(서문표)가 鄴(업)의 현령이 되어,

{국역} 西門豹(서문표)가 鄴縣(업현)의 현령이 되어,[1883] 魏 文侯에게 출발 인사를 했다. 그러자 문후가 말했다.

"경은 출발하시오. 꼭 치적을 쌓고 이름을 남기시오."

서문표가 물었다.

"공적을 쌓고 이름을 남기는데 어떤 방법이 있습니까?"

1883 원문 西門豹爲鄴令 - 西門豹(서문표, 생졸년 미상. 西門이 複姓)는 戰國時代 魏國 政治家, 水利 전문가. 鄴令으로 재직 중 '河伯娶婦(하백취부)'의 악습을 뿌리 뽑고 漳水에 12개 운하를 개통했는데, 이를 西門豹渠(서문표거)라 했다. 鄴縣은, 今 河北省 남부 邯鄲市 臨漳縣. 《韓非子》, 《史記 滑稽列傳》, 《論衡》, 《戰國策》, 《淮南子》, 《說苑》 등에 西門豹와 관련된 기록이 있다.

"있소. 鄕邑의 노인들에게는 먼저 자리를 권해야 하고, 경이 (관할 지역에) 내려가서는 賢良한 士人이 누군가를 먼저 알아내어 스승처럼 섬겨야 하며, 남의 장점을 애써 덮어버리면서 남의 단점 들춰내기를 좋아하는 자를 찾아내어 그 증거를 잡아야 합니다. 만물에 모습은 비슷하나 아닌 것이 많으니, 강아지풀의 어린 싹은(幽莠之幼) 벼와 비슷하고, 검은 소에(驪牛) 누런 털이 있어 호랑이와 비슷하며, 白骨은 상아(象)처럼 보이고, 武夫(무부, 碔砆)란 돌은 玉石처럼 보이는데, 이 모두가 비슷하지만 실제는 아닌 것이요(似之而非者)."

292/ 文侯與虞人期獵

{原文} 文侯與虞人期獵. 是日, 飮酒樂, 天雨. 文侯將出, 左右曰,

"今日飮酒樂, 天又雨, 公將焉之?"

文侯曰, "吾與虞人期獵, 雖樂, 豈可不一會期哉!"

乃往, 身自罷之. 魏於是乎始强.

文侯와 虞人(우인)이 사냥을 약속하다.

{국역} 文侯와 虞人(우인, 山澤 관리자)이 사냥을 가기로 기약했었

다.[1884] 그날 음주의 행락(즐거움)도 있거니와 또 비가 내리고 있었다(天雨). 文侯가 나가려 하자, 측근이 물었다.

"오늘 飮酒 행락(즐거움)도 있고 또 비가 오는 날씨인데, 어째서 가시려 합니까?"

文侯가 말했다. "내가 虞人(우인)과 사냥을 약속했는데, 음주가 즐겁겠지만 기약했는데 어찌 아니 갈 수 있겠는가!"[1885]

문후는 나가서 직접 우인에게 사냥 약속을 취소하였다. 魏나라는 이때부터 강성해졌다.

293/ 魏文侯與田子方飮酒,

{原文} 魏文侯與田子方飮酒而稱樂.

文侯曰, "鍾聲不比乎, 左高."

田子方笑. 文侯曰, "奚笑?"

子方曰, "臣聞之, 君明則樂官, 不明則樂音. 今君審於聲, 臣恐君之聾於官也."

文侯曰, "善, 敬聞命."

1884 文侯與虞人期獵 – 虞人(우인)은 山澤을 관장하는 관리. 苑囿(원유)를 관리하는 사람. 期는 기약하다. 獵은 사냥 렵.

1885 원문 豈可不一會期哉! – 먼저 기약했었으니, 지금 가서 만나야 한다는 뜻.

魏 文侯와 田子方이 음주하며,

{국역} 魏 文侯와 田子方(전자방)이 음주하면서 음률(음악)을 논했다.[1886] 문후가 말했다.

"鍾聲(종소리의 화음)이 맞지 않습니다(不和). 왼쪽이 높군요!"

그러자 田子方이 웃었다.

文侯가 "왜 웃으십니까?" 라고 물었다.

전자방이 말했다.

"臣이 알기로, 君主가 현명하면 治官(관리를 잘 다루다)을 즐기나,[1887] 不明(현명하지 못하다)하다면 樂音을 듣는 것을 즐긴다고 하였습니다. 지금 주군께서는 聲律에 정통하시니 臣은 治官(治國)에 어두울까 걱정입니다."

문후가 말했다.

"훌륭한 말씀입니다. 삼가 가르침을 따르겠습니다."

1886 원문 魏文侯與田子方飲酒而稱樂 – 이는 연대를 알 수 없다. 田子方의 요점은 國政의 大體가 중요하다는 뜻이다. 王이 細技를 알거나 논할 필요가 있겠는가? 田子方은 魏 文侯가 스승으로 모셨던 인물. 魏 문화에 대해서는 "晉 魏斯(文侯)는 好賢하였으니, 卜商(子夏)을 스승으로 모셨고, 段干木(단간목)을 벗으로, 그리고 田子方을 공격하였다." 는 말이 있다. 段干木(단간목, 생졸년 미상)은 戰國 시대 초기, 본래 晋國 市場의 중개인이었다가 공자 제자 子夏(자하)에게 求學했다. 魏 文侯에게 등용되었으며, 魏 文侯가 단간목에게 治國之道를 물었다.

1887 君明則樂官, 不明則樂音 – 樂은 즐길 락. 樂官은 治官을 즐거움으로 여긴다는 뜻. 樂音은 음악을 즐긴다.

294/ 魏武侯與諸大夫浮於西河

{原文} 魏武侯與諸大夫浮於西河, 稱曰, “河山之險, 豈不亦信固哉!”

王鍾侍王, 曰, “此晉國之所以强也. 若善脩之, 則霸王之業具矣.”

吳起對曰, “吾君之言, 危國之道也, 而子又附之, 是危也.”

武侯忿然曰, “子之言有說乎?”

吳起對曰, “河山之險, 信不足保也. 是伯王之業, 不從此也. 昔者, 三苗之居, 左彭蠡之波, 右有洞庭之水, 文山在其南, 而衡山在其北. 恃此險也, 爲政不善, 而禹放逐之. 夫夏桀之國, 左天門之陰, 而右天谿之陽, 廬睪在其北, 伊,洛出其南. 有此險也, 然爲政不善, 而湯伐之. 殷紂之國, 左孟門而右漳,釜, 前帶河, 後被山. 有此險也, 然爲政不善, 而武王伐之. 且君親從臣而勝降城, 城非不高也, 人民非不衆也, 然而可得並者, 政惡故也. 從是觀之, 地形險阻, 奚足以霸王矣!”

武侯曰, “善. 吾乃今日聞聖人之言也! 西河之政, 專委之子矣.”

魏 武侯가 여러 大夫와 西河를 유람하며,

{국역} 魏 武侯(무후)가 여러 大夫와 함께 西河에서 유람(뱃놀이하며 산천을 돌러보다)하며 말했다.[1888]

"험고한 산하가 정말 견고하지 않은가?"

왕을 시종하던 王鍾(왕종)이 말했다.

"이 때문에 晉國이 강성했었습니다. 만약 이를 잘 이용했었다면 霸王(패왕)의 대업을 이뤘을 것입니다."

그러자 吳起(오기)[1889]가 말했다.

"主君의 말씀은 나라를 위태롭게 할 것입니다. 그리고 당신은(王鍾) 거기에 맞장구를 쳤으니 모두 잘못되었습니다."

그러자 무후가 얼굴을 붉히며 말했다.

"그대 말은 근거가 있는가?"

이에 吳起가 대답했다.

1888 원문 魏武侯與諸大夫浮於西河 - 魏 武侯 名은 魏擊(위격), 문후의 차남으로 계위, 재위 前 395 - 370년. 浮는 뜰 부. 배를 타고 유람하다. 西河는 황하의 중간 부분, 今 陝西省과 山西省의 경계를 이루면서 북쪽 내몽고에서 남으로 흐른다. 龍門河라고 부르는 사람도 있다. 본 章은 魏 武侯 초기의 일이나 연대를 확정할 수 있다. 吳起(오기)는 자연 지형보다 더 중요한 것은 人德(德政)과 人謀라고 강조했다.

1889 吳起(오기, 前 440 - 381년) - 戰國初期의 兵法家. 兵家의 대표 인물. 衛國 左氏縣(今 山東省 定陶縣) 출신. 吳起는 魯, 魏, 楚 3국에 出仕(출사). 각국에서 능력을 인정받았다. 前 381년, 楚 悼王(도왕)이 죽은 뒤, 楚에서 兵變이 일어나며 피살되었다. 《吳子兵法》 6편만 존재. 곧 〈圖國〉, 〈料敵〉, 〈治兵〉, 〈論將〉, 〈應變〉, 〈勵士〉 등이다. 《孫子兵法》과 함께 《孫吳兵法》으로 통칭. 北宋 시대에 《吳子兵法》은 《武經七書》의 하나였다.

"험고한 산하가 나라를 지켜주지 못합니다. 伯王(패왕, 霸王)의 대업은 험고한 산하에서 이뤄지지 않습니다. (고대) 三苗(삼묘)의 거주지는[1890] 좌측에 彭蠡(팽려, 彭蠡湖)[1891]의 물이 있고, 오른쪽으로는 洞庭(동정)의 水[1892]와 文山(문산, 岷山)이 그 남쪽에 있고, 衡山(형산, 南嶽)이[1893] 그 북쪽에 있어, 이런 험고한 지형을 믿고 爲政(위정)에 不善하였기에 (夏의) 禹王(우왕)에게 방축되었습니다. 桀王(걸왕)[1894]이 다스리던 夏는 좌측에, 天門山(天井關)이 우측에, 天谿山의 남쪽이고, 廬睪(여역: 廬山과 睪山)이 그 북쪽에 있으며, 伊水(이수)와 洛水(낙수)가 그 남쪽을 흘렀습니다. 이런 험고한 지형이었지만 爲政이

1890 三苗(삼묘) - 漢族 傳說에서 黃帝에서 堯舜禹 시기에 존재했던 古國名. 有苗氏, 苗氏, 苗民으로도 통칭. 炎黃集團의 平民들. 三苗는 주로 長江 중하류, 곧 洞庭湖에서 鄱陽湖(파양호) 일대나 河南省 일대에 분포한 종족을 지칭.

1891 彭蠡湖(팽려호) - 今 江西省 북부, 長江 남안 鄱陽湖(파양호). 彭澤湖.

1892 洞庭湖(동정호) - 중국 五大 淡水湖의 하나, 湖南省 북부, 長江 이남에 위치. 青海湖, 鄱陽湖(파양호)와 함께 三大湖. 본래 중국 최대의 淡水湖(담수호), 지금은 크게 축소되었다.

1893 衡山(형산) - 五嶽 중 南嶽. 古代 帝王이 巡狩, 祭祀하던 산. 도교와 佛教의 聖地之一. 祝融峰 해발 1300m. 湖南省 중동부 衡陽市 南嶽區 소재.

1894 桀王(걸왕) - 桀(걸, 생졸년 미상)은 姒姓, 夏后氏. 名은 履癸(이규), 夏桀로 통칭. 夏朝 17대 겸 마지막 왕. 發王의 아들. 桀은 지체가 건장하여 赤手空拳으로 호랑이를 때려잡을 정도였다. 王后 妹喜(말희)를 총애했고 정사에 전혀 뜻이 없었으며, 忠良한 신하를 대량으로 학살하였다. 酒池肉林의 잔치를 벌였으며, 湯王에게 鳴條之戰에서 패해 南巢(남소, 今 安徽省 巢湖市 居巢區)로 방출되었다가 병사했다. 폭군의 대명사. 《史記》에는 桀의 아들 淳維(순유)가 북으로 도망가 匈奴가 되었다고 하였다. 「匈奴, 其先祖夏后氏之苗裔也, 曰淳維.」

不善하여 (殷의) 湯王(탕왕)에게 정벌되었습니다. 紂王(주왕)의 殷나라는 左에, 孟門山(맹문산)이 右에 漳水(장수)와 釜水(滏水, 부수)가 흐르고, 남쪽에 河水가 북쪽은 산지로(太行山)[1895] 둘러싸였습니다. 그러나 이러한 험고한 지형이었지만 정치가 제대로 되지 않아 武王에게 정벌되었습니다. 그리고 主君께서는 친히 臣과(吳起) 함께 城을 공격하여 이긴 적이 있었는데, 그 城이 결코 낮은 것이 아니었고 백성이 많지 않은 것도 아니었지만 우리가 차지하여 병합한 것은 그 정치가 나빴기 때문입니다. 이를 본다면 지형이 험고하다 하여 어찌 霸王이 될 수 있겠습니까!"

이에 무후가 말했다.

"옳은 말이요. 나는 오늘에야 聖人 같은 말씀을 들었습니다! 이곳 西河의 통치는 전적으로 그대에게 일임하겠소."

295/ 魏公叔痤爲魏將

{原文} 魏公叔痤爲魏將, 而與韓, 趙戰澮北, 禽樂祚. 魏王說, 迎郊, 以賞田百萬祿之. 公叔痤反走, 再拜辭曰,

"夫使士卒不崩, 直而不倚, 撓揀而不辟者, 此吳起餘教

1895 太行山 – 一名 五行山, 王母山, 女媧山, 或作 太形山. 中國 동부의 주요 산맥. 北京市, 河北省, 山西省, 河南省에 달하는 400여 km의 대산맥. 東周 列禦寇(열어구)가 말한 '愚公移山' 의 객체.

也, 臣不能爲也. 前脈形埊之險阻, 決利害之備, 使三軍之士不迷惑者, 巴寧, 爨襄之力也. 縣賞罰於前, 使民昭然信之於後者, 王之明法也. 見敵之可也鼓之, 不敢怠倦者, 臣也. 王特爲臣之右手不倦賞臣, 何也? 若以臣之有功, 臣何力之有乎?"

王曰, "善." 於是索吳起之後, 賜之田二十萬. 巴寧,爨襄田各十萬.

王曰, "公叔豈非長者哉! 旣爲寡人勝强敵矣, 又不遺賢者之後, 不揜能士之跡, 公叔何可無益乎?"

故又與田四十萬, 加之百萬之上, 使百四十萬. 故《老子》曰,

"聖人無積, 盡以爲人, 己愈有. 旣以與人, 己愈多."

公叔當之矣.

魏 公叔痤(공숙좌)가 魏將이 되어,

{국역} 魏의 公叔痤(공숙좌)가 魏將이 되어[1896] 韓 및 趙의 군사를 澮水(회수, 汾水의 지류)에서 격파하며 (趙將) 樂祚(악조)를 생포하였다.

1896 원문 魏公叔痤爲魏將 -《史記 六國年表》에는 周 顯王(현왕) 7년(前 362 / 魏 惠王 8년)에 魏가 韓과 趙를 澮(회)에서 격파하였다고 기록했다. 이는 공숙좌와 혜왕의 문답으로 다른 기록과 약간의 차이가 있다. 문장 말년에 인용된 老子의 말은 논찬으로《韓非子 解老》와 비슷하다.

魏王은 기뻐하면서 교외에서 영접하며 百萬이나 되는 田地를 상으로 주었다. (나중에) 공숙좌가 돌아와 再拜하며 말했다.

"士卒이 (전투 중에 진영에서) 무너지지 않고 直進하되 피해서 가지 않으며, 적의 강한 압박에도 굴하지 않았던 것은[1897] 吳起(오기)가 가르친 것으로 臣은 하지 못한 일입니다. 앞서 나가 험요한 지세를 살피고[1898] 利害를 따져 대비하여 三軍의 군사로 하여금 迷惑(미혹)에 빠지지 않게 한 것은 巴寧(파녕, 人名)과 爨襄(찬양, 人名)의 힘이었습니다. 앞서 상벌을 분명히 제시하여 나중에 백성들로 하여금 확실하게 믿게 한 것은 대왕의 明法이었습니다. 적을 만났을 때 이길 수 있다고 판단하여 북을 치면서 (공격에서) 태만치 않게 한 것만 제가 했을 뿐입니다. 왕께서 겨우 북을 친 제 오른손이 힘들었다며 臣에게 상을 내리신 까닭은 무엇입니까? 만약 臣이 공을 세운 것이라면 臣의 무슨 힘이겠습니까?"

王은 "옳은 말이다."라고 하면서 吳起의 후손을 찾아 토지 20萬을 하사하였고, 巴寧(파녕)과 爨襄(찬양)에게 각각 토지 10만을 시상하였다. 그리고 王이 말했다.

"공숙좌가 어찌 長者가 아니겠는가! 과인을 위하여 강한 적을 격파하고서도, 앞서 고생한 賢者의 후손도 챙겨주고, 능력 있는 부하의 공적을 덮지 않고 드러내 주었으니, 공숙좌에게 상을 어찌 더 주

1897 원문 直而不倚, 撓揀而不辟 - 直而不倚의 直은 直前. 倚(의지할 의)는 邪行은 피하지 않다. 撓는 어지러울 요. 꺾이다. 折也. 적의 압박. 揀은 가릴 간. 撓揀은 적의 강한 공격. 不辟의 辟은 避(피할 피)와 通.

1898 원문 前脈形埊之險阻 - 形埊(형지)는 地形. 脈은 숨겨져 안 보이는 지형. 보다(視也). 形은 드러난 지형. 險阻(험조)는 險要(험요).

지 않을 수 있겠는가?"

그리고서 또 40만의 토지를 (이미 받은) 1백만에 더하여 140만을 주었다. 그래서《老子》도 말했었다.[1899]

"聖人은 (자신의 것이라고) 쌓아두지 않고, 모두를 남의 것이라 생각하기에 자신의 것은 더 많아진다. (자신의 것을) 남에게 주어도 자신의 것은 갈수록 더 많아진다."

공숙좌가 이에 해당한다.

296/ 魏公叔痤病

{原文} 魏公叔痤病, 惠王往問之. 曰,

"公叔病, 卽不可諱, 將柰社稷何?"

公叔痤對曰, "痤有御庶子公孫鞅, 願王以國事聽之也. 爲弗能聽, 勿使出竟."

王弗應, 出而謂左右曰, "豈不悲哉! 以公叔之賢, 而謂寡人必以國事聽鞅, 不亦悖乎!"

公叔痤死, 公孫鞅聞之, 已葬, 西之秦, 孝公受而用之. 秦果日以强, 魏日以削. 此非公叔之悖也, 惠王之悖也. 悖者

1899《老子道德經》八十一章 – ～. 聖人不積, 旣以爲人, 己愈有, 旣以與人, 己愈多. 天之道, 利而不害, 聖人之道, 爲而不爭. (제일 마지막 장의 구절이다.)

之患, 固以不悖者爲悖.

魏 公叔痤(공숙좌)가 병이 들자,

{국역} 魏 公叔痤(공숙좌)가 병석에 눕자,[1900] 惠王이 찾아가 물었다.

"公叔께서 병이 들었으니 만약 피할 수 없다면,[1901] 社稷(사직)을 어찌해야 합니까?"

공숙좌가 대답했다.

"제가 제자로 庶子(서자) 하나 公孫 鞅(공손앙)을 (家臣으로) 데리고 있는데, 그에게 국사를 물어보시기 바랍니다. 만약 그 말을 들어줄 수 없다면 나라 밖으로 나가게 하지 마십시오."

혜왕은 대답하지 않고, 나와서 측근에게 말했다.

"어찌 서글프지 않은가! 공숙좌가 현명하지만 과인에게 서자 鞅(앙)의 말을 들어보라 하니, 이 어찌 잘못되지 않았는가!"[1902]

공숙좌가 죽자, 公孫鞅(공손앙)[1903]은 이런 사실을 알았다. 장례를

1900 원문 魏公叔痤病 -《史記 秦本紀》에 의하면, 秦 孝公 원년(前 361) 求賢할 때, 魏鞅(公孫鞅. 商鞅)이 찾아왔다. 이는 魏 惠王 9년이었다. 뒷날 魏는 秦의 강성에 계속 당했다. 公叔痤(공숙좌)의 경고를 무시한 惠王의 잘못이 아니겠는가?

1901 원문 卽不可諱 - 죽음은 누구나 피할 수 없다. 죽음에 대한 완곡한 표현.

1902 원문 不亦悖乎! - 사실 잘못되긴 잘못되었다. 공숙좌는 서자인 鞅이 魏에서 수용되지 못할 것이라고 생각하지 못했다. 또 혜왕이 자신의 말을 듣지 않을 것이라고 헤아리지 못했다. 앙의 거취를 헤아리지 못한 공숙좌가 잘못이라면 잘못이다.

1903 衛鞅(위앙, 商鞅, 公孫鞅. 前 390 - 338년) - 戰國 시대 정치가, 법가 사상의

마친 뒤, 공손앙은 서쪽 秦으로 갔고, 秦나라 孝公은 (鞅을) 받아들여 등용하였다. 과연 秦은 날로 강해졌고, 魏는 나날이 줄어들었다. 이는 공숙좌가 잘못된 것이 아니라 혜왕이 잘못되었기 때문이었다. 판단 착오의 후환은 잘못되지 않은 것을(不悖者) 잘못되었다고(悖) 생각했기 때문이다.

297/ 蘇子爲趙合從,

{原文} 蘇子爲趙合從, 說魏王曰,

"大王之埊, 南有鴻溝,陳,汝南,許,鄢,昆陽,邵陵,舞陽,新郪, 東有淮,潁,沂, 黃,煮棗, 海鹽,無疏, 西有長城之界, 北有河外, 卷,衍,燕,酸棗, 埊方千里. 埊名雖小, 然而廬田廡舍,

---

대표자. 衛國 왕족 출신이라서 衛鞅 또는 公孫鞅(공손앙)이라 했다. 公孫은 衛公의 孫子라는 뜻. 庶孽公子(서얼공자)라는 말은 직명이 中庶子였기에 이런 기록이 생겼는지도 모른다는 주석이 있다. 秦에서 戰功으로 商에 봉해졌기에 商君, 또는 商鞅으로 통칭한다.

商鞅變法(상앙변법)으로 秦國을 강국으로 발전케 했다. 革法明教(혁법명교)로 국가의 기강을 세웠고 盡公不私한 정치인이었으며 군사적 능력을 발휘한 전략가였다. 秦 孝公의 相을 역임. '徙木立信(사목입신)'의 故事가 유명. 그러나 人性이 각박했고 秦에서 貧富의 차를 극대화했으며, 酷刑(혹형)을 남발했고 愚民 정책에 儒家學說을 반대했다. 秦 孝公이 죽고 아들 惠文君이 繼位한 뒤 참소를 받았고 자신이 만든 법에 걸려 車裂刑으로 죽었다. 《史記 商君列傳》에 입전. 그 저서 《商君》 29편 – 今 일부분 存.

曾無所芻牧牛馬之地. 人民之衆, 車馬之多, 日夜行不休已, 無以異於三軍之衆. 臣竊料之, 大王之國, 不下於楚. 然橫人謀王, 外交强虎狼之秦, 以侵天下, 卒有國患, 不被其禍. 夫挾强秦之勢, 以內劫其主, 罪無過此者. 且魏, 天下之强國也, 大王, 天下之賢主也. 今乃有意西面而事秦, 稱東藩, 築帝宮, 受冠帶, 祠春秋, 臣竊爲大王媿之."

蘇子가 趙를 위해 合從策으로,

{국역} 蘇子(蘇秦)가 趙를 위하여 合從策으로 魏王을 설득하였다.[1904]

"大王의 영역(埊는 地)은 南쪽으로는 鴻溝(홍구)와 陳(진), 汝南(여남), 許(허), 郾(언), 昆陽(곤양), 邵陵(소릉), 舞陽(무양), 新郪(신처)가 있고, 東으로는 淮(회), 穎(영, 潁), 沂(기), 黃(황, 地名. 陳留 外黃), 煮棗(자조), 海鹽(해염. 지명?), 無疏(무소)가 있으며, 西쪽으로는 長城이 있어 경계를 이루고, 北쪽으로는 河外에 卷(권), 衍(연), 燕(연, ?), 酸棗(산조. 지명)가 있으니, 그 땅이(埊, 地 同) 四方 1천 리나 됩니다. 地名의 數가 비록 적다 하지만 크고 작은 農家(廬田廡舍)에 牛馬 같은 가축을 기를 땅이 없는(목장으로 만들기는 아까운 비옥한 땅) 곳입니

1904 蘇子爲趙合從 -《史記 蘇秦列傳》은 周 顯王 36년(前 333)에 유세한 것으로 되어있다. 이는 魏 惠王 2년이다. 본 章의 내용이 당시 형세와 맞지 않아 策士의 擬托(의탁)일 것이라는 주석이 있다.

다.[1905] 많은 백성에 수많은 車馬가 밤낮으로 왕래가 그치지 않아 三軍의 군사가 많은 것과 다름이 없습니다. 臣 혼자의 생각이지만 大王의 나라는 (人口面에서) 楚보다 적지 않습니다. 그렇지만 連橫(연횡)을 주장하는 자들은 王을 위하여 强하고 虎狼(호랑)과 같은 秦과 외교하여 천하를 침공하자고 꾸며대지만, 나라가(魏) 환난을 겪더라도 그 자들(橫人)은 禍(화)를 입지 않을 것입니다. (그런 자는) 强秦의 형세를 이용하여 안으로는 주군을 겁주고 있으니, 이보다 더 큰 죄는 없을 것입니다. 그리고 魏는 천하의 강국입니다. 지금 西面하여 事秦(진나라를 섬기다)하며 東의 藩臣(번신)을 자처하며, 秦帝를 위하여 (巡幸을 위한) 궁궐을 짓고, 冠帶를 (秦에서) 받으며 春秋로 (秦을 위해) 제사를 받들려 생각하신다면, 臣은 대왕을 위하여 부끄러울 뿐입니다."[1906]

{原文} "臣聞越王勾踐以散卒三千, 禽夫差於干遂. 武王卒三千人, 革車三百乘, 斬紂於牧之野. 豈其士卒衆哉? 誠能振其威也. 今竊聞大王之卒, 武力二十餘萬, 蒼頭二十萬, 奮擊二十萬, 廝徒十萬, 車六百乘, 騎五千疋. 此其過越王勾踐, 武王遠矣! 今乃劫於群臣之說, 而欲臣事秦. 夫事秦必割地效質, 故兵未用而國已虧矣. 凡群臣之言事秦者, 皆姦臣, 非忠臣也. 夫爲人臣, 割其主之埊以求外交, 偸取一

1905 원문 曾無所芻牧牛馬之地 – 芻牧(추목)은 가축을 기르다. 사람이 많이 살기 때문에 가축을 기를 목장이 없다는 뜻.

1906 원문 竊爲大王媿之 – 媿는 부끄러울 괴, 창피 줄 괴.

旦之功而不顧其後, 破公家而成私門, 外挾彊秦之勢以內劫其主以求割埊, 願大王之熟察之也."

"《周書》曰, '綿綿不絶, 縵縵柰何, 毫毛不拔, 將成斧柯.' 前慮不定, 後有大患, 將柰之何? 大王誠能聽臣, 六國從親, 專心並力, 則必無强秦之患. 故敝邑趙王使使臣獻愚計, 奉明約, 在大王詔之."

魏王曰, "寡人不肖, 未嘗得聞明教. 今主君以趙王之詔詔之, 敬以國從."

{국역} "臣이 알기로, 越王 勾踐(구천)[1907]은 패망한 군졸 3천 명을 끌어 모아 (吳王) 夫差(부차)를 干遂(간수, 지명. 蘇州 吳縣)에서 사로잡았으며, (周) 武王은 병졸 3천 명에, 革車(혁거) 3백 乘(승)으로 紂王(주왕)을 牧野(목야, 河南 淇縣 서남)에서 죽였습니다. 이것이 어찌 병졸이 많아서 그랬겠습니까? 진실로 그 위엄을 떨친 것입니다. 지금 大王의 병력에 대해 알기로는, 武力(병졸)이 20여만 명에, 蒼頭(창두, 머리에 靑巾을 쓴 부대)가 20만, 奮擊(분격 : 돌격 부대) 20만,[1908] 廝徒(시도, 취사 및 잡역 담당) 10만에 戰車 6백 승, 말이 5천 필입니다. 이는 越王 구천이나 武王의 군사보다 훨씬 많은 것입니다! 지금 여러 신하들의 진언에 겁을 먹고 秦을 섬기려 하십니다. 秦을 섬기려 한다면 땅을 할양하여 바쳐야 하고, 그 군사는 써보지도 못하고 나라는

1907 勾踐〔句踐(구천), 재위 前 496-464年〕- 春秋 時代 後期 越國 君主. 臥薪嘗膽(와신상담)의 주인공.

1908 奮擊(분격) - 軍中에서 특별 선발한 勇士로 구성한 돌격 부대.

훼손됩니다. 秦을 섬겨야 한다고 말하는 그들은 모두 간신이며 충신이 아닙니다. 人臣이 되어서 그 주군의 땅을 할양하여 외교하자면서 하루아침의 功을 얻으려 하고 뒷날을 내다보지 못하며, 公家를 부숴 私門의 번영을 추구하면서 밖으로는 강한 秦의 세력을 끼고 안으로는 주군을 겁주며 땅을 떼어가지려는 자들이니, 대왕께서는 잘 살펴보시기 바랍니다."

"《周書》[1909]에서도 '綿綿(면면)히 끊어지지 않고 뻗어나가니 어찌할까?[1910] 毫毛(호모, 작은 털)를 뽑지 않으면〔不拔(불발)〕 곧 도끼 자루만큼〔斧柯(부가)〕 커지리라(將成).' 하였으니, 미리 생각하여 결정하지 않으면 뒷날 大患이 있을 것이니 앞으로 어찌 하시겠습니까?(將柰之何) 大王께서 진정 臣의 말을 따라주신다면 六國이 합종으로 친밀해지고, 한마음이 되어 힘을 합치신다면 강한 秦에 대한 환란은 없을 것입니다. 그래서 敝邑(폐읍)의 趙王(趙 肅侯, 재위 前 349－326년)께서는 使臣으로 臣을 보내어 愚計(우계)를 獻上(헌상)케 하여 분명한 약속을 받들라 하셨으니, 대왕의 명령이 있으시기를 바랍니다."

이에 魏王이 말했다.

"寡人(과인)이 不肖(불초)하여 여태껏 明教(밝은 가르침)를 듣지 못했습니다. 이번에 君께서 趙王의 명으로 나에게 알려주시니, 삼가 나라와 함께 따르고자 합니다."

1909 《周書》는 《逸周書 和寤解》.

1910 綿綿不絶, 縵縵柰何 – 綿綿(면면)은 얇고도 약한 모습(薄弱也). 끊어지지 않는 모양. 縵縵柰何의 縵은 늘어질 만. 蔓(덩굴 만)과 通. 뻗어나가다(延也). 若何는 어찌 하나? 어찌할 수 없다는(不可柰何) 탄식.

298/ 張儀爲秦連橫說魏王

{原文} 張儀爲秦連橫, 說魏王曰,

"魏地方不至千里, 卒不過三十萬人. 埊四平, 諸侯四通, 條達輻湊, 無有名山大川之阻. 從鄭至梁, 不過百里, 從陳至梁, 二百餘里. 馬馳人趨, 不待倦而至梁. 南與楚境, 西與韓境, 北與趙境, 東與齊境, 卒戍四方, 守亭障者參列. 粟糧漕庾, 不下十萬. 魏之埊勢, 故戰場也. 魏南與楚而不與齊, 則齊攻其東, 東與齊而不與趙, 則趙攻其北, 不合於韓, 則韓攻其西, 不親於楚, 則楚攻其南. 此所謂四分五裂之道也."

"且夫諸侯之爲從者, 以安社稷, 尊主, 强兵, 顯名也. 合從者, 一天下, 約爲兄弟, 刑白馬以盟於洹水之上以相堅也. 夫親昆弟, 同父母, 尙有爭錢財. 而欲恃詐僞反覆蘇秦之餘謀, 其不可以成亦明矣."

"大王不事秦, 秦下兵攻河外, 拔卷,衍,燕,酸棗, 劫衛取晉陽, 則趙不南, 趙不南, 則魏不北, 魏不北, 則從道絶, 從道絶, 則大王之國欲求無危不可得也. 秦挾韓而攻魏, 韓劫於秦, 不敢不聽. 秦, 韓爲一國, 魏之亡可立而須也, 此臣之所以爲大王患也. 爲大王計, 莫如事秦, 事秦則楚, 韓必不敢動, 無楚,韓之患, 則大王高枕而臥, 國必無憂矣."

張儀爲秦連橫說魏王

{국역} 張儀(장의, 前 373 – 310년)가 秦을 위하여 連橫策(연횡책)으로 魏王을 설득하며 말했다.[1911]

"魏는 사방 1천 리가 안 되는 땅에 군졸은 30만 명도 되지 않습니다. 땅은(埊, 地) 사방이 평탄하여 諸侯國과 四通하며, 여러 길이 바퀴살이 바퀴통에 모여드는 것과 같으나 막아주는 名山 大川도 없습니다. 鄭(정)에서 (魏 都邑) 大梁까지는 1백 리에 不過하고, 陳에서 大梁까지도 2백여 리입니다. 말이 달리고 사람이 뛰어가더라도 지치기 전에 대량에 도착할 수 있습니다.[1912] 남쪽으로는 楚와 접경하고, 서쪽으로는 韓과, 북쪽으로는 趙와, 동쪽으로는 齊와 접경하고 있으니, 사방 국경을 지키려면 군졸로 채워야 하기에 亭이나 보루를 촘촘히 세워야 합니다. 군량을 운반하여 창고에 비축하는 데에도 10만 兵(병)은 필요할 것입니다.[1913] 魏는 이러한 지세 때문에 예로부터 戰場이었습니다. 魏가 남으로 楚와 한편이 되고(與楚) 齊와 친교하지 않으면 齊가 魏의 동쪽을 공격하고, 동쪽 齊와 한편이 되면서 趙와 친교하지 않으면 趙가 魏의 북쪽으로 침공하였고, 韓과 한편이 되지 않으면 韓도 그 서쪽을 공격했으며, 楚에 협조하지 않으면 楚는 그 남쪽을 공격하였습니다. 이는 곧 四分五裂의 형세였습

1911 원문 張儀爲秦連橫 – 본 章은 史實과 많이 어긋나 策士의 擬托(의탁)이라는 주석이 있다.

1912 陳이나 鄭에서 오더라도 모두 평지라서 힘이 들지 않는다는 뜻.

1913 원문 粟糧漕庾 – 漕는 배로 실어나를 조. 水運. 庾는 곳집 유. 물가의 漕倉(조창).

니다."

"그런데 합종을 따르는 제후들은 사직을 안정시키고 주군을 받들며, 强兵을 이룩하고 명성을 날릴 수 있다고 말합니다. 合從을 따르면 천하가 하나 되고, 형제처럼 지내자고 약속하면서 白馬를 잡아(刑白馬) 洹水(원수)에서 맹서하면 굳건하다고 생각합니다. 친형제로서 같은 부모의 자식도 금전이나 재물을 두고 싸웁니다. 욕심을 부리고 거짓을 반복하는 蘇秦(소진)의 쓰다 버린 잔꾀가 이제는 다시 성공할 수 없다는 것은 명확합니다."

"大王이 秦을 섬기지 않는다면, 秦이 군사를 보내 河水 건너의 땅을 공격하여 卷(권), 衍(연), 燕(연? 黠?), 酸棗(산조)를 석권하고, 衛(위)를 겁박하여 晉陽(진양, 《史記》에는 陽晉)을 점령해 버리면, 趙는 南下할 수가 없고, 趙가 남하하지 못하면, 魏는 북으로 통할 수 없으며, 魏가 北에 不通한다면, 合從의 길은 절단되고, 합종의 길이 막힌다면, 大王의 나라는 위태롭지 않기를 바라더라도 얻을 수가 없습니다. 秦이 韓을 끼고 魏를 공략하려 한다면, 韓은 이미 秦에 겁을 먹었기에 秦의 요구를 따르지 않을 수가 없습니다. 秦과 韓이 하나가 된다면, 魏나라의 멸망은 서서 기다려도 될 정도입니다. 이것이 臣이 대왕을 위해 걱정하는 바입니다. 그러니 大王을 위한 계책은 秦을 섬기는 것이 제일 좋고, 魏가 秦을 섬긴다면 楚와 韓은 틀림없이 감히 움직이지 못할 것입니다. 楚와 韓의 환난을 걱정하지 않으면, 대왕은 高枕(고침)을 베고 누울 수 있고 나라에는 아무 우환도 없을 것입니다."

{原文} "且夫秦之所欲弱莫如楚, 而能弱楚者莫若魏. 楚雖有富大之名, 其實空虛, 其卒雖衆, 多言而輕走, 易北, 不敢堅戰. 魏之兵南面而伐, 勝楚必矣. 夫虧楚而益魏, 攻楚而適秦, 內嫁禍安國, 此善事也. 大王不聽臣, 秦甲出而東, 雖欲事秦而不可得也."

"且夫從人多奮辭而寡可信, 說一諸侯之王, 出而乘其車, 約一國而反, 成而封侯之基. 是故天下之遊士, 莫不日夜搤腕瞋目切齒以言從之便, 以說人主. 人主覽其辭, 牽其說, 惡得無眩哉? 臣聞積羽沈舟, 群輕折軸, 衆口鑠金, 故願大王之熟計之也."

魏王曰, "寡人蠢愚, 前計失之. 請稱東藩, 築帝宮, 受冠帶, 祠春秋, 效河外."

{국역} "또 秦이 약화시키려는 나라는 楚 밖에 없으며, 楚를 약화시킬 수 있는 나라는 魏만한 나라가 없습니다. 楚가 비록 부유하고 큰 나라라고 하지만, 사실은 텅 빈 나라이고, 그 군사가 많다지만 떠들기만 하다가 금방 달아나며, 쉽게 굴복하기에 오래 싸우질 못합니다. 그러기에 魏의 군사가 남쪽으로 공격한다면 틀림없이 楚를 이길 수 있습니다. 이처럼 楚를 약화시켜 魏를 강하게 만들고, 楚를 밟고 秦을 섬긴다면 (魏의) 內部의 환난을 밖으로 전가시킬 수 있으니, 이는 (魏에) 좋은 일입니다. 大王께서 臣의 말을 따라주지 않는다면, 秦의 군사가 출동하여 동쪽으로 (魏를) 향할 것이니, 그때 가서는 秦을 섬기려 하여도 섬길 수 없을 것입니다."

"合從을 주장하는 사람들은 큰 소리가 많고,[1914] 믿을 수 있는 말은 적으며, 그들은 한 나라를 설득하고 나와 수레를 타는 시간에, 다른 한 나라의 약조를 맺고 돌아서면 봉토를 받는 토대가 만들어집니다. 이러하기에 天下의 遊士(유사, 策士)들은 누구나 밤낮을 가리지 않고 팔을 휘두르며, 눈을 부릅뜨고 이를 갈면서 합종의 이득으로 군주를 설득하지 않는 자가 없습니다. 人主들은 그런 자들의 말을 듣고 그런 말에 끌리니 어찌 현혹되지 않겠습니까? 臣이 알기로, 가벼운 깃털도 많이 실으면 배가 가라앉고(積羽沈舟), 가벼운 티끌이 모여 쌓아 수레 굴대를 부러트리며(群輕折軸), 여러 사람 말에 쇠도 녹는다고(衆口鑠金)[1915] 하였습니다. 그러니 대왕께서는 이를 깊이 숙고하시기 바랍니다."

이에 魏王이 말했다.

"寡人이 우둔하여(蠢愚)[1916] 이제야 앞서 계책은 실패인줄 알게 되었습니다. (秦의) 동쪽 藩臣(번신)으로 (秦王을 위한) 帝宮을 짓고, (秦의 신하로) 冠帶를 받으며, (秦을 받들어) 春秋로 제사를 지내고, 河水 서쪽의 땅을 바치고자 합니다."[1917]

1914 且夫從人多奮辭 – 奮辭(분사)는 大言. 허풍.

1915 衆口鑠金 – 衆口가 헐뜯으면 金石이라도 녹일 수 있다. 훼방이 쌓이면 뼈도 녹일 수 있다(積毁銷骨). '積毁銷金, 積讒磨骨.'

1916 원문 寡人蠢愚 – 蠢은 꿈틀거릴 준. 어리석다(愚).

1917 원문 效河外 – 效는 바치다. 河外는 河西와 上郡 지역을 말한다. 秦이 西帝를 칭했던 해는 秦 昭王 19년(前 288년)이니 장의가 죽고 난 뒤였고, 河外의 땅을 바치는 것도 장의가 죽은 지 20여 년 이후의 일이었다.

299/ 齊魏約而伐楚

{原文} 齊,魏約而伐楚, 魏以董慶爲質於齊. 楚攻齊, 大敗之, 而魏弗救. 田嬰怒, 將殺董慶. 旰夷爲董慶謂田嬰曰,

"楚攻齊, 大敗之, 而不敢深入者, 以魏爲將內之於齊而擊其後. 今殺董慶, 是示楚無魏也. 魏怒合於楚, 齊必危矣. 不如貴董慶以善魏, 而疑之於楚也."

齊와 魏가 맹약하고 楚를 정벌할 때,

{국역} 齊와 魏가 맹약을 맺고 楚를 공격할 때, 魏는 (重臣) 董慶(동경)을 齊에 人質로 보냈다.[1918] 楚가 齊를 공격하여 대파하였지만, 魏는 齊를 구원하지 않았다. 田嬰(전영, 孟嘗君 田文의 부친)은 크게 화를 내며 董慶(동경)을 죽이려 했다. 이에 (說客, 魏人) 旰夷(간이, 干夷)가 동경을 위하여 전영에게 말했다.

"楚가 齊를 공격하여 대파하고도 齊에 깊숙이 진격하지 않은 것은 楚가 齊에 깊이 진공할 경우, 魏가 楚의 배후를 공격할까 두려웠기 때문입니다. 지금 齊에서 동경을 죽인다면, 이는 楚에게 魏와 한편이 아니라는 것을 보여주는 것입니다. (동경을 죽이면) 魏가 怒하여 楚와 한편이 될 경우 齊는 必히 위태롭게 됩니다. 오히려 동경을 대우하여 魏와 친선하면서 楚가 의심을 갖게 하는 것만 못합니다."

1918 齊魏約而伐楚 – 이는 《史記 六國年表》의 周 顯王 36년(前 333) 楚國欄에 '圍齊於徐州' 와 관련 있는 것으로 보인다.

300/ 蘇秦拘於魏

{原文} 蘇秦拘於魏, 欲走而之韓, 魏氏閉關而不通. 齊使蘇厲爲之謂魏王曰,

"齊請以宋地封涇陽君, 而秦不受也. 夫秦非不利有齊而得宋埊也, 然其所以不受者, 不信齊王與蘇秦也. 今秦見齊, 魏之不合也, 如此其甚也, 則齊必不欺秦, 而秦信齊矣. 齊, 秦合而涇陽君有宋地, 則非魏之利也. 故王不如復東蘇秦, 秦必疑齊而不聽也. 夫齊,秦不合, 天下無憂, 伐齊成, 則埊廣矣."

蘇秦이 魏에 억류되자,

{국역} 蘇秦(소진, 蘇代)이 魏에 억류되자,[1919] 달아나 韓으로 가려 했지만, 魏에서 관문을 폐쇄하여 나갈 수가 없었다. 齊는 (소진의 동생) 蘇厲(소려)를 보내 魏王을 설득케 하였다.

1919 원문 蘇秦拘於魏 – 蘇秦이 아니라, 소진의 동생 蘇代(소대)라는 주석이 있다. 본 장은 前 286년의 일로, 이때 齊는 秦과 결탁한 뒤 宋을 공격하여 멸망시켰었다. 蘇代(소대, 생졸년 미상)는 東周 洛陽人. 戰國 시대 縱橫家. 蘇秦의 동생. 蘇厲(소려)의 兄. 蘇秦 死後에 燕王에게 유세했다. 蘇秦의 사망 연도에 대해서는 이설이 많다. 前 284년에 죽었다는 주장이 있는데, 이는 張儀의 죽음(前 310)보다 늦고, 前 320년 – 319년에 죽었다는 주장은 장의보다 10년이나 일찍 죽었다. 蘇代나 蘇厲(소려)는 蘇子로 표기한 경우가 있어 참 혼란스럽다.

"齊가 宋地에 (秦의) 涇陽君(경양군, 昭襄王 同母弟)을 봉하려 했으나 秦은 받지 않았습니다. 이는 齊가 秦과 한편이 되어 宋을 차지한 것이 秦에 이롭지 않다고 생각하여 받지 않은 것이 아닙니다. 秦이 받지 않은 것은 齊王과 소진을 믿지 못하기 때문입니다. 지금 秦이 齊를 보면서, 齊와 不合하는 정도가 이처럼 심하기에, 齊에서는 필히 秦을 속일 수가 없고, (그러면) 秦은 齊를 신뢰할 것입니다. 齊와 秦이 결합하면서 경양군이 宋地를 차지한다면, 이는 魏에 불리합니다. 그러니 대왕께서는 소진을 다시 齊로 돌려보내면, 秦은 틀림없이 齊를 의심하며 齊의 제안을 따르지 않을 것입니다. 齊와 秦이 不合한다면, 天下는 無憂(근심이 없어지다)하고 (魏는) 齊를 공격하여 이길 경우 땅을 넓힐 수 있을 것입니다."

301/ 陳軫爲秦使於齊

{原文} 陳軫爲秦使於齊, 過魏, 求見犀首. 犀首謝陳軫. 陳軫曰,

"軫之所以來者, 事也. 公不見軫, 軫且行, 不得待異日矣."

犀首乃見之. 陳軫曰,

"公惡事乎? 何爲飮食而無事? 無事必來."

犀首曰, "衍不肖, 不能得事焉, 何敢惡事?"

陳軫曰, "請移天下之事於公."

犀首曰, "柰何?"

陳軫曰, "魏王使李從以車百乘使於楚, 公可以居其中而疑之. 公謂魏王曰, '臣與燕, 趙故矣, 數令人召臣也, 曰無事必來. 今臣無事, 請謁而往. 無久, 旬, 五之期.' 王必無辭以止公. 公得行, 因自言於廷曰, '臣急使燕, 趙, 急約車爲行具.'"

犀首曰, "諾." 謁魏王, 王許之, 卽明言使燕, 趙.

諸侯客聞之, 皆使人告其王曰,

"李從以車百乘使楚, 犀首又以車三十乘使燕,趙."

齊王聞之, 恐後天下得魏, 以事屬犀首, 犀首受齊事. 魏王止其行使. 燕,趙聞之, 亦以事屬犀首. 楚王聞之, 曰,

"李從約寡人, 今燕,齊, 趙皆以事因犀首, 犀首必欲寡人, 寡人慾之."

乃倍李從, 而以事因犀首. 魏王曰, "所以不使犀首者, 以爲不可. 令四國屬以事, 寡人亦以事因焉."

犀首遂主天下之事, 復相魏.

陳軫(진진)이 秦의 사신으로 齊에 가면서,

{국역} 陳軫(진진)이 秦의 사신으로 齊에 가면서,[1920] 魏나라에 들려

1920 원문 陳軫爲秦使於齊 - 본 章의 내용은 사실과 많이 다르기에, 이는 策士의 假託(가탁)이라는 주석이 있다. 陳軫(진진, 생졸년 미상. 軫은 수레 뒷

犀首〔서수, 魏 惠王의 相인 公孫衍(공손연)〕를 만나보겠다 하였으나 서수는 진진의 제안을 거절하였다. 이에 진진이 (사람을 보내) 서수에게 말했다.

"내가 여기에 들린 까닭은 업무 관계입니다. 公이 나 진진을 만나지 않겠다 하니, 진진은 그냥 가겠지만 다른 날도 만날 수는 없을 것이요."

이에 서수가 진진을 만났다. 그러자 진진이 말했다.

"公은 일하기가 싫습니까? 먹고 마시면서 일은 왜 하려 않습니까? 할 일이 없으면서도 안 만나려 했습니까?"

서수가 말했다.

"이 公孫衍(공손연)이 不肖(불초)하여 일을 알지 못했습니다. 어찌 일하기를 싫어하겠습니까?"

진진이 말했다.

"지금 천하에 관한 일을 公에게 좀 넘겨주려 합니다."

"무슨 일입니까?"

"魏王이 李從(이종)에게 수레 1백 승을 내주어 楚에 사신으로 보냈습니다. 그런데 公은 이 일에 대하여 의심을 가졌습니다. 그러니 魏王에게 가서 말하십시오. '臣은 燕과 趙와도 친밀합니다. 그쪽에서 여러 번 사람을 보내 초청하였지만 저는 일이 좀 한가하면 찾아가겠다고 하였습니다. 지금 臣은 바쁘지 않으니 그 나라를 방문하겠

턱나무 진)은 戰國 시대 齊國 臨淄人으로 縱橫家이다. 秦國에 유세하여 惠文王의 예우를 받고 장의와 함께 경쟁하였다. 楚와 齊에서도 유세에 성공하였다. 楚의 令尹(상)을 역임하고 潁川侯가 되었다. 畫蛇添足(화사첨족), 卞莊刺虎(변장자호) 등 고사를 만들어낸 사람이다.

습니다. 오래 걸리지 않으니 열흘이나 5일이면 될 것입니다.' 그러면 왕은 公을 만류할 이유가 없습니다. 公의 출발이 결정되면 조정에서 '내가 급한 일로 燕과 趙에 사신으로 나갈 것이니, 급히 간단한 수레와 여행 준비물을 갖추도록 하라.' 고 여러 사람에게 말하십시오."

그러자 서수가 말했다. "알겠습니다."

서수는 魏王을 만났고, 위왕은 허락하면서 燕과 趙에 사신을 보낸다고 밝혔다. 그러자 魏에 와 있던 여러 제후국의 客人들이 이런 내용을 각자 王에게 알렸다.

"(魏에서) 李從(이종)은 수레 1백 승으로 楚에 사신으로 갔고, 또 서수(공손연)를 수레 30승으로 燕과 趙에 사신으로 보냈습니다."

그러자 齊 閔王은 소식을 듣고 魏를 끌어들이는 일이 다른 나라들보다 늦을까 걱정하면서 정사를 서수에게 위촉하였고, 서수는 齊의 국정을 인수받았다. 그러자 魏王은 서수의 출발을 늦추고 국내에 머물게 하였다. 이번에는 燕과 趙에서 이런 내용을 알고서 자기 나라의 일을 서수에게 맡겼다. 그러자 楚 懷王도 이를 전해 듣고서 말했다.

"李從이 寡人과 약속하였지만, 지금 燕과 齊와 趙가 모두 國事를 서수에게 일임하니, 서수 또한 과인이 필요할 것이고 과인 또한 서수와 협력하고 싶다."

그러면서 이종을 제쳐두고 국사를 서수에게 맡겼다. 이에 魏王이 말했다.

"내가 서수의 출국을 보류시켰던 까닭은, 서수가 일을 감당 못할까 걱정했기 때문이나, 지금 4개 나라의 국정을 서수에게 맡기니,

과인 역시 서수에게 국정을 맡기는 것이 좋을 것이다."

이렇게 되자, 서수(공손연)는 천하의 일을 주관하였고 다시 魏의 相이 되었다.

302/ 張儀惡陳軫於魏王

{原文} 張儀惡陳軫於魏王曰,

"軫善事楚, 爲求壤塞也, 甚力之."

左華謂陳軫曰,

"儀善於魏王, 魏王甚愛之. 公雖百說之, 猶不聽也. 公不如儀之言爲資, 而反於楚王."

陳軫曰, "善." 因使人先言於楚王.

張儀가 魏王에게 陳軫(진진)을 헐뜯었다.

{국역} 張儀(장의)가 魏王(惠王)에게 陳軫(진진)을 헐뜯어 말했다.[1921]

"진진은 楚王을 잘 섬기면서 초에서 땅을 받으려고 애쓰고 있습

1921 張儀惡陳軫於魏王曰 – 이는 〈楚策 三 陳軫告楚之魏〉 章과 겹친다. 《史記 六國年表》에 의하면, 張儀가 魏相이 된 것은 周 顯王 47년(前 322), 魏 惠王 13년이었다.

니다."

이에 (說客) 左華(자화, 左爽)가 진진에게 말했다.

"장의는 魏王을 잘 섬기고 위왕 또한 무척 아껴주고 있습니다. 아마 공이 백 번을 말하더라도 안 따라줄 것입니다. 그러니 공은 장의의 말을 바탕 삼아 楚 懷王에게 돌아가느니만 못할 것입니다."

陳軫은 "맞소." 하면서, 사람을 보내 이 모든 사실을 楚王에게 전하도록 하였다.

303/ 張儀欲窮陳軫

{原文} 張儀欲窮陳軫, 令魏王召而相之, 來將悟之. 將行, 其子陳應止其公之行, 曰,

"物之湛者, 不可不察也. 夫魏欲絶楚,齊, 必重迎公. 郢中不善公者, 欲公之去也, 必勸王多公之車. 公至宋, 道稱疾而毋行, 使人謂齊王曰, '魏之所以迎我者, 欲以絶齊, 楚也.'"

齊王曰, "子果無之魏而見寡人也, 請封子."

因以魯侯之車迎之. 鄭彊出秦曰, "應爲知."

張儀가 陳軫을 궁지로 몰려고,

{국역} 張儀가 陳軫(진진)을 궁지에 몰려고,[1922] 魏王(襄王)에게 (楚

에 있던) 진진을 불러 (魏) 相으로 임명하라고 건의하면서 (진진이 오면) 잡아가두려 하였다.[1923] (진진이) 출발하려 하자(將行), 그 아들 陳應(진응)이 아버지를 만류하며 말했다.[1924]

"사물에 대한 깊은 이치는 살피지 않을 수 없습니다. 魏가 楚와 齊의 관계를 단절시키려고 필히 융숭하게 아버님을 영접하려 하고, (이곳 楚의 도읍) 郢(영)에서 아버님을 좋아하지 않는 자들은 아버님에게 많은 재물을 주어 보내려고 합니다. 아버님께서는 宋에 이르러 도중에서 병을 칭하면서 머물면서 사람을 보내 齊王에게 '魏에서 나를 영입하려는 자들은 齊와 楚의 관계를 단절시키려 합니다.' 라고 말하게 하십시오."

(진진이 그렇게 하자) 齊王이 말했다.

"그대는 魏에 가지 말고 (동쪽으로) 과인을 보러 오시면 당신에게 封地를 줄 것이요."

그러면서 魯侯(노후)의 수레를 보내 진진을 맞이하였다.

이때, 鄭彊(정강)이란 사람이 秦을 떠나오면서 "陳應(진응)은 지혜롭다."고 말했다.

1922 張儀欲窮陳軫 – 이는 周 赧王(난왕) 5년(前 310년), 魏 襄王(재위 318 – 296) 때의 일로 알려졌다. 진진의 아들 陳應의 예지가 돋보인다.

1923 원문 來將悟之 – 悟(깨달을 오)로 생각하면 문장이 되질 않는다. 梏(쇠고랑 곡, 붙잡다) 또는 圄(감옥 오, 가두다)의 誤字라는 주석에 따른다.

1924 其子陳應止其公之行 – 公은 翁과 同.

304/ 張儀走之魏

{原文} 張儀走之魏, 魏將迎之. 張丑諫於王, 欲勿內, 不得於王. 張丑退, 復諫於王曰,

"王亦聞老妾事其主婦者乎? 子長色衰, 重家而已. 今臣之事王, 若老妾之事其主婦者."

魏王因不納張儀.

張儀가 魏에 망명하려 하자,

{국역} 張儀가 魏로 망명하려 하자,[1925] 魏에서는 장의를 받아들이려 했다. (이전에 齊臣이었던) 張丑(장추)가 왕에게 받아들이지 말라고 간언했지만, 魏王은 따르지 않았다. 장추는 물러났다가 다시 왕에게 간언을 올렸다.

"王께서는 老妾(늙은 後妻)이 그 主婦(본부인)를 섬긴다는 말을 아십니까? (본처의) 아들이 성장하고 (후처의) 미모가 쇠퇴하면 다른 곳으로 다시(重) 시집가(家, 嫁) 버리면 그만입니다. 지금 臣(張儀?)이 왕을 섬기겠다면, 이는 늙은 후처가 본부인을 섬기는 것과 같습니다."[1926]

1925 원문 張儀走之魏 – 약간 황당한 내용이다. 사실도 확실치 않고 비유도 부적절하며, 그런 말에 왕의 주관이 바뀐다는 것도 이해하기 쉽지 않다. 丑 : 소 축. 본음은 추. 중국의 人名, 地名 등은 본음 추로 읽어야 한다.

1926 若老妾之事其主婦者 – 張儀가 魏에 들어오려는 뜻도 마지못해 그럴

魏王은 이에 장의를 받아들이지 않았다.

305/ 張儀欲以魏合於秦韓

{原文} 張儀欲以魏合於秦,韓而攻齊,楚. 惠施欲以魏合於齊,楚以案兵. 人多爲張子於王所. 惠子謂王曰,

"小事也, 謂可者謂不可者正半, 況大事乎? 以魏合於秦,韓而攻齊,楚, 大事也, 而王之群臣皆以爲可. 不知是其可也, 如是其明耶? 而群臣之知術也, 如是其同耶? 是其可也, 未如是其明也, 而群臣之知術也, 又非皆同也, 是有其半塞也. 所謂劫主者, 失其半者也."

張儀가 魏를 秦과 韓에 연합하여,

{국역} 張儀가 魏를 秦과 韓에 연합케 하여[1927] 齊와 楚를 공격하려

것이라는 뜻.

1927 원문 張儀欲以魏合於秦 - 본 章은 周 顯王(현왕) 47년, 前 322년의 일이다. 《史記 秦本紀》 및 《張儀列傳》에 의하면, 秦 惠文王 更元 3년(前 322), 韓과 魏의 태자가 入秦했고, 장의는 魏相이 되었다. 惠施(혜시)의 말은 兼聽(겸청)하면 밝고(明), 偏聽(편청)하면 어둡다(暗)는 뜻으로, 人主에게는 藥石과 같은 말이다.

고 하였다. 惠施(혜시)[1928]는 魏를 齊와 楚에 연합케 하여 군사 행동을 멈추게 하려 했다. 그러나 많은 사람들은 王의 면전에서 장의의 편이 되었다. 이에 혜시가 魏惠王에게 말했다.

“小事(작은 일)에도 찬성하는 사람과(可者) 반대하는 사람이(不可者) 반반이거늘, 하물며 大事(큰일)야 어떻겠습니까? 魏를 秦과 韓에 연합하게 하여 齊와 楚를 공격하는 일은 大事인데, 王의 많은 신하들은 모두 찬성하고 있습니다. 이 일이 정말 옳은 일인지, 또 그렇게 분명히 판단할 수 있는 일인가는 모르겠습니다. 群臣들이 그 방책을 알고 있는지 그래서 같은 뜻이겠습니까? 이 일이 可한 일인지 아니면 명백한 일인가는 모르겠고, 群臣이 술책을 아는 것도 또 모두가 같은 뜻도 아닐 것이니, 이는 그 절반이 입을 다물고 있기 때문입니다. 이른바 왕에게 두려운 일은 (말하지 않는) 그 절반을 잃었다는 것입니다.”

306/ 張儀以秦相魏

{原文} 張儀以秦相魏, 齊,楚怒而欲攻魏. 雍沮謂張子曰,

“魏之所以相公者, 以公相則國家安, 而百姓無患. 今公相

1928 惠施(혜시, ? 前 370 – 310년) – 戰國 시대 宋國人. 莊子와 같은 시대 인물. 名家의 대표적 인물. 《莊子》에 혜시의 담론이 많이 들어있다. 〈天下篇〉의 ‘歷物十事’, 〈秋水篇〉의 ‘濠梁之辯’ 등이 그 예이다. 혜시는 당시 魏 惠王(재위 前 369 – 319년)의 相이었다.

而魏受兵, 是魏計過也. 齊, 楚攻魏, 公必危矣."

張子曰, "然則柰何?"

雍沮曰, "請令齊,楚解攻."

雍沮謂齊,楚之君曰,

"王亦聞張儀之約秦王乎? 曰, '王若相儀於魏, 齊,楚惡儀, 必攻魏. 魏戰而勝, 是齊,楚之兵折, 而儀固得魏矣. 若不勝, 魏必事秦以持其國, 必割地以賂王. 若欲復攻, 其敝不足以應秦.' 此儀之所以與秦王陰相結也. 今儀相魏而攻之, 是使儀之計當於秦也, 非所以窮儀之道也."

齊,楚之王曰, "善." 乃遽解攻於魏.

張儀가 秦의 힘으로 魏의 相이 되자,

{국역} 張儀가 秦의 힘으로 魏의 相이 되자,[1929] 齊와 楚에서 화를 내며 魏를 침공하려 했다. (魏人) 雍沮(옹저)가 장의에게 말했다.

"魏에서 公을 相으로 맞이한 것은, 公을 相으로 삼아 나라가 편안하고 백성에게 환난이 없기를 바란 것이었소. 그러나 公이 相이 되자 魏는 병란을 당하게 되니, 이는 魏 계책이 틀린 것입니다. 齊와 楚가 우리 魏를 공격해 온다면 公은 틀림없이 위태로울 것입니다."

1929 원문 張儀以秦相魏 – 이는 〈齊策 二〉 '張儀事秦惠王' 章을 본떠 가탁한 글이다. 雍沮(옹저)는 같은 말로 齊와 楚 두 왕을 설득했고, 똑같은 대답과 후속 조치를 얻어내었다. 策士들이 이처럼 유능했겠나?

장의는 "그러니 어쩌면 좋겠소?" 라고 물었다.

옹저는 "齊와 楚에게 침공을 풀도록 설득하겠습니다." 라고 말했다.

옹저는 齊 閔王과 楚 懷王을 찾아가 말했다.

"王께서는 장의가 秦 惠王과의 약속을 알고 계십니까? 장의는 '王께서 만약 저 장의를 魏의 相이 되게 해주시면, 齊와 楚에서는 장의를 미워하여 틀림없이 魏를 공격할 것입니다. 魏가 齊, 楚와 싸워 이긴다면 齊와 楚는 군대를 잃고, 장의의 지위는 확고해질 것입니다. 만약 魏가 이기지 못한다면, 魏는 秦을 섬기며 魏의 땅을 갈라 秦王에게 헌상하겠습니다. 만약 (齊, 楚가) 다시 공격해 온다 하여도 이미 지친 齊와 楚는 秦의 상대가 안 될 것입니다.' 라고 말했습니다. 이는 장의가 秦王과 비밀리에 약속한 내용입니다. 지금 장의가 魏의 相이 되었다 하여 공격한다면, 장의가 진왕과 비밀 약속한 그대로 나가는 것이니 결코 장의를 궁지에 모는 수가 아닙니다."

齊와 楚의 왕이 말했다. "맞는 말이요."

그리고는 서둘러 魏에 대한 공격을 중지하였다.

307/ 張儀欲並相秦魏

{原文} 張儀欲並相秦,魏, 故謂魏王曰,

"儀請以秦攻三川, 王以其間約南陽, 韓氏亡."

史厭謂趙獻曰, "公何不以楚佐儀求相之於魏, 韓恐亡, 必

南走楚. 儀兼相秦,魏, 則公亦必並相楚,韓也."

張儀가 秦과 魏의 相을 겸임하려고,

{국역} 張儀가 秦과 魏의 相을 겸임하려고[1930] 魏王(惠王)에게 말했다.

"臣이 秦에게 (韓의) 三川을 공격하라고[1931] 요청하겠습니다. 왕께서는 그간에 (韓의) 南陽을 공격하십시오.[1932] 그러면 韓氏는 멸망할 것입니다."

史厭(사염, 名은 厭)이 (楚의) 趙獻(조헌, 인물 미상)에게 말했다.

"公은 왜 楚로 하여금 장의가 魏의 相이 되려는 것을 도와주지 않습니까? 韓이 멸망할 위기에 처하면 南으로 楚에 와서 구원을 청할 것입니다. 장의가 秦과 魏의 相이 되면, 公은 楚와 韓의 相이 될 것입니다."

1930 원문 張儀欲並相秦,魏 -《史記 六國年表》에 의하면, 周 顯王 47년(前, 322) 秦國에 '張儀免相, 相魏' 라고 기록되었다. 이는 秦 惠文王 後 3년, 魏 惠王 後 13년이었다. 동시에 겸임은 못했다.

1931 以秦攻三川 - 三川은 韓의 郡名. 지금의 河南省 洛陽市 일대. 뒷날 秦의 郡名. 秦이 漢에게 멸망할 당시 三川郡守는 李斯(이사)의 아들이었다.

1932 원문 王以其間約南陽 - 約은 攻의 誤字라는 주석에 따른다.

308/ 魏王將相張儀

{原文} 魏王將相張儀, 犀首弗利, 故令人謂韓公叔曰,

"張儀以合秦,魏矣. 其言曰, '魏攻南陽, 秦攻三川, 韓氏必亡.' 且魏王所以貴張子者, 欲得地, 則韓之南陽擧矣. 子盍少委焉, 以爲衍功, 則秦, 之交可廢矣. 如此, 則魏必圖秦而棄儀, 收韓而相衍."

公叔以爲信, 因而委之, 犀首以爲功, 果相魏.

魏王이 張儀를 相에 임용하려 하자,

{국역} 魏王이 張儀를 相에 임용하려 하자,[1933] 犀首(서수, 公孫衍)는 이롭지 않다고 생각하여 사람을 시켜 (韓의) 韓公叔에게 말했다.

"張儀는 이미 秦과 魏를 연합케 하였습니다. 장의는 '魏는 (韓의) 南陽을 공격하고, 秦은 (韓의) 三川郡을 공격하면, 韓氏는 必亡이라.' 고 하였습니다. 또 魏王이 장의를 귀하게 대우하는 것은 땅을 얻으려는 뜻이니, 곧 韓의 南陽입니다. 당신은 왜 땅을 조금 떼 주어 공손연의 功으로 만들어주지 않습니까?[1934] 그러면 秦과 魏의 결합은 곧 폐지될 것입니다. 이렇게 되면, 魏는 必히 秦에 대항하고 장의

1933 원문 魏王將相張儀 - 이는 魏 惠王 後 13년(前 322)의 일이었다. 장의가 魏의 相이 된 뒤에 魏는 秦을 섬기지 않았고, 公孫衍(공손연)을 장의 대신 相에 임용하였다.

1934 子盍少委焉 - 盍은 덮을 합. 어찌 ~ 아니할 합. 少委는 조금 떼어주다.

를 버리며, 韓과 결합하려고 공손연을 相에 임용할 것입니다."

한공숙은 그렇게 믿으면서 韓의 땅을 魏나라에 떼어 주며 犀首(서수, 공손연)의 공적으로 만들어주었고, 공손연은 魏의 相이 되었다.

309/ 楚許魏六城

{原文} 楚許魏六城, 與之伐齊而存燕. 張儀欲敗之, 謂魏王曰,

"齊畏三國之合也, 必反燕埊以下楚, 楚,趙必聽之, 而不與魏六城. 是王失謀於楚,趙, 於齊,秦也. 齊遂伐趙, 取乘丘, 收侵地, 虛,頓丘危. 楚破南陽九夷, 內沛,許,鄢陵危. 王之所得者, 新觀也. 而道塗宋, 衛爲制, 事敗爲趙驅, 事成功縣宋, 衛."

魏王弗聽也.

張儀告公仲, 令以饑故, 賞韓王以近河外. 魏王懼, 問張子.

張子曰, "秦欲救齊, 韓欲攻南陽, 秦,韓合而欲攻南陽, 無異也. 且以遇卜王, 王不遇秦, 韓之卜也決矣."

魏王遂尙遇秦, 信韓, 廣魏, 救趙, 尺楚人, 據於萆下. 伐齊之事遂敗.

楚가 魏에 六城을 주다.

{국역} 楚가 魏에게 6개의 城을 주기로 하고,[1935] 함께 齊를 정벌하고 燕을 존속시키려 했다. 그러나 장의는 이를 방해하려고 魏王에게 말했다.

"齊는 三國(楚, 魏, 燕)의 연합을 두려워하기에 필히 燕에서 빼앗은 땅을 돌려주고 楚에게는 몸을 낮출 것이며, 楚와 趙가 齊의 뜻에 맞춰줄 경우에 (楚는) 魏에 6개의 성을 주지 않을 것입니다. 이는 대왕께서 楚와 趙에 대한 실책이며, 齊와 秦에게는 원한만 심는 것입니다. 齊가 趙를 정벌하여 乘丘(승구, 泰山郡)의 땅을 빼앗을 것이고, 빼앗겼던 땅을 회수하면 虛(허)와 頓丘(돈구)가 위태로워질 것입니다. 楚는 南陽 九夷(구이, 九嶷)를 격파하고 沛(패)로 진출하면 許(허)와 鄢陵(언릉)이 위험해집니다. 王이 얻을 수 있는 것은 (楚의) 新觀(신관)뿐입니다. (신관 땅은) 宋(송)과 衛(위)를 지나가야만 차지할 수 있는데 일이 잘못되면 趙에게 몰리게 되고, 일이 잘 성사되어도 宋과 衛의 처분에 달렸습니다."

그러나 魏王은 장의의 말을 따르지 않았다.

張儀는 다시 (韓의) 公仲(공중)에게 말을 해서 (韓王에게) 흉년이 들었기에 韓王이 河水 서쪽 가까운 곳까지 순행할 것을 권유케 하였다. 이에 魏王은 두려워하면서 장의를 불러 (대책을) 물었다. 이에

1935 원문 楚許魏六城 - 본 章은 周 赧王 원년(前 314)의 일이고, 魏는 襄王 재위 중이었다. 이때 齊 宣王은 燕의 내부 혼란을 이용하여 燕을 침공하려 했다. 본 章은 2章으로 分章된 편도 있지만 내용은 하나로 이어져야 한다.

장의가 말했다.

“秦은 齊를 구원하려 하고, 韓은 南陽을 공격하려고 합니다. 이는 秦과 韓이 연합하여 남양을 공격하려는 것과 다름이 없습니다. 또 양쪽 왕이 만나 우호를 약속해야 하는데, 王이 秦王을 만나지 않는다면, 韓의 외교에 관한 선택은 결정이 될 것입니다.”

魏王은 秦과 만나기를 바라고, 韓과는 信義를 확인하였으며, 魏의 땅을 넓혀주고, 趙를 구원하였으며, 楚人을 배척하였다. 초나라 사신을 萆下(비하)하여 급히 되돌아 가버렸다. 결국 齊에 대한 공격은 실패하였다.

310/ 徐州之役

{原文} 徐州之役, 犀首謂梁王曰,

“何不陽與齊而陰結於楚? 二國恃王, 齊, 楚必戰. 齊戰勝楚, 而與乘之, 必取方城之外, 楚戰勝齊敗, 而與乘之, 是太子之讎報矣.”

徐州의 戰役

{국역} 徐州의 戰役(전역:싸움, 전쟁)에서[1936] 犀首〔서수, 公孫衍(공손연)〕

1936 원문 徐州之役 – 徐州는 徐州로도 표기. 徐州는 古代 九州의 하나. 상

가 梁王(惠王)에게 말했다.

"왜 거짓으로(陽) 齊를 편들면서 뒤로(陰) 楚와 연합하지 않습니까? 齊와 楚 두 나라는 모두 왕을 (자기편이라) 믿고서 서로 싸울 것입니다. 齊가 싸워 楚를 이긴다면, 우리는 齊와 함께 方城(방성)[1937]까지 차지할 수 있고, 楚가 싸워 齊를 패퇴시킨다면, 우리는 이를 이용할 수 있으니(進退得利), 太子(申)의 원한을 갚을 수 있습니다."[1938]

311/ 秦敗東周

{原文} 秦敗東周, 與魏戰於伊闕, 殺犀武. 魏令公孫衍乘勝

고시대에는 彭祖(팽조)가 건립한 팽국이 있었다. 楚漢 시대에는 西楚霸王 項羽의 도읍이었고, 이곳은 漢 高祖 劉邦의 고향이었다.(沛豐邑中陽里, 今 江蘇省 북단 徐州市 豐縣, '豐生沛養'이란 표현이 있다.) 役은 戰役. 소규모의 전쟁. 이는 魏 惠王 後 2년, 前 333년의 사건으로 楚가 齊를 격파하였다. 본 장은 徐州 전역(싸움) 직전의 일이다. 犀首(서수)의 말은 進退得利하는 一擧兩得의 논리이다.

1937 方城(방성) - 戰國시대 楚의 長城은, 今 河南省 南陽市 동북 方城縣 북쪽에서 시작하여 서쪽으로 伏牛산맥을 따라, 今 河南省 서남쪽 鄧州市까지 이어졌다.

1938 魏는 前 341년 馬陵(마릉)의 싸움에서 齊에 대패했다. 魏의 龐涓(방연)은 손빈의 減竈之計(감조지계)에 걸려들었고, 나무껍질을 벗겨 '龐涓死於此樹之下' 글자를 써 놓았고, 결국 거기서 죽었다. 이 마릉의 전투에서 이때 태자 申(신, 魏 惠王의 태자, 申은 이름)은 齊의 포로가 되었다. 이후 魏의 세력은 크게 약화되어 二流國家가 되었다.

而留於境, 請卑辭割埊, 以講於秦. 爲竇屢謂魏王曰,

"臣不知衍之所以聽於秦之少多, 然而臣能半衍之割, 而令秦講於王."

王曰, "奈何?"

對曰, "王不若與竇屢關內侯, 而令趙. 王重其行而厚奉之. 因揚言曰, '聞周, 魏令竇屢以割魏於奉陽君, 而聽秦矣.' 夫周君, 竇屢, 奉陽君之與穰侯, 貿首之仇也. 今行和者, 竇屢也, 制割者, 奉陽君也. 太后恐其不因穰侯也, 而欲敗之, 必以少割請合於王, 而和於東周與魏也."

秦이 東周를 격파하고,

{국역} 秦이 東周를 패퇴시키고, 魏와 伊闕(이궐)에서 싸워 (魏의 장수) 犀武(서무)를 죽였다.[1939] 魏는 公孫衍(공손연)을 시켜 승기를 잡았을 때 접경에 주둔케 하면서 겸손한 말과 割地(할지: 땅을 떼어주다)를 조건으로 秦에 講和를 요청케 하였다. (어떤 사람이) 竇屢(두루, 魏人)를 위하여 魏王에게 말했다.

"臣은 公孫衍(공손연)의 秦에 대한 조건이 얼마인가는 모르지만,

1939 원문 秦敗東周 – 伊闕(이궐)은 지명. 龍門山의 작은 山名. 河南縣 부근. 洛陽 서남 60리. 伊闕의 전투는 秦 昭襄王 14년, 곧 周 赧王 22년(前 293年), 魏 昭王 3년(前 293)에 있었다. 秦은 韓과 魏의 20여만 명을 패퇴시켰다. 본서 2권 030 〈秦敗魏將犀武軍於伊闕〉 참고.

저는 공손연이 제시할 땅의 절반만으로도 秦이 강화하도록 만들 수 있습니다."

王은 "어떻게 하겠나?"라고 물었다.

"王께서 竇屢(두루)에게 關內侯(관내후)[1940]의 작위를 수여하고, 趙에 사신으로 보내십시오. 王께서는 그의 使行을 중히 여겨 재물을 厚하게 챙겨주십시오. 그러면서 널리 소문을 내십시오(揚言). '들리는 바에 의하면, 周와 魏는 竇屢(두루)를 시켜 魏의 땅을 잘라 (趙의) 奉陽君(봉양군, 李兌)에게 주고, 秦에도 할양하며 강화케 하려 한다.' 그러면 周君과 竇屢(두루), (趙) 奉陽君 및 (秦) 穰侯(양후)[1941]는 서로 목을 잘라 팔아먹으려는 원수가(貿首之仇) 될 것입니다.[1942] 지금 강화를 주관할 사람은 竇屢(두루)이고, 땅을 갈라 받을 사람은(制割者) 奉陽君입니다. (秦 昭王의 모친인) 太后는 (동생인) 穰侯(양후)가 이 혜택을 못 받을까 걱정하면서 이를 방해하려 할 것입니다. 그러면서 오히려 작은 땅을 왕에게 주면서 東周와 魏에 강화를 요청할 것입니다."

1940 關內侯(관내후) - 秦의 20等 爵位에서 列侯 아래 19등 작위. 秦의 고유한 작위가 아니라 다른 나라에서도 적용되었다.

1941 穰侯(양후) - 秦의 魏冉〔위염, 생졸년 미상, 一作 魏焻(위창)〕. 戰國 시대 秦國 政治家, 宣太后의 異父弟, 穰邑(今 河南省 서남부 鄧州市)에 봉해졌기에 穰侯라 칭한다.

1942 貿首之仇也 - 큰 이득을 앞에 두고 다투는 원수. 여기서는 魏가 할양한 땅을 놓고 경쟁할 사이가 된다.

312/ 齊王將見燕趙楚之相

{原文} 齊王將見燕,趙,楚之相於衛, 約外魏. 魏王懼, 恐其謀伐魏也, 告公孫衍.

公孫衍曰, "王與臣百金, 臣請敗之."

王爲約車, 載百金. 犀首期齊王至之曰, 先以車五十乘至衛間齊, 行以百金, 以請先見齊王, 乃得見. 因久坐安, 從容談三國之相怨. 謂齊王曰,

"王與三國約外魏, 魏使公孫衍來, 今久與之談, 是王謀三國也."

齊王曰, "魏王聞寡人來, 使公孫子勞寡人, 寡人無與之語也."

三國之不相信齊王之遇, 遇事遂敗.

齊王이 燕, 趙, 楚의 相을 만나려 하자,

{국역} 齊王(閔王, 재위 前 300 – 284년)이 燕, 趙, 楚의 宰相(재상)을 衛(위)에서 만나려 하면서,[1943] 그 약속에 魏를 제외하였다. 魏王은 두려워하며 (그들이) 魏에 대한 정벌을 모의할까 걱정이 되어 公孫衍(공손연)에게 알렸다. 公孫衍이 왕에게 말했다.

1943 齊王將見燕,趙,楚之相於衛 – 史實과 크게 다르고 서술에 모순이 많아 擬托(의탁)한 글이라는 주석이 있다.

"王께서 臣에게 百金을 내주시면, 臣이 그 일을 실패하도록 조처하겠습니다."

王은 공손연에게 수레에 百金을 실어주었다. 犀首(서수, 공손연) 는 齊王이 도착할 날짜에 맞춰 수레 50乘을 먼저 魏(위)와 齊의 국경에 보내고 百金을 풀어 齊王에게 사전에 만나 뵙기를 청하여 남보다 먼저 제왕을 만났다. 공손연은 한참을 앉아있다가 조용히 三國 간의 원한을 이야기하였다. 공손연이 제왕에게 말했다.

"王께서 三國과 약속하시면서 魏를 제외하셨기에, 魏에서는 저 공손연을 보내 만나 뵙게 하였는데 지금 많은 이야기에 대왕께서 삼국과 함께 魏를 공격하실 것 같습니다."

(나중에) 齊王이 (여러 사람에게) 말했다.

"魏王은 寡人이 여기 오는 줄을 알고 공손연을 보내 과인을 위로하려 했으나, 과인은 그와 어떤 이야기도 나누지 않았다."

그러나 三國의 宰相은 齊王이 공손연과 안 만났다는 말을 믿지 않았고,[1944] 회담은 결국 성사되지 못했다.

313/ 魏令公孫衍請和於秦

{原文} 魏令公孫衍請和於秦, 綦毋恢教之語曰.

1944 원문 三國之不相信齊王之遇 - 판본에 따라 문장이 틀리다. 결국 齊王과 三相의 회담은 결렬되었다는 요지이니, 그 결론에 맞춰 해석할 수 밖에 없을 것이다.

"無多割. 和成, 固有秦重和, 以與王遇, 和不成, 則後必莫能以魏合於秦者矣."

魏는 공손연을 시켜 秦과 강화하다.

{국역} 魏는 公孫衍(공손연)을 시켜 秦과 강화하게 하였는데,[1945] 綦母恢〔기모회, 綦毋恢(기무회)〕가 공손연을 깨우치려 말했다.

진나라에 "많이 할양하지 마시오. 화해가 성립된다면 秦은 重和(중히 여기다)하여 우리 王과 (대등하게) 만나겠지요. 강화가 不成하면 뒷날 누구도 魏와 秦을 연합하게 할 사람이 없을 것이요."

314/ 公孫衍爲魏將

{原文} 公孫衍爲魏將, 與其相田繻不善. 季子爲衍謂梁王曰, "王獨不見夫服牛驂驥乎? 不可以行百步. 今王以衍爲可使將, 故用之也, 而聽相之計, 是服牛驂驥也. 牛馬俱死, 而不能成其功, 王之國必傷矣! 願王察之."

1945 원문 魏令公孫衍請和於秦 - 위 311 〈秦敗東周〉와 같은 시기의 일이다.

公孫衍爲魏將

{국역} 公孫衍(공손연)이 魏將이 되었는데,[1946] 相인 田繻(전수, 田需)와는 사이가 안 좋았다. 季子(계자, 인물 미상)가 이를 알고 공손연을 위하여 梁王(魏王)에게 말했다.

"王께서는 세 마리의 천리마 사이에 매여 함께 끄는 한 마리의 소(牛)를 못 보셨습니까? 1백 보도 달려가질 못합니다. 지금 대왕께서는 (공손연을) 장수가 될 만하다 생각하여 등용하셨습니다. 그런데 (왕께서는) 相의 말만 따르니, 이는 천리마 사이에 낀 소와 같습니다.[1947] 소와 말이 모두 함께 죽게 되니, 공을 이룰 수도 없어 왕의 國政은 손상될 것입니다. 대왕께서 살펴보시기 바랍니다."

1946 원문 公孫衍爲魏將 - 본 장은 田繻(전수)가 相이었던 襄王 초기인 前 316 전후의 일이다.

1947 원문 是服牛驂驥也 - 驂은 곁마 참. 驥는 천리마 기. 수레는 말 4마리가 끌게 되었다. 거기에 소(牛) 한 마리가 끼였다면 모두가 잘못된다. 用賢하나 不肖한 사람이 끼었다는 뜻이다. 공손연은 적임자가 아니라는 의미인 것 같다.

저자 약력

陶硯 진기환陳起煥

서울 대동세무고등학교 교장을 역임하였다.

주요 저서로는《正史 三國志》全 6권 (2019년),《완역 後漢書》全 10권 (2018-2019년),《완역 漢書》全 15권 (2016-2021년),《十八史略》5권 중 3권 (2013-2014년),《史記人物評》(1994년),《史記講讀》(1992년)

《唐詩大觀》全 7권 (2020년),《三國演義》원문 읽기 (2020년),《新譯 王維》(2016년),《唐詩絶句》(2015년),《唐詩逸話》(2015년),《唐詩三百首(上·中·下)》(2014년. 공역),《金瓶梅 評說》(2012년),《上洞八仙傳》(2012년),《三國志 人物 評論》(2010년),《水滸傳 評說》(2010년),《中國人의 俗談》(2008년),《儒林外史》(抄譯) 1권 (2008년),《三國志 故事名言 三百選》1권 (2001년),《三國志 故事成語 辭典》1권 (2001년),《東遊記》(2000년),《聊齋誌異(요재지이)》(1994년),《神人》(1994년),《儒林外史》(1990년)

《孔子聖蹟圖》(2020년),《論語名言三百選》(2018년),《論述로 읽는 論語》(2012년),《중국의 神仙 이야기》(2011년),《아들을 아들로 키우기/가정교육론》(2011년),《三國志의 지혜》(2009년),《三國志에서 배우는 인생의 지혜》(1999년),《中國人의 土俗神과 그 神話》(1996년)

E-mail : jin47dd@hanmail.net

戰國策(전국책) 〔中〕

초판 인쇄 2021년 12월 10일
초판 발행 2021년 12월 20일

역　　주 | 진기환
발 행 자 | 김동구
디 자 인 | 이명숙 · 양철민
발 행 처 | 명문당(1923. 10. 1 창립)
주　　소 | 서울시 종로구 윤보선길 61(안국동)
우체국 010579-01-000682
전　　화 | 02)733-3039, 734-4798, 733-4748(영)
팩　　스 | 02)734-9209
Homepage | www.myungmundang.net
E-mail | mmdbook1@hanmail.net
등　　록 | 1977. 11. 19. 제1~148호

ISBN 979-11-91757-31-6 (94910)
ISBN 979-11-91757-29-3 (세트)
25,000원